Sherpa

정 인 영

정인영
쎄르파

행정법각론

preface

대한민국은 최근 사회 전반에 걸친 많은 위험과 도전으로 많은 변화가 일어나고 있습니다. 이에 발맞추어 7급 공무원 시험도 과거와 달리 과목개편과 문항 수 등에서 변화를 보이고 있으며, 또한 문제도 점차로 판례·사례형 문제가 주를 이루어 출제되고 있습니다. 그런 이유로 수험생들에게 주어지는 압박감과 학습의 양은 늘어나고 있기에 합격에는 실수 없이 고득점을 하는 것이 무엇보다 중요하게 되었습니다.

이제는 7급 공무원 시험을 준비하면서 기존의 행정법의 총론을 공부해 오신 분들이라면 각론에 더욱 신경을 쓰셔야 합니다.

본 교재는 수험서로서 역할을 중시하고 있으므로 기본적인 내용이나 학문적인 논의는 최대한 약술하였습니다. 또한 수험생들이 더욱 더 효율적인 학습이 되고자 효율성과 암기라는 두 측면에서 전반적인 주요내용을 정리하고, 정리된 주요 내용을 암기하는데 주안점을 맞추어 본서에 이르게 된 것입니다. 본 교재는 이해 없는 암기는 공허하다는 수험생활의 신념과 경험 위에 한정된 시간 내에 간단·명료하고 타 수험생들보다 효율적인 학습을 할 수 있도록 최선의 선택이 될 수 있도록 한 교재입니다.

본서의 가장 큰 특징은 아래와 같습니다.

첫째, 개정법의 반영입니다.
동일한 내용이라도 최근의 개정된 사안과 관련된 내용을 좀 더 풍부하게 서술해주는 교재입니다. 따라서 이에 맞추어 최근 제정·개정된 법의 내용을 반영하였습니다.

둘째, 최근 중요 판례의 풍부한 서술·보충입니다.

독자들의 요청에 따라 전원합의체 등 중요판례나 출제가 예상되는 판례에 대해서는 요약식 서술에서 탈피하여 되도록 판례 원문을 살리는 방향으로 작업을 하였습니다. 특히 최근 출제 경향은 판례의 결론만으로는 부족하고 주요 논거의 서술이 필수적인 바 판례의 주요 논거에 대한 이해와 암기를 돕기 위해서 ①②③ 등 번호와 밑줄을 이용하여 시각적 효과에 만전을 기했습니다.

셋째, 출제예상 부분에 대한 목차의 재정리입니다.

효율적 암기와 빠른 시일 내의 복습을 통한 기억의 재생이라는 근간을 유지하면서도 출제가 예상되는 중요 테마에 대해서는 시각적 효율화를 위해서 문제점, 학설, 판례, 검토 순으로 목차를 배열하였습니다. 이것 또한 독자들의 요청을 최대한 반영한 것입니다.

이상과 같이 '정인영 쎄르파 행정법 각론'의 특징을 간단히 살펴보았습니다. 되도록이면 세세한 내용을 더 소개하고 싶으나 가장 큰 특징을 간략히 소개함에 그치고, 마지막으로 본서가 각종 공직시험을 준비하는 모든 수험생에게 합격의 지름길로 이끌어 주길 바라고 또한 이정표가 되기를 간절히 바랍니다. 서두에서 말씀드린 바와 같이 무엇보다도 철저한 시험경향의 분석을 바탕으로 심도 있는 계획과 자신만의 수험전략을 세워 준비해야 함은 말할 필요도 없고, 본서가 수험생 여러분이 세운 계획과 합격에 이르는데 동반자가 되리라 자신합니다. 감사합니다.

2022년 4월
정인영 씀

contents

정인영
쎄르파

행 정 법 각 론

CHAPTER

01 국가행정조직

제1절 행정주체

I 행정주체의 개념

주권은 국민에게 있고 모든 권력은 국민으로부터 나오기 때문에 근원적인 행정주체는 국민(국법상 행정주체)이지만 행정현실의 면에서는 국민 모두가 행정을 담당하는 것은 불가능하므로 필요한 것이 행정조직법상 행정주체의 개념으로서 행정조직법상 행정주체란 행정사무의 수행 및 행정사무수행을 위해 필요한 권리·의무를 가진 독자적인 임무의 수행자로서 공법에 근거한 권리주체를 말한다.

> **헌법**
> 제1조 ② 대한민국의 주권은 국민에게 있고, 모든 권력은 국민으로부터 나온다.

II 행정주체의 종류

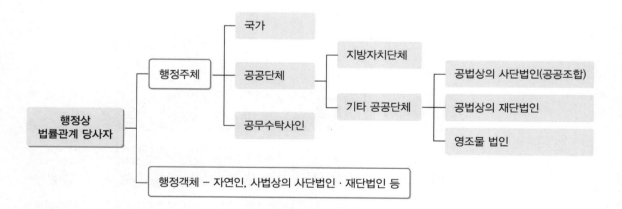

주체: 권리·의무의 최종 귀속체 ─────────

1) 국가(法人格): 항상 주체만 된다(객체가 될 수 없다).
2) 행정기관(part)을 통해
   ㉠ 중앙행정기관: 청와대, 총리실, 부, 처, 청, 원
   ㉡ (국가의)지방행정기관
      ① 보통지방행정기관: 따로 설치 없이 도에 위임하여 처리
      ② 특별지방행정기관: 1차 지방행정기관 → 2차 지방행정기관
3) 행정청을 통해서
   ㉠ 행정주체를 대표하여 의사를 결정하고 외부에 표시(권한자)(※국가: 권리자)
   ㉡ 대통령, 국회, 장관, 처장, 세무서장, …
   ㉢ 외부: 자문기관을 통해
   ㉣ 내부: 보조기관, 보좌기관, 연구기관 등을 통해
4) 공공기관
   ㉠ 지자체
   ㉡ 공공조합
   ㉢ 영조물 법인(인적시설 + 물적시설 + 법인격): 각종 공사, 국책은행, 국립대 병원 등
      ※ 영조물(인적시설 + 물적시설): 국공립 대학·도서관·박물관·병원
      ※ 국립대 병원: 법리상 영조물 법인, 실제로는 영조물로 취급하는 경우가 많다.
5) 위임사인: 선장, 별정우체국장, 사립학교총장 등
   ※ 소득세 원천징수 의무자: **위임사인으로 취급(학설)**, 의무이행자인 객체로 취급(판례)
   ※ 교과서 검정: **확인행위(학설)**, 특허행위(판례)

제2절   행정조직법의 헌법상 원리

1. 법치주의 원리(행정조직의 법정주의)

> **헌법**
> 제96조 행정각부의 설치·조직과 직무범위는 법률로 정한다.

행정조직 그 자체가 국민의 권리·의무에 직접 관계가 있는 것은 아니지만 행정조직의 존재 목적은 행정권의 행사에 있으므로 국민생활에 지대한 영향을 미치고, 행정기관의 설치·운영은 일반국민에게 상당한 경제적 부담을 가하게 되는바, 결국 행정조직의 문제는 국가의 형성·유지에 중요한 사항이 되고, 따라서 이를 국민의 대표기관으로써 국회에 유보시킬 필요가 있는 것이다.

2. 민주주의 원리

> **헌법**
> 제67조 ① 대통령은 국민의 보통·평등·직접·비밀선거에 의하여 선출한다.

① 시민혁명 이후 헌법은 민주적 정당성에 근거한 통치구조로서 권력분립원리와 대의제원리를 골간으로

한 대통령제 정부형태를 채택하고 있다.

② 행정조직의 최고책임자인 대통령을 국민이 직접 선출케 하는 민주적 정부형태를 취하고 있다. 따라서 이러한 민주적 정부형태는 행정조직법의 영역에서 민주주의 원리를 반영하는 것이다.

3. 사회국가 원리

정부조직법상 고용노동부, 보건복지부 등은 헌법상 사회복지국가원리를 실현하기 위한 기관으로서 사회복지국가원리의 강조는 필연적으로 행정조직의 작용영역을 국가영역에서 사회영역까지 확대·강화를 가져오게 되었다.

제3절   행정조직

Ⅰ 우리나라의 행정조직의 기본원리

행정조직의 민주성, 법정성, 능률성, 지방 분권형(수직≠중앙집권형), 권력분산형(수평), 직업공무원제(관료성), 책임행정의 원칙, 독임제(예외적 합의제), 계층성

Ⅱ 행정기관

1. 의 의

행정기관이란 행정주체의 사무를 현실적으로 담당하는 행정주체의 내부구성원을 말한다. 국가 등 행정주체는 행정기관을 필요로 할 수밖에 없으며 그 행정기관의 작용의 효과는 바로 행정주체에게 귀속된다.

2. 성 질

항고소송의 피고, 기관쟁송의 당사자(≠행정주체) 또는 권한위임의 경우에는 행정주체에 준한 지위를 갖게 된다.

> **판례** 서울국제우체국장은 행정주체가 아닌 행정기관이므로 권리·의무의 주체가 될 수 없다.
> 서울국제우체국장은 우편사업을 담당하는 국가의 일개 기관에 불과할 뿐으로서 법률상 담세능력이 있다거나 책임재산을 가질 수 있다고 볼 수 없어 관세법상의 납세의무자가 될 수 없으므로 위 우체국장에 대한 이 사건 관세부과처분은 관세의 납세의무자가 될 수 없는 자를 그 납세의무자로 한 위법한 처분으로서 그 하자가 중대하고도 명백하여 당연무효라고 할 것이다. (대판 1987. 4. 28. 86누93)

Ⅲ 행정기관의 종류

정부조직법은 사무분배 단위적 관점에서, 행정심판법·소송법은 권한분배 단위적 관점에서 행정기관을 분류하고 있다.

1. 행정청

행정관청이란 행정주체를 위하여 그의 의사를 스스로 결정하고 그것을 대외적으로 표시할 수 있는 권한을 가진 기관을 말하며, 행정소송법 등에서는 이를 명확히 구분하지 않고 항고소송의 상대방으로서 행정청으로 표현하고 있다. 정부조직법에서는 일반적으로 독임제 행정청으로서 '행정기관의 장'이라고 표현하고 있으며, 예외적으로 합의제 행정청으로서 각종위원회 등이 있다.

∷ 형식적 의미의 입법(입법부)

구 분		사 례
행정관청	독임제 행정청	대통령, 국무총리, 장관, 청장, 처장
	합의제 행정청	각종위원회
행정청	광역·기초 자치단체장이 아닌 행정청	
공무수탁사인	민영교도소 운영자, 사선의 선장, 학위수여하는 사립대학 총장 등(행정주체이면서 행정기관임)	

※ 특징 – 구성원 교체 시 행위 변동 없음, 폐지되어도 기존 행위는 법적 효과 영향 미치지 않음

보조기관	직접 보조, 관청의 명을 받아 사무에 종사, 행정청의 명의로 사무처리, 따라서 **위임이나 대리에 의해 행정청의 지위에 설 수 있다.**
	차관, 국장, 과장, 팀장, 계장, 부시장
보좌기관	간접적 지원하는 행정기관, 따라서 **행정청의 지위 ×**
	수석비서관, 국무총리실, 차관보, 담당관
자문기관	행정청에 대해 의견을 제시하는 것이 임무
	정보공개심의회, 문화재위원회, 국가안정보장회의, 민주평화통일자문회의, 국민경제자문회의, 국가교육과학기술자문회의, 국가원로자문회의
의결기관	의사를 결정하는 권한은 있으나 대외적 표시권한이 없는 경우, 법률에 근거필요, 따라서 의결거치지 않으면 당연무효임
	보훈심사위원회, 지방의회, 징계위원회 등

Ⅳ 행정조직 관련법

1. 개 념

행정조직 관련법은 행정권 내지 행정주체의 조직에 관한 법으로서 법치주의 원칙상 행정영역에서도 법치행정이 적용되고, 행정조직법정주의(직무), 행정권한법정주의(작용)를 채택하고 있으며, 이에 따라 정부조직법등이 제정되어 있다. 따라서 어떠한 행정작용이라도 행정조직법적 근거는 항상 있어야 한다.

2. 행정조직법의 종류

구 분		내 용
직접적 국가행정조직법		국가가 자신의 고유한 기관을 통해 수행하는 경우에 국가기관의 조직에 관한 법을 말한다. 의결기관, 집행기관, 행정청등
간접적 국가행정조직법		법적으로 독립된 법인에 의하여 수행되는 경우에 그 법인에 조직에 관한 법을 말한다. 공공단체등
국가주체	중앙행정조직법	직접국가행정 중에서 전국적으로 권한을 갖는 기관이 수행하는 경우에 국가기관의 조직에 관한 법을 말한다.
	지방행정조직법	직접국가행정 중에서 일정지역에서만 권한을 갖는 일정기관이 중앙행정기관의 감독 하에 수행하는 경우에 국가기관의 조직에 관한 법을 말한다.
지방자치행정조직법		지방자치사무를 수행하는 지방자치단체의 조직에 관한 법을 말한다.

판례 ❶ 대학교수의 임용 여부는 임용권자가 교육법상 대학교수 등에게 요구되는 고도의 전문적인 학식과 교수능력 및 인격 등을 고려하여 합목적적으로 판단할 자유재량에 해당한다. (대판 2006. 9. 28. 2004두7818)
❷ 행정청이 구 학교보건법 소정의 학교환경위생정화구역 내에서 금지행위 및 시설의 해제 여부에 관한 행정처분을 함에 있어 학교환경위생정화위원회의 심의를 거치도록 한 취지는 그에 관한 전문가 내지 이해관계인의 의견과 주민의 의사를 행정청의 의사결정에 반영함으로써 공익에 가장 부합하는 민주적 의사를 도출하고 행정처분의 공정성과 투명성을 확보하려는 데 있고, 나아가 그 심의의 요구가 법률에 근거하고 있을 뿐 아니라 심의에 따른 의결내용도 단순히 절차의 형식에 관련된 사항에 그치지 않고 금지행위 및 시설의 해제 여부에 관한 행정처분에 영향을 미칠 수 있는 사항에 관한 것임을 종합해 보면, 금지행위 및 시설의 해제 여부에 관한 행정처분을 하면서 절차상 위와 같은 심의를 누락한 흠이 있다면 그와 같은 흠을 가리켜 위 행정처분의 효력에 아무런 영향을 주지 않는다거나 경미한 정도에 불과하다고 볼 수는 없으므로, 특별한 사정이 없는 한 이는 행정처분을 위법하게 하는 취소사유가 된다. (대판 2007. 3. 15. 2006두15806)

기출 행정기관에 대한 설명으로 옳지 않은 것은? (다툼이 있는 경우 판례에 의함)   19년 지방직 7급
① 정부조직법상 중앙행정기관에는 소관 사무를 수행하기 위하여 필요한 때에는 특히 법률로 정한 경우를 제외하고는 대통령령으로 정하는 바에 따라 지방행정기관을 둘 수 있다.
② 일정한 관할 구역 내에서 널리 일반국가사무를 수행하는 행정기관을 국가의 보통지방행정기관이라 하고 세무서장이나 경찰서장이 이에 속한다.
③ 국가사무가 지방자치단체의 장에게 위임되어 수행되는 경우, 지방자치단체의 장은 국가사무를 처리하는 범위 내에서 국가의 보통지방행정기관의 지위에 있다.
④ 법령상 주어진 권한의 범위 내에서 행정주체의 행정에 관한 의사를 결정할 뿐 이를 외부에 표시하는 권한을 갖지 못하는 합의제 행정기관을 의결기관이라 한다.

정답 ②

CHAPTER 02 행정관청의 권한

Ⅰ 행정관청의 권한(관할)

1. 의 의

직무권한 또는 권한이란 행정청이 적법하고 유효하게 직무를 수행할 수 있는 범위를 말한다. 권리와 유사하지만, 권리는 자신을 위하여 가지는 법률상의 이익인 점에 대하여 권한은 타인을 위하여 법률효과를 발생시킬 수 있는 일정한 지위 또는 자격을 말한다. 따라서 행정청은 권한자에 불과한 것이지 행정주체가 아니므로 권리를 갖지는 못한다.

2. 권한의 설정의 원칙

행정관청의 권한은 행정권한법정주의에 따라 법률 또는 법규명령에 의하여야 하고 각 행정기관간의 업무범위를 획정함으로써 행정의 통일성과 경제성을 보장함과 동시에 국민으로 하여금 소관행정청을 명확히 식별할 수 있도록 객관적으로 명확하게 정해져야 한다. 행정관청의 권한은 상호 침해하여서는 아니 되므로 법령에 특별한 규정 없이 행정청 스스로가 이를 변경할 수 없다.

3. 권한행사의 효과(권리와의 구별)

행정청이 그 소관사무에 대하여 권한을 행사하게 되면 그 행위는 행정주체의 행위가 되며 그에 따른 법적 효과도 행정주체에게 권리가 귀속된다.

Ⅱ 권한의 획정과 충돌

1. 권한의 획정

행정관청 간의 권한획정은 행정의 중복·모순 등을 피하고 행정의 전문화를 도모하여 국민의 권리보호에 기여하고자 함에 그 목적이 있는 바, 이러한 목적을 달성하기 위하여 권한을 정하는 규정들은 구체적이고 명백하여야 한다.

2. 권한의 충돌

행정관청은 자신의 권한범위 내에서만 행위를 할 수 있는 것이고 다른 행정관청의 권한을 행사할 수는 없는데 권한을 규정함에 있어 입법의 오류 등으로 권한의 충돌이 발생하게 되는데 적극적 권한충돌은 어느 한 사무에 관하여 여러 관청이 권한을 갖는 경우이고 소극적 권한충돌은 권한자가 없는 경우이다. 이러한 권한의 충돌의 경우에 그에 대한 해결방법으로 기관소송 내지 헌법재판소의 권한쟁의 등을 통하여 해결한다.

> **행정절차법**
> **제6조(관할)** ② 행정청의 관할이 분명하지 아니한 경우에는 해당 행정청을 공통으로 감독하는 상급 행정청이 그 관할을 결정하며, 공통으로 감독하는 상급 행정청이 없는 경우에는 각 상급 행정청이 협의하여 그 관할을 결정한다.
>
> **행정소송법**
> **제3조(행정소송의 종류)** 행정소송은 다음의 네 가지로 구분한다.
> 　4. 기관소송: 국가 또는 공공단체의 기관상호간에 있어서의 권한의 존부 또는 그 행사에 관한 다툼이 있을 때에 이에 대하여 제기하는 소송. 다만, 헌법재판소법 제2조의 규정에 의하여 헌법재판소의 관장사항으로 되는 소송은 제외한다.
>
> **헌법재판소법**
> **제62조(권한쟁의심판의 종류)** ① 권한쟁의심판의 종류는 다음 각 호와 같다.
> 　1. 국가기관 상호간의 권한쟁의심판
> 　　국회, 정부, 법원 및 중앙선거관리위원회 상호간의 권한쟁의심판
> 　2. 국가기관과 지방자치단체 간의 권한쟁의심판
> 　　가. 정부와 특별시·광역시·도 또는 특별자치도 간의 권한쟁의심판
> 　　나. 정부와 시·군 또는 지방자치단체인 구(이하 "자치구"라 한다) 간의 권한쟁의심판
> 　3. 지방자치단체 상호간의 권한쟁의심판
> 　　가. 특별시·광역시·도 또는 특별자치도 상호간의 권한쟁의심판
> 　　나. 시·군 또는 자치구 상호간의 권한쟁의심판
> 　　다. 특별시·광역시·도 또는 특별자치도와 시·군 또는 자치구 간의 권한쟁의심판
> ② 권한쟁의가 「지방교육자치에 관한 법률」 제2조에 따른 교육·학예에 관한 지방자치단체의 사무에 관한 것인 경우에는 교육감이 제1항 제2호 및 제3호의 당사자가 된다.

Ⅲ 권한의 행사

1. 권한행사의 방식

원칙적으로 행정관청은 자신의 권한을 스스로 행사하여야 한다. 예외적으로 업무처리의 효율성 내지 권한자의 사고 등을 이유로 다른 기관이 권한을 행사하는 경우가 있으며 이에는 권한의 위임과 대리가 있는 바 이를 권한대행이라고 한다.

2. 하자 있는 권한행사

권한이 없는 자가 행정행위를 한 경우에는 원칙적으로 무효가 된다. 다만, 상대방의 신뢰에 비추어 권한이 있다고 보여지는 외관이 형성된 경우에 극히 예외적으로 취소할 수 있는 행정행위가 될 수도 있다. 행정행위가 아닌 법규명령의 경우에는 당연히 무효가 된다.

3. 권한행사의 확대로서 대리와 위임

행정기관은 행정권한의 법정주의에 따라 법상 자기에게 부여된 권한을 스스로 행사하는 것이 원칙이지만 예외적인 경우 하급행정기관 등에게 권한을 대신 행사하게 할 수 있다. 이러한 경우로 권한의 대리와 위임이 있다.

CHAPTER 03 권한행사의 확장

I 권한의 대리

1. 의 의

권한의 대리란 권한의 행사는 대리청이 하지만 권한 행사의 법적 효과는 피대리청에게 귀속하는 것을 말한다. 이 경우 대리청은 대리임을 현명하고 자신의 이름으로 행위를 한다. 권한의 대리에는 대리권의 수권 여부에 따라 임의대리와 법정대리로 구분된다.

2. 구별개념

(1) 위임과의 구별

권한의 위임은 실질적으로 권한이 다른 행정기관에게 이전한 것임에 반해 권한의 대리는 권한 자체가 이전한 것은 아니고 행위만을 대리청이 대신 하도록 한 것으로 서로 구별된다.

(2) 대표와의 구별

대표의 행위는 대표되는 기관 자체의 행위로 직접 효력이 발생하지만, 대리는 피대리청과 구별되는 별개의 행위로서 다만 그 효과만이 피대리청에 귀속될 뿐이다.

(3) 내부위임과의 구별

내부위임은 행정조직 내부의 원활한 행정 수행을 위해 법률상의 근거 없이 이루어지는 것으로서 대리행위의 표시 없이 위임기관의 이름으로 수임기관이 행위하는 것인 반면, 대리는 원칙적으로 대리행위임을 표시(현명)하고 행정권한을 자신의 이름으로 행위하는 점에서 구분된다.

(4) 대 결

행정청 또는 결재권자의 부재 및 사고의 경우에 직무대리자가 대신 결재한 후 사후에 결재권자에게 보고하게 하는 것을 말한다. 외부적인 권한행사는 결재권자의 이름으로 하는 점에서 대리와 다르고, 일시적이라는 점에서 위임전결과 다르다.

3. 항고소송의 피고적격 문제

대리청의 행위의 효과는 피대리청에게 귀속된다. 대리청은 대리행위임을 현명하고 자신의 이름으로 행위한다. 따라서 항고소송에서 피고적격도 피대리청이 지게 된다. 다만, 판례에 따르면 대리청이 현명하지 않고 한 행위는 대리청이 피고적격을 갖는다. 이 경우에도 대리청이 대리의 의사로 처분을 하고 상대방인 사인도 피대리청을 위한 대리행위였음을 안 경우에는 예외적으로 피대리청이 피고적격을 갖는다고 한다.

4. 임의대리(수권대리)

(1) 의 의

임의대리란 행정청이 자신의 의사에 기하여 다른 기관에 특정한 사무에 대한 대리권을 부여함으로써 대리관계가 발생하는 것을 말한다. 대리권의 수여는 상대방의 동의를 요하지 않는 단독행위이다.

(2) 법적 근거

대리도 법령이 정한 행정기관의 권한배분에 변화를 가져오는 것이므로 법적 근거가 필요하다는 긍정설, 그에 반하여 대리는 권한의 이전을 가져오는 것은 아니므로 권한의 위임과는 달리 법적 근거를 요하지 않는다고 보는 부정설의 대립이 있으나, 임의대리는 행정의 능률적인 수행을 위해 필요한 것으로, 법령의 근거가 있어야만 가능하다고 하면 이러한 취지가 퇴색될 수 있으므로 부정설이 타당하다.

(3) 내 용

① 대리권의 범위는 수권행위에서 정해진 범위로 한정된다.
② 임의대리는 행정권한의 일부에 대해서만 가능하지 전부를 대리케 할 수는 없다. 이는 사실상 당해 행정기관의 권한의 폐지에 해당하기 때문이다.
③ 복대리의 경우 대리청은 피대리청의 신뢰에 기초해 수권 받은 것이므로 이를 피대리청의 동의 없이 다른 기관에 복대리하는 것은 임의대리의 법리에 반한다 할 것이어서 이는 원칙적으로 금지된다.
④ 피대리청은 대리청에 대해 선임 및 지휘감독권을 갖고 대리청의 행위에 대해 책임을 진다.

(4) 종 료

임의대리는 수권행위를 철회하거나 위임의 종료, 기간 경과, 조건의 성취 등으로 소멸한다.

5. 법정대리

(1) 의 의

법정대리란 어떤 법정 사실이 발생하면 수권 행위 없이 법령의 규정으로 대리관계가 성립하는 것을 말한다.

(2) 종 류

	협의의 법정대리	지정대리
의 의	법정사실이 발생하면 대리자가 법령에 이미 정해져 있어 따로 지정행위 없이 법률상 당연히 대리관계가 발생하는 것	일정한 법정사실이 발생하면 일정한 자가 대리자를 지정함으로써 법상의 대리관계가 발생하는 것
사 례	국무총리의 궐위 시 대통령의 지명이 없는 경우 정부조직법 따라 정해진 순서	정부조직법 제22조상의 국무총리 궐위 시 대통령이 지명하는 국무위원이 국무총리의 권한을 대행

(3) 법적 근거

법정대리는 그 본질상 법적 근거를 필수적 요소로 한다. 법정대리의 일반법으로 대통령령인 직무대리규정이 있고, 각종 개별법에 법정대리를 규정하고 있다.

(4) 내 용

① 법정대리는 피대리청의 권한의 전부에 대해 발생한다.
② 복대리도 가능하다는 것이 통설이다.
③ 피대리청은 대리청에 대해 선임 및 지휘감독권을 갖지 않는다. 이는 피대리청의 자의가 아니라 법령에 의해 발생한 것이기 때문이다.

(5) 권한의 서리

1) 의 의

행정기관의 구성자가 사망·면직 등으로 궐위된 경우에 새로운 구성자가 정식으로 임명되기 전까지 임시로 대리자를 두어 업무를 수행하게 하는 것을 권한의 서리라 한다.

2) 국무총리 서리 제도의 위헌 여부

국무총리 서리제에 관한 학설상의 다툼은 있으나, 국무총리의 임명에는 헌법상 국회의 사전동의가 필요하다는 점에서 그러한 동의를 받지 않은 서리제도는 위헌이라고 봄이 타당하다.

3) 법적 지위

서리는 잠정적이나마 행정청의 모든 권한을 행사한다. 당해 기관의 구성자가 정식으로 임명되면 서리는 종료한다.

(6) 피대리청의 감독 범위

임의대리의 경우에는 피대리청의 책임 하에 권한을 대리하는 것이므로 대리청에 대한 지휘·감독권이 일반적으로 인정된다. 법정대리의 경우에는 피대리청이 궐위된 경우에는 지휘·감독할 수 없으나, 국외로의 출장 등의 경우에는 감독권이 긍정된다.

(7) 행사방식

현명주의와 표현대리의 문제

(8) 효 과

1) 원 칙

피대리청에게 귀속

2) 예 외

현명하지 않은 경우에는 원칙적으로 대리기관이 피고에 해당한다. 그러나 알 수 있는 경우 피대리청이 피고가 된다.

(9) 대리관계의 소멸

임의대리의 경우에는 수권행위의 철회, 대리자의 사망, 종기의 도래 등으로 소멸하고 법정대리의 경우에는 법정사실의 소멸로 종료한다.

(10) 복대리

임의대리는 복대리가 불가능한 반면, 법정대리에서는 복대리가 가능하다.

Ⅱ 권한의 위임·위탁

1. 의 의

행정기관이 자신의 권한을 반드시 법령의 명시적 근거에 의한 위임입법 등을 통해 다른 기관에게 이를 이전하고 수임청이 자신의 명의와 권한, 책임으로 권한을 행사하게 하는 것을 말한다. 여기에는 지휘·감독 관계에 있는 기관에게 이전하는 협의의 권한의 위임과 대등관계에 있는 기관에게 이전하는 위탁으로 구분된다.

> **정부조직법**
> **제6조(권한의 위임 또는 위탁)** ① 행정기관은 법령으로 정하는 바에 따라 그 소관사무의 일부를 보조기관 또는 하급행정기관에 위임하거나 다른 행정기관·지방자치단체 또는 그 기관에 위탁 또는 위임할 수 있다. 이 경우 위임 또는 위탁을 받은 기관은 특히 필요한 경우에는 법령으로 정하는 바에 따라 위임 또는 위탁을 받은 사무의 일부를 보조기관 또는 하급행정기관에 재위임할 수 있다.
> ② 보조기관은 제1항에 따라 위임받은 사항에 대하여는 그 범위에서 행정기관으로서 그 사무를 수행한다.
> ③ 행정기관은 법령으로 정하는 바에 따라 그 소관사무 중 조사·검사·검정·관리 업무 등 국민의 권리·의무와 직접 관계되지 아니하는 사무를 지방자치단체가 아닌 법인·단체 또는 그 기관이나 개인에게 위탁할 수 있다.
>
> 16년 국가직 7급
>
> **행정권한의 위임 및 위탁에 관한 규정**
> **제3조(위임 및 위탁의 기준 등)** ① 행정기관의 장은 허가·인가·등록 등 민원에 관한 사무, 정책의 구체화에 따른 집행사무 및 일상적으로 반복되는 사무로서 그가 직접 시행하여야 할 사무를 제외한 일부 권한(이하 "행정권한"이라 한다)을 그 보조기관 또는 하급행정기관의 장, 다른 행정기관의 장, 지방자치단체의 장에게 위임 및 위탁한다.
> ② 행정기관의 장은 행정권한을 위임 및 위탁할 때에는 위임 및 위탁하기 전에 수임기관의 수임능력 여부를 점검하고, 필요한 인력 및 예산을 이관하여야 한다.
> ③ 행정기관의 장은 행정권한을 위임 및 위탁할 때에는 위임 및 위탁하기 전에 단순한 사무인 경우를 제외하고는 수임 및 수탁기관에 대하여 수임 및 수탁사무 처리에 필요한 교육을 하여야 하며, 수임 및 수탁사무의 처리지침을 통보하여야 한다.

2. 구별개념

(1) 권한의 이양

권한의 이양이란 권한 자체가 법상 이전되는 것으로 수권규범 자체를 개정하여 다른 기관의 고유한 권한으로 이관하는 것임에 반해 권한의 위임이란 수권규정은 그대로 둔 채 위임입법을 통해 권한이 실질적으로 이전되는 것을 말한다. 따라서 권한의 이양은 A행정청의 권한으로 규정한 법령의 개정으로 B권한으로 변경되는 것을 말한다. 위임은 법령의 규정은 그대로이지만 별개의 위임규정을 근거로 권한의 행사자가 변경된다는 점에서 다르다. 그러므로 권한의 위임은 위임권한을 회수할 수 있으나, 권한의 이양은 더 이상 회수가 불가능한 경우를 말한다.

(2) 권한의 대리

권한의 위임은 실질적으로 권한이 다른 행정기관에게 이전한 것임에 반해 권한의 대리는 권한 자체가 이전한 것은 아니고 행위만을 대리청이 대신 하도록 한 것으로 구별된다.

(3) 내부위임

1) 의 의

내부위임은 행정청의 내부적 사무처리의 편의를 도모하기 위하여 그 보조기관 또는 하급행정청으로 하여금 그 권한을 사실상 행사하도록 하는 것으로서, 행정청이 보조기관 또는 하급기관에 대하여 자신의 소관 사무를 처리하도록 하면서 그 업무에 관한 대외적 권한 행사는 위임 행정청의 명의로 하는 경우를 말한다. 위임의 경우에는 수임청의 명의로 행하여지나 내부위임의 경우에는 위임청의 명의로 행하여진다. 따라서 법적 근거가 없더라도 허용된다. 다만, 수임청이 자신의 명의로 권한을 행사하게 되면 권한 없는 자의 행위로서 무효이고 이 경우 행정소송의 피고는 수임청이 된다.[1]

> **판례** 행정권한의 위임은 위임관청이 법률에 따라 하는 특정권한에 대한 법정귀속의 변경임에 대하여 내부위임은 행정관청의 내부적인 사무처리의 편의를 도모하기 위하여 그 보조기관 또는 하급행정관청으로 하여금 그 권한을 사실상 행하게 하는데 그치는 것이므로 권한위임의 경우에는 수임자가 자기의 명의로 권한을 행사할 수 있으나 내부위임의 경우에는 수임자는 위임관청의 명의로 이를 할 수 있을 뿐이다. (대판 1989. 3. 14. 88누10985)

2) 종 류

내부위임에는 위임전결과 대결이 있다.[2] 위임전결은 행정청이 내부적으로 행정청의 보조기관에게 내부적 의사결정권을 위임하여 보조기관 또는 하급행정관청이 이를 사실상 행사하게 하는 것을 말하고, 대결이란 권한자의 여행 등 일시적인 부재 시에 보조기관 또는 하급행정관청이 그 자를 갈음하여 결재하는 것을 말하며, 후에 중요한 사항의 경우 권한자가 복귀하면 사후 보고하여야 한다(사무관리규정 제16조 제3항).

3) 법적 근거 및 권한 행사 방법

권한의 위임에는 반드시 법령의 명시적 근거가 필요하지만 수임청의 동의는 불요하다. 이에 반하여 내부위임에는 법령의 명시적 근거와 수임청의 동의는 불요하다.

> **판례** 행정권한의 위임은 행정관청이 법률에 따라 특정한 권한을 다른 행정관청에 이전하여 수임관청의 권한으로 행사하도록 하는 것이어서 권한의 법적인 귀속을 변경하는 것이므로 법률이 위임을 허용하고 있는 경우에 한하여 인정된다 할 것이고, 이에 반하여 행정권한의 내부위임은 법률이 위임을 허용하고 있지 아니한 경우에도 행정관청의 내부적인 사무처리의 편의를 도모하기 위하여 그의 보조기관 또는 하급행정관청으로 하여금 그의 권한을 사실상 행사하게 하는 것이므로, 권한위임의 경우에는 수임관청이 자기의 이름으로 그 권한행사를 할 수 있지만 내부위임의 경우에는 수임관청은 위임관청의 이름으로만 그 권한을 행사할 수 있을 뿐 자기의 이름으로는 그 권한을 행사할 수 없다. (대판 1995. 11. 28. 94누6475)

---

[1] 위임은 권한이 이전되나 내부위임은 권한의 이전이 없고, 대리는 이를 외부에 표시하나 내부위임은 대외적으로 그 내용을 표시하지 않는 점에서 차이가 있다.

[2] 이에 반해 내부위임과 위임전결·대결을 서로 구별하는 견해도 있다.

4) 권한행사방법의 위반의 효과

가. 내부위임 받은 경우 수임자 자신의 명의로 처분한 경우

내부위임을 받은 수임자의 자신 명의의 처분은 중대·명백한 하자로 볼 수 있으므로 당연무효에 해당한다.

> **판례** 체납취득세에 대한 압류처분권한은 도지사로부터 시장에게 권한위임된 것이고 시장으로부터 압류처분권한을 내부위임받은 데 불과한 구청장으로서는 시장 명의로 압류처분을 대행처리할 수 있을 뿐이고 자신의 명의로 이를 할 수 없다 할 것이므로 구청장이 자신의 명의로 한 압류처분은 권한 없는 자에 의하여 행하여진 위법무효의 처분이다. (대판 1993. 5. 27. 93누6621)

나. 수임전결권자가 아닌 자가 처분한 경우

행정관청 내부의 사무처리규정에 불과한 전결규정을 위반한 하자는 중대한 법령위반의 하자이지만 명백하지 않아 당연무효라고 볼 수는 없다.

> **판례** 전결과 같은 행정권한의 내부위임은 법령상 처분권자인 행정관청이 내부적인 사무처리의 편의를 도모하기 위하여 그의 보조기관 또는 하급 행정관청으로 하여금 그의 권한을 사실상 행사하게 하는 것으로서 법률이 위임을 허용하지 않는 경우에도 인정되는 것이므로, 설사 행정관청 내부의 사무처리규정에 불과한 전결규정에 위반하여 원래의 전결권자 아닌 보조기관 등이 처분권자인 행정관청의 이름으로 행정처분을 하였다고 하더라도 그 처분이 권한 없는 자에 의하여 행하여진 무효의 처분이라고는 할 수 없다. (대판 1998. 2. 27. 97누1105)

5) 항고소송의 피고적격

가. 원칙: 위임관청

> **판례** 행정관청이 특정한 권한을 법률에 따라 다른 행정관청에 이관한 경우와 달리 내부적인 사무처리의 편의를 도모하기 위하여 그의 보조기관 또는 하급행정관청으로 하여금 그의 권한을 사실상 행하도록 하는 내부위임의 경우에는 수임관청이 그 위임된 바에 따라 위임관청의 이름으로 권한을 행사하였다면 그 처분청은 위임관청이므로 그 처분의 취소나 무효확인을 구하는 소송의 피고는 위임관청으로 삼아야 한다. (대판 1991. 10. 8. 91누520)

나. 예외: 수임관청

> **판례** 항고소송은 원칙적으로 소송의 대상인 행정처분 등을 외부적으로 그의 명의로 행한 행정청을 피고로 하여야 하는 것으로서, 그 행정처분을 하게 된 연유가 상급행정청이나 타행정청의 지시나 통보에 의한 것이라 하여 다르지 않으며, 권한의 위임이나 위탁을 받아 수임행정청이 정당한 권한에 기하여 수임행정청 명의로 한 처분에 대하여는 말할 것도 없고, 내부위임이나 대리권을 수여받은 데 불과하여 원행정청 명의나 대리관계를 밝히지 아니하고는 그의 명의로 처분 등을 할 권한이 없는 행정청이 권한 없이 그의 명의로 한 처분에 대하여도 처분명의자인 행정청이 피고가 되어야 한다. (대판 1994. 6. 14. 94누1197)

3. 권한위임의 법적 근거

> **판례** 권한의 위임은 법령에서 정한 권한이 대외적으로 변경되는 것이므로 법적 근거를 필요로 한다는 것이 통설과 판례이다. (대판 1995. 11. 28. 94누6475)

4. 일반규정을 근거로 권한의 위임 또는 재위임이 가능한지 여부

(1) 개별법적 근거가 있는 경우

권한의 전부위임은 위임청의 폐지를 의미하므로 권한의 위임은 일부위임만 인정되고 위임받은 권한을 재위임하는 경우에도 권한자의 변경을 수반하므로 법적 근거가 필요하다.

> **판례** 기관위임사무는 지방자치단체의 장이 제정한 규칙이 정하는 바에 따라 재위임하는 것만이 가능하다.
> 국가사무로서 지방자치단체의 장에게 위임된 이른바 기관위임사무는 시·도지사가 지방자치단체의 조례에 의하여 이를 구청장 등에게 재위임할 수는 없고, 행정권한의위임및위탁에관한규정 제4조에 의하여 위임기관의 장의 승인을 얻은 후 지방자치단체의 장이 제정한 규칙이 정하는 바에 따라 재위임하는 것만이 가능하다. (대판 1995. 8. 22. 94누5694(전합))

> **행정권한의 위임 및 위탁에 관한 규정**
> **제4조(재위임)** 특별시장·광역시장·특별자치시장·도지사 또는 특별자치도지사(특별시·광역시·특별자치시·도 또는 특별자치도의 교육감을 포함한다. 이하 같다)나 시장·군수 또는 구청장(자치구의 구청장을 말한다. 이하 같다)은 행정의 능률향상과 주민의 편의를 위하여 필요하다고 인정될 때에는 수임사무의 일부를 그 위임기관의 장의 승인을 받아 규칙으로 정하는 바에 따라 시장·군수·구청장(교육장을 포함한다) 또는 읍·면·동장, 그 밖의 소속기관의 장에게 다시 위임할 수 있다.

(2) 개별 규정이 없는 경우 가능여부

1) 문 제

개별법령에 위임 또는 재위임에 대한 특별한 규정이 없는 경우에 정부조직법 제6조와 정부조직법 제6조의 세부사항(집행명령등)을 정하기 위해 제정된 대통령령인 행정권한의위임및위탁에관한규정 중 제4조에 의해 권한을 위임 또는 재위임할 수 있는지가 문제된다.

2) 학 설

가. 적극설

정부조직법 제6조 및 위임위탁규정의 입법취지와 국민의 권리와 의무에 직접적인 관련 없는 행정조직에 있어서는 어느 정도 포괄적인 위임도 가능하다는 이유로 이를 긍정함이 타당하다는 견해이다.

나. 소극설

정부조직법 제6조는 행정권한법정주의를 규정하고 있는 헌법에 위배되며 따라서 위임위탁규정도 무효인 법률에 근거한 무효인 명령이고, 또한 정부조직법 제6조는 권한의 위임 및 재위임이 가능하다는 선언규정이지 수권규정이 아니므로 그 자체로 개별법령의 근거 없이 행정청이 권한을 위임할 수 없다는 견해이다.

3) 판례

대법원은 적극설을 취하고 있다.

> **판례** 구 건설업법 제57조 제1항, 같은 법 시행령 제53조 제1항 제1호에 의하면 건설부장관의 권한에 속하는 같은 법 제50조 제2항 제3호 소정의 영업정지 등 처분권한은 서울특별시장·직할시장 또는 도지사에게 위임되었을 뿐 시·도지사가 이를 구청장·시장·군수에게 재위임할 수 있는 근거규정은 없으나, 정부조직법 제5조 제1항과 이에 기한 행정권한의위임및위탁에관한규정 제4조에 재위임에 관한 일반적인 근거규정이 있으므로 시·도지사는 그 재위임에 관한 일반적인 규정에 따라 위임받은 위 처분권한을 구청장 등에게 재위임할 수 있다. (대판 1995. 7. 11. 94누 4615)

5. 권한위임의 내용

(1) 전부위임 여부

권한의 일부 위임만 가능하지 전부 위임은 불가하다. 이는 위임기관의 권한을 전부 폐지하는 것이나 마찬가지이기 때문이다.

(2) 권한행사 방법

수임기관은 자기의 명의와 권한과 책임으로 업무를 수행한다. 따라서 항고소송의 피고적격도 수임기관이 된다.

(3) 위임기관의 권한

위임기관이 위임한 권한을 직접 행사할 수 있는지와 관련해 통설과 판례는 직접 행사는 할 수 없다고 본다. 다만, 위임기관은 수임기관에 대해 일반적 지휘·감독권을 행사하고, 위법·부당한 경우에는 시정 또는 중지를 할 수 있는 권한이 있다(행정권한의 위임 및 위탁에 관한 규정 제6조).

(4) 비용부담

위임 또는 위탁에 있어서는 사전에 수임기관의 수임능력 여부를 점검하고 필요한 인력 및 예산을 이관하도록 하여야 한다. 국가와 지방자치단체의 경우에는 국가 스스로 행하여야 할 사무를 지방자치단체 또는 그 기관에 위임하여 수행하게 하는 경우 그 소요되는 경비는 국가가 그 전부를 당해 지방자치단체에 교부하여야 한다(지방자치법 제158조,[3] 지방재정법 제21조 제2항,[4] 제28조[5] 등).

6. 권한위임의 유형

위임의 수임기관에 따른 유형으로 ① 보조기관에 위임하는 것, ② 하급행정기관에 위임하는 것, ③ 타행정기관에 위임하는 것(위탁), ④ 지방자치단체의 장에게 위임하는 것(기관위임사무), ⑤ 지방자치단체에게 위임하는 것(단체위임사무), ⑥ 민간부문에 위탁하는 것(민간위탁) 등이 있다.

---

3) **지방자치법 제158조(경비의 지출)** 지방자치단체는 그 자치사무의 수행에 필요한 경비와 위임된 사무에 관하여 필요한 경비를 지출할 의무를 진다. 다만, 국가사무나 지방자치단체사무를 위임할 때에는 이를 위임한 국가나 지방자치단체에서 그 경비를 부담하여야 한다.

4) **지방재정법 제21조(부담금과 교부금)** ② 국가가 스스로 행하여야 할 사무를 지방자치단체 또는 그 기관에 위임하여 수행하는 경우에, 그 소요되는 경비는 국가가 그 전부를 당해 지방자치단체에 교부하여야 한다.

5) **지방재정법 제28조(시·도의 사무위임에 수반하는 경비부담)** 시·도 또는 시·도지사가 시·군 및 자치구 또는 시장·군수·자치구의 구청장으로 하여금 그 사무를 집행하게 하는 때에는 시·도는 그 사무집행에 소요되는 경비를 부담하여야 한다.

7. 권한위임의 효과

권한이 위임된 경우 위임청은 당해 위임사항을 처리할 수 있는 권한을 잃게 되고, 그 사항은 수임기관의 권한으로 되고 수임기관이 위임청의 보조기관이나 그 지휘·감독 하에 있는 하급기관인 때에는 본래의 권한에 기하여 이를 지휘·감독할 수 있으나, 그 지휘·감독 하에 있지 않은 행정기관인 경우 지휘·감독권이 없다.

> **행정권한의 위임 및 위탁에 관한 규정**
> **제6조(지휘·감독)** 위임 및 위탁기관은 수임 및 수탁기관의 수임 및 수탁사무 처리에 대하여 지휘·감독하고, 그 처리가 위법하거나 부당하다고 인정될 때에는 이를 취소하거나 정지시킬 수 있다.
> **제7조(사전승인 등의 제한)** 수임 및 수탁사무의 처리에 관하여 위임 및 위탁기관은 수임 및 수탁기관에 대하여 사전승인을 받거나 협의를 할 것을 요구할 수 없다. 16년 국가직 7급
> **제8조(책임의 소재 및 명의 표시)** ① 수임 및 수탁사무의 처리에 관한 책임은 수임 및 수탁기관에 있으며, 위임 및 위탁기관의 장은 그에 대한 감독책임을 진다.
> ② 수임 및 수탁사무에 관한 권한을 행사할 때에는 수임 및 수탁기관의 명의로 하여야 한다.

8. 수임기관의 유형

(1) 보조기관

위임의 가장 대표적인 경우로서 예를 들면 행정안전부장관이 행정안전부차관에게 권한을 위임하는 경우이다.

> **정부조직법**
> **제6조(권한의 위임 또는 위탁)** ② 보조기관은 제1항에 따라 위임받은 사항에 대하여는 그 범위에서 행정기관으로서 그 사무를 수행한다.

(2) 하급행정기관

상급행정청인 국세청장이 하급행정청인 세무서장에게 권한을 위임하는 경우로서 위임의 범위 안에서 하급행정기관은 행정관청의 지위에 선다.

(3) 다른 행정기관

예컨대 법무부장관이 행정안전부장관에게 위탁하거나, 법무부장관이 경찰서장에게 위임하는 경우처럼 지휘·감독관계가 없는 행정기관 사이의 위임을 말하며 이를 위탁이라고도 한다.

> **정부조직법**
> **제6조(권한의 위임 또는 위탁)** ① 행정기관은 법령으로 정하는 바에 따라 그 소관사무의 일부를 보조기관 또는 하급행정기관에 위임하거나 다른 행정기관·지방자치단체 또는 그 기관에 위탁 또는 위임할 수 있다. 이 경우 위임 또는 위탁을 받은 기관은 특히 필요한 경우에는 법령으로 정하는 바에 따라 위임 또는 위탁을 받은 사무의 일부를 보조기관 또는 하급행정기관에 재위임할 수 있다.

(4) 지방자치단체

예컨대 법무부장관이 자신의 권한을 지방자치단체에게 위임하는 경우로서 이러한 위임을 단체위임이라

하고, 그 사무를 단체위임사무라고 한다. 단체위임사무를 처리하는 지방자치단체의 행위의 효과는 위임한 행정주체 즉, 국가에게 귀속된다.

(5) 지방자치단체의 기관

예컨대 법무부장관이 지방자치단체의 장에게 위임하거나, 상급 지방자치단체의 장이 관할 구역 내에 있는 지방자치단체의 장에게 위임하는 경우로서 이러한 위임을 기관위임이라고 하고, 그 사무를 기관위임사무라고 한다. 일반적으로 기관위임이란 다른 행정주체의 행정기관에게 위임하는 경우이다.

9. 권한위임관계의 종료

위임은 위임의 해제 또는 종기의 도래 등에 의해 종료되고, 당해 권한은 다시 위임청의 권한으로 된다. 위임의 해제에는 법령의 근거가 필요하지 않다.

> **기출** 행정권한의 위임과 내부위임에 대한 설명으로 옳지 않은 것은? (다툼이 있는 경우 판례에 의함) 19년 5급
> ① 시장으로부터 체납취득세에 대한 압류처분권한을 내부위임받은 구청장이 자신의 이름으로 한 압류처분은 권한 없는 자에 의하여 행하여진 위법무효의 처분이다.
> ② 행정권한의 위임의 경우에는 수임자가 자기의 이름으로 그 권한을 행사할 수 있는 반면, 행정권한의 내부위임의 경우에는 수임자는 위임청의 이름으로 그 권한을 행사할 수 있을 뿐이다.
> ③ 행정권한의 내부위임을 받은 하급행정청이 권한 없이 위임청이 아닌 자기의 명의로 행정처분을 한 경우, 이에 대한 항고소송에서 그 하급행정청이 피고가 된다.
> ④ 국가사무의 권한을 위임받은 서울특별시장은 위임받은 권한의 재위임에 관한 개별 법령상의 근거규정이 없더라도 정부조직법 및 행정권한의 위임 및 위탁에 관한 규정에 따라 위임받은 권한을 구청장에게 재위임할 수 있다.
> ⑤ 구 사립학교법에 규정된 교육감의 학교법인 임원취임의 승인취소권은 교육감이 정부조직법상의 국가행정기관의 일부로서 가지는 권한이므로 조례에 의해서는 교육장에게 위임할 수 없다.
>
> **정답** ⑤

Ⅲ 관청간의 관계

1. 상·하 관청간의 관계

(1) 권한의 감독관계

행정의 통일적인 수행을 확보하는 수단이다. 감독의 방법은 감시권, 인가권, 훈령권, 취소·정지권 등이 있다.

구 분	내 용
감시권	상급관청이 감독권 행사의 기초로서 하급관청의 사무처리상황을 파악하기 위해 보고를 받거나, 서류장부를 검사하는 등 사무감사를 행하는 것을 말한다. 이러한 감시권의 행사에 특별한 법적 근거가 필요한 것은 아니다.
인가권	하급행정청이 특정한 권한을 행사함에 앞서 미리 상급기관의 승인을 구하는 것을 말하는 바, 여기서의 인가는 행정행위로서의 인가와 다른 조직법적인 개념으로서 처분이 아니다.
훈령권	상급행정청이 하급행정청의 권한행사를 일반적으로 지휘하기 위하여 발하는 명령을 말한다. 상급행정청의 하급행정청에 대한 명령이라는 점에서 상관이 부하직원에 개인에 대하여 그 직무에 관하여 발하는 직무명령과 구별된다. 훈령은 행정조직내부에 발하는 행정규칙으로 원칙적으로 대외적 법규성이 인정되지 않는다. 따라서 수명기관이 이를 위반하더라도 당해 위반행위가 위법이 되는 것은 아니나 징계사유는 될 수 있다.

취소·정지권	상급관청이 직권 또는 당사자의 신청에 따라 하급관청의 위법·부당한 행위를 취소하거나 정지할 수 있다. 사후적 감독수단에 속하고 법적 근거가 필요한 지에 관하여 견해대립이 있다.
주관쟁의 결정권	상급행정청이 그 소속 행정청 간의 관할에 관한 분쟁을 해결하고 결정할 수 있는 권한을 말한다.

> **판례** ❶ 항고소송의 대상이 되는 행정처분은 행정청의 공법상의 행위로서 특정 사항에 대하여 법규에 의한 권리의 설정 또는 의무의 부담을 명하거나 기타 법률상의 효과를 직접 발생케 하는 등 국민의 구체적인 권리·의무에 직접 관계가 있는 행위를 말하는바, 상급행정기관의 하급행정기관에 대한 승인·동의·지시 등은 행정기관 상호간의 내부행위로서 국민의 권리·의무에 직접 영향을 미치는 것이 아니므로 항고소송의 대상이 되는 행정처분에 해당한다고 볼 수 없다. (대판 1997. 9. 26. 97누8540)
> ❷ 하자 있는 훈령에 대한 하급행정기관의 심사권과 복종의무와의 관계에 대하여 대법원은 공무원이 그 직무를 수행함에 있어 상관은 하관에 대하여 범죄행위 등 위법한 행위를 하도록 명령할 직권이 없는 것이고, 하관은 소속상관의 적법한 명령에 복종할 의무는 있으나 그 명령이 참고인으로 소환된 사람에게 가혹행위를 가하라는 등과 같이 명백한 위법 내지 불법한 명령인 때에는 이는 벌써 직무상의 지시명령이라 할 수 없으므로 이에 따라야 할 의무는 없다. (대판 1988. 2. 23. 87도2358)

행정절차법
제6조(관할) ① 행정청이 그 관할에 속하지 아니하는 사안을 접수하였거나 이송받은 경우에는 지체없이 이를 관할행정청에 이송하여야 하고 그 사실을 신청인에게 통지하여야 한다. 행정청이 접수 또는 이송받은 후 관할이 변경된 경우에도 또한 같다.
② 행정청의 관할이 분명하지 아니하는 경우에는 당해 행정청을 공통으로 감독하는 상급행정청이 그 관할을 결정하며, 공통으로 감독하는 상급행정청이 없는 경우에는 각 상급행정청의 협의로 그 관할을 결정한다.

	훈 령[6]	직무명령
개 념	상급행정청이 하급행정청의 권한행사를 지휘하기 위하여 미리 발하는 명령. 일반적·추상적 명령이다. 법적 근거 불요	상관이 부하인 공무원 개인에 대하여 직무상 발하는 명령. 개별적·구체적인 명령이다.
효력 요건	훈령권 있는 상급행정청이 하급행정청에 대하여 하급행정청의 독립적인 권한 외의 사항에 대하여 내용적으로 적법·타당·가능·명백한 사항을 담고 있어야 한다. 구성원이 변경되어도 효력을 유지한다. 공포는 효력발생요건이 아니다. 담당기관에 도달하면 효력이 발생한다.	개인을 구속하는 것이므로 구성원이 변경되면 효력을 상실한다.
심사권	형식적인 심사권을 가지지만 실질적인 요건은 당연무효가 아닌 한 거부할 수 없다. 명백한 위법 내지 불법한 명령인 때에는 복종의무가 없으나 그렇지 않은 경우에는 복종의무가 있다고 할 것이다.	형식적인 심사권을 가지지만 실질적인 요건은 당연무효가 아닌 한 거부할 수 없다.

---

6) 1. **훈령의 종류** 협의의 훈령은 상급기관이 하급기관에 대해 장기간에 걸쳐 그 권한행사를 일반적으로 지시하기 위하여 발하는 명령을 말한다.
   지시란 상급기관이 하급기관에 대해 개별적·구체적으로 발하는 명령을 말한다.
   예규는 행정사무의 통일을 기하기 위하여 반복적 행정사무의 처리기준을 제시하기 위하여 발하는 명령을 말한다.
   일일명령이란 당직·출장·시간외 근무 등 일일업무에 관하여 발하는 명령을 말한다.
   2. **훈령의 경합** 서로 상호 모순되는 둘 이상의 훈령이 경합되는 때에는 먼저 주관상급행정청의 훈령을 따라야 하고, 주관상급행정청이 서로 상하관계에 있는 때에는 직근상급관청의 훈령을 따라야 한다.

(2) 대등관청

1) 협의절차

법령상 협의를 거치지 않은 경우에는 취소사유가 된다.

2) 동 의

처분청은 동의기관에 구속된다. 부동의시 처분을 취소하여야 한다.

2. 대등관청 간의 관계

(1) 권한의 상호존중관계

행정청의 권한은 법령에 의하여 정해지는 것이므로 대등행정청 사이에서는 서로 권한을 존중하고 협력하여야 한다.

(2) 권한의 상호협력관계

1) 협 의

하나의 사항이 둘 이상의 대등행정관청의 권한에 관련되는 경우에는 그 관청 사이의 협의에 의하여 결정한다. 협의 방식으로는 공동결정, 관계행정청과의 협의, 주관행정청과의 협의가 있다. 법률상 처분 전에 관계행정청과 협의하도록 하였으나 이를 거치지 않고 한 처분에 대해 판례는 취소사유에 해당하고 무효는 아니라는 입장이다.

2) 사무의 촉탁

대등관청 사이에 하나의 관청의 직무상 필요한 사무가 다른 행정청의 관할에 속하는 경우에 그 행정청에 사무처리를 촉탁하는 것을 말한다. 예컨대 세무서장이 체납처분을 부동산소재지의 세무서장에게 위탁하는 것을 들 수 있다.

3) 행정응원

대등한 행정관청의 일방이 다른 관청의 요청이 있는 경우 또는 자발적으로 다른 행정관청의 권한행사에 협력하는 것을 말한다. 현행법상 경찰응원, 소방응원, 군사응원 등이 있다.

행정절차법

제8조(행정응원) ① 행정청은 다음 각 호의 어느 하나에 해당하는 경우에는 다른 행정청에 행정응원을 요청할 수 있다.
  1. 법령등의 이유로 독자적인 직무수행이 어려운 경우
  2. 인원·장비의 부족등 사실상의 이유로 독자적인 직무수행이 어려운 경우
  3. 다른 행정청에 소속되어 있는 전문기관의 협조가 필요한 경우
  4. 다른 행정청이 관리하고 있는 문서(전자문서를 포함한다. 이하 같다)·통계등 행정자료가 직무수행을 위하여 필요한 경우
  5. 다른 행정청의 응원을 받아 처리하는 것이 보다 능률적이고 경제적인 경우
② 제1항에 따라 행정응원을 요청받은 행정청은 다음 각 호의 어느 하나에 해당하는 경우에는 이를 거부할 수 있다.
  1. 다른 행정청이 보다 능률적이거나 경제적으로 응원할 수 있는 명백한 이유가 있는 경우
  2. 행정응원으로 인하여 고유의 직무수행이 현저히 지장받을 것으로 인정되는 명백한 이유가 있는 경우
③ 행정응원은 당해 직무를 직접 응원할 수 있는 행정청에 요청하여야 한다.
④ 행정응원을 요청받은 행정청이 응원을 거부하는 경우에는 그 사유를 응원요청한 행정청에 통지하여야 한다.

⑤ 행정응원을 위하여 파견된 직원은 응원을 요청한 행정청의 지휘·감독을 받는다. 다만, 당해 직원의 복무에 관하여 다른 법령등에 특별한 규정이 있는 경우에는 그에 의한다.

⑥ 행정응원에 소요되는 비용은 응원을 요청한 행정청이 부담하며, 그 부담금액 및 부담방법은 응원을 요청한 행정청과 응원을 행하는 행정청이 협의하여 결정한다.

경찰직무 응원법
제1조(응원경찰관의 파견) ① 시·도경찰청장 또는 지방해양경찰관서의 장은 돌발사태를 진압하거나 공공질서가 교란(攪亂)되었거나 교란될 우려가 현저한 지역(이하 "특수지구"라 한다)을 경비할 때 그 소관 경찰력으로는 이를 감당하기 곤란하다고 인정할 때에는 응원(應援)을 받기 위하여 다른 시·도경찰청장이나 지방해양경찰관서의 장 또는 자치경찰단을 설치한 제주특별자치도지사에게 경찰관 파견을 요구할 수 있다.

행정권한 위임·위탁에 관한 규정
제5조(위임 및 위탁사무의 처리) 수임 및 수탁기관은 수임 및 수탁사무를 처리할 때 법령을 준수하고, 수임 및 수탁사무를 성실히 수행하여야 한다.

제6조(지휘·감독) 위임 및 위탁기관은 수임 및 수탁기관의 수임 및 수탁사무 처리에 대하여 지휘·감독하고, 그 처리가 위법하거나 부당하다고 인정될 때에는 이를 취소하거나 정지시킬 수 있다.

제7조(사전승인 등의 제한) 수임 및 수탁사무의 처리에 관하여 위임 및 위탁기관은 수임 및 수탁기관에 대하여 사전승인을 받거나 협의를 할 것을 요구할 수 없다.

제8조(책임의 소재 및 명의 표시) ① 수임 및 수탁사무의 처리에 관한 책임은 수임 및 수탁기관에 있으며, 위임 및 위탁기관의 장은 그에 대한 감독책임을 진다.

② 수임 및 수탁사무에 관한 권한을 행사할 때에는 수임 및 수탁기관의 명의로 하여야 한다.

제9조(권한의 위임 및 위탁에 따른 감사) 위임 및 위탁기관은 위임 및 위탁사무 처리의 적정성을 확보하기 위하여 필요한 경우에는 수임 및 수탁기관의 수임 및 수탁사무 처리 상황을 수시로 감사할 수 있다.

제10조(다른 법령과의 관계) 민간위탁사무에 관하여는 다른 법령에 특별한 규정이 없으면 이 영에서 정하는 바에 따른다.

제11조(민간위탁의 기준) ① 행정기관은 법령으로 정하는 바에 따라 그 소관 사무 중 조사·검사·검정·관리 사무 등 국민의 권리·의무와 직접 관계되지 아니하는 다음 각 호의 사무를 민간위탁할 수 있다.
1. 단순 사실행위인 행정작용
2. 공익성보다 능률성이 현저히 요청되는 사무
3. 특수한 전문지식 및 기술이 필요한 사무
4. 그 밖에 국민 생활과 직결된 단순 행정사무

기출 행정기관의 권한에 대한 설명으로 가장 옳지 않은 것은? 19년 서울시 7급

① 대리권을 수여받은 데 불과하여 그 자신의 명의로는 행정처분을 할 권한이 없는 행정청이 대리관계를 밝힘이 없이 그 자신의 명의로 행정처분을 하였다면, 원칙적으로 처분명의자인 당해 행정청이 그에 대한 항고소송의 피고가 되어야 한다.

② 행정관청 내부의 사무처리규정인 전결규정에 위반하여 원래의 전결권자 아닌 보조기관 등이 처분권자인 행정관청의 이름으로 행정처분을 하였다면 그 처분은 무효이다.

③ 「정부조직법」 제6조 제1항과 이에 근거한 「행정권한의 위임 및 위탁에 관한 규정」 제4조는 행정기관의 권한의 재위임에 관한 일반적인 근거규정이 된다.

④ 행정처분을 하게 된 연유가 상급행정청이나 타행정청의 지시나 통보에 의한 것이라 하여도, 취소소송에서의 피고는 원칙적으로 행정처분 등을 외부적으로 그의 명의로 행한 행정청이 된다.

정답 ②

기타 행정조직법

I 의 의

행정은 반드시 국가의 고유기관에 의해서만 수행되어야 하는 것은 아니므로 경우에 따라서는 국가로부터 독립한 법인격 있는 단체를 통해 수행되는 경우도 있는 바, 이를 간접국가행정이라 하고, 공법상 사단, 공법상 재단, 공법상 영조물법인 등이 있다. 이러한 법인의 조직에 관한 법을 간접국가행정조직법이라 한다.

> **판례** 사단법인 부산항부두관리협회가 부산항만내의 관유시설 및 국유물의 보관, 관리 및 경비, 부두 내 질서유지와 청소 및 부산항부두발전과 근대화를 위한 시책의 건의 등 본래 국가 또는 공공단체가 행할 행정적인 업무에 속하는 일을 감독관청의 감독아래 대행케 하기 위하여 설립된 것이라면 이는 비영리법인으로서 이른바 행정보완적 기능을 가진 공익법인이다. (대판 1988. 9. 27. 86누827)

II 공법상 영조물법인

영조물법인은 법률에 의하여 직접 설립되는 바, 특정한 행정목적에 제공된 인적·물적 종합시설에 공법상의 법인격이 부여된 것을 말한다(예 각종공사, 국책은행, 국립대학병원, 적십자병원, 과학기술원, 국립공원관리공단, 한국기술검정공단). 독립한 행정주체 즉, 권리주체가 될 수 있다는 점에서 법인격이 인정되지 않는 영조물과 다르다. 또한 영조물법인의 이용관계는 공법관계에 해당하나, 각종 공법인 내지 공사 등의 근무관계나 이용관계는 사법관계에 해당한다.

> **판례** 서울대학교병원, 국립대학교병원, 지방공사병원은 공법인에 해당하지만 민법상 비영리법인은 사법인인 점에서 법률적 성격에 본질적인 차이가 있고, 양자 사이에는 설립목적, 경영원칙, 목적사업, 운영형태, 재정지원 및 감독 등의 점에서도 규율을 달리하고 있으므로, 지방세의 면제 여부에 관하여 이들 공법인과 민법상의 비영리법인을 달리 취급하는 것은 양자의 본질적 차이에 따른 것이므로 합리적인 이유가 있다. (헌재 2001. 1. 18. 98헌바75·89, 99헌바89)

Ⅲ 공법상 사단(공공조합)

행정상 특수한 사업을 위하여 일정한 자격을 가진 사람, 즉 조합원으로 구성된 인적 결합으로 설립된 사단법인이다. 예를 들어 한국농어촌공사[(구)농지개량조합], 상공회의소, 도시개발조합[(구)토지구획정리조합] 등이 있다. 공공조합은 지역적 구분을 필수요소로 하지 않는다는 점에서 지방자치단체와 구별된다.

Ⅳ 공법상 재단

국가나 지방자치단체가 출연한 재산을 관리하기 위해 설립된 공공단체이다. 예를 들면 한국학술진흥재단, 한국소비자원, 한국학중앙연구원, 공무원연금관리공단 등이 있는바, 공법상 재단은 출연된 재산이 행정주체가 되는 것으로 구성원이 없다는 점이 특색이다. 이 점이 공법상 사단 내지 공공조합과 다르다.

판례 ❶ 정부투자기관(한국토지공사)의 출자로 설립된 회사(한국토지신탁) 내부의 근무관계(인사상의 차별 및 해고)에 관한 사항은, 이를 규율하는 특별한 공법적 규정이 존재하지 않는 한, 원칙적으로 사법관계에 속하므로 헌법소원의 대상이 되는 공권력 작용이라고 볼 수 없다. (헌재 2002. 3. 28. 2001헌마464)

❷ 농지개량조합과 그 직원과의 관계는 사법상의 근로계약관계가 아닌 공법상의 특별권력관계이고, 그 조합의 직원에 대한 징계처분의 취소를 구하는 소송은 행정소송사항에 속한다. (대판 1995. 6. 9. 94누10870)

❸ 공법인의 행위는 일반적으로 헌법소원의 대상이 될 수 있으나, 그 중 대외적 구속력을 갖지 않는 단순한 내부적 행위나 사법적(私法的)인 성질을 지니는 것은 헌법소원의 대상이 되는 공권력의 행사에 해당하지 않는다. 방송법은 '한국방송공사 직원은 정관이 정하는 바에 따라 사장이 임면한다.'고 규정하는 외에는(제52조) 직원의 채용관계에 관하여 달리 특별한 규정을 두고 있지 않으므로, 한국방송공사의 이 사건 공고 내지 직원 채용은 피청구인의 정관과 내부 인사규정 및 그 시행세칙에 근거하여 이루어질 수밖에 없다. 그렇다면 한국방송공사의 직원 채용관계는 특별한 공법적 규제 없이 한국방송공사의 자율에 맡겨진 셈이 되므로 이는 사법적인 관계에 해당한다고 봄이 상당하다. 또한 직원 채용관계가 사법적인 것이라면, 그러한 채용에 필수적으로 따르는 사전절차로서 채용시험의 응시자격을 정한 이 사건 공고 또한 사법적인 성격을 지닌다고 할 것이다. 이 사건 공고는 헌법소원으로 다툴 수 있는 공권력의 행사에 해당하지 않는다. (헌재 2006. 11. 30. 2005헌마855)

정인영
쎄르파

행 정 법 각 론

지방자치법

CHAPTER

01 지방자치제도의 개념

제1절 지방지치권의 본질

> **지방자치법**
> **제1조(목적)** 이 법은 지방자치단체의 종류와 조직 및 운영에 관한 사항을 정하고, 국가와 지방자치단체 사이의 기본적인 관계를 정함으로써 지방자치행정을 민주적이고 능률적으로 수행하고, 지방을 균형있게 발전시키며, 대한민국을 민주적으로 발전시키려는 것을 목적으로 한다.

현행 지방자치법은 주민의 조례청구권 등을 인정함으로써 국가의 권한 범위내 자치권을 갖는 반면, 지방자치단체가 국가로부터 독립한 인격 및 스스로 자치권을 갖는다는 점에서 양자가 결합되어 있는 모습이다. 이러한 지방지치법상 지방자치권의 본질에 관하여 지방자치단체의 고유권이라는 입장도 있으나, 통설과 판례는 지방자치권은 국가로부터 위임받은 권리로 보는 자치위임설 내지 전래설의 입장이다.

제2절 헌법상 제도적 보장과 자치권 제한

I 헌법상 제도적 보장

> **헌법**
> **제8장 지방자치**
> **제117조** ① 지방자치단체는 주민의 복리에 관한 사무를 처리하고 재산을 관리하며, 법령의 범위안에서 자치에 관한 규정을 제정할 수 있다.
> ② 지방자치단체의 종류는 법률로 정한다.
> **제118조** ① 지방자치단체에 의회를 둔다.
> ② 지방의회의 조직·권한·의원선거와 지방자치단체의 장의 선임방법 기타 지방자치단체의 조직과 운영에 관한 사항은 법률로 정한다.

Ⅱ 자치권 제한의 한계

> **판례** 지방자치단체의 자치권은 헌법상 보장을 받고 있으므로 입법권자의 입법행위가 자치권의 본질을 훼손하는 정도에 이른다면 이는 헌법에 위반된다.
>
> 헌법 제117조 제1항은 "지방자치단체는 주민의 복리에 관한 사무를 처리하고 재산을 관리하며, 법령의 범위 안에서 자치에 관한 규정을 제정할 수 있다"고 규정하여 지방자치제도의 보장과 지방자치단체의 자치권을 규정하고 있다. 지방자치단체의 자치권은 자치입법권·자치행정권·자치재정권으로 나눌 수 있으며, 지방재정권은 지방자치단체가 재산을 관리하며, 재산을 형성하고 유지할 권한을 의미한다. 그러나 이러한 헌법상의 자치권의 범위는 법령에 의하여 형성되고 제한되며, 다만 지방자치단체의 자치권은 헌법상 보장을 받고 있으므로 비록 법령에 의하여 이를 제한하는 것이 가능하다고 하더라도 그 제한이 불합리하여 자치권의 본질을 훼손하는 정도에 이른다면 이는 헌법에 위반된다고 보아야 할 것이다. (헌재 2009. 5. 28. 2007헌바80)

Ⅲ 현행 지방자치제도(의회대표제)와 주민참여의 한계

> **판례** 주민이 본회의 또는 위원회의 안건 심의 중 안건에 관하여 발언한다는 것은 선거제도를 통한 대표제원리에 정면으로 위반된다.
>
> 지방자치법상의 의회대표제하에서 의회의원과 주민은 엄연히 다른 지위를 지니는 것으로서 의원과는 달리 정치적, 법적으로 아무런 책임을 지지 아니하는 주민이 본회의 또는 위원회의 안건 심의 중 안건에 관하여 발언한다는 것은 선거제도를 통한 대표제원리에 정면으로 위반되는 것으로서 허용될 수 없고, 다만 간접민주제를 보완하기 위하여 의회대표제의 본질을 해하지 않고 의회의 기능수행을 저해하지 아니하는 범위 내에서 주민이 의회의 기능수행에 참여하는 것, 예컨대 공청회에서 발언하거나 본회의, 위원회에서 참고인, 증인, 청원인의 자격으로 발언하는 것은 허용된다. (대판 1993. 2. 26. 92추109)

제3절　지방자치단체

Ⅰ 개 념

지방자치단체는 주민의 직접선거로 선출된 지방자치단체의 장, 지방의회 등의 기관으로 하여금 주민의 복리 등을 증진하기 위한 공법상 법인으로서 주민·구역·자치권의 3요소로 구성된다.

Ⅱ 능 력

지방자치단체는 공법상 법인에 해당하므로 권리·의무의 주체로서의 권리능력과 단체 자신의 권한 범위 내에서 행위능력이 있고, 권리·의무의 주체이므로 당연히 소송상 당사자능력도 있다. 행정벌에 관하여는 양벌규정에 의하여 국가에 대한 관계에서는 행정형벌 내지 행정질서벌의 대상자가 될 수 있다.

> **판례** 독립한 법인격이 있는 지방자치단체는 소송상 당사자능력이 있다.
> 읍·면이 군에 편입되어 독립적인 법인격을 갖는 지방자치단체로서의 지위를 상실한 이후부터는 읍·면은 군, 즉 지방자치단체의 하부 행정구역에 불과하여 민사소송에 있어 당사자능력을 인정할 수 없다. (대판 2002. 3. 29. 2001다83258)

Ⅲ 기본권주체성

> **판례** 지방자치단체는 헌법상 기본권의 주체가 아니다.
> 기본권의 보장에 관한 각 헌법규정의 해석상 국민(또는 국민과 유사한 지위에 있는 외국인과 사법인)만이 기본권의 주체라 할 것이고, 국가나 국가기관 또는 국가조직의 일부나 공법인은 기본권의 '수범자(受範者)'이지 기본권의 주체로서 그 '소지자'가 아니고 오히려 국민의 기본권을 보호 내지 실현해야 할 책임과 의무를 지니고 있는 지위에 있을 뿐이므로, 공법인인 지방자치단체의 의결기관인 청구인 의회는 기본권의 주체가 될 수 없고 따라서 헌법소원을 제기할 수 있는 적격이 없다. (헌재 1998. 3. 26. 96헌마345)

Ⅳ 명 칭

Ⅴ 종 류

1. 일반지방자치단체

(1) 종류(광역지방자치단체와 기초지방자치단체)

> **지방자치법**
> **제2조(지방자치단체의 종류)** ① 지방자치단체는 다음의 두 가지 종류로 구분한다.
>   1. 특별시, 광역시, 특별자치시, 도, 특별자치도
>   2. 시, 군, 구

(2) 양자의 관계

광역지방자치단체와 기초지방자치단체 모두 독립한 법인이므로 특별한 법령의 규정이 없는 한 상·하관계 또는 감독관계가 있는 것이 아니다.

2. 특별지방자치단체

> **지방자치법**
> **제2조(지방자치단체의 종류)** ③ 제1항의 지방자치단체 외에 특정한 목적을 수행하기 위하여 필요하면 따로 특별지방자치단체를 설치할 수 있다. 이 경우 특별지방자치단체의 설치 등에 관하여는 제12장에서 정하는 바에 따른다.

Ⅵ 지방자치단체의 구역

> **지방자치법**
> **제5조(지방자치단체의 명칭과 구역)** ① 지방자치단체의 명칭과 구역은 종전과 같이 하고, 명칭과 구역을 바꾸거나 지방자치단체를 폐지하거나 설치하거나 나누거나 합칠 때에는 법률로 정한다.
> ② 제1항에도 불구하고 지방자치단체의 구역변경 중 관할 구역 경계변경(이하 "경계변경"이라 한다)과 지방자치단체의 한자 명칭의 변경은 대통령령으로 정한다. 이 경우 경계변경의 절차는 제6조에서 정한 절차에 따른다.
> ③ 다음 각 호의 어느 하나에 해당할 때에는 관계 지방의회의 의견을 들어야 한다. 다만, 「주민투표법」 제8조에 따라 주민투표를 한 경우에는 그러하지 아니하다.
>   1. 지방자치단체를 폐지하거나 설치하거나 나누거나 합칠 때
>   2. 지방자치단체의 구역을 변경할 때(경계변경을 할 때는 제외한다)
>   3. 지방자치단체의 명칭을 변경할 때(한자 명칭을 변경할 때를 포함한다)
> ④ 제1항 및 제2항에도 불구하고 다음 각 호의 지역이 속할 지방자치단체는 제5항부터 제8항까지의 규정에 따라 행정안전부장관이 결정한다.
>   1. 「공유수면 관리 및 매립에 관한 법률」에 따른 매립지
>   2. 「공간정보의 구축 및 관리 등에 관한 법률」 제2조 제19호의 지적공부(이하 "지적공부"라 한다)에 등록이 누락된 토지

1. 지방자치단체의 구역 및 획정 기준

① 각 지방자치단체의 자치권이 미치는 범위 내지 권한을 행사할 수 있는 지역적 범위를 뜻한다.

② 현행 지방자치법 제5조 제1항에 규정된 지방자치단체의 구역은 주민·자치권과 함께 지방자치단체의 구성요소로서 자치권을 행사할 수 있는 장소적 범위를 말하며, 자치권이 미치는 관할 구역의 범위에는 육지는 물론 바다도 포함되므로, 공유수면에 대한 지방자치단체의 자치권한이 존재한다.

③ 지방자치단체 구역의 획정이 어려우므로 '종전'의 구역을 그대로 받아들이는 것으로 하였다.

④ 지금까지 우리 법체계에서는 공유수면의 행정구역 경계에 관한 명시적인 법령상의 규정이 존재한 바 없으므로, 공유수면에 대한 행정구역 경계가 불문법상으로 존재한다면 그에 따라야 한다. 그리고 만약 해상경계에 관한 불문법도 존재하지 않으면, 주민, 구역과 자치권을 구성요소로 하는 지방자치단체의 본질에 비추어 지방자치단체의 관할구역에 경계가 없는 부분이 있다는 것을 상정할 수 없으므로, 헌법재판소가 지리상의 자연적 조건, 관련 법령의 현황, 연혁적인 상황, 행정권한 행사 내용, 사무 처리의 실상, 주민의 사회·경제적 편익 등을 종합하여 형평의 원칙에 따라 합리적이고 공평하게 해상경계선을 획정할 수밖에 없다.

판례 ❶ 지방자치단체의 구역은 주민·자치권과 함께 자치단체의 구성요소이며, 자치권이 미치는 관할 구역의 범위에는 육지는 물론 바다도 포함되므로, 공유수면에 대한 지방자치단체의 자치권한이 존재한다. (헌재 2004. 9. 23. 2000헌라2)

❷ 구 수산업법 제61조 제1항 제2호, 제2항, 제98조 제8호, 수산업법 시행령 제40조 제1항 [별표 3]을 종합하면, 기선권현망어업의 조업구역의 경계가 되는 '경상남도와 전라남도의 도 경계선'은 지방자치법 제4조 제1항에 따라 결정되는 경상남도와 전라남도의 관할구역의 경계선을 의미한다. 한편 지방자치법 제4조 제1항은 지방자치단체의 관할구역 경계를 결정할 때 '종전'에 의하도록 하고 있고, 지방자치법 제4조 제1항 등의 개정 연혁에 비추어 보면 '종전'이라는 기준은 최초로 제정된 법률조항까지 순차 거슬러 올라가게 되므로, 1948. 8. 15. 당시 존재하던 관할구역의 경계가 원천적인 기준이 되며, 공유수면에 대한 지방자치단체의 관할구역 경계 역시 같은 기준에 따라 1948. 8. 15. 당시 존재하던 경계가 먼저 확인되어야 하는데, 이는 결국 당시 해상경계선의 존재와 형태를 확인하는 사실인정의 문제이다. (대판 2015. 6. 11. 2013도14334)

❸ 자치권이 미치는 관할 구역의 범위에는 육지는 물론 바다도 포함된다.

가. 지방자치법 제4조 제1항에 규정된 지방자치단체의 구역은 주민·자치권과 함께 지방자치단체의 구성요소로서 자치권을 행사할 수 있는 장소적 범위를 말하며, 자치권이 미치는 관할 구역의 범위에는 육지는 물론 바다도 포함되므로, 공유수면에 대한 지방자치단체의 자치권한이 존재한다.

나. 현행 지방자치법 제4조 제1항은 지방자치단체의 관할구역 경계를 결정함에 있어서 '종전'에 의하도록 하고 있고, 지방자치법 제4조 제1항의 개정 연혁에 비추어 보면 위 '종전'이라는 기준은 최초로 제정된 법률조항까지 순차 거슬러 올라가게 되므로 1948. 8. 15. 당시 존재하던 관할구역의 경계가 원천적인 기준이 된다. 그런데 이 사건 기록을 살펴볼 때, 이 사건 매립지에서 '종전'에 해당하는 관할구역 경계에 대하여는 조선총독부 임시토지조사국 훈령인 일반도측량실시규정(1914년)에 의거하여 1918년에 제작된 지형도상의 해상경계선이 그 기준이 된다. 그리고 종래 특정한 지방자치단체의 관할구역에 속하던 공유수면이 매립되는 경우에도, 법률 또는 대통령령 등에 의한 경계변경이 없는 한, 그 매립지는 당해 지방자치단체의 관할구역에 편입된다. (헌재 2006. 8. 31. 2003헌라1)

❹ 국가기본도상의 해상경계선은 공유수면에 대한 불문법상 행정구역에 경계선의 기준이 될 수 없다.

가. 지방자치법 제4조 제1항은 지방자치단체의 관할구역 경계를 결정함에 있어서 '종전'에 의하도록 하고 있고, 지방자치법의 개정연혁에 비추어 보면 위 '종전'이라는 기준은 최초로 제정된 법률조항까지 순차 거슬러 올라가게 되므로 1948. 8. 15. 당시 존재하던 관할구역의 경계가 원천적인 기준이 된다. 그런데 지금까지 우리 법체계에서는 공유수면의 행정구역 경계에 관한 명시적인 법령상의 규정이 존재한 바 없으므로, 공유수면에 대한 행정구

역 경계가 불문법상으로 존재한다면 그에 따라야 한다. 그리고 만약 해상경계에 관한 불문법도 존재하지 않으면, 주민, 구역과 자치권을 구성요소로 하는 지방자치단체의 본질에 비추어 지방자치단체의 관할구역에 경계가 없는 부분이 있다는 것을 상정할 수 없으므로, 헌법재판소가 지리상의 자연적 조건, 관련 법령의 현황, 연혁적인 상황, 행정권한 행사 내용, 사무 처리의 실상, 주민의 사회·경제적 편익 등을 종합하여 형평의 원칙에 따라 합리적이고 공평하게 해상경계선을 획정할 수밖에 없다.

나. 국가기본도상의 해상경계선은 국토지리정보원이 국가기본도상 도서 등의 소속을 명시할 필요가 있는 경우 해당 행정구역과 관련하여 표시한 선으로서, 여러 도서 사이의 적당한 위치에 각 소속이 인지될 수 있도록 실지 측량 없이 표시한 것에 불과하므로, 이 해상경계선을 공유수면에 대한 불문법상 행정구역에 경계로 인정해 온 종전의 결정은 이 결정의 견해와 저촉되는 범위 내에서 이를 변경하기로 한다. (헌재 2015. 7. 30. 2010헌라2)

❺ 지방자치법 제4조 제3항, 제5항, 제6항, 제7항, 제8항, 제9항 등 관계 법령의 내용, 형식, 취지 및 개정 경과 등에 비추어 보면, 2009. 4. 1. 법률 제9577호로 지방자치법이 개정되기 전까지 종래 매립지 등 관할 결정의 준칙으로 적용되어 온 지형도상 해상경계선 기준이 가지던 관습법적 효력은 위 지방자치법의 개정에 의하여 변경 내지 제한되었다고 보는 것이 타당하고, 행정안전부장관은 매립지가 속할 지방자치단체를 정할 때에 상당한 형성의 자유를 가지게 되었다. 다만 그 관할 결정은 계획재량적 성격을 지니는 점에 비추어 위와 같은 형성의 자유는 무제한의 재량이 허용되는 것이 아니라 여러 가지 공익과 사익 및 관련 지방자치단체의 이익을 종합적으로 고려하여 비교·교량해야 하는 제한이 있다. 따라서 행정안전부장관이 위와 같은 이익형량을 전혀 행하지 않거나 이익형량의 고려 대상에 마땅히 포함시켜야 할 사항을 누락한 경우 또는 이익형량을 하였으나 정당성·객관성이 결여된 경우에는 그 매립지가 속할 지방자치단체 결정은 재량권을 일탈·남용한 것으로서 위법하다고 보아야 한다. (대판 2013. 11. 14. 2010추73)

2. 지방자치단체의 구역변경

(1) 폐치·분합

폐치·분합은 지방자치단체의 신설 또는 폐지의 결과가 발생시킨다. 그 종류로는 신설합병의 합체, 흡수합병의 편입, 일부지역을 독립시키는 분립, 하나의 지방자치단체를 둘 이상으로 나누는 분할 등이 있다. 이는 구역변경에 그치는 것이 아니라 새로운 인격의 발생 또는 소멸을 가져온다.

(2) 경계변경

지방자치단체의 존폐와 관계없이 단지 그 경계의 변경만 발생시킨다는 점에서 폐치·분합과 구별된다.

3. 절 차

지방자치법
제5조(지방자치단체의 명칭과 구역) ⑤ 제4항 제1호의 경우에는 「공유수면 관리 및 매립에 관한 법률」 제28조에 따른 매립면허관청(이하 이 조에서 "면허관청"이라 한다) 또는 관련 지방자치단체의 장이 같은 법 제45조에 따른 준공검사를 하기 전에, 제4항 제2호의 경우에는 「공간정보의 구축 및 관리 등에 관한 법률」 제2조 제18호에 따른 지적소관청(이하 이 조에서 "지적소관청"이라 한다)이 지적공부에 등록하기 전에 각각 해당 지역의 위치, 귀속희망 지방자치단체(복수인 경우를 포함한다) 등을 명시하여 행정안전부장관에게 그 지역이 속할 지방자치단체의 결정을 신청하여야 한다. 이 경우 제4항 제1호에 따른 매립지의 매립면허를 받은 자는 면허관청에 해당 매립지가 속할 지방자치단체의 결정 신청을 요구할 수 있다.
⑥ 행정안전부장관은 제5항에 따른 신청을 받은 후 지체 없이 제5항에 따른 신청내용을 20일 이상 관보나 인터넷 홈페이지에 게재하는 등의 방법으로 널리 알려야 한다. 이 경우 알리는 방법, 의견 제출 등에 관하여는 「행정절차법」 제42조·제44조 및 제45조를 준용한다.
⑦ 행정안전부장관은 제6항에 따른 기간이 끝나면 다음 각 호에서 정하는 바에 따라 결정하고, 그 결과를 면허관

청이나 지적소관청, 관계 지방자치단체의 장 등에게 통보하고 공고하여야 한다.

1. 제6항에 따른 기간 내에 신청내용에 대하여 이의가 제기된 경우: 제166조에 따른 지방자치단체중앙분쟁조정위원회(이하 이 조 및 제6조에서 "위원회"라 한다)의 심의·의결에 따라 제4항 각 호의 지역이 속할 지방자치단체를 결정

2. 제6항에 따른 기간 내에 신청내용에 대하여 이의가 제기되지 아니한 경우: 위원회의 심의·의결을 거치지 아니하고 신청내용에 따라 제4항 각 호의 지역이 속할 지방자치단체를 결정

⑧ 위원회의 위원장은 제7항 제1호에 따른 심의과정에서 필요하다고 인정되면 관계 중앙행정기관 및 지방자치단체의 공무원 또는 관련 전문가를 출석시켜 의견을 듣거나 관계 기관이나 단체에 자료 및 의견 제출 등을 요구할 수 있다. 이 경우 관계 지방자치단체의 장에게는 의견을 진술할 기회를 주어야 한다.

⑨ 관계 지방자치단체의 장은 제4항부터 제7항까지의 규정에 따른 행정안전부장관의 결정에 이의가 있으면 그 결과를 통보받은 날부터 15일 이내에 대법원에 소송을 제기할 수 있다.

⑩ 행정안전부장관은 제9항에 따른 소송 결과 대법원의 인용결정이 있으면 그 취지에 따라 다시 결정하여야 한다.

⑪ 행정안전부장관은 제4항 각 호의 지역이 속할 지방자치단체 결정과 관련하여 제7항 제1호에 따라 위원회의 심의를 할 때 같은 시·도 안에 있는 관계 시·군 및 자치구 상호 간 매립지 조성 비용 및 관리 비용 부담 등에 관한 조정(調整)이 필요한 경우 제165조 제1항부터 제3항까지의 규정에도 불구하고 당사자의 신청 또는 직권으로 위원회의 심의·의결에 따라 조정할 수 있다. 이 경우 그 조정 결과의 통보 및 조정 결정 사항의 이행은 제165조 제4항부터 제7항까지의 규정에 따른다.

주민투표법

제8조(국가정책에 관한 주민투표) ① 중앙행정기관의 장은 지방자치단체의 폐치·분합 또는 구역변경, 주요시설의 설치 등 국가정책의 수립에 관하여 주민의 의견을 듣기 위하여 필요하다고 인정하는 때에는 주민투표의 실시구역을 정하여 관계 지방자치단체의 장에게 주민투표의 실시를 요구할 수 있다. 이 경우 중앙행정기관의 장은 미리 행정안전부장관과 협의하여야 한다.

② 지방자치단체의 장은 제1항의 규정에 의하여 주민투표의 실시를 요구받은 때에는 지체없이 이를 공표하여야 하며, 공표일부터 30일 이내에 그 지방의회의 의견을 들어야 한다.

③ 제2항의 규정에 의하여 지방의회의 의견을 들은 지방자치단체의 장은 그 결과를 관계 중앙행정기관의 장에게 통지하여야 한다.

4. 구역변경의 효과

지방자치단체의 구역을 변경하거나 지방자치단체를 폐지하거나 설치하거나, 나누거나 합칠 때에는 새로 그 지역을 관할하게 된 지방자치단체가 그 사무와 재산을 승계한다. 다만, 채무의 승계여부는 기존의 지방자치단체가 소멸되는지에 따라 승계여부가 결정된다.

지방자치법

제8조(구역을 변경하거나 폐치·분합할 때의 사무와 재산의 승계) ① 지방자치단체의 구역을 변경하거나 지방자치단체를 폐지하거나 설치하거나 나누거나 합칠 때에는 새로 그 지역을 관할하게 된 지방자치단체가 그 사무와 재산을 승계한다.

② 제1항의 경우에 지역으로 지방자치단체의 사무와 재산을 구분하기 곤란하면 시·도에서는 행정안전부장관이, 시·군 및 자치구에서는 특별시장·광역시장·특별자치시장·도지사·특별자치도지사(이하 "시·도지사"라 한다)가 그 사무와 재산의 한계 및 승계할 지방자치단체를 지정한다.

판례 ❶ 지방자치단체의 폐치·분합이 있는 때에는 특별한 사정이 없는 한 모든 재산이 승계된다.

지방자치단체의 폐치·분합이 있는 때의 그 관할지역 내 재산의 귀속에 관한 원칙으로서 새로 관할하게 된 지방자치단체가 승계하도록 명정한 지방자치법 제5조 제1항에 이어 제2항이 '지역에 의하여 지방자치단체의 사무 및 재산을 구분하기 곤란한 때에는'이라고 표현한 것은, 폐치·분합된 지역 내에 있는 재산은 행정재산, 보존재산, 잡종재산 등의 종류를 가리지 않고 특별한 사정이 없는 한 새로운 관할 지방자치단체가 승계하도록 규정한 취지라고 보아야 한다. (대판 1999. 5. 14. 98다8486)

❷ 승계되는 사무에 기관위임사무는 당연히 승계되는 것이 아니다.

지방자치법 제5조 제1항 소정의 '구역변경으로 새로 그 지역을 관할하게 된 지방자치단체가 승계하게 되는 사무와 재산'은 당해 지방자치단체 고유의 재산이나 사무를 지칭하는 것이라 할 것이고, 하천부속물 관리사무와 같이 하천법 등 별개의 법률규정에 의하여 국가로부터 관할 지방자치단체의 장에게 기관위임된 국가사무까지 관할구역의 변경에 따라 당연히 이전된다고 볼 수 없다. (대판 1991. 10. 22. 91다5594)

❸ 기존의 지방자치단체(서울시)가 여전히 존재한다면 신설된 자치구에 서울시의 채무가 승계되지 않는다.

지방자치법 제5조 제1항에 의하면, 지방자치단체의 구역변경이나 폐치·분합이 있는 때에는 새로 그 지역을 관할하게 된 지방자치단체가 그 사무와 재산을 승계하도록 규정되어 있으나, 같은 법 제133조 제1항 및 제3항의 규정내용에 비추어 볼 때 같은 법에서 "재산"이라 함은 현금 외의 모든 재산적 가치가 있는 물건 및 권리만을 말하는 것으로서 채무는 "재산"에 포함되지 않는다고 해석하여야 한다. (대판 1992. 6. 26. 91다40498)

비교판례 기존의 지방자치단체가 모두 소멸한다면 신설된 지방자치단체에 채무까지도 승계된다.

경기도남양주시등33개도농복합형태의시설치등에관한법률에 따라 '거제군'과 '장승포시'가 폐지되고 위 '거제군'과 '장승포시'의 전 관할구역을 그 관할구역으로 하는 '거제시'가 새로이 설치된 경우와 같이, 종전의 두 지방자치단체가 완전히 폐지되고 그 지방자치단체들이 관할하는 전 구역을 그 관할구역으로 하여 새로운 지방자치단체가 설치되는 흡수합병 내지 합체의 경우에는, 그 채무를 부담할 주체인 기존의 지방자치단체는 소멸되었으므로 그 기존의 지방자치단체가 부담하고 있던 채무는 새로운 지방자치단체가 이를 승계한다. (대판 1995. 12. 8. 95다36053)

❹ 지방자치단체의 폐치·분합에 관한 것은 주민의 기본권과 관련이 있어 헌법소원의 대상이다.

지방자치단체의 폐치·분합에 관한 것은 지방자치단체의 자치행정권 중 지역고권의 보장문제이나, 대상지역 주민들은 그로 인하여 인간다운 생활공간에서 살 권리, 평등권, 정당한 청문권, 거주이전의 자유, 선거권, 공무담임권, 인간다운 생활을 할 권리, 사회보장·사회복지수급권 및 환경권 등을 침해받게 될 수도 있다는 점에서 기본권과도 관련이 있어 헌법소원의 대상이 될 수 있다. (헌재 1994. 12. 29. 94헌마201)

제4절 | 지방자치단체의 주민

제1항 주민의 의의

I 주 민

지방자치단체의 구역 안에 주소를 가진 자로서 내국인(재외국민 포함)은 물론 외국인도 포함되며 자연인, 법인 등을 모두 포함한다. 주민등록법은 공법관계의 주소는 주민등록지로 하고 있으므로 관할 구역 안에 주민등록지를 가지고 있으면 주민이 되고 법인은 본점소재지를 기준으로 한다.

> **판례** 전입신고의 요건인 '거주지를 이동한 때'라 함은 30일 이상 생활의 근거로서 거주할 목적으로 거주지를 실질적으로 옮기는 것을 의미하므로, 30일 이상 생활의 근거로서 거주할 목적으로 거주지를 실질적으로 옮기지 아니하였음에도 거주지를 이동하였다는 이유로 전입신고를 하였다면 이는 주민등록법 제17조의2 제2항 소정의 '신고의무자가 신고한 내용이 사실과 다른 때'에 해당한다 할 것이어서 이러한 경우 시장 등은 주민등록법 제17조의2 각 항에서 규정한 절차에 따라 그 등록사항을 직권으로 말소할 수 있다. (대판 2005. 3. 25. 2004두11329)

지방자치법
제16조(주민의 자격) 지방자치단체의 구역에 주소를 가진 자는 그 지방자치단체의 주민이 된다.

주민등록법
제6조(대상자) ① 시장·군수 또는 구청장은 30일 이상 거주할 목적으로 그 관할 구역에 주소나 거소(이하 "거주지"라 한다)를 가진 다음 각 호의 사람(이하 "주민"이라 한다)을 이 법의 규정에 따라 등록하여야 한다. 다만, 외국인은 예외로 한다.
　1. 거주자: 거주지가 분명한 사람(제3호의 재외국민은 제외한다)
　2. 거주불명자: 제20조 제6항에 따라 거주불명으로 등록된 사람
　3. 재외국민: 「재외동포의 출입국과 법적 지위에 관한 법률」 제2조 제1호에 따른 국민(외국국적동포는 제외)으로서 「해외이주법」 제12조에 따른 영주귀국의 신고를 하지 아니한 사람 중 다음 각 목의 어느 하나의 경우
　　가. 주민등록이 말소되었던 사람이 귀국 후 재등록 신고를 하는 경우
　　나. 주민등록이 없었던 사람이 귀국 후 최초로 주민등록 신고를 하는 경우
② 제1항의 등록에서 영내(營內)에 기거하는 군인은 그가 속한 세대의 거주지에서 본인이나 세대주의 신고에 따라 등록하여야 한다.

> **참고**
> ・거소라 함은 주소지 이외의 장소 중 상당기간에 걸쳐 거주하는 장소로서 주소(住所)와 같이 밀접한 일반적 생활관계가 발생하지 아니하는 장소를 말한다.

Ⅱ 공민·명예시민

지방자치단체의 선거에서 선거권을 가진 유권자인 주민을 참정권의 주체로서 공민이라고 하며, 이러한 참정권을 공민권이라고 한다. 외국인도 주민이지만 공민권은 일정한 경우에만 인정된다. 명예시민은 주민일 것을 요하지 않고 당해 지방자치단체에 공로가 있는 자에게 주어진다.

제2항 주민의 권리

I 정책의 결정 및 집행 과정 참여권

> **지방자치법**
> 제17조(주민의 권리) ① 주민은 법령으로 정하는 바에 따라 주민생활에 영향을 미치는 지방자치단체의 정책의 결정 및 집행 과정에 참여할 권리를 가진다.

II 공적 재산·공공시설이용권

1. 이용권의 의의

> **지방자치법**
> 제17조(주민의 권리) ① 주민은 법령으로 정하는 바에 따라 주민생활에 영향을 미치는 지방자치단체의 정책의 결정 및 집행 과정에 참여할 권리를 가진다.
> ② 주민은 법령으로 정하는 바에 따라 소속 지방자치단체의 재산과 공공시설을 이용할 권리와 그 지방자치단체로부터 균등하게 행정의 혜택을 받을 권리를 가진다.

2. 이용권의 대상

이용권의 대상이 되는 공적재산과 공공시설의 의미는 주민의 이용에 제공되는 것이라면 공물·영조물·공기업 또는 그 물적 시설이 모두 포함된다. 공공시설의 소유권자가 누구인지는 문제되지 않는다.

> **지방자치법**
> 제159조(재산과 기금의 설치) ① 지방자치단체는 행정목적을 달성하기 위한 경우나 공익상 필요한 경우에는 재산(현금 외의 모든 재산적 가치가 있는 물건과 권리를 말한다)을 보유하거나 특정한 자금을 운용하기 위한 기금을 설치할 수 있다.
> ② 제1항의 재산의 보유, 기금의 설치·운용에 필요한 사항은 조례로 정한다.
> 제161조(공공시설) ① 지방자치단체는 주민의 복지를 증진하기 위하여 공공시설을 설치할 수 있다.
> ② 제1항의 공공시설의 설치와 관리에 관하여 다른 법령에 규정이 없으면 조례로 정한다.
> ③ 제1항의 공공시설은 관계 지방자치단체의 동의를 받아 그 지방자치단체의 구역 밖에 설치할 수 있다.

3. 이용권의 주체 및 내용

공공시설의 이용권은 주민의 권리이다. 따라서 주민이 아닌 경우에 합리적 차별사유가 있으면 공공시설의 이용이 제한될 수 있다. 공공시설이용에 대한 수수료는 반드시 필수적인 것이 아니다.

4. 이용권의 한계

이용권의 법적 한계는 법령이나 공용지정행위에 의하여 정해지고 공공시설의 수용능력 초과 등으로 사실상 제한을 받기도 한다. 따라서 행정규칙으로 이용권을 제한할 수는 없다.

Ⅲ 균등하게 행정의 혜택을 받을 권리

> **지방자치법**
> **제17조(주민의 권리)** ② 주민은 법령으로 정하는 바에 따라 소속 지방자치단체의 재산과 공공시설을 이용할 권리와 그 지방자치단체로부터 균등하게 행정의 혜택을 받을 권리를 가진다.

> **판례** 행정적 혜택을 균등하게 받을 수 있다는 권리는 추상적이고 선언적인 규정이다.
> 지방자치법 제13조 제1항은 주민이 지방자치단체로부터 행정적 혜택을 균등하게 받을 수 있다는 권리를 추상적이고 선언적으로 규정한 것으로서, 위 규정에 의하여 주민이 지방자치단체에 대하여 구체적이고 특정한 권리가 발생하는 것이 아닐 뿐만 아니라, 지방자치단체가 주민에 대하여 균등한 행정적 혜택을 부여할 구체적인 법적 의무가 발생하는 것도 아니다. (대판 2008. 6. 12. 2007추42)

Ⅳ 선거권·피선거권

1. 선거권

> **지방자치법**
> **제17조(주민의 권리)** ③ 주민은 법령으로 정하는 바에 따라 그 지방자치단체에서 실시하는 지방의회의원과 지방자치단체의 장의 선거(이하 "지방선거"라 한다)에 참여할 권리를 가진다.
>
> **공직선거법**
> **제15조(선거권)** ② 18세 이상으로서 제37조 제1항에 따른 선거인명부작성기준일 현재 다음 각 호의 어느 하나에 해당하는 사람은 그 구역에서 선거하는 지방자치단체의 의회 의원 및 장의 선거권이 있다.
> 1. 「주민등록법」 제6조 제1항 제1호 또는 제2호에 해당하는 사람으로서 해당 지방자치단체의 관할 구역에 주민등록이 되어 있는 사람
> 2. 「주민등록법」 제6조 제1항 제3호에 해당하는 사람으로서 주민등록표에 3개월 이상 계속하여 올라 있고 해당 지방자치단체의 관할구역에 주민등록이 되어 있는 사람
> 3. 「출입국관리법」 제10조에 따른 영주의 체류자격 취득일 후 3년이 경과한 외국인으로서 같은 법 제34조에 따라 해당 지방자치단체의 외국인등록대장에 올라 있는 사람

2. 피선거권

Ⅴ 주민투표권

1. 의의와 성질

주민에게 과도한 부담을 주거나 중대한 영향을 미치는 지방자치단체의 주요결정사항으로서 그 지방자치단체의 조례로 정하는 사항은 주민투표에 부칠 수 있다. 이에 따라 주민은 주민투표권을 행사할 수 있다.

> **판례** 주민투표권은 법률상 권리이지 헌법상 참정권에 해당하지 않는다.
> 우리 헌법은 법률이 정하는 바에 따른 '선거권'과 '공무담임권' 및 국가안위에 관한 중요정책과 헌법개정에 대한 '국민투표권'만을 헌법상의 참정권으로 보장하고 있으므로, 지방자치법 제13조의2에서 규정한 주민투표권은 그 성질상 선거권, 공무담임권, 국민투표권과 전혀 다른 것이어서 이를 법률이 보장하는 참정권이라고 할 수 있을지 언정 헌법이 보장하는 참정권이라고 할 수는 없다. (헌재 2001. 6. 28. 2000헌마735)

2. 주민투표권자

3. 주민투표의 대상

주민투표법
제7조(주민투표의 대상) ① 주민에게 과도한 부담을 주거나 중대한 영향을 미치는 지방자치단체의 주요결정사항으로서 그 지방자치단체의 조례로 정하는 사항은 주민투표에 부칠 수 있다.
② 제1항의 규정에 불구하고 다음 각 호의 사항은 이를 주민투표에 부칠 수 없다.
　　1. 법령에 위반되거나 재판중인 사항
　　2. 국가 또는 다른 지방자치단체의 권한 또는 사무에 속하는 사항
　　3. 지방자치단체의 예산·회계·계약 및 재산관리에 관한 사항과 지방세·사용료·수수료·분담금 등 각종 공과금의 부과 또는 감면에 관한 사항
　　4. 행정기구의 설치·변경에 관한 사항과 공무원의 인사·정원 등 신분과 보수에 관한 사항
　　5. 다른 법률에 의하여 주민대표가 직접 의사결정주체로서 참여할 수 있는 공공시설의 설치에 관한 사항. 다만, 제9조 제5항의 규정에 의하여 지방의회가 주민투표의 실시를 청구하는 경우에는 그러하지 아니하다.
　　6. 동일한 사항(그 사항과 취지가 동일한 경우를 포함한다)에 대하여 주민투표가 실시된 후 2년이 경과되지 아니한 사항

판례 ❶ 지방자치단체가 행정안전부장관에게 주민투표 실시요구를 해 줄 것을 요구할 수는 없다.
주민투표법 제8조는 국가정책의 수립에 참고하기 위한 주민투표에 대해 규정하고 있는데 규정의 문언으로 볼 때 중앙행정기관의 장은 실시 여부 및 구체적 실시구역에 관해 상당한 범위의 재량을 가진다고 볼 수 있다. 이를 감안할 때 중앙행정기관의 장으로부터 실시요구를 받은 지방자치단체 내지 지방자치단체장으로서는 주민투표 발의에 관한 결정권한, 의회의 의견표명을 비롯하여 투표시행에 관련되는 권한을 가지게 된다고 하더라도, 나아가 지방자치단체가 중앙행정기관장으로부터 제8조의 주민투표 실시요구를 받지 않은 상태에서 일정한 경우 중앙행정기관에게 실시요구를 해 줄 것을 요구할 수 있는 권한까지 가지고 있다고 보기는 어렵다. (헌재 2005. 12. 22. 2005헌라5)
❷ 미군부대이전은 지방자치단체의 장의 권한이 아님이 명백하므로 주민투표의 대상이 될 수 없다.
지방자치법 제13조의2의 규정에 의하면, 지방자치단체의 장은 어떠한 사항이나 모두 주민투표에 붙일 수 있는 것은 아니고, 지방자치단체의 폐치·분합 또는 주민에게 과도한 부담을 주거나 중대한 영향을 미치는 지방자치단체의 주요 결정사항 등에 한하여 주민투표를 붙일 수 있도록 하여 그 대상을 한정하고 있음을 알 수 있는바, 위 규정의 취지는 지방자치단체의 장이 권한을 가지고 결정할 수 있는 사항에 대하여 주민투표에 붙여 주민의 의사를 물어 행정에 반영하려는 데에 있다. 따라서 미군부대이전은 지방자치단체의 장의 권한에 의하여 결정할 수 있는 사항이 아님이 명백하므로 지방자치법 제13조의2 소정의 주민투표의 대상이 될 수 없다. (대판 2002. 4. 26. 2002추23)

4. 국가정책에 관한 주민투표

헌법재판소는 주민투표법에 따른 국가정책에 대한 주민투표는 주민의 의견을 묻는 의견수렴으로서의 성격을 갖는 것이라고 본다.

주민투표법
제8조(국가정책에 관한 주민투표) ① 중앙행정기관의 장은 지방자치단체의 폐치(廢置)·분합(分合) 또는 구역변경, 주요시설의 설치 등 국가정책의 수립에 관하여 주민의 의견을 듣기 위하여 필요하다고 인정하는 때에는 주민투표의 실시구역을 정하여 관계 지방자치단체의 장에게 주민투표의 실시를 요구할 수 있다. 이 경우 중앙행정기관의 장은 미리 행정안전부장관과 협의하여야 한다.

② 지방자치단체의 장은 제1항의 규정에 의하여 주민투표의 실시를 요구받은 때에는 지체없이 이를 공표하여야 하며, 공표일부터 30일 이내에 그 지방의회의 의견을 들어야 한다.
③ 제2항의 규정에 의하여 지방의회의 의견을 들은 지방자치단체의 장은 그 결과를 관계 중앙행정기관의 장에게 통지하여야 한다.
④ 제1항의 규정(국가정책에 관한)에 의한 주민투표에 관하여는 제7조, 제16조, 제24조 제1항·제5항·제6항, 제25조(주민투표소송 등) 및 제26조의(재투표 및 투표연기)의 규정을 적용하지 아니한다.

판례 국가정책에 관한 주민투표의 경우에 주민투표소송의 적용을 배제하고 있는 것은 합헌이다.
지방자치단체의 주요결정사항에 관한 주민투표와 국가정책사항에 관한 주민투표 사이의 본질적인 차이를 감안하여, 이 사건 법률조항에 의하여 지방자치단체의 주요결정사항에 관한 주민투표와는 달리 주민투표소송의 적용을 배제하고 있는 것이므로 청구인들의 주민투표소송 등 재판청구권을 침해하였다고 보기는 어렵다. (헌재 2009. 3. 26. 2006헌마99)

---

5. 주민투표의 실시요건

주민투표법
제9조(주민투표의 실시요건) ① 지방자치단체의 장은 주민 또는 지방의회의 청구에 의하거나 직권에 의하여 주민투표를 실시할 수 있다.
② 19세 이상 주민 중(주민투표권이 없는 자는 제외한다) 주민투표청구권자 총수의 20분의 1 이상 5분의 1 이하의 범위 안에서 지방자치단체의 조례로 정하는 수 이상의 서명으로 그 지방자치단체의 장에게 주민투표의 실시를 청구할 수 있다.
⑤ 지방의회는 재적의원 과반수의 출석과 출석의원 3분의 2 이상의 찬성으로 그 지방자치단체의 장에게 주민투표의 실시를 청구할 수 있다.
⑥ 지방자치단체의 장은 직권에 의하여 주민투표를 실시하고자 하는 때에는 그 지방의회 재적의원 과반수의 출석과 출석의원 과반수의 동의를 얻어야 한다.

판례 주민투표의 시행 여부는 지방자치단체의 장의 재량권한이다.
지방자치법은 지방의회와 지방자치단체의 장에게 독자적 권한을 부여하고 상호 견제와 균형을 이루도록 하고 있으므로, 법률에 특별한 규정이 없는 한 조례로써 견제의 범위를 넘어서 고유권한을 침해하는 규정을 둘 수 없다 할 것인바, 위 지방자치법 제13조의2 제1항에 의하면, 주민투표의 대상이 되는 사항이라 하더라도 주민투표의 시행 여부는 지방자치단체의 장의 임의적 재량에 맡겨져 있음이 분명하므로, 지방자치단체의 장의 재량으로서 투표실시 여부를 결정할 수 있도록 한 법규정에 반하여 지방의회가 조례로 정한 특정한 사항에 관하여는 일정한 기간 내에 반드시 투표를 실시하도록 규정한 조례안은 지방자치단체의 장의 고유권한을 침해하는 규정이다. (대판 2002. 4. 26. 2002추23)

6. 주민투표의 결과

> **주민투표법**
> **제24조(주민투표결과의 확정)** ① 주민투표에 부쳐진 사항은 주민투표권자 총수의 3분의 1 이상의 투표와 유효투표수 과반수의 득표로 확정된다. 다만, 다음 각 호의 어느 하나에 해당하는 경우에는 찬성과 반대 양자를 모두 수용하지 아니하거나, 양자택일의 대상이 되는 사항 모두를 선택하지 아니하기로 확정된 것으로 본다.
> 　　1. 전체 투표수가 주민투표권자 총수의 3분의 1에 미달되는 경우
> 　　2. 주민투표에 부쳐진 사항에 관한 유효득표수가 동수인 경우
> ⑤ 지방자치단체의 장 및 지방의회는 주민투표결과 확정된 내용대로 행정·재정상의 필요한 조치를 하여야 한다.
> ⑥ 지방자치단체의 장 및 지방의회는 주민투표결과 확정된 사항에 대하여 2년 이내에는 이를 변경하거나 새로운 결정을 할 수 없다. 다만, 제1항 단서의 규정에 의하여 찬성과 반대 양자를 모두 수용하지 아니하거나 양자택일의 대상이 되는 사항 모두를 선택하지 아니하기로 확정된 때에는 그러하지 아니하다.

7. 주민투표쟁송

> **주민투표법**
> **제25조(주민투표소송 등)** ① 주민투표의 효력에 관하여 이의가 있는 주민투표권자는 주민투표권자 총수의 100분의 1 이상의 서명으로 주민투표결과가 공표된 날부터 14일 이내에 관할선거관리위원회 위원장을 피소청인으로 하여 시·군 및 자치구에 있어서는 특별시·광역시·도 선거관리위원회에, 특별시·광역시 및 도에 있어서는 중앙선거관리위원회에 소청할 수 있다.
> ② 제1항의 소청에 대한 결정에 관하여 불복이 있는 소청인은 관할선거관리위원회위원장을 피고로 하여 그 결정서를 받은 날(결정서를 받지 못한 때에는 결정기간이 종료된 날을 말한다)부터 10일 이내에 특별시·광역시 및 도에 있어서는 대법원에, 시·군 및 자치구에 있어서는 관할 고등법원에 소를 제기할 수 있다.

Ⅵ 조례개·폐청구권

1. 개 념

지방의회가 조례의 제정이나 개·폐에 관한 직무를 해태하는 것을 시정하는 주민의 권리로서 의미가 있다.

2. 청구의 주체 및 상대방

총 주민수의 일정비율 이상 주민 또는 외국인이 청구할 수 있다. 1인의 주민이 청구할 수는 없고 청구의 상대방은 지방의회이다.

> **지방자치법**
> **제19조(조례의 제정과 개정·폐지 청구)** ① 주민은 지방자치단체의 조례를 제정하거나 개정하거나 폐지할 것을 청구할 수 있다.
> ② 조례의 제정·개정 또는 폐지 청구의 청구권자·청구대상·청구요건 및 절차 등에 관한 사항은 따로 법률로 정한다.

제2조(주민조례청구권자) 18세 이상의 주민으로서 다음 각 호의 어느 하나에 해당하는 사람(「공직선거법」 제18조에 따른 선거권이 없는 사람은 제외한다. 이하 "청구권자"라 한다)에 <u>해당 지방자치단체의 의회</u>(이하 "지방의회"라 한다)에 조례를 제정하거나 개정 또는 폐지할 것을 청구(이하 "주민조례청구"라 한다)할 수 있다.

1. 해당 지방자치단체의 관할 구역에 주민등록이 되어 있는 사람
2. 「출입국관리법」 제10조에 따른 영주(永住)할 수 있는 체류자격 취득일 후 3년이 지난 외국인으로서 같은 법 제34조에 따라 해당 지방자치단체의 외국인등록대장에 올라 있는 사람

제5조(주민조례청구 요건) ① 청구권자가 주민조례청구를 하려는 경우에는 다음 각 호의 구분에 따른 기준 이내에서 해당 지방자치단체의 조례로 정하는 청구권자 수 이상이 연대 서명하여야 한다.

1. 특별시 및 인구 800만 이상의 광역시·도: 청구권자 총수의 200분의 1
2. 인구 800만 미만의 광역시·도, 특별자치시, 특별자치도 및 인구 100만 이상의 시: 청구권자 총수의 150분의 1
3. 인구 50만 이상 100만 미만의 시·군 및 자치구: 청구권자 총수의 100분의 1
4. 인구 10만 이상 50만 미만의 시·군 및 자치구: 청구권자 총수의 70분의 1
5. 인구 5만 이상 10만 미만의 시·군 및 자치구: 청구권자 총수의 50분의 1
6. 인구 5만 미만의 시·군 및 자치구: 청구권자 총수의 20분의 1

3. 청구의 제외대상

제4조(주민조례청구 제외 대상) 다음 각 호의 사항은 주민조례청구 대상에서 제외한다.

1. 법령을 위반하는 사항
2. 지방세·사용료·수수료·부담금을 부과·징수 또는 감면하는 사항
3. 행정기구를 설치하거나 변경하는 사항
4. 공공시설의 설치를 반대하는 사항

4. 청구의 절차

참고 청구의 절차

- 1) 대표자선정 및 증명서발급 → 2) 서명요청(6, 3) → 3) 청구인명부의 작성 → 4) 청구인명부의 제출(의장에게) → 5) 이의신청 → 6) 청구의 수리(30일 이내 의장명의로 발의) 및 각하 → 7) 1년내 심사

제8조(서명요청 기간 등) ① 대표자 또는 수임자는 제6조 제2항에 따른 공표가 있은 날부터 특별시·광역시·특별자치시·도 및 특별자치도(이하 "시·도"라 한다)의 경우에는 6개월 이내에, 시·군 및 자치구의 경우에는 3개월 이내에 제7조 제1항에 따른 서명과 전자서명을 요청하여야 한다. 이 경우 제7조 제1항에 따른 서명과 전자서명의 요청 기간을 계산할 때 「공직선거법」 제33조에 따른 선거기간은 산입하지 아니한다.

② 대표자 또는 수임자는 「공직선거법」 제33조에 따른 선거기간에는 제7조 제1항에 따른 서명과 전자서명을 요청할 수 없다.

③ 대표자 또는 수임자가 아닌 자는 제7조 제1항에 따른 서명과 전자서명을 요청할 수 없다.

제10조(청구인명부의 제출 등) ① 대표자는 청구인명부에 서명(전자서명을 포함한다. 이하 같다)한 청구권자의 수가 제5조 제1항에 따른 해당 지방자치단체의 조례로 정하는 청구권자 수 이상이 되면 제8조 제1항에 따른 서명요청 기간이 지난 날부터 시·도의 경우에는 10일 이내에, 시·군 및 자치구의 경우에는 5일 이내에 지방의회의 의장

에게 청구인명부를 제출하여야 한다. 다만, 전자서명의 경우에는 대표자가 지방의회의 의장에게 정보시스템에 생성된 청구인명부를 직접 활용하도록 요청하여야 한다.

② 지방의회의 의장은 제1항에 따라 청구인명부를 제출받거나 청구인명부의 활용을 요청받은 날부터 5일 이내에 청구인명부의 내용을 공표하여야 하며, 공표한 날부터 10일간 청구인명부나 그 사본을 공개된 장소에 갖추어 두어 열람할 수 있도록 하여야 한다.

제12조(청구의 수리 및 각하) ① 지방의회의 의장은 다음 각 호의 어느 하나에 해당하는 경우로서 제4조, 제5조 및 제10조 제1항(제11조 제5항에서 준용하는 경우를 포함한다)에 따른 요건에 적합한 경우에는 주민조례청구를 수리하고, 요건에 적합하지 아니한 경우에는 주민조례청구를 각하하여야 한다. 이 경우 수리 또는 각하 사실을 대표자에게 알려야 한다.

    1. 제11조 제2항(같은 조 제5항에 따라 준용되는 경우를 포함하며, 이하 같다)에 따른 이의신청이 없는 경우
    2. 제11조 제2항에 따라 제기된 모든 이의신청에 대하여 같은 조 제3항(같은 조 제5항에 따라 준용되는 경우를 포함한다)에 따른 결정이 끝난 경우

② 지방의회의 의장은 제1항에 따라 주민조례청구를 각하하려면 대표자에게 의견을 제출할 기회를 주어야 한다.

③ 지방의회의 의장은 「지방자치법」 제76조 제1항에도 불구하고 이 조 제1항에 따라 주민조례청구를 수리한 날부터 30일 이내에 지방의회의 의장 명의로 주민청구조례안을 발의하여야 한다.

제13조(주민청구조례안의 심사 절차) ① 지방의회는 제12조 제1항에 따라 주민청구조례안이 수리된 날부터 1년 이내에 주민청구조례안을 의결하여야 한다. 다만, 필요한 경우에는 본회의 의결로 1년 이내의 범위에서 한 차례만 그 기간을 연장할 수 있다.

② 지방의회는 심사 안건으로 부쳐진 주민청구조례안을 의결하기 전에 대표자를 회의에 참석시켜 그 청구의 취지(대표자와의 질의·답변을 포함한다)를 들을 수 있다.

③ 「지방자치법」 제79조 단서에도 불구하고 주민청구조례안은 제12조 제1항에 따라 주민청구조례안을 수리한 당시의 지방의회의원의 임기가 끝나더라도 다음 지방의회의원의 임기까지는 의결되지 못한 것 때문에 폐기되지 아니한다.

Ⅶ 감사청구권

1. 청구의 주체 및 상대방

지방자치법
제21조(주민의 감사 청구) ① 지방자치단체의 18세 이상의 주민으로서 다음 각 호의 어느 하나에 해당하는 사람(「공직선거법」 제18조에 따른 선거권이 없는 사람은 제외한다. 이하 이 조에서 "18세 이상의 주민"이라 한다)은 시·도는 300명, 제198조에 따른 인구 50만 이상 대도시는 200명, 그 밖의 시·군 및 자치구는 150명 이내에서 그 지방자치단체의 조례로 정하는 수 이상의 18세 이상의 주민이 연대 서명하여 그 지방자치단체와 그 장의 권한에 속하는 사무의 처리가 법령에 위반되거나 공익을 현저히 해친다고 인정되면 시·도의 경우에는 주무부장관에게, 시·군 및 자치구의 경우에는 시·도지사에게 감사를 청구할 수 있다.

    1. 해당 지방자치단체의 관할 구역에 주민등록이 되어 있는 사람
    2. 「출입국관리법」 제10조에 따른 영주(永住)할 수 있는 체류자격 취득일 후 3년이 경과한 외국인으로서 같은 법 제34조에 따라 해당 지방자치단체의 외국인등록대장에 올라 있는 사람

2. 청구의 대상 및 청구기한

> **지방자치법**
> **제21조(주민의 감사 청구)** ② 다음 각 호의 사항은 감사 청구의 대상에서 제외한다.
>   1. 수사나 재판에 관여하게 되는 사항
>   2. 개인의 사생활을 침해할 우려가 있는 사항
>   3. 다른 기관에서 감사하였거나 감사 중인 사항. 다만, 다른 기관에서 감사한 사항이라도 새로운 사항이 발견되거나 중요 사항이 감사에서 누락된 경우와 제22조 제1항에 따라 주민소송의 대상이 되는 경우에는 그러하지 아니하다.
>   4. 동일한 사항에 대하여 제22조 제2항 각 호의 어느 하나에 해당하는 소송이 진행 중이거나 그 판결이 확정된 사항
> ③ 제1항에 따른 청구는 사무처리가 있었던 날이나 끝난 날부터 3년이 지나면 제기할 수 없다.
> ④ 지방자치단체의 18세 이상의 주민이 제1항에 따라 감사를 청구하려면 청구인의 대표자를 선정하여 청구인명부에 적어야 하며, 청구인의 대표자는 감사청구서를 작성하여 주무부장관 또는 시·도지사에게 제출하여야 한다.
> ⑤ 주무부장관이나 시·도지사는 제1항에 따른 청구를 받으면 청구를 받은 날부터 5일 이내에 그 내용을 공표하여야 하며, 청구를 공표한 날부터 10일간 청구인명부나 그 사본을 공개된 장소에 갖추어 두어 열람할 수 있도록 하여야 한다.
> ⑥ 청구인명부의 서명에 관하여 이의가 있는 사람은 제5항에 따른 열람기간에 해당 주무부장관이나 시·도지사에게 이의를 신청할 수 있다.
> ⑦ 주무부장관이나 시·도지사는 제6항에 따른 이의신청을 받으면 제5항에 따른 열람기간이 끝난 날부터 14일 이내에 심사·결정하되, 그 신청이 이유 있다고 결정한 경우에는 청구인명부를 수정하고, 그 사실을 이의신청을 한 사람과 제4항에 따른 청구인의 대표자에게 알려야 하며, 그 이의신청이 이유 없다고 결정한 경우에는 그 사실을 즉시 이의신청을 한 사람에게 알려야 한다.
> ⑧ 주무부장관이나 시·도지사는 제6항에 따른 이의신청이 없는 경우 또는 제6항에 따라 제기된 모든 이의신청에 대하여 제7항에 따른 결정이 끝난 경우로서 제1항부터 제3항까지의 규정에 따른 요건을 갖춘 경우에는 청구를 수리하고, 그러하지 아니한 경우에는 청구를 각하하되, 수리 또는 각하 사실을 청구인의 대표자에게 알려야 한다.

3. 감사의 절차

참고 감사의 절차 ————————————————————————
  • 1) 감사의 실시(60) → 2) 중복감사의 방지 → 3) 의견진술의 기회제공
——

> **지방자치법**
> **제21조(주민의 감사 청구)** ⑨ 주무부장관이나 시·도지사는 감사 청구를 수리한 날부터 60일 이내에 감사 청구된 사항에 대하여 감사를 끝내야 하며, 감사 결과를 청구인의 대표자와 해당 지방자치단체의 장에게 서면으로 알리고, 공표하여야 한다. 다만, 그 기간에 감사를 끝내기가 어려운 정당한 사유가 있으면 그 기간을 연장할 수 있으며, 기간을 연장할 때에는 미리 청구인의 대표자와 해당 지방자치단체의 장에게 알리고, 공표하여야 한다.
> ⑩ 주무부장관이나 시·도지사는 주민이 감사를 청구한 사항이 다른 기관에서 이미 감사한 사항이거나 감사 중인 사항이면 그 기관에서 한 감사 결과 또는 감사 중인 사실과 감사가 끝난 후 그 결과를 알리겠다는 사실을 청구인의 대표자와 해당 기관에 지체 없이 알려야 한다.
> ⑪ 주무부장관이나 시·도지사는 주민 감사 청구를 처리(각하를 포함한다)할 때 청구인의 대표자에게 반드시 증거 제출 및 의견 진술의 기회를 주어야 한다.

4. 감사결과의 이행

> **지방자치법**
> **제21조(주민의 감사 청구)** ⑫ 주무부장관이나 시·도지사는 제9항에 따른 감사 결과에 따라 기간을 정하여 해당 지방자치단체의 장에게 필요한 조치를 요구할 수 있다. 이 경우 그 지방자치단체의 장은 이를 성실히 이행하여야 하고, 그 조치 결과를 지방의회와 주무부장관 또는 시·도지사에게 보고하여야 한다.
> ⑬ 주무부장관이나 시·도지사는 제12항에 따른 조치 요구 내용과 지방자치단체의 장의 조치 결과를 청구인의 대표자에게 서면으로 알리고, 공표하여야 한다.

Ⅷ 주민소송권

1. 개 념

지방자치법 제21조 제1항(감사 청구)에 따라 감사 청구한 사항 중 공금의 지출에 관한 사항, 재산의 취득·관리·처분에 관한 사항 등 일정한 사항을 감사 청구한 주민은 그 감사 청구한 사항과 관련이 있는 위법한 행위나 업무를 게을리 한 사실에 대하여 해당 지방자치단체의 장을 상대방으로 하여 소송을 제기할 수 있다. 이러한 권리를 주민소송권이라고 한다. 주민소송제도는 지방행정의 공정성과 투명성 강화를 위한 주민의 직접참여제도에 해당한다.

2. 소의 대상 및 제소사유

> **지방자치법**
> **제22조(주민소송)** ① 제21조 제1항에 따라 공금의 지출에 관한 사항, 재산의 취득·관리·처분에 관한 사항, 해당 지방자치단체를 당사자로 하는 매매·임차·도급 계약이나 그 밖의 계약의 체결·이행에 관한 사항 또는 지방세·사용료·수수료·과태료 등 공금의 부과·징수를 게을리한 사항을 감사 청구한 주민은 다음 각 호의 어느 하나에 해당하는 경우에 그 감사 청구한 사항과 관련이 있는 위법한 행위나 업무를 게을리한 사실에 대하여 해당 지방자치단체의 장(해당 사항의 사무처리에 관한 권한을 소속 기관의 장에게 위임한 경우에는 그 소속 기관의 장을 말한다. 이하 이 조에서 같다)을 상대방으로 하여 소송을 제기할 수 있다.
> 　1. 주무부장관이나 시·도지사가 감사 청구를 수리한 날부터 60일(제21조 제9항 단서에 따라 감사기간이 연장된 경우에는 연장된 기간이 끝난 날을 말한다)이 지나도 감사를 끝내지 아니한 경우
> 　2. 제21조 제9항 및 제10항에 따른 감사 결과 또는 같은 조 제12항에 따른 조치 요구에 불복하는 경우
> 　3. 제21조 제12항에 따른 주무부장관이나 시·도지사의 조치 요구를 지방자치단체의 장이 이행하지 아니한 경우
> 　4. 제21조 제12항에 따른 지방자치단체의 장의 이행 조치에 불복하는 경우

> **판례** 이행강제금의 부과·징수를 게을리한 행위가 주민소송의 대상이 되는 공금의 부과·징수를 게을리한 사항에 해당한다.
> 가. 주민소송 제도는 주민으로 하여금 지방자치단체의 위법한 재무회계행위의 방지 또는 시정을 구할 수 있도록 함으로써 지방재무회계에 관한 행정의 적법성을 확보하려는 데 목적이 있다. 그러므로 지방자치법 제17조 제1항, 제2항 제2호, 제3호 등에 따라 주민소송의 대상이 되는 '재산의 관리·처분에 관한 사항'이나 '공금의 부과·징수를 게을리한 사항'이란 지방자치단체의 소유에 속하는 재산의 가치를 유지·보전 또는 실현함을 직접 목적으로 하는

행위 또는 그와 관련된 공금의 부과·징수를 게을리한 행위를 말하고, 그 밖에 재무회계와 관련이 없는 행위는 그 것이 지방자치단체의 재정에 어떤 영향을 미친다고 하더라도, 주민소송의 대상이 되는 '재산의 관리·처분에 관한 사항' 또는 '공금의 부과·징수를 게을리한 사항'에 해당하지 않는다.

나. 이행강제금은 지방자치단체의 재정수입을 구성하는 재원 중 하나로서 '지방세외수입금의 징수 등에 관한 법률'에서 이행강제금의 효율적인 징수 등에 필요한 사항을 특별히 규정하는 등 그 부과·징수를 재무회계 관점에서도 규율하고 있으므로, 이행강제금의 부과·징수를 게을리한 행위는 주민소송의 대상이 되는 공금의 부과·징수를 게을리한 사항에 해당한다. (대판 2015. 9. 10. 2013두16746)

3. 당사자와 이해관계자

주민소송의 대상이 되는 사항에 관하여 먼저 감사를 청구한 주민이라면 누구나 원고가 될 수 있고 1인에 의한 소제기도 허용된다. 다만 주민소송이 진행 중이면 다른 주민은 같은 사항에 대하여 별도의 소송을 제기할 수 없다.

4. 주민소송의 종류 및 제소기간

> **지방자치법**
> 제22조(주민소송) ② 제1항에 따라 주민이 제기할 수 있는 소송은 다음 각 호와 같다.
> 1. 해당 행위를 계속하면 회복하기 어려운 손해를 발생시킬 우려가 있는 경우에는 그 행위의 전부나 일부를 중지할 것을 요구하는 소송
> 2. 행정처분인 해당 행위의 취소 또는 변경을 요구하거나 그 행위의 효력 유무 또는 존재 여부의 확인을 요구하는 소송
> 3. 게을리한 사실의 위법 확인을 요구하는 소송
> 4. 해당 지방자치단체의 장 및 직원, 지방의회의원, 해당 행위와 관련이 있는 상대방에게 손해배상청구 또는 부당이득반환청구를 할 것을 요구하는 소송. 다만, 그 지방자치단체의 직원이 「회계관계직원 등의 책임에 관한 법률」 제4조에 따른 변상책임을 져야 하는 경우에는 변상명령을 할 것을 요구하는 소송을 말한다.
> ③ 제2항 제1호의 중지청구소송은 해당 행위를 중지할 경우 생명이나 신체에 중대한 위해가 생길 우려가 있거나 그 밖에 공공복리를 현저하게 해칠 우려가 있으면 제기할 수 없다.
> ④ 제2항에 따른 소송은 다음 각 호의 구분에 따른 날부터 90일 이내에 제기하여야 한다.
> 1. 제1항 제1호: 해당 60일이 끝난 날(제21조 제9항 단서에 따라 감사기간이 연장된 경우에는 연장기간이 끝난 날을 말한다)
> 2. 제1항 제2호: 해당 감사 결과나 조치 요구 내용에 대한 통지를 받은 날
> 3. 제1항 제3호: 해당 조치를 요구할 때에 지정한 처리기간이 끝난 날
> 4. 제1항 제4호: 해당 이행 조치 결과에 대한 통지를 받은 날
> ⑤ 제2항 각 호의 소송이 진행 중이면 다른 주민은 같은 사항에 대하여 별도의 소송을 제기할 수 없다.

참고 **주민소송의 종류** ─────────────────────

1. **중지청구소송**: 해당 행위를 계속하면 회복하기 곤란한 손해를 발생시킬 우려가 있는 경우에는 그 행위의 전부나 일부를 중지할 것을 요구하는 소송
   1) **대 상**: 공권력의 행사는 물론 공금지출의 중지 또는 계약체결의 중지 등 비권력적 행위나 사실행위도 포함된다.
   2) **요 건**: 중지청구소송은 해당 행위를 중지할 경우 생명이나 신체에 중대한 위해가 생길 우려가 있거나 그 밖에 공공복리를 현저하게 저해할 우려가 있으면 제기할 수 없다(제22조 제3항).
   3) **효 과**: 원고승소판결이 확정되면 지방자치단체는 소송의 대상이 된 재무회계행위를 해서는 안 되는 부작위의무가 발생한다.

2. **취소·무효 등 확인소송**: 행정처분인 해당 행위의 취소 또는 변경을 요구하거나 그 행위의 효력 유무 또는 존재 여부의 확인을 요구하는 소송
   1) **대 상**: 재무회계행위 중 행정처분의 성질을 갖는 행위이다.
   2) **제소기간**: 행정소송법과 달리 취소소송 외에 무효확인소송도 제소기간의 제한을 받는다. 즉 해당 감사결과나 조치요구내용에 대한 통지를 받은 날로부터 90일 이내에 제기하여야 한다.

3. **게을리 한 사실의 위법 확인을 요구하는 소송**
   1) **의 의**: 게을리 한 사실 내지 부작위를 대상으로 하는 점에서 적극적 행위를 다투는 제1호, 제2호 소송과 성질이 다르다.
   2) **대 상**: 부작위위법확인소송의 대상은 처분의 부작위에 한정되지만 본 소송은 처분뿐만이 아니라 공금의 지출, 계약의 체결 등을 게을리하는 것처럼 사실행위나 사법상 행위도 포함된다.

4. **이행청구소송·변상명령요구소송**: 해당 지방자치단체의 장 및 직원, 지방의회의원(전단)// 해당 행위와 관련이 있는 상대방에게(후단) 손해배상청구 또는 부당이득반환청구를 할 것을 요구하는 소송. 다만, 그 지방자치단체의 직원이 「지방재정법」 제94조나 「회계관계직원 등의 책임에 관한 법률」 제4조에 따른 변상책임을 져야 하는 경우에는 변상명령을 할 것을 요구하는 소송을 말한다.
   1) **이행청구소송**: 이행청구소송은 상대방이 지반자치단체의 장 등인 경우와 해당 행위와 관련있는 상대방에게 하는 소송으로 나뉜다. 지방자치단체의 장은 제4호 본문에 따른 소송에 대하여 손해배상청구나 부당이득반환청구를 명하는 판결이 확정되면 그 판결이 확정된 날부터 60일 이내를 기한으로 하여 당사자에게 그 판결에 따라 결정된 손해배상금이나 부당이득반환금의 지불을 청구하여야 한다. 다만, 손해배상금이나 부당이득반환금을 지불하여야 할 당사자가 지방자치단체의 장이면 지방의회 의장이 지불을 청구하여야 한다. 지방자치단체는 지불청구를 받은 자가 같은 항의 기한 내에 손해배상금이나 부당이득반환금을 지불하지 아니하면 손해배상·부당이득반환의 청구를 목적으로 하는 소송을 제기하여야 한다. 이 경우 그 소송의 상대방이 지방자치단체의 장이면 그 지방의회 의장이 그 지방자치단체를 대표한다(동법 제18조).
   2) **변상명령요구소송**: 지방자치단체의 장은 본 소송에 대하여 변상할 것을 명하는 판결이 확정되면 그 판결이 확정된 날부터 60일 이내를 기한으로 하여 당사자에게 그 판결에 따라 결정된 금액을 변상할 것을 명령하여야 한다. 변상할 것을 명령받은 자가 같은 항의 기한 내에 변상금을 지불하지 아니하면 지방세 체납처분의 예에 따라 징수할 수 있다. 변상할 것을 명령받은 자는 이에 불복하는 경우 행정소송을 제기할 수 있다. 다만, 「행정심판법」에 따른 행정심판청구는 제기할 수 없다(동법 제19조).

5. 소의 취하 등

주민소송에서 당사자는 법원의 허가를 받지 아니하고는 소의 취하, 소송의 화해 또는 청구의 포기를 할 수 없다. 이 경우 법원은 허가하기 전에 감사청구에 연서한 다른 주민에게 이를 알려야 하며, 알린 때부터 1개월 이내에 허가 여부를 결정하여야 한다. 소송의 계속 중에 소송을 제기한 주민이 사망하거나 주민의 자격을 잃으면 소송절차는 중단된다. 소송대리인이 있는 경우에도 또한 같다. 감사청구에 연서한 다른 주민은 소송중단사유가 발생한 사실을 안 날부터 6개월 이내에 소송절차를 수계할 수 있다. 이 기간에 수계절차가 이루어지지 아니할 경우 그 소송절차는 종료된다. 법원은 소송이 중단되면 감사청구에 연서한 다른 주민에게 소송절차를 중단한 사유와 소송절차 수계방법을 지체 없이 알려야 한다.

6. 실비의 보상

소송을 제기한 주민은 전부승소 내지 일부 승소한 경우 그 지방자치단체에 대하여 변호사 보수 등의 소송비용, 감사청구절차의 진행 등을 위하여 사용된 여비, 그 밖에 실제로 든 비용을 보상할 것을 청구할 수 있다. 이 경우 지방자치단체는 청구된 금액의 범위에서 그 소송을 진행하는 데에 객관적으로 사용된 것으

로 인정되는 금액을 지급하여야 한다.

기출 「지방자치법」의 내용에 대한 설명으로 옳은 것만을 모두 고른 것은? (다툼이 있는 경우 판례에 의함) 21년 국가직 7급

> ㄱ. 「지방자치법」에 따른 자치사무에 관한 명령이나 처분에 대한 취소 또는 정지의 적용대상은 항고소송의
>   대상이 되는 행정처분에 제한되지 않는다.
> ㄴ. 이행강제금의 부과·징수를 게을리한 행위는 주민소송의 대상이 되는 공금의 부과·징수를 게을리한 사
>   항에 해당한다.
> ㄷ. 행정안전부장관의 지방자치단체 또는 지방자치단체의 장 상호 간 분쟁에 대한 조정결정은 항고소송의
>   대상이 된다.
> ㄹ. 교육감의 교육청 소속 국가공무원인 교사에 대한 징계사무는 자치사무에 해당한다.

① ㄱ   ② ㄱ, ㄴ
③ ㄴ, ㄷ   ④ ㄱ, ㄴ, ㄷ, ㄹ

정답 ②

Ⅸ 주민소환권

1. 의 의

주민소환이란 주민이 직접 선출한 지방자치단체의 기관을 그 직에서 상실시키는 것을 말한다. 지방자치에
관한 주민의 직접참여를 확대하고 지방행정의 민주성과 책임성을 제고함을 목적으로 한다.

지방자치법
제25조(주민소환) ① 주민은 그 지방자치단체의 장 및 지방의회의원(비례대표 지방의회의원은 제외한다)을 소환할
권리를 가진다.

판례 주민소환은 사법적인 것이 아니라 정치적인 성격을 갖는다.
주민소환의 청구사유에 제한을 두지 않은 것은 주민소환제를 기본적으로 정치적인 절차로 설계함으로써 위법행
위를 한 공직자뿐만 아니라 정책적으로 실패하거나 무능하고 부패한 공직자까지도 그 대상으로 삼아 공직에서의
해임이 가능하도록 하여 책임정치 혹은 책임행정의 실현을 기하려는데 그 입법목적이 있다. (헌재 2009. 3. 26. 2007
헌마843)

2. 주민소환투표권자와 청구권자, 절차 및 효력

주민소환에 관한 법률
제3조(주민소환투표권) ① 제4조 제1항의 규정에 의한 주민소환투표인명부 작성기준일 현재 다음 각 호의 어느
하나에 해당하는 자는 주민소환투표권이 있다.
  1. 19세 이상의 주민으로서 당해 지방자치단체 관할구역에 주민등록이 되어 있는 자(「공직선거법」 제18조의
    규정에 의하여 선거권이 없는 자를 제외한다)

2. 19세 이상의 외국인으로서 「출입국관리법」 제10조의 규정에 따른 영주의 체류자격 취득일 후 3년이 경과한 자 중 같은 법 제34조의 규정에 따라 당해 지방자치단체 관할구역의 외국인등록대장에 등재된 자

제7조(주민소환투표의 청구) ① 전년도 12월 31일 현재 주민등록표 및 외국인등록표에 등록된 제3조 제1항 제1호 및 제2호에 해당하는 자(이하 "주민소환투표청구권자"라 한다)는 해당 지방자치단체의 장 및 지방의회의원(비례대표선거구시·도의회의원 및 비례대표선거구자치구·시·군의회의원은 제외하며, 이하 "선출직 지방공직자"라 한다)에 대하여 다음 각 호에 해당하는 주민의 서명으로 그 소환사유를 서면에 구체적으로 명시하여 관할선거관리위원회에 주민소환투표의 실시를 청구할 수 있다.

1. 특별시장·광역시장·도지사(이하 "시·도지사"라 한다): 당해 지방자치단체의 주민소환투표청구권자 총수의 100분의 10 이상

2. 시장·군수·자치구의 구청장: 당해 지방자치단체의 주민소환투표청구권자 총수의 100분의 15 이상

3. 지역선거구시·도의회의원(이하 "지역구시·도의원"이라 한다) 및 지역선거구자치구·시·군의회의원(이하 "지역구자치구·시·군의원"이라 한다): 당해 지방의회의원의 선거구 안의 주민소환투표청구권자 총수의 100분의 20 이상

④ 주민소환투표청구권자 총수는 전년도 12월 31일 현재의 주민등록표 및 외국인등록표에 의하여 산정한다.

제8조(주민소환투표의 청구제한기간) 제7조 제1항 내지 제3항의 규정에 불구하고, 다음 각 호의 어느 하나에 해당하는 때에는 주민소환투표의 실시를 청구할 수 없다.

1. 선출직 지방공직자의 임기개시일부터 1년이 경과하지 아니한 때

2. 선출직 지방공직자의 임기만료일부터 1년 미만일 때

3. 해당선출직 지방공직자에 대한 주민소환투표를 실시한 날부터 1년 이내인 때

제12조(주민소환투표의 발의) ① 관할선거관리위원회는 제7조 제1항 내지 제3항의 규정에 의한 주민소환투표청구가 적법하다고 인정하는 경우에는 지체 없이 그 요지를 공표하고, 소환청구인대표자 및 해당선출직 지방공직자에게 그 사실을 통지하여야 한다.

② 관할선거관리위원회는 제1항의 규정에 따른 통지를 받은 선출직 지방공직자(이하 "주민소환투표대상자"라 한다)에 대한 주민소환투표를 발의하고자 하는 때에는 제14조 제2항의 규정에 의한 주민소환투표대상자의 소명요지 또는 소명서 제출기간이 경과한 날부터 7일 이내에 주민소환투표일과 주민소환투표안(소환청구서 요지를 포함한다)을 공고하여 주민소환투표를 발의하여야 한다.

제13조(주민소환투표의 실시) ① 주민소환투표일은 제12조 제2항의 규정에 의한 공고일부터 20일 이상 30일 이하의 범위 안에서 관할선거관리위원회가 정한다. 다만, 주민소환투표대상자가 자진사퇴, 피선거권 상실 또는 사망 등으로 궐위된 때에는 주민소환투표를 실시하지 아니한다.

제14조(소명기회의 보장) ① 관할선거관리위원회는 제7조 제1항 내지 제3항의 규정에 의한 주민소환투표청구가 적법하다고 인정하는 때에는 지체 없이 주민소환투표대상자에게 서면으로 소명할 것을 요청하여야 한다.

② 제1항의 규정에 의하여 소명요청을 받은 주민소환투표대상자는 그 요청을 받은 날부터 20일 이내에 500자 이내의 소명요지와 소명서(필요한 자료를 기재한 소명자료를 포함한다)를 관할선거관리위원회에 제출하여야 한다. 이 경우 소명서 또는 소명요지를 제출하지 아니한 때에는 소명이 없는 것으로 본다.

제15조(주민소환투표의 형식) ① 주민소환투표는 찬성 또는 반대를 선택하는 형식으로 실시한다.

제16조(주민소환투표의 실시구역) ① 지방자치단체의 장에 대한 주민소환투표는 당해 지방자치단체 관할구역 전체를 대상으로 한다.

② 지역구지방의회의원에 대한 주민소환투표는 당해 지방의회의원의 지역선거구를 대상으로 한다.

제21조(권한행사의 정지 및 권한대행) ① 주민소환투표대상자는 관할선거관리위원회가 제12조 제2항의 규정에 의하여 주민소환투표안을 공고한 때부터 제22조 제3항의 규정에 의하여 주민소환투표결과를 공표할 때까지 그 권한행사가 정지된다.

② 제1항의 규정에 의하여 지방자치단체의 장의 권한이 정지된 경우에는 부지사·부시장·부군수·부구청장(이하 "부단체장"이라 한다)이 「지방자치법」 제124조 제4항의 규정을 준용하여 그 권한을 대행하고, 부단체장이 권한을 대행할 수 없는 경우에는 「지방자치법」 제124조 제5항의 규정을 준용하여 그 권한을 대행한다.

③ 제1항의 규정에 따라 권한행사가 정지된 지방의회의원은 그 정지기간 동안 「공직선거법」 제111조의 규정에

의한 의정활동보고를 할 수 없다. 다만, 인터넷에 의정활동보고서를 게재할 수는 있다.
제22조(주민소환투표결과의 확정) ① 주민소환은 제3조의 규정에 의한 주민소환투표권자(이하 "주민소환투표권자"라 한다) 총수의 3분의 1이상의 투표와 유효투표 총수 과반수의 찬성으로 확정된다.
② 전체 주민소환투표자의 수가 주민소환투표권자 총수의 3분의 1에 미달하는 때에는 개표를 하지 아니한다.
제23조(주민소환투표의 효력) ① 제22조 제1항의 규정에 의하여 주민소환이 확정된 때에는 주민소환투표대상자는 그 결과가 공표된 시점부터 그 직을 상실한다.

3. 주민소환투표쟁송

주민소환투표의 효력에 관하여 이의가 있는 해당 주민소환투표대상자 또는 주민소환투표권자는 주민소환투표결과가 공표된 날부터 14일 이내에 관할선거관리위원회 위원장을 피소청인으로 하여 지역구시·도의원, 지역구자치구·시·군의원 또는 시장·군수·자치구의 구청장을 대상으로 한 주민소환투표에 있어서는 특별시·광역시·도선거관리위원회에, 시·도지사를 대상으로 한 주민소환투표에 있어서는 중앙선거관리위원회에 소청할 수 있고, 소청에 대한 결정에 관하여 불복이 있는 소청인은 관할선거관리위원회 위원장을 피고로 하여 그 결정서를 받은 날부터 10일 이내에 지역구시·도의원, 지역구자치구·시·군의원 또는 시장·군수·자치구의 구청장을 대상으로 한 주민소환투표에 있어서는 그 선거구를 관할하는 고등법원에, 시·도지사를 대상으로 한 주민소환투표에 있어서는 대법원에 소를 제기할 수 있다(동법 제24조).

X 청원권

1. 의의·행사

지방자치법
제85조(청원서의 제출) ① 지방의회에 청원을 하려는 자는 지방의회의원의 소개를 받아 청원서를 제출하여야 한다.

> **판례** 지방의회에 청원을 할 때에 지방의회 의원의 소개를 얻도록 한 것은 합헌이다.
> 지방의회에 청원을 할 때에 지방의회 의원의 소개를 얻도록 한 것은 의원이 미리 청원의 내용을 확인하고 이를 소개하도록 함으로써 청원의 남발을 규제하고 심사의 효율을 기하기 위한 것이고, 지방의회 의원 모두가 소개의원이 되기를 거절하였다면 그 청원내용에 찬성하는 의원이 없는 것이므로 지방의회에서 심사하더라도 인용가능성이 전혀 없어 심사의 실익이 없으며, 청원의 소개의원도 1인으로 족한 점을 감안하면 이러한 정도의 제한은 공공복리를 위한 필요·최소한의 것이라고 할 수 있다. (헌재 1999. 11. 25. 97헌마54)

2. 결과통보의 성질

> **판례** 통보 자체에 의하여 청구인의 권리·의무나 법률관계가 직접 무슨 영향을 받는 것이 아니다.
> 적법한 청원에 대하여 국가기관이 이를 수리, 심사하여 그 결과를 청원인에게 통보하였다면 이로써 당해 국가기관은 헌법 및 청원법상의 의무이행을 다한 것이고, 그 통보 자체에 의하여 청구인의 권리·의무나 법률관계가 직접 무슨 영향을 받는 것도 아니므로 비록 그 통보내용이 청원인이 기대하는 바에는 미치지 못한다고 하더라도

그러한 통보조치가 헌법소원의 대상이 되는 구체적인 공권력의 행사 내지 불행사라고 볼 수는 없다. (헌재 2000. 10. 25. 99헌마458)

제3항 주민의 의무

주민은 법령으로 정하는 바에 따라 지방세, 사용료 등 지방자치단체의 비용을 분담하여야 하는 의무를 진다. 그 외에도 상하수도와 같은 일정시설에 대한 이용강제의무가 부과되기도 한다. 조례위반에 대해서는 1천만원 이하의 범위에서 과태료를 납부하여야 한다.

> **지방자치법**
> 제27조(주민의 의무) 주민은 법령으로 정하는 바에 따라 소속 지방자치단체의 비용을 분담하여야 하는 의무를 진다.
>
> **농어업재해대책법**
> 제7조(응급조치) ① 지방자치단체의 장은 재해가 발생하거나 발생할 우려가 있어 응급조치가 필요하면 해당 지역의 주민을 응급조치에 종사하게 할 수 있으며, 그 지역의 토지·가옥·시설·물자를 사용 또는 수용하거나 제거할 수 있다.

지방자치단체의 조직

제1절   지방의회

제1항 지방의회의 지위

1. 주민대표기관으로서의 지위

지방의회는 주민의 대표기관으로서 헌법상의 기관이다. 따라서 법률로 지방의회를 인정하지 않는 것은 허용되지 않는다.

2. 의결기관으로서의 지위

지방의회는 주민의 직접·비밀·보통·평등·자유선거로 선출된 일정수의 의원으로 구성되는 당해 자치구역 내의 최상위의결기관으로서 모든 자치사무에 관한 의사결정권한을 가진다.

> **지방자치법**
> **제47조(지방의회의 의결사항)** ① 지방의회는 다음 사항을 의결한다.
> 1. 조례의 제정·개정 및 폐지
> 2. 예산의 심의·확정
> 3. 결산의 승인
> 4. 법령에 규정된 것을 제외한 사용료·수수료·분담금·지방세 또는 가입금의 부과와 징수
> 5. 기금의 설치·운용
> 6. 대통령령으로 정하는 중요 재산의 취득·처분
> 7. 대통령령으로 정하는 공공시설의 설치·처분
> 8. 법령과 조례에 규정된 것을 제외한 예산 외의 의무부담이나 권리의 포기
> 9. 청원의 수리와 처리
> 10. 외국 지방자치단체와의 교류협력에 관한 사항
> 11. 그 밖에 법령에 따라 그 권한에 속하는 사항
> ② 지방자치단체는 제1항의 사항 외에 조례로 정하는 바에 따라 지방의회에서 의결되어야 할 사항을 따로 정할 수 있다.

❶ 지방의회의 의결사항에서 공유재산에 관한 사항이 전적으로 배제되는 것은 아니다.

지방자치법은 일정한 중요재산의 취득과 처분에 관하여는 관리계획으로 정하여 지방의회의 의결을 받도록 규정하면서도 공유재산의 대부와 같은 관리행위가 지방의회의 의결사항인지 여부에 관하여는 명시적으로 규정하고 있지 아니하지만, 이는 공유재산의 관리행위를 지방의회의 의결사항으로 하는 것을 일률적으로 배제하고자 하는 취지는 아니고 각각의 지방자치단체에서 그에 관하여 조례로써 별도로 정할 것을 용인하고 있는 것이라고 보아야 한다. (대판 2000. 11. 24. 2000추29)

❷ 지방자치법이 공공시설의 사용료에 관한 사항을 조례로 위임할 수 있고 조례 역시 적법하다.

지방자치법 제130조 제1항에서 조례로 정하도록 한 '사용료의 징수에 관한 사항'에는 사용료의 요율에 관한 사항도 포함되어 있으므로 사용료의 요율을 정하고 있는 '서울특별시립체육시설에 대한 사용료징수조례' 제5조를 법률의 위임근거 없이 제정된 무효의 규정이라고 볼 수 없고, 자치단체가 관리하는 공공시설의 사용료의 요율을 법률로 정하지 아니하고 주민들의 대의기관인 지방의회의 자치입법인 조례로 정하도록 위임하였다고 하여 그 위임에 관한 지방자치법 제130조 제1항의 규정을 무효라고 볼 수도 없다. (대결 1997. 7. 9. 97마1110)

3. 집행기관의 통제기관으로서의 지위

지방의회는 자신의 의결사항을 집행기관이 잘 집행하고 있는지를 감시하여 집행기관을 통제하는 기관으로서의 지위를 갖는다.

4. 행정기관으로서의 지위 및 자치입법기관으로서의 지위

지방의회는 지방자치단체의 의사를 결정하는 법인격 내부의 행정기관에 해당하고 지방의회의 가장 중요한 권한 중의 하나가 바로 법적 구속력이 발생하는 자치입법을 하는 것이다.

제2항 지방의회의 구성과 운영

Ⅰ 지방의회의 조직

1. 의장의 직무상 지위

지방의회의 의장은 회의의 주재자, 지방의회의 대표 그리고 의회의 사무를 감독하는 행정청의 지위를 가진다.

> **지방자치법**
> **제58조(의장의 직무)** 지방의회의 의장은 의회를 대표하고 의사를 정리하며, 회의장 내의 질서를 유지하고 의회의 사무를 감독한다.

2. 의장의 신분상 지위

> **지방자치법**
> **제57조(의장·부의장의 선거와 임기)** ① 지방의회는 의원 중에서 시·도의 경우 의장 1명과 부의장 2명을, 시·군 및 자치구의 경우 의장과 부의장 각 1명을 무기명투표로 선출하여야 한다.

② 지방의회의원 총선거 후 처음으로 선출하는 의장·부의장 선거는 최초집회일에 실시한다.

③ 의장과 부의장의 임기는 2년으로 한다.

제62조(의장·부의장 불신임의 의결) ① 지방의회의 의장이나 부의장이 법령을 위반하거나 정당한 사유 없이 직무를 수행하지 아니하면 지방의회는 불신임을 의결할 수 있다.

② 제1항의 불신임의결은 재적의원 4분의 1 이상의 발의와 재적의원 과반수의 찬성으로 한다.

③ 제2항의 불신임의결이 있으면 의장이나 부의장은 그 직에서 해임된다.

판례 ❶ 지방의회의 의장선임의결은 행정처분으로서 항고소송의 대상이다.

지방의회의 의장은 지방자치법 제43조, 제44조의 규정에 의하여 의회를 대표하고 의사를 정리하며, 회의장 내의 질서를 유지하고 의회의 사무를 감독할 뿐만 아니라 위원회에 출석하여 발언할 수 있는 등의 직무권한을 가지는 것이므로, 지방의회의 의사를 결정공표하여 그 당선자에게 이와 같은 의장으로서의 직무권한을 부여하는 지방의회의 의장선거는 행정처분의 일종으로서 항고소송의 대상이 된다고 할 것이다. (대판 1995. 1. 12. 94누2602)

❷ 지방의회 의장에 대한 불신임의결은 행정처분에 해당한다.

지방의회를 대표하고 의사를 정리하며 회의장 내의 질서를 유지하고 의회의 사무를 감독하며 위원회에 출석하여 발언할 수 있는 등의 직무권한을 가지는 지방의회 의장에 대한 불신임의결은 의장으로서의 권한을 박탈하는 행정처분의 일종으로서 항고소송의 대상이 된다. (대판 1994. 10. 11. 94두23)

---

3. 의장의 권한

의장은 지방의회대표권, 임시회소집공고권, 회의장 내 질서유지권, 의회사무감독권, 확정된 조례의 예외적인 공포권 등을 갖는다.

4. 위원회

지방자치법

제64조(위원회의 설치) ① 지방의회는 조례로 정하는 바에 따라 위원회를 둘 수 있다.

② 위원회의 종류는 다음 각 호와 같다.

    1. 소관 의안(議案)과 청원 등을 심사·처리하는 상임위원회

    2. 특정한 안건을 심사·처리하는 특별위원회

③ 위원회의 위원은 본회의에서 선임한다.

제65조(윤리특별위원회) ① 지방의회의원의 윤리강령과 윤리실천규범 준수 여부 및 징계에 관한 사항을 심사하기 위하여 윤리특별위원회를 둔다.

제67조(위원회의 권한) 위원회는 그 소관에 속하는 의안과 청원 등 또는 지방의회가 위임한 특정한 안건을 심사한다.

II 지방의회의 회의

1. 의사·운영의 원칙

지방의회의 회의는 공개의 원칙, 회기계속의 원칙, 일사부재의의 원칙이 적용된다.

> **지방자치법**
> **제75조(회의의 공개 등)** ① 지방의회의 회의는 공개한다. 다만, 의원 3명 이상이 발의하고 출석의원 3분의 2 이상이 찬성한 경우 또는 의장이 사회의 안녕질서 유지를 위하여 필요하다고 인정하는 경우에는 공개하지 아니할 수 있다.
> **제79조(회기계속의 원칙)** 지방의회에 제출된 의안은 회기 중에 의결되지 못한 것 때문에 폐기되지 아니한다. 다만, 지방의회의원의 임기가 끝나는 경우에는 그러하지 아니하다.
> **제80조(일사부재의의 원칙)** 지방의회에서 부결된 의안은 같은 회기 중에 다시 발의하거나 제출할 수 없다.
> **제81조(위원회에서 폐기된 의안)** ① 위원회에서 본회의에 부칠 필요가 없다고 결정된 의안은 본회의에 부칠 수 없다. 다만, 위원회의 결정이 본회의에 보고된 날부터 폐회나 휴회 중의 기간을 제외한 7일 이내에 지방의회의 의장이나 재적의원 3분의 1 이상이 요구하면 그 의안을 본회의에 부쳐야 한다.
> ② 제1항 단서의 요구가 없으면 그 의안은 폐기된다.

2. 의 결

(1) 의 의

지방의회가 안건에 대한 심의가 종결되면 의결이 이루어져야 한다. 즉, 의결은 의사결정절차의 종료기능을 한다. 물론 의결정족수가 미달하면 의결을 할 수 없음은 당연하다. 만일 정족수 미달에도 불구하고 의결을 한 경우 부결된 것으로 본다.

(2) 법적 성질

지방의회의 의결은 지방의회의 내부의 법적 행위로서 그 자체로서 직접 외부적 효력이 발생하지 않고 지방의회의 의장 내지 지방자치단체의 장의 집행을 통하여 행정행위 또는 법정립행위 등으로 전환된다. 따라서 지방의회의결 자체로 주민의 권리를 침해하기는 어렵다.

(3) 의결의 선포

지방의회에서 표결할 때에는 의장이 표결할 안건의 제목을 의장석에서 선포하여야 하고, 의장이 표결을 선포한 때에는 누구든지 그 안건에 관하여 발언할 수 없다. 표결이 끝났을 때에는 의장은 그 결과를 의장석에서 선포하여야 한다.

(4) 의결의 변경과 폐지

의결은 지방의회의 새로운 의결, 집행기관의 장의 이의에 따른 지방의회의 의결, 감독청 또는 법원에 의해 소급적으로 폐지될 수 있다. 이미 집행된 의결도 그 집행이 변경될 수 있는 경우에는 변경의결이 가능하다.

3. 제척제도

> **지방자치법**
> **제82조(의장이나 의원의 제척)** 지방의회의 의장이나 의원은 본인·배우자·직계존비속 또는 형제자매와 직접 이해관계가 있는 안건에 관하여는 그 의사에 참여할 수 없다. 다만, 의회의 동의가 있으면 의회에 출석하여 발언할 수 있다.

교육위원회의 의장이나 교육위원은 본인 또는 직계존·비속과 직접 이해관계가 있는 안건에 관하여는 그 의사에 참여할 수 없도록 규정되어 있고, 여기서 '직접 이해관계'라 함은 당해 개인과 직접적이고 구체적인 이해관계가 있는 경우로서 그 이해가 간접적 또는 반사적인 것이 아닌 것을 의미한다. 따라서 교육감선출투표권을 가지고 있는 교육위원이 교육감으로 피선될 자격도 아울러 가지고 있어서 그 자신에 대하여 투표를 하였다고 하더라도 이를 가리켜 교육위원이 그와 직접적인 이해관계에 있는 안건의 의사에 참여한 것으로서 그 교육감선출을 무효라고 할 수 없다. (대판 1997. 5. 8. 96두47)

제3항 지방의회의 일반적 권한

I 집행기관통제권

1. 개 관

지방의회는 집행기관의 통제기능을 하지만 그 중에서도 행정통제 그 자체에 중점이 있는 권한으로 행정사무의 감사와 조사, 행정사무처리상황의 보고와 질문·응답, 자료제출요구권 등이 있다.

2. 행정사무 감사와 조사

지방자치법

제49조(행정사무 감사권 및 조사권) ① 지방의회는 매년 1회 그 지방자치단체의 사무에 대하여 시·도에서는 14일의 범위에서, 시·군 및 자치구에서는 9일의 범위에서 감사를 실시하고(행정사무감사), 지방자치단체의 사무 중 특정 사안에 관하여 본회의 의결로 본회의나 위원회에서 조사하게 할 수 있다(행정사무조사).

② 제1항의 조사를 발의할 때에는 이유를 밝힌 서면으로 하여야 하며, 재적의원 3분의 1 이상의 찬성이 있어야 한다.

③ 지방자치단체 및 그 장이 위임받아 처리하는 국가사무와 시·도의 사무에 대하여 국회와 시·도의회가 직접 감사하기로 한 사무 외에는 그 감사를 각각 해당 시·도의회와 시·군 및 자치구의회가 할 수 있다. 이 경우 국회와 시·도의회는 그 감사결과에 대하여 그 지방의회에 필요한 자료를 요구할 수 있다(단체·기관위임사무).

제50조(행정사무 감사 또는 조사 보고의 처리) ① 지방의회는 본회의의 의결로 감사 또는 조사 결과를 처리한다.

② 지방의회는 감사 또는 조사 결과 해당 지방자치단체나 기관의 시정을 필요로 하는 사유가 있을 때에는 그 시정을 요구하고, 그 지방자치단체나 기관에서 처리함이 타당하다고 인정되는 사항은 그 지방자치단체나 기관으로 이송한다.

③ 지방자치단체나 기관은 제2항에 따라 시정 요구를 받거나 이송받은 사항을 지체 없이 처리하고 그 결과를 지방의회에 보고하여야 한다.

제51조(행정사무처리상황의 보고와 질문응답) ① 지방자치단체의 장이나 관계 공무원은 지방의회나 그 위원회에 출석하여 행정사무의 처리상황을 보고하거나 의견을 진술하고 질문에 답변할 수 있다.

② 지방자치단체의 장이나 관계 공무원은 지방의회나 그 위원회가 요구하면 출석·답변하여야 한다. 다만, 특별한 이유가 있으면 지방자치단체의 장은 관계 공무원에게 출석·답변하게 할 수 있다.

③ 제1항이나 제2항에 따라 지방의회나 그 위원회에 출석하여 답변할 수 있는 관계 공무원은 조례로 정한다.

판례 행정사무감사·조사권은 의회의 권한이지 의원 개인의 권한이 아니다.

지방자치법은 의결기관으로서의 의회의 권한과 집행기관으로서의 단체장의 권한을 분리하여 배분하는 한편, 의회는 행정사무감사와 조사권 등에 의하여 단체장의 사무집행을 감시 통제할 수 있게 하고 단체장은 의회의 의결에 대한 재의요구권 등으로 의회의 의결권행사에 제동을 가할 수 있게 함으로써 상호 견제와 균형을 유지하도록 하고 있는 것인바, 위와 같은 의회의 의결권과 집행기관에 대한 행정감사 및 조사권은 의결기관인 의회 자체의 권한이고 의회를 구성하는 의원 개개인의 권한이 아닌 바, 의원은 의회의 본회의 및 위원회의 의결과 안건의 심사 처리에 있어서 발의권, 질문권, 토론권 및 표결권을 가지며 의회가 행하는 지방자치단체사무에 대한 행정감사 및 조사에서 직접 감사 및 조사를 담당하여 시행하는 권능이 있으나, 이는 의회의 구성원으로서 의회의 권한행사를 담당하는 권능이지 의원 개인의 자격으로 가지는 권능이 아니므로 의원은 의회의 본회의 및 위원회의 활동과 아무런 관련 없이 의원 개인의 자격에서 집행기관의 사무집행에 간섭할 권한이 없으며, 이러한 권한은 법이 규정하는 의회의 권한 밖의 일로서 집행기관과의 권한한계를 침해하는 것이어서 허용될 수 없다. 따라서 '광주직할시 서구동정자문위원회조례'의 개정조례안 중 동정자치위원회를 구성하는 위원의 위촉과 해촉에 관한 권한을 동장에게 부여하면서 그 위촉과 해촉에 있어서 당해 지역 구의원과 협의하도록 한 규정은 지방자치단체의 하부집행기관인 동장에게 인사와 관련된 사무권한의 행사에 있어서 당해 지역 구의원과 협의하도록 의무를 부과하는 한편 구의원에게는 협의의 권능을 부여한 것이나, 이는 구의회의 본회의 또는 위원회의 활동과 관련 없이 구의원 개인에게 하부집행기관의 사무집행에 관여하도록 함으로써 하부집행기관의 권능을 제약한 것에 다름 아니므로, 이러한 규정은 법이 정한 의결기관과 집행기관 사이의 권한분리 및 배분의 취지에 위반되는 위법한 규정이라고 볼 수밖에 없다. (대판 1992. 7. 28. 92추31)

Ⅱ 지방의회 내부에 관한 권한(자율권)

지방의회는 내부운영의 자율권, 내부경찰권, 내부조직권 및 자격심사·징계·사직허가 등 지방의회의원의 신분에 관한 심사권 등 자신의 조직과 활동 등에 관하여 스스로 결정할 수 있는 자율권을 가진다.

판례 지방의회의 의원징계의결은 행정처분의 일종으로서 행정소송의 대상이다.

지방자치법 제78조 내지 제81조의 규정에 의거한 지방의회의 의원징계의결은 그로 인해 의원의 권리에 직접 법률효과를 미치는 행정처분의 일종으로서 행정소송의 대상이 된다. (대판 1993. 11. 26. 93누7341)

제4항 지방의회의 본질적 권한으로서 조례제정권

Ⅰ 조례의 개념

1. 조례의 의의

조례란 지방자치단체가 법령의 범위 안에서 지방의회의 의결을 거쳐 제정하는 법형식을 말한다. 지방자치단체의 사무에 관한 조례와 규칙 중 조례가 상위규범이다.

2. 조례의 성질

조례는 원칙적으로 일반적·추상적 규율로서 불특정다수인에 대하여 법적 구속력이 발생하는 법규이다. 조례의 구속력은 당해 지방자치단체의 모든 주민과 지방자치단체는 물론 감독청과 법원에도 미친다.

3. 조례의 근거

헌법
제117조 ① 지방자치단체는 주민의 복리에 관한 사무를 처리하고 재산을 관리하며, 법령의 범위안에서 자치에 관한 규정을 제정할 수 있다.

지방자치법
제28조(조례) ① 지방자치단체는 법령의 범위에서 그 사무에 관하여 조례를 제정할 수 있다. 다만, 주민의 권리 제한 또는 의무 부과에 관한 사항이나 벌칙을 정할 때에는 법률의 위임이 있어야 한다.
② 법령에서 조례로 정하도록 위임한 사항은 그 법령의 하위 법령에서 그 위임의 내용과 범위를 제한하거나 직접 규정할 수 없다.

4. 조례의 종류

(1) 추가조례

국가의 법령과 규율대상 내지 규율사항을 달리하는 조례(추가조례)는 원칙상 당해 국가법령에 위반하는 것으로 볼 수 없다고 봄이 판례인 반면, 국가법령에 반하는 여부를 따져볼 필요가 없이 지방지치법 제22조 단서에 위반하여 위법하다고 보는 견해가 있다(박균성).

> **판례** 갑 지방자치단체 내 대중교통 소외지역에 거주하는 주민들의 사전요청에 따른 택시 운행과 해당 주민에 대한 운행요금의 보조 등에 관한 사항을 정한 '갑 지방자치단체 대중교통 소외지역 주민 교통복지 증진에 관한 조례안'에 대하여 갑 지방자치단체장이 법령에 위배된다는 등의 이유로 재의를 요구하였으나 갑 지방의회가 재의결한 사안에서, 위 조례안의 보조금 지급사무는 자치사무에 해당하고, 위 조례안이 여객자동차 운수사업법령상 합승금지 조항 등에 위배되지 않는다. (대판 2015. 6. 24. 2014추545)

(2) 초과조례

법령과 조례가 동일한 사항을 동일한 규율목적으로 규정하고 있는 경우 법령이 정한 기준을 초과하여 보다 강화되거나 약화된 기준을 정한 조례가 법률우위의 원칙에 반하는지가 문제되는 바, 이는 침익적 조례와 수익적 조례로 나누어 볼 필요가 있다.

> **판례 ❶ 차고지확보제도 조례안**
> 차고지확보 대상을 자가용자동차 중 승차정원 16인 미만의 승합자동차와 적재정량 2.5t 미만의 화물자동차까지로 정하여 자동차운수사업법령이 정한 기준보다 확대하고, 차고지확보 입증서류의 미제출을 자동차등록 거부사유로 정하여 자동차관리법령이 정한 자동차 등록기준보다 더 높은 수준의 기준을 부가하고 있는 차고지확보제도에 관한 조례안은 비록 그 법률적 위임근거는 있지만 그 내용이 차고지 확보기준 및 자동차등록기준에 관한 상위법령의 제한범위를 초과하여 무효이다. (대판 1997. 4. 25. 96추251)

❷ 생활보호법과 별도로 생계비 지원조례

지방자치단체는 법령에 위반되지 아니하는 범위 내에서 그 사무에 관하여 조례를 제정할 수 있는 것이고, 조례가 규율하는 특정사항에 관하여 그것을 규율하는 국가의 법령이 이미 존재하는 경우에도 조례가 법령과 별도의 목적에 기하여 규율함을 의도하는 것으로서 그 적용에 의하여 법령의 규정이 의도하는 목적과 효과를 전혀 저해하는 바가 없는 때, 또는 양자가 동일한 목적에서 출발한 것이라고 할지라도 국가의 법령이 반드시 그 규정에 의하여 전국에 걸쳐 일률적으로 동일한 내용을 규율하려는 취지가 아니고 각 지방자치단체가 그 지방의 실정에 맞게 별도로 규율하는 것을 용인하는 취지라고 해석되는 때에는 그 조례가 국가의 법령에 위반되는 것은 아니다. (대판 1997. 4. 25. 96추244)

❸ 정선군 세 자녀 이상 세대 양육비 지원조례

지방자치단체는 법령에 위반되지 아니하는 범위 내에서 그 사무에 관하여 조례를 제정할 수 있는 것이고, 조례가 규율하는 특정사항에 관하여 그것을 규율하는 국가의 법령이 이미 존재하는 경우에도 조례가 법령과 별도의 목적에 기하여 규율함을 의도하는 것으로서 그 적용에 의하여 법령의 규정이 의도하는 목적과 효과를 전혀 저해하는 바가 없는 때, 또는 양자가 동일한 목적에서 출발한 것이라고 할지라도 국가의 법령이 반드시 그 규정에 의하여 전국에 걸쳐 일률적으로 동일한 내용을 규율하려는 취지가 아니고 각 지방자치단체가 그 지방의 실정에 맞게 별도로 규율하는 것을 용인하는 취지라고 해석되는 때에는 그 조례가 국가의 법령에 위반되는 것은 아니다. 군민의 출산을 적극 장려하기 위하여 세 자녀 이상의 세대 중 세 번째 이후 자녀에게 양육비 등을 지원할 수 있도록 하는 내용의 '정선군세자녀이상세대양육비등지원에관한조례안'이 법령에 위반되지 않는다. (대판 2006. 10. 12. 2006 추38)

Ⅱ 조례의 적법요건

1. 절차요건

지방자치법
제76조(의안의 발의) ① 지방의회에서 의결할 의안은 지방자치단체의 장이나 조례로 정하는 수 이상의 지방의회 의원의 찬성으로 발의한다.
② 위원회는 그 직무에 속하는 사항에 관하여 의안을 제출할 수 있다.
제148조(재정부담이 따르는 조례 제정 등) 지방의회는 새로운 재정부담이 따르는 조례나 안건을 의결하려면 미리 지방자치단체의 장의 의견을 들어야 한다.

2. 형식·이송·공포요건

지방자치법
제32조(조례와 규칙의 제정 절차 등) ① 조례안이 지방의회에서 의결되면 의장은 의결된 날부터 5일 이내에 그 지방자치단체의 장에게 이를 이송하여야 한다.
② 지방자치단체의 장은 제1항의 조례안을 이송 받으면 20일 이내에 공포하여야 한다.
③ 지방자치단체의 장은 이송 받은 조례안에 대하여 이의가 있으면 제2항의 기간에 이유를 붙여 지방의회로 환부하고, 재의를 요구할 수 있다. 이 경우 지방자치단체의 장은 조례안의 일부에 대하여 또는 조례안을 수정하여 재의를 요구할 수 없다.

3. 승인요건

기본적으로 조례는 자치입법에 해당하므로 감독청의 승인을 요하지 않는다. 현행 지방자치법도 감독청에 대한 보고만을 인정하고 있다. 만약 예외적으로 개별법에서 승인을 요구하고 있다면 이는 조례의 효력요건이 된다.

> **지방자치법**
> **제35조(보고)** 조례나 규칙을 제정하거나 개정하거나 폐지할 경우 조례는 지방의회에서 이송된 날부터 5일 이내에, 규칙은 공포 예정일 15일 전에 시·도지사는 행정안전부장관에게, 시장·군수 및 자치구의 구청장은 시·도지사에게 그 전문을 첨부하여 각각 보고하여야 하며, 보고를 받은 행정안전부장관은 이를 관계 중앙행정기관의 장에게 통보하여야 한다.

4. 내용요건

(1) 조례제정사항인 사무

> **판례** ❶ 조례의 제정대상은 원칙적으로 자치사무와 단체위임사무에 한하고 기관위임사무는 대상이 아니다.
> 헌법 제117조 제1항과 지방자치법 제15조에 의하면 지방자치단체는 법령의 범위 안에서 그 사무에 관하여 자치조례를 제정할 수 있으나 이 때 사무란 지방자치법 제9조 제1항에서 말하는 지방자치단체의 자치사무와 법령에 의하여 지방자치단체에 속하게 된 단체위임사무를 가리키므로 지방자치단체가 자치조례를 제정할 수 있는 것은 원칙적으로 이러한 자치사무와 단체위임사무에 한하므로, 국가사무가 지방자치단체의 장에게 위임된 기관위임사무와 같이 지방자치단체의 장이 국가기관의 지위에서 수행하는 사무일 뿐 지방자치단체 자체의 사무라고 할 수 없는 것은 원칙적으로 자치조례의 제정 범위에 속하지 않는다. (대판 2001. 11. 27. 2001추57)
> ❷ 기관위임사무도 개별 법령에서 조례로 위임하고 있는 경우에는 위임조례를 정할 수 있다.
> 기관위임사무에 있어서도 그에 관한 개별 법령에서 일정한 사항을 조례로 정하도록 위임하고 있는 경우에는 지방자치단체의 자치조례 제정권과 무관하게 이른바 위임조례를 정할 수 있다고 하겠으나 이 때에도 그 내용은 개별 법령이 위임하고 있는 사항에 관한 것으로서 개별 법령의 취지에 부합하는 것이라야만 하고, 그 범위를 벗어난 경우에는 위임조례로서의 효력도 인정할 수 없다. (대판 1999. 9. 17. 99추30)

(2) 법률유보의 원칙 적용여부

1) 지방자치법 제28조 단서의 위헌 여부

가. 문제의 소재

헌법은 조례에 관하여 '법령의 범위 안에서' 제정할 수 있다고 규정하고 있다. 따라서 주민의 복리증진에 관한 사항은 법률의 위임이 없어도 당연히 조례로 제정할 수 있는 반면 지방자치법 제28조 단서는 '주민의 권리 제한 또는 의무 부과에 관한 사항이나 벌칙을 정할 때에는 법률의 위임이 있어야 한다'고 규정하고 있는 바, 자치입법인 조례제정에 법률의 위임을 요구하고 있는 것이 헌법에 위반되는지 문제된다.

나. 학 설

학설은 법률유보원칙이 적용되므로 합헌이라는 입장, 자치입법권을 제한한다는 점에서 위헌이라는 입장, 절충설은 법령에 없는 규율의 경우에는 위임이 없어도 조례로 만들 수 있다고 주장한다.

다. 판 례

판례 ❶ 지방자치법 제15조는 원칙적으로 헌법 제117조 제1항의 규정과 같이 지방자치단체의 자치입법권을 보장하면서, 그 단서에서 국민의 권리제한·의무부과에 관한 사항을 규정하는 조례의 중대성에 비추어 입법정책적 고려에서 법률의 위임을 요구한다고 규정하고 있는바, 이는 기본권 제한에 대하여 법률유보원칙을 선언한 헌법 제37조 제2항의 취지에 부합하므로 조례제정에 있어서 위와 같은 경우에 법률의 위임근거를 요구하는 것이 위헌성이 있다고 할 수 없다. (대판 1995. 5. 12. 94추28)

❷ 영유아보육법이 보육시설 종사자의 정년에 관한 규정을 두거나 이를 지방자치단체의 조례에 위임한다는 규정을 두고 있지 않음에도 보육시설 종사자의 정년을 규정한 '서울특별시 중구 영유아 보육조례 일부개정조례안' 제17조 제3항은, 법률의 위임 없이 헌법이 보장하는 직업을 선택하여 수행할 권리의 제한에 관한 사항을 정한 것이어서 그 효력을 인정할 수 없으므로, 위 조례안에 대한 재의결은 무효이다. (대판 2009. 5. 28. 2007추134)

❸ 이 사건 조례들은 담배소매업을 영위하는 주민들에게 자판기 설치를 제한하는 것을 내용으로 하고 있으므로 주민의 직업선택의 자유 특히 직업수행의 자유를 제한하는 것이 되어 지방자치법 제15조 단서 소정의 주민의 권리·의무에 관한 사항을 규율하는 조례라고 할 수 있으므로 지방자치단체가 이러한 조례를 제정함에 있어서는 법률의 위임을 필요로 한다. (헌재 1995. 4. 20. 92헌마264)

❹ 주민의 복리증진에 관한 사항은 법률의 위임이 필요없다.
조례의 내용이 세 자녀 이상 세대 중 세 번째 이후 자녀에게 양육비 등을 지원할 수 있도록 하는 것은 지방자치단체 고유의 자치사무 중 주민의 복지증진에 해당되는 사무이고, 또한 위 조례안에는 주민의 편의 및 복리증진에 관한 내용을 담고 있어 그 제정에 있어서 반드시 법률의 개별적 위임이 따로 필요한 것은 아니다. (대판 2006. 10. 12. 2006추38)

2) 포괄적 위임

다수설과 판례는 지방자치법 제28조 단서가 규정하는 위임은 반드시 구체적인 위임을 말하는 것이 아니고 포괄적인 위임도 가능하다고 본다.

판례 ❶ 차고지확보제도 조례안이 자동차·건설기계의 보유자에게 차고지확보의무를 부과하는 바, 이는 주민의 권리를 제한하고 주민에게 의무를 부과하는 것임이 분명하므로 그에 관한 법률의 위임이 있어야만 적법하고 도시교통정비촉진법 제19조의10 제3항의 규정은 비록 포괄적이고 일반적인 것이기는 하지만 차고지확보제도를 규정한 조례안의 법률적 위임근거가 된다. (대판 1997. 4. 25. 96추251)

❷ 지방자치단체는 헌법상 자치입법권이 인정되고, 법령의 범위 안에서 그 권한에 속하는 모든 사무에 관하여 조례를 제정할 수 있다는 점과 조례는 선거를 통하여 선출된 그 지역의 지방의원으로 구성된 주민의 대표기관인 지방의회에서 제정되므로 지역적인 민주적 정당성까지 갖고 있다는 점을 고려하면, 조례에 위임할 사항은 헌법 제75조 소정의 행정입법에 위임할 사항보다 더 포괄적이어도 헌법에 반하지 않는다고 할 것이다. (헌재 2004. 9. 23. 2002헌바76)

3) 벌칙(과태료)

지방자치법
제34조(조례 위반에 대한 과태료) ① 지방자치단체는 조례를 위반한 행위에 대하여 조례로써 1천만원 이하의 과태료를 정할 수 있다.
② 제1항에 따른 과태료는 해당 지방자치단체의 장이나 그 관할 구역의 지방자치단체의 장이 부과·징수한다.

(3) 법률우위의 원칙 적용

1) 의 의

국가의 모든 작용은 법에 위반되어서는 아니 되므로 조례 역시 상위법령에 위반해서는 안 된다. 법률우위의 원칙에 위반되는 조례는 무효이다. 이른바 법률에 정함이 없는 사항에 대해서는 조례를 제정할 수 있다는 '법률선점이론'도 헌법 내지 행정법의 일반원칙에 위반되는 조례는 허용할 수 없다고 본다.

> **참고**
>
> • '법률선점이론'이란 법률로 규율하는 영역에 대하여 조례가 다시 동일한 목적으로 규율하는 것은 법률이 이미 선점한 영역을 침해하는 것이므로 법률에서 그 사항에 관하여 특별한 위임을 하지 않는 한 허용되지 않는다는 이론이다.

> **판례** ❶ 지방자치법 제15조에서 말하는 '법령의 범위 안'이라는 의미는 '법령에 위반되지 아니하는 범위 안'이라는 의미로서 법률우의의 원칙에 해당한다.
>
> 지방자치법 제15조에서 말하는 '법령의 범위 안'이라는 의미는 '법령에 위반되지 아니하는 범위 안'이라는 의미로 풀이되는 것으로서, 특정 사항에 관하여 국가 법령이 이미 존재할 경우에도 그 규정의 취지가 반드시 전국에 걸쳐 일률적인 규율을 하려는 것이 아니라 각 지방자치단체가 그 지방의 실정에 맞게 별도로 규율하는 것을 용인하고 있다고 해석될 때에는 조례가 국가 법령에서 정하지 아니하는 사항을 규정하고 있다고 하더라도 이를 들어 법령에 위반되는 것이라고 할 수가 없다. (대판 2000. 11. 24. 2000추29)
>
> ❷ 지방의회가 견제의 범위 내에서 소극적·사후적으로 개입한 정도가 아니라 사전에 적극적으로 개입하는 내용을 지방자치단체의 조례로 정하는 것은 허용되지 않는다.
>
> 정부업무평가기본법 제18조에서 지방자치단체의 장의 권한으로 정하고 있는 자체평가업무에 관한 사항에 대하여 지방의회가 견제의 범위 내에서 소극적·사후적으로 개입한 정도가 아니라 사전에 적극적으로 개입하는 내용을 지방자치단체의 조례로 정하는 것은 허용되지 않는 바, 동 조례는 무효이다. (대판 2007. 2. 9. 2006추45)

2) 법률우위의 원칙 위반여부에 관한 판단기준

가. 법령에 규정이 없거나, 있는 경우에도 조례와 입법목적이 다른 경우

원칙적으로 조례제정이 허용된다. 다만, 침익적인 경우에는 법률의 위임이 있어야 하고 헌법 내지 행정법의 일반원칙에 위반되어서는 안된다.

나. 조례규정사항과 관련된 법령이 있는 경우

> **판례** ❶ 조례의 법률우위원칙 위배여부에 관한 판단기준
>
> 지방자치단체의 조례는 그것이 자치조례에 해당하는 것이라도 법령에 위반되지 않는 범위 안에서만 제정할 수 있어서 법령에 위반되는 조례는 그 효력이 없지만(지방자치법 제22조 및 위 구 지방자치법 제15조), 조례가 규율하는 특정사항에 관하여 그것을 규율하는 국가의 법령이 이미 존재하는 경우에도 조례가 법령과 별도의 목적에 기하여 규율함을 의도하는 것으로서 그 적용에 의하여 법령의 규정이 의도하는 목적과 효과를 전혀 저해하는 바가 없는 때 또는 양자가 동일한 목적에서 출발한 것이라고 할지라도 국가의 법령이 반드시 그 규정에 의하여 전국에 걸쳐 일률적으로 동일한 내용을 규율하려는 취지가 아니고 각 지방자치단체가 그 지방의 실정에 맞게 별도로 규율하는 것을 용인하는 취지라고 해석되는 때에는 그 조례가 국가의 법령에 위배되는 것은 아니라고 보아야 한다. (대판 2007. 12. 13. 2006추52)

❷ 조례규정이 법령의 규정보다 더 침익적인 경우(차고지조례)에는 무효이다.

차고지확보 대상을 자가용자동차 중 승차정원 16인 미만의 승합자동차와 적재정량 2.5t 미만의 화물자동차까지로 정하여 자동차운수사업법령이 정한 기준보다 확대하고, 차고지확보 입증서류의 미제출을 자동차등록 거부사유로 정하여 자동차관리법령이 정한 자동차 등록기준보다 더 높은 수준의 기준을 부가하고 있는 차고지확보제도에 관한 조례안은 비록 그 법률적 위임근거는 있지만 그 내용이 차고지 확보기준 및 자동차등록기준에 관한 상위법령의 제한범위를 초과하여 무효이다. (대판 1997. 4. 25. 96추251)

❸ 조례규정이 법령의 규정보다 더 수익적인 경우(생활보호대상자 확대조례)에는 유효하다.

조례안의 내용은 생활유지의 능력이 없거나 생활이 어려운 자에게 보호를 행하여 이들의 최저생활을 보장하고 자활을 조성함으로써 구민의 사회복지의 향상에 기여함을 목적으로 하는 것으로서 생활보호법과 그 목적 및 취지를 같이 하는 것이나, 보호대상자 선정의 기준 및 방법, 보호의 내용을 생활보호법의 그것과는 다르게 규정함과 동시에 생활보호법 소정의 자활보호대상자 중에서 사실상 생계유지가 어려운 자에게 생활보호법과는 별도로 생계비를 지원하는 것을 그 내용으로 하는 것이라는 점에서 생활보호법과는 다른 점이 있고, 당해 조례안에 의하여 생활보호법 소정의 자활보호대상자 중 일부에 대하여 생계비를 지원한다고 하여 생활보호법이 의도하는 목적과 효과를 저해할 우려는 없다고 보여지며, 비록 생활보호법이 자활보호대상자에게는 생계비를 지원하지 아니하도록 규정하고 있다고 할지라도 그 규정에 의한 자활보호대상자에게는 전국에 걸쳐 일률적으로 동일한 내용의 보호만을 실시하여야 한다는 취지로는 보이지 아니하고, 각 지방자치단체가 그 지방의 실정에 맞게 별도의 생활보호를 실시하는 것을 용인하는 취지라고 보아야 할 것이라는 이유로, 당해 조례안의 내용이 생활보호법의 규정과 모순·저촉되는 것이라고 할 수 없다. (대판 1997. 4. 25. 96추244)

3) 기타 판례상 무효인 조례

판례 ❶ 지방의회가 선임한 검사위원의 징계등 시정조치 의견에 대한 단체장의 결과나 계획을 의회에 보고하도록 한 조례는 위법하다.

지방의회가 선임한 검사위원이 결산에 대한 검사 결과, 필요한 경우 결산검사의견서에 추징, 환수, 변상 및 책임공무원에 대한 징계 등의 시정조치에 관한 의견을 담을 수 있고, 그 의견에 대하여 시장이 시정조치 결과나 시정조치 계획을 의회에 알리도록 하는 내용의 개정조례안은, 사실상 지방의회가 단체장에 대하여 직접 추징 등이나 책임공무원에 대한 징계 등을 요구하는 것으로서 지방의회가 법령에 의하여 주어진 권한의 범위를 넘어서 집행기관에 대하여 새로운 견제장치를 만드는 것에 해당하여 위법하다. (대판 2009. 4. 9. 2007추103)

❷ 행정심판청구 지원조례는 지방자치단체의 장의 고유권한을 침해하는 것이 되어 효력이 없다.

당해 지방자치단체의 주민을 상대로 한 모든 행정기관의 행정처분에 대한 행정심판청구를 지원하는 것을 내용으로 하는 조례안은 지방자치단체의 사무에 관한 조례제정권의 한계를 벗어난 것일 뿐 아니라, 그 지원 여부를 결정하기 위한 전제로서 당해 행정처분의 정당성 여부를 지방의회에서 판단하도록 규정하고 있다면 이는 결국 지방의회가 스스로 행정처분의 정당성 판단을 함으로써 자치단체의 장을 견제하려는 것으로서 이는 법률에 규정이 없는 새로운 견제장치를 만드는 것이 되어 지방자치단체의 장의 고유권한을 침해하는 것이 되어 효력이 없다. (대판 1997. 3. 28. 96추60)

❸ 조례안에서 지방자치단체의 장이 재단법인 광주비엔날레의 업무수행을 지원하기 위하여 소속 지방공무원을 위 재단법인에 파견에 대하여 그 파견기관과 인원을 정하여 지방의회의 동의를 얻도록 한 조례는 위법하다.

조례안에서 지방자치단체의 장이 재단법인 광주비엔날레의 업무수행을 지원하기 위하여 소속 지방공무원을 위재단법인에 파견함에 있어 그 파견기관과 인원을 정하여 지방의회의 동의를 얻도록 하고, 이미 위 재단법인에 파견된 소속 지방공무원에 대하여는 조례안이 조례로서 시행된 후 최초로 개회되는 지방의회에서 동의를 얻도록 규정하고 있는 경우, 그 조례안 규정은 지방자치단체의 장의 고유권한에 속하는 소속 지방공무원에 대한 임용권 행사에 대하여 지방의회가 동의 절차를 통하여 단순한 견제의 범위를 넘어 적극적으로 관여하는 것을 허용하고 있다는 이유로 법령에 위반된다. (대판 2001. 2. 23. 2000추67)

❹ 지방자치단체의 장의 지방공기업 대표의 임명에 대한 앞서 지방의회의 인사청문회를 거치도록 한 조례는 위법하다.
지방자치단체의 장으로 하여금 지방자치단체가 설립한 지방공기업 등의 대표에 대한 임명권의 행사에 앞서 지방의회의 인사청문회를 거치도록 한 조례안이 지방자치단체의 장의 임명권에 대한 견제나 제약에 해당한다는 이유로 법령에 위반된다. (대판 2004. 7. 22. 2003추44)
❺ 대학생자녀를 둔 지방공무원 학비지원 조례는 위법하다.
지방자치단체가 그 재정권에 기하여 확보한 재화는 어느 특정의 개인이나 단체에 재화를 공급함으로 인하여 형평을 잃는 일이 없도록 하여야 할 것인바, 지역주민이 부담하는 지방세 등으로 조성된 지방자치단체의 수입 일부를 출연하여 소속 공무원의 대학생 자녀에 한정하여 학비를 지급한다면, 이는 지역주민 중 대학생 자녀를 둔 소속 공무원에 한정하여 특혜를 베푸는 조치로서 일반주민은 물론 대학생 자녀를 두지 아니한 다른 공무원과의 관계에서 형평에 반하므로 위법하다. (대판 1996. 10. 25. 96추107)

4) 광역지방자치단체와 기초지방자치단체 조례의 관계

> **지방자치법**
> 제30조(조례와 규칙의 입법한계) 시·군 및 자치구의 조례나 규칙은 시·도의 조례나 규칙을 위반하여서는 아니 된다.

Ⅲ 조례의 하자

1. 위법한 조례의 효력

> **판례** 조례가 법령에 위배되는 경우에는 무효이다.
> 지방자치법 제28조 본문은 "지방자치단체는 법령의 범위 안에서 그 사무에 관하여 조례를 제정할 수 있다"고 규정한다. 여기서 '법령의 범위 안에서'란 '법령에 위반되지 아니하는 범위 내에서'를 말하고, 지방자치단체가 제정한 조례가 법령에 위배되는 경우에는 효력이 없다. (대판 2009. 4. 9. 2007추103)

2. 위법한 조례에 근거한 처분의 효력

> **판례** 위법한 조례에 근거한 처분의 효력은 당연무효사유는 아니고 취소사유에 해당한다.
> 조례 제정권의 범위를 벗어나 국가사무를 대상으로 한 무효인 서울특별시행정권한위임조례의 규정에 근거하여 구청장이 건설업영업정지처분을 한 경우, 그 처분은 결과적으로 적법한 위임 없이 권한 없는 자에 의하여 행하여진 것과 마찬가지가 되어 그 하자가 중대하나, 지방자치단체의 사무에 관한 조례와 규칙은 조례가 보다 상위규범이라고 할 수 있고, 또한 헌법 제107조 제2항의 "규칙"에는 지방자치단체의 조례와 규칙이 모두 포함되는 등 이른바 규칙의 개념이 경우에 따라 상이하게 해석되는 점 등에 비추어 보면 위 처분의 위임 과정의 하자가 객관적으로 명백한 것이라고 할 수 없으므로 이로 인한 하자는 결국 당연무효사유는 아니라고 봄이 상당하다. (대판 1995. 7. 11. 94누4615(전합))

3. 조례안의 일부무효 인정여부

> **판례** 재의결의 일부만이 위법한 경우에도 그 재의결 전부의 효력을 부인하여야 한다.
> 의결의 일부에 대한 효력의 배제는 결과적으로 전체적인 의결의 내용을 변경하는 것에 다름 아니어서 의결기관인 지방의회의 고유권한을 침해하는 것이 될 뿐 아니라, 그 일부만의 효력배제는 자칫 전체적인 의결내용을 지방의회의 당초의 의도와는 다른 내용으로 변질시킬 우려가 있으며, 또한 재의 요구가 있는 때에는 재의 요구에서 지적한 이의사항이 의결의 일부에 관한 것이라고 하여도 의결 전체가 실효되고 재의결만이 의결로서 효력을 발생하는 것이어서 의결의 일부에 대한 재의 요구나 수정재의 요구가 허용되지 않는 점에 비추어 보면, 재의결의 내용 전부가 아니라 그 일부만이 위법한 경우에도 그 재의결 전부의 효력을 부인하여야 한다. (대판 1994. 5. 10. 93추144)

Ⅳ 조례(안)의 통제

1. 지방자치단체의 장에 의한 통제

(1) 행정적 통제로서 재의 요구

> **지방자치법**
> **제32조(조례와 규칙의 제정 절차 등)** ① 조례안이 지방의회에서 의결되면 지방의회의 의장은 의결된 날부터 5일 이내에 그 지방자치단체의 장에게 이송하여야 한다.
> ② 지방자치단체의 장은 제1항의 조례안을 이송받으면 20일 이내에 공포하여야 한다.
> ③ 지방자치단체의 장은 이송받은 조례안에 대하여 이의가 있으면 제2항의 기간에 이유를 붙여 지방의회로 환부(還付)하고, 재의(再議)를 요구할 수 있다. 이 경우 지방자치단체의 장은 조례안의 일부에 대하여 또는 조례안을 수정하여 재의를 요구할 수 없다.
> ④ 지방의회는 제3항에 따라 재의 요구를 받으면 조례안을 재의에 부치고 재적의원 과반수의 출석과 출석의원 3분의 2 이상의 찬성으로 전(前)과 같은 의결을 하면 그 조례안은 조례로서 확정된다.
> **제120조(지방의회의 의결에 대한 재의 요구와 제소)** ① 지방자치단체의 장은 지방의회의 의결이 월권이거나 법령에 위반되거나 공익을 현저히 해친다고 인정되면 그 의결사항을 이송받은 날부터 20일 이내에 이유를 붙여 재의를 요구할 수 있다.
> ② 제1항의 요구에 대하여 재의한 결과 재적의원 과반수의 출석과 출석의원 3분의 2 이상의 찬성으로 전과 같은 의결을 하면 그 의결사항은 확정된다.
> ③ 지방자치단체의 장은 제2항에 따라 재의결된 사항이 법령에 위반된다고 인정되면 대법원에 소를 제기할 수 있다. 이 경우에는 제192조 제4항을 준용한다.
> **제121조(예산상 집행 불가능한 의결의 재의 요구)** ① 지방자치단체의 장은 지방의회의 의결이 예산상 집행할 수 없는 경비를 포함하고 있다고 인정되면 그 의결사항을 이송받은 날부터 20일 이내에 이유를 붙여 재의를 요구할 수 있다.

(2) 사법적 방법

1) 지방자치법 제32조와 제120조의 관계

조례에 관한 재의 요구에 관한 제32조의 규정에는 소의 제기에 관한 규정이 마련되어 있지 않지만, 지방자치단체의 장은 재의결된 조례를 일반적인 의결안에 대한 재의 요구에 관한 제120조에 근거하여 대법원에 소를 제기할 수 있다고 봄이 판례에 해당한다.

> **판례** 지방자치법 제19조 제3항(현 제32조 제3항)은 지방의회의 의결사항 중 하나인 조례안에 대하여 지방자치단체의 장에게 재의요구권을 폭넓게 인정한 것으로서 지방자치단체의 장의 재의요구권을 일반적으로 인정한 지방자치법 제98조 제1항(현 제120조 제1항)에 대한 특별규정이라고 할 것이므로, 지방자치단체의 장의 재의요구에도 불구하고 조례안이 원안대로 재의결되었을 때에는 지방자치단체의 장은 지방자치법 제98조 제3항(현 제120조 제3항)에 따라 그 재의결에 법령위반이 있음을 내세워 대법원에 제소할 수 있는 것이다. (대판 1999. 4. 27. 99추23)

기출 지방자치에 대한 설명으로 가장 옳지 않은 것은?   19년 서울시 7급

① 폐기물처리시설 설치비용 부과처분의 근거가 된 「서울특별시 송파구 택지개발에 따른 폐기물처리시설 설치비용 산정에 관한 조례」의 규정은 사업시행자에게 주민편익시설 설치비용에 상응하는 금액까지 납부할 의무를 부과하도록 하고 있는데 이는 법률의 위임이 없어 효력이 없다.

② 조례 제정권의 범위를 벗어나 국가사무를 대상으로 한 무효인 「서울특별시행정권한위임조례」에 근거하여 영등포구청장이 건설업영업정지처분을 한 경우 그 하자는 중대하나 당연무효는 아니다.

③ 매립지가 속할 지방자치단체를 정하는 결정에 대하여 대법원에 소송을 제기할 수 있는 주체는 관계 지방자치단체의 장일 뿐 지방자치단체가 아니다.

④ 지방자치단체의 장, 주무부장관, 시·도지사에 의해 제기되는 위법한 조례안의 재의결에 대한 무효확인소송은 사전적·구체적 규범통제의 성질을 갖는다.

정답 ④

2) 지방자치법 제192조 제4항의 제소(기관소송) 및 집행정지신청

지방자치법
제192조(지방의회 의결의 재의와 제소) ① 지방의회의 의결이 법령에 위반되거나 공익을 현저히 해친다고 판단되면 시·도에 대해서는 주무부장관이, 시·군 및 자치구에 대해서는 시·도지사가 해당 지방자치단체의 장에게 재의를 요구하게 할 수 있고, 재의 요구 지시를 받은 지방자치단체의 장은 의결사항을 이송받은 날부터 20일 이내에 지방의회에 이유를 붙여 재의를 요구하여야 한다.
③ 제1항 또는 제2항의 요구에 대하여 재의한 결과 재적의원 과반수의 출석과 출석의원 3분의 2 이상의 찬성으로 전과 같은 의결을 하면 그 의결사항은 확정된다.
④ 지방자치단체의 장은 제3항에 따라 재의결된 사항이 법령에 위반된다고 판단되면 재의결된 날부터 20일 이내에 대법원에 소를 제기할 수 있다. 이 경우 필요하다고 인정되면 그 의결의 집행을 정지하게 하는 집행정지결정을 신청할 수 있다.
⑨ 제1항 또는 제2항에 따른 지방의회의 의결이나 제3항에 따라 재의결된 사항이 둘 이상의 부처와 관련되거나 주무부장관이 불분명하면 행정안전부장관이 재의 요구 또는 제소를 지시하거나 직접 제소 및 집행정지 결정을 신청할 수 있다.

2. 감독청에 의한 통제

(1) 행정적 방법

1) 재의요구명령

> **지방자치법**
> **제192조(지방의회 의결의 재의와 제소)** ② 시·군 및 자치구의회의 의결이 법령에 위반된다고 판단됨에도 불구하고 시·도지사가 제1항에 따라 재의를 요구하게 하지 아니한 경우 주무부장관이 직접 시장·군수 및 자치구의 구청장에게 재의를 요구하게 할 수 있고, 재의 요구 지시를 받은 시장·군수 및 자치구의 구청장은 의결사항을 이송받은 날부터 20일 이내에 지방의회에 이유를 붙여 재의를 요구하여야 한다.

2) 재의 요구와 불응

> **지방자치법**
> **제192조(지방의회 의결의 재의와 제소)** ⑧ 제1항 또는 제2항에 따라 지방의회의 의결이 법령에 위반된다고 판단되어 주무부장관이나 시·도지사로부터 재의 요구 지시를 받은 해당 지방자치단체의 장이 재의를 요구하지 아니하는 경우(법령에 위반되는 지방의회의 의결사항이 조례안인 경우로서 재의 요구 지시를 받기 전에 그 조례안을 공포한 경우를 포함한다)에는 주무부장관이나 시·도지사는 제1항 또는 제2항에 따른 기간이 지난 날부터 7일 이내에 대법원에 직접 제소 및 집행정지 결정을 신청할 수 있다.

> **판례** 조례안 재의결 무효확인소송에서의 심리대상은 지방자치단체의 장이 지방의회에 재의를 요구할 당시 이의사항으로 지적하여 재의결에서 심의의 대상이 된 것에 국한된다.
> 조례안 재의결 무효확인소송에서의 심리대상은 지방자치단체의 장이 지방의회에 재의를 요구할 당시 이의사항으로 지적하여 재의결에서 심의의 대상이 된 것에 국한된다. 이러한 법리는 주무부장관이 지방자치법 제172조 제7항에 따라 지방의회의 의결에 대하여 직접 제소함에 따른 조례안의결 무효확인소송에도 마찬가지로 적용되므로, 조례안의결 무효확인소송의 심리대상은 주무부장관이 재의요구 요청에서 이의사항으로 지적한 것에 한정된다.
> (대판 2015. 5. 14. 2013추98)

(2) 사법적 방법

1) 감독청의 제소지시·단체장의 제소

> **지방자치법**
> **제192조(지방의회 의결의 재의와 제소)** ⑤ 주무부장관이나 시·도지사는 재의결된 사항이 법령에 위반된다고 판단됨에도 불구하고 해당 지방자치단체의 장이 소를 제기하지 아니하면 시·도에 대해서는 주무부장관이, 시·군 및 자치구에 대해서는 시·도지사(제2항에 따라 주무부장관이 직접 재의 요구 지시를 한 경우에는 주무부장관을 말한다. 이하 이 조에서 같다)가 그 지방자치단체의 장에게 제소를 지시하거나 직접 제소 및 집행정지결정을 신청할 수 있다.
> ⑥ 제5항에 따른 제소의 지시는 제4항의 기간이 지난 날부터 7일 이내에 하고, 해당 지방자치단체의 장은 제소 지시를 받은 날부터 7일 이내에 제소하여야 한다.

2) 감독청의 직접제소·집행정지 신청

> **지방자치법**
> 제192조(지방의회 의결의 재의와 제소) ⑦ 주무부장관이나 시·도지사는 제6항의 기간이 지난 날부터 7일 이내에 제5항에 따른 직접 제소 및 집행정지결정을 신청할 수 있다.

3. 법원에 의한 통제

구체적 규범통제를 채택하고 있는 현행 법제 하에서는 조례를 근거로 행하여진 처분을 대상으로 취소 또는 무효확인소송을 제기하여 당해 소송 안에서 간접적으로 규범통제를 할 수 있다. 다만, 조례가 직접 처분성을 갖는 경우에는 항고소송을 제기할 수 있고 이 경우 피고는 지방의회가 아니라 지방자치단체의 장 또는 교육감이다.

> **판례** 두밀분교폐지조례는 처분적 조례에 해당하고 항고소송의 피고는 동 조례를 공포한 교육감이다.
> 조례가 집행행위의 개입 없이도 그 자체로서 직접 국민의 구체적인 권리·의무나 법적 이익에 영향을 미치는 등의 법률상 효과를 발생하는 경우 그 조례는 항고소송의 대상이 되는 행정처분에 해당하고, 이러한 조례에 대한 무효확인소송을 제기함에 있어서 피고적격이 있는 처분 등을 행한 행정청은 지방자치단체의 집행기관으로서 조례로서의 효력을 발생시키는 공포권이 있는 지방자치단체의 장이고 다만, 시·도의 교육·학예에 관한 사무의 집행기관은 시·도 교육감이고 시·도 교육감에게 지방교육에 관한 조례안의 공포권이 있다고 규정되어 있으므로, 교육에 관한 조례의 무효확인소송을 제기함에 있어서는 그 집행기관인 시·도 교육감을 피고로 하여야 한다. (대판 1996. 9. 26. 95누8003)

4. 헌법소원

> **판례** 조례제정행위도 헌법소원의 대상이 된다.
> 헌법재판소법 제68조 제1항에서 말하는 "공권력"에는 입법작용이 포함되며, 지방자치단체에서 제정하는 조례도 불특정다수인에 대해 구속력을 가지는 법규이므로 조례제정행위도 입법작용의 일종으로서 헌법소원의 대상이 된다. (헌재 1994. 12. 29. 92헌마216)

제5항 지방의회의원

I 지방의회의원의 지위

지방의회의원은 주민의 대표기관인 지방의회의 구성원으로서의 지위와 동시에 자치구역주민의 대표자이다. 지방의회가 비록 선거에 의하여 구성되었다고 하여도 반드시 주민의 의사에 구속되는 것은 아니다. 지방의회의원은 공공의 이익을 우선하여 양심에 따라 그 직무를 성실히 수행하여야 한다. [구]지방자치법상 지방의회의원의 명예직 규정은 삭제되었다.

Ⅱ 지방의회의원신분의 발생과 소멸

지방자치법
제38조(지방의회의원의 선거) 지방의회의원은 주민이 보통·평등·직접·비밀선거로 선출한다.
제39조(의원의 임기) 지방의회의원의 임기는 4년으로 한다.
제89조(의원의 사직) 지방의회는 그 의결로 소속 의원의 사직을 허가할 수 있다. 다만, 폐회 중에는 의장이 허가할 수 있다.
제90조(의원의 퇴직) 지방의회의 의원이 다음 각 호의 어느 하나에 해당될 때에는 의원의 직에서 퇴직된다.
　　1. 제43조 제1항 각 호의 어느 하나에 해당하는 직에 취임할 때
　　2. 피선거권이 없게 될 때
　　3. 징계에 따라 제명될 때
제91조(의원의 자격심사) ① 지방의회의 의원은 다른 의원의 자격에 대하여 이의가 있으면 재적의원 4분의 1 이상의 찬성으로 의장에게 자격심사를 청구할 수 있다.
② 심사대상인 지방의회의원은 자기의 자격심사에 관한 회의에 출석하여 의견을 진술할 수 있으나, 의결에는 참가할 수 없다.
제92조(자격상실 의결) ① 제91조 제1항의 피심의원에 대한 자격상실 의결은 재적의원 3분의 2 이상의 찬성이 있어야 한다.
② 피심의원은 제1항에 따라 자격상실이 확정될 때까지는 그 직을 상실하지 아니한다.
제100조(징계의 종류와 의결) ① 징계의 종류는 다음과 같다.
　　1. 공개회의에서의 경고
　　2. 공개회의에서의 사과
　　3. 30일 이내의 출석정지
　　4. 제명
② 제1항 제4호에 따른 제명 의결에는 재적의원 3분의 2 이상의 찬성이 있어야 한다.

판례 지방의회의 의원징계의결은 행정처분이다.
지방자치법 규정에 의거한 지방의회의 의원징계의결은 그로 인해 의원의 권리에 직접 법률효과를 미치는 행정처분의 일종으로서 행정소송의 대상이 된다. (대판 1993. 11. 26. 93누7341)

Ⅲ 지방의회의원의 권리와 의무

1. 권 리

(1) 직무상 권리

지방자치법은 의원에게 발의권, 질문권, 질의권, 토론권, 표결권을 인정한다. 다만, 지방의회의 의장이나 의원은 본인·배우자·직계존비속 또는 형제자매와 직접 이해관계가 있는 안건에 관하여는 그 의사에 참여할 수 없다. 다만, 의회의 동의가 있으면 의회에 출석하여 발언할 수 있다. 그리고 지방의회의장과 부의장의 선거권, 임시회 소집요구권 등을 인정하고 있다.

(2) 재산상 권리

1) 의정활동비, 월정수당

지방자치법
제40조(의원의 의정활동비 등) ① 지방의회의원에게 다음 각 호의 비용을 지급한다.
  1. 의정 자료를 수집하고 연구하거나 이를 위한 보조 활동에 사용되는 비용을 보전하기 위하여 매월 지급하는 의정활동비
  2. 지방의회의원의 직무활동에 대하여 지급하는 월정수당
  3. 본회의 의결, 위원회의 의결 또는 의장의 명에 따라 공무로 여행할 때 지급하는 여비
② 제1항 각 호에 규정된 비용은 대통령령으로 정하는 기준을 고려하여 해당 지방자치단체의 의정비심의위원회에서 결정하는 금액 이내에서 지방자치단체의 조례로 정한다. 다만, 제1항 제3호에 따른 비용은 의정비심의위원회 결정 대상에서 제외한다.

판례 지방의회 의원에게 지급되는 비용 중 적어도 월정수당은 지방의회 의원의 직무활동에 대한 대가로 지급되는 보수의 일종이다.
지방자치법 제32조 제1항은 지방의회 의원에게 지급하는 비용으로 월정수당을 규정하고 있는바, 이 규정의 입법 연혁과 함께 특히 월정수당은 지방의회 의원의 직무활동에 대하여 매월 지급되는 것으로서, 지방의회 의원이 전문성을 가지고 의정활동에 전념할 수 있도록 하는 기틀을 마련하고자 하는 데에 그 입법 취지가 있다는 점을 고려해 보면, 지방의회 의원에게 지급되는 비용 중 적어도 월정수당은 지방의회 의원의 직무활동에 대한 대가로 지급되는 보수의 일종으로 봄이 상당하다. (대판 2009. 1. 30. 2007두13487)

2) 상해·사망 등의 보상금

지방자치법
제42조(상해·사망 등의 보상) ① 지방의회의원이 직무로 인하여 신체에 상해를 입거나 사망한 경우와 그 상해나 직무로 인한 질병으로 사망한 경우에는 보상금을 지급할 수 있다.
② 제1항의 보상금의 지급기준은 대통령령으로 정하는 범위에서 해당 지방자치단체의 조례로 정한다.

2. 의 무

지방자치법
제43조(겸직 등 금지) ① 지방의회의원은 다음 각 호의 어느 하나에 해당하는 직을 겸할 수 없다.
  1. 국회의원, 다른 지방의회의 의원(이하 각호 생략)
제44조(의원의 의무) ① 지방의회의원은 공공의 이익을 우선하여 양심에 따라 그 직무를 성실히 수행하여야 한다.
② 지방의회의원은 청렴의 의무를 지며, 의원으로서의 품위를 유지하여야 한다.
③ 지방의회의원은 지위를 남용하여 재산상의 권리·이익 또는 직위를 취득하거나 다른 사람을 위하여 그 취득을 알선해서는 아니 된다.

제1항 지방자치단체의 장의 지위

특별시에 특별시장, 광역시에 광역시장, 특별자치시에 특별자치시장, 도와 특별자치도에 도지사를 두고, 시에 시장, 군에 군수, 자치구에 구청장을 둔다. 지방자치단체의 장은 지방자치단체를 대표하고, 지방자치단체의 사무를 총괄하는 독임제 행정청이다. 다만, 국가기관위임사무를 처리하는 경우에는 국가행정기관의 지위에 놓인다.

> **판례** 경기도지사가 행하는 공유수면매립에 관한 사무는 국가사무에 해당한다.
> 지방자치단체의 장의 직무상 위법행위에 대한 손해배상책임은 다른 사정이 없는 이상 자치단체의 집행기관으로서의 직무에 대하여는 자치단체가 책임을 지나, 국가로부터 자치단체에 시행하는 국가행정사무를 위임받아 행하는, 국가의 보통지방행정기관으로서의 직무에 대하여는 국가가 그 책임을 진다. 따라서, 경기도지사가 행하는 공유수면매립에 관한 사무는 국가행정기관으로서의 사무라고 할 것이니 경기도는 그 직무상의 위법행위에 대한 책임이 없다. (대판 1981. 11. 24. 80다2303)

제2항 지방자치단체의 장의 신분

I 신분의 발생·소멸

1. 장의 선거

선거일 현재 계속하여 60일 이상 당해 지방자치단체의 관할구역 안에 주민등록이 되어 있는 주민으로서 25세 이상의 국민은 그 지방의회의원 및 지방자치단체의 장의 피선거권이 있다.

> **지방자치법**
> 제107조(지방자치단체의 장의 선거) 지방자치단체의 장은 주민이 보통·평등·직접·비밀선거로 선출한다.
> 제108조(지방자치단체의 장의 임기) 지방자치단체의 장의 임기는 4년으로 하며, 3기 내에서만 계속 재임할 수 있다.

2. 신분의 상실

지방자치단체의 장은 임기의 만료, 피선거권이 없게 되거나 겸임할 수 없는 직에 취임한 때, 폐치·분합에 의하여 그 직을 상실한다. 당연히 스스로 사임할 수도 있다.

3. 체포·구금의 통지

> **지방자치법**
> **제113조(지방자치단체의 장의 체포 및 확정판결의 통지)** ① 수사기관의 장은 체포되거나 구금된 지방자치단체의 장이 있으면 지체 없이 영장의 사본을 첨부하여 해당 지방자치단체에 알려야 한다. 이 경우 통지를 받은 지방자치단체는 그 사실을 즉시 행정안전부장관에게 보고하여야 하며, 시·군 및 자치구가 행정안전부장관에게 보고할 때에는 시·도지사를 거쳐야 한다.
> ② 각급 법원장은 지방자치단체의 장이 형사사건으로 공소가 제기되어 판결이 확정되면 지체 없이 해당 지방자치단체에 알려야 한다. 이 경우 통지를 받은 지방자치단체는 그 사실을 즉시 행정안전부장관에게 보고하여야 하며, 시·군 및 자치구가 행정안전부장관에게 보고할 때에는 시·도지사를 거쳐야 한다.

Ⅱ 장의 의무

> **지방자치법**
> **제109조(겸임 등의 제한)** ① 지방자치단체의 장은 다음 각 호의 어느 하나에 해당하는 직을 겸임할 수 없다.
>   1. 대통령, 국회의원, 헌법재판소재판관, 각급 선거관리위원회 위원, 지방의회의원
>   2. 「국가공무원법」 제2조에 따른 국가공무원과 「지방공무원법」 제2조에 따른 지방공무원
>   3. 다른 법령에 따라 공무원의 신분을 가지는 직
>   4. 「공공기관의 운영에 관한 법률」 제4조에 따른 공공기관(한국방송공사, 한국교육방송공사 및 한국은행을 포함한다)의 임직원
>   5. 농업협동조합, 수산업협동조합, 산림조합, 엽연초생산협동조합, 신용협동조합 및 새마을금고(이들 조합·금고의 중앙회와 연합회를 포함한다)의 임직원
>   6. 교원
>   7. 「지방공기업법」 제2조에 규정된 지방공사와 지방공단의 임직원
>   8. 그 밖에 다른 법률이 겸임할 수 없도록 정하는 직
> ② 지방자치단체의 장은 재임 중 그 지방자치단체와 영리를 목적으로 하는 거래를 하거나 그 지방자치단체와 관계있는 영리사업에 종사할 수 없다.
> **제119조(사무인계)** 지방자치단체의 장이 퇴직할 때에는 그 소관 사무의 일체를 후임자에게 인계하여야 한다.

제3항 지방자치단체의 장의 권한

Ⅰ 행정에 관한 권한

1. 사무총괄·관리·집행권

지방자치단체의 장은 당해 지방자치단체의 사무를 총괄한다. 총괄한다는 의미는 당해 지방자치단체의 전체사무의 기본방향을 정하고 동시에 전체사무의 통일성과 일체성을 유지하는 것을 말한다. 다만, 교육·학예·체육사무에 관하여는 교육감에게 권한이 있으므로 제외된다.

2. 하부기관에 대한 감독권

> **지방자치법**
> **제133조(하부행정기관의 장의 직무권한)** 자치구가 아닌 구의 구청장은 시장의, 읍장·면장은 시장이나 군수의, 동장은 시장(구가 없는 시의 시장을 말한다)이나 구청장(자치구의 구청장을 포함한다)의 지휘·감독을 받아 소관 국가사무와 지방자치단체의 사무를 맡아 처리하고 소속 직원을 지휘·감독한다.
> **제185조(국가사무나 시·도사무 처리의 지도·감독)** ① 지방자치단체나 그 장이 위임받아 처리하는 국가사무에 관하여 시·도에서는 주무부장관의, 시·군 및 자치구에서는 1차로 시·도지사의, 2차로 주무부장관의 지도·감독을 받는다.
> ② 시·군 및 자치구나 그 장이 위임받아 처리하는 시·도의 사무에 관하여는 시·도지사의 지도·감독을 받는다.

Ⅱ 소속직원에 대한 권한

> **지방자치법**
> **제118조(직원에 대한 임면권 등)** 지방자치단체의 장은 소속 직원을 지휘·감독하고 법령과 조례·규칙으로 정하는 바에 따라 그 임면·교육훈련·복무·징계 등에 관한 사항을 처리한다.

> **판례** ❶ 조례안에 규정된 행정불만처리조정위원회 위원의 위촉, 해촉에 지방의회의 동의를 받도록 한 것은 사후에 소극적으로 개입하는 것으로서 지방의회의 집행기관에 대한 견제권의 범위에 드는 적법한 규정이라고 보아야 될 것이나, 그 일부를 지방의회 의장이 위촉하도록 한 것은 지방의회가 집행기관의 인사권에 사전에 적극적으로 개입하는 것으로 위법하다.
> 지방의회가 집행기관의 인사권에 관하여 소극적 사후적으로 개입하는 것은 그것이 견제의 범위 안에 드는 경우에는 허용되나, 집행기관의 인사권을 독자적으로 행사하거나 동등한 지위에서 합의하여 행사할 수는 없으며, 사전에 적극적으로 개입하는 것도 원칙적으로 허용되지 아니하므로 조례안에 규정된 행정불만처리조정위원회 위원의 위촉, 해촉에 지방의회의 동의를 받도록 한 것은 사후에 소극적으로 개입하는 것으로서 지방의회의 집행기관에 대한 견제권의 범위에 드는 적법한 규정이라고 보아야 될 것이나, 그 일부를 지방의회 의장이 위촉하도록 한 것은 지방의회가 집행기관의 인사권에 사전에 적극적으로 개입하는 것으로서 지방자치법이 정한 의결기관과 집행기관 사이의 권한분리 및 배분의 취지에 배치되는 위법한 규정이며, 또 집행기관의 인사권에 의장 개인의 자격으로는 관여할 수 있는 권한이 없고 조례로써 이를 허용할 수도 없으며, 따라서 의장 개인이 위원의 일부를 위촉하도록 한 조례안의 규정은 그 점에서도 위법하다. (대판 1994. 4. 26. 93추175)
> ❷ 옴부즈맨의 위촉(임명)·해촉시에 지방의회의 사후동의를 얻도록 정한 것은 적법하다.
> 집행기관의 구성원의 전부 또는 일부를 지방의회가 임면하도록 하는 것은 지방의회가 집행기관의 인사권에 사전에 적극적으로 개입하는 것이어서 원칙적으로 허용되지 않지만, 지방자치단체의 집행기관의 구성원을 집행기관의 장이 임면하되 다만 그 임면에 지방의회의 동의를 얻도록 하는 것은 지방의회가 집행기관의 인사권에 소극적으로 개입하는 것으로서 지방자치법이 정하고 있는 지방의회의 집행기관에 대한 견제권의 범위 안에 드는 적법한 것이므로, 지방의회가 조례로써 옴부즈맨의 위촉(임명)·해촉시에 지방의회의 동의를 얻도록 정하였다고 해서 집행기관의 인사권을 침해한 것이라 할 수 없다. (대판 1997. 4. 11. 96추138)

Ⅲ 재정에 관한 권한

지방자치단체의 장은 재정과 관련하여 예산편성, 지방채발행 등의 권한을 갖는다.

Ⅳ 지방의회에 관한 권한

1. 의회출석·진술권

> **지방자치법**
> **제51조(행정사무처리상황의 보고와 질문응답)** ① 지방자치단체의 장이나 관계 공무원은 지방의회나 그 위원회에 출석하여 행정사무의 처리상황을 보고하거나 의견을 진술하고 질문에 답변할 수 있다.
> ② 지방자치단체의 장이나 관계 공무원은 지방의회나 그 위원회가 요구하면 출석·답변하여야 한다. 다만, 특별한 이유가 있으면 지방자치단체의 장은 관계 공무원에게 출석·답변하게 할 수 있다.

2. 재의요구권

> **지방자치법**
> **제32조(조례와 규칙의 제정 절차 등)** ③ 지방자치단체의 장은 이송받은 조례안에 대하여 이의가 있으면 제2항의 기간에 이유를 붙여 지방의회로 환부하고, 재의를 요구할 수 있다. 이 경우 지방자치단체의 장은 조례안의 일부에 대하여 또는 조례안을 수정하여 재의를 요구할 수 없다.
> **제120조(지방의회의 의결에 대한 재의 요구와 제소)** ① 지방자치단체의 장은 지방의회의 의결이 월권이거나 법령에 위반되거나 공익을 현저히 해친다고 인정되면 그 의결사항을 이송받은 날부터 20일 이내에 이유를 붙여 재의를 요구할 수 있다.
> **제121조(예산상 집행 불가능한 의결의 재의 요구)** ① 지방자치단체의 장은 지방의회의 의결이 예산상 집행할 수 없는 경비를 포함하고 있다고 인정되면 그 의결사항을 이송받은 날부터 20일 이내에 이유를 붙여 재의를 요구할 수 있다.

3. 조례안 공포권·조례안 거부권

> **지방자치법**
> **제32조(조례와 규칙의 제정 절차 등)** ① 조례안이 지방의회에서 의결되면 의장은 의결된 날부터 5일 이내에 그 지방자치단체의 장에게 이를 이송하여야 한다.
> ② 지방자치단체의 장은 제1항의 조례안을 이송받으면 20일 이내에 공포하여야 한다.
> ③ 지방자치단체의 장은 이송받은 조례안에 대하여 이의가 있으면 제2항의 기간에 이유를 붙여 지방의회로 환부하고, 재의를 요구할 수 있다. 이 경우 지방자치단체의 장은 조례안의 일부에 대하여 또는 조례안을 수정하여 재의를 요구할 수 없다.
> ④ 지방의회는 제3항에 따라 재의 요구를 받으면 조례안을 재의에 부치고 재적의원 과반수의 출석과 출석의원 3분의 2 이상의 찬성으로 전과 같은 의결을 하면 그 조례안은 조례로서 확정된다.
> ⑤ 지방자치단체의 장이 제2항의 기간에 공포하지 아니하거나 재의요구를 하지 아니하더라도 그 조례안은 조례로서 확정된다.

4. 선결처분권

> **지방자치법**
> **제122조(지방자치단체의 장의 선결처분)** ① 지방자치단체의 장은 지방의회가 지방의회의원이 구속되는 등의 사유로 제73조에 따른 의결정족수에 미달될 때와 지방의회의 의결사항 중 주민의 생명과 재산 보호를 위하여 긴급하게 필요한 사항으로서 지방의회를 소집할 시간적 여유가 없거나 지방의회에서 의결이 지체되어 의결되지 아니할 때에는 선결처분을 할 수 있다.
> ② 제1항에 따른 선결처분은 지체 없이 지방의회에 보고하여 **승인을 받아야 한다.**
> ③ 지방의회에서 제2항의 승인을 받지 못하면 그 선결처분은 **그때부터 효력을 상실한다.**
> ④ 지방자치단체의 장은 제2항이나 제3항에 관한 사항을 **지체 없이 공고하여야 한다.**

선결처분권은 지방자치단체의 장의 임무수행에 지방의회의 협력을 기대하기 어려운 상황에서 행사하는 일종의 긴급권이다.

5. 기 타

그 밖에 지방자치단체의 장은 임시회소집요구권, 지방의회에서 의결할 의안의 발의권 등을 갖는다.

Ⅴ 규칙제정권

1. 의 의

규칙이란 지방자치단체의 장이 법령 또는 조례가 위임한 범위 내에서 그 권한에 속하는 사무에 대하여 정립하는 일반·추상적 명령을 말한다. 규칙은 조례보다 하위에 놓이는 규범이다.

2. 종 류

(1) 법규적 규칙과 비법규적 규칙

규칙의 경우에도 조례와 마찬가지로 국민의 권리·의무에 영향을 미치는 법규적 효력을 가진 규칙과 내부조직에 관한 사항을 규율하기 위해 제정된 비법규적 효력을 가진 규칙으로 구분된다.

(2) 위임규칙과 직권규칙

상위법령의 위임을 받아 제정된 규칙을 위임규칙이라고 하고, 상위법령의 수권 없이 제정된 규칙을 직권규칙이라고 한다. 이러한 직권규칙은 새로운 법규사항을 정할 수 없고 단지 법령이나 조례를 시행하기 위해 제정된다.

> **판례** 법령의 규정이 지방자치단체장(허가관청)에게 그 법령내용의 구체적인 사항을 정할 수 있는 권한을 부여하면서 그 권한행사의 절차나 방법을 정하지 아니하고 있는 경우, 그 법령의 내용이 될 사항을 구체적으로 규정한 지방자치단체장의 고시는, 당해 법률 및 그 시행령의 위임한계를 벗어나지 아니하는 한 그 법령의 규정과 결합하여 대외적인 구속력이 있는 법규명령으로서의 효력을 갖게 되고, 허가관청인 지방자치단체장이 그 범위 내에서 허가기준을 정하였다면 그 허가기준의 내용이 관계 법령의 목적이나 근본취지에 명백히 배치되거나 서로 모순되는 등의 특별한 사정이 없는 한 그 허가기준이 효력이 없는 것이라고 볼 수는 없다. (대판 2002. 9. 27. 2000두7933)

3. 규칙제정사항

규칙은 법령과 조례가 위임한 범위 내에서 지방자치단체장의 권한에 속하는 모든 사무에 대해 제정이 가능하다. 따라서 자치사무, 단체위임사무, 기관위임사무 모두 규칙으로 제정할 수 있다. 다만, 교육·학예에 관한 사항은 지방교육자치에관한법률에 따라 교육감이 교육규칙으로 제정한다.

> **판례** 도시재개발법에 의한 사업시행변경인가, 관리처분계획인가 및 각 고시에 관한 사무는 국가사무로서 지방자치단체의 장에게 위임된 이른바 기관위임사무에 해당하므로, 시·도지사가 지방자치단체의 조례에 의하여 이를 구청장 등에게 재위임할 수는 없고, 정부조직법 제5조 제1항 및 이에 기한 행정권한의위임및위탁에관한규정 제4조에 의하여 위임기관의 장의 승인을 얻은 후 지방자치단체의 장이 제정한 규칙이 정하는 바에 따라 재위임하는 것만이 가능하다. (대판 1995. 11. 14. 94누13572)

한편, 규칙 제정에 반드시 법령의 위임을 요하는가가 문제되는데, 이와 관련해 지방자치법상의 '지방자치단체의 장은 법령이나 조례가 위임한 범위에서 그 권한에 속하는 사무에 관하여 규칙을 제정할 수 있다.'라는 규정(지방자치법 제29조)이 있고, 이에 대한 해석과 관련해 ① 반드시 조례의 개별적·구체적 위임이 있는 경우에 한해 제정할 수 있다는 견해와 ② 반드시 법령이나 조례의 위임이 있어야 하는 것은 아니라는 견해가 대립하고 있다. 헌법 제37조 제2항에 따라 규칙도 권리를 제한하거나 의무를 부과하는 것이 아닌 한 반드시 법령 또는 조례의 위임이 있어야 하는 것은 아니라고 보는 것이 타당하다고 본다(장태주, 홍정선).

4. 제정절차

(1) 제정권자

규칙은 지방자치단체의 장이 제정한다(동법 제29조).

(2) 보 고

조례나 규칙을 제정하거나 개정하거나 폐지할 경우 조례는 지방의회에서 이송된 날부터 5일 이내에, 규칙은 공포예정 15일 전에 시·도지사는 행정안전부장관에게, 시장·군수 및 자치구의 구청장은 시·도지사에게 그 전문을 첨부하여 각각 보고하여야 하며, 보고를 받은 행정안전부장관은 이를 관계 중앙행정기관의 장에게 통보하여야 한다(동법 제35조).

(3) 효력 발생

규칙은 특별한 규정이 없는 한 공포한 날부터 20일을 경과함으로써 효력이 발생한다(동법 제32조 제8항).

5. 한 계

(1) 법률유보 관련(포괄위임 금지의 원칙)

위임규칙이거나 또는 규칙이 주민의 권리를 제한하거나 의무를 부과할 경우에는 법령의 근거가 있어야 한다. 이 경우 개별적이고 구체적인 위임을 요한다. 이점에서 포괄적 위임을 요하는 조례와는 구분된다.

(2) 법률우위 관련

규칙은 법령과 조례가 정한 범위 내에서 제정할 수 있으므로 법령과 조례를 위반해서는 아니 된다(동법

제29조). 한편, 지방자치법 제30조에 따르면, '시·군 및 자치구의 조례나 규칙은 시·도의 조례나 규칙에 위반하여서는 아니 된다.'라고 하였으므로 상위지방자치단체의 규칙에도 위배되어서는 아니 된다.

제4항 보조기관 등

I 보조기관

특별시·광역시 및 특별자치시에 부시장, 도와 특별자치도에 부지사, 시에 부시장, 군에 부군수, 자치구에 부구청장을 둔다.

II 행정기구

> **지방자치법**
> **제125조(행정기구와 공무원)** ① 지방자치단체는 그 사무를 분장하기 위하여 필요한 행정기구와 지방공무원을 둔다.
> ② 제1항에 따른 행정기구의 설치와 지방공무원의 정원은 인건비 등 대통령령으로 정하는 기준에 따라 그 지방자치단체의 조례로 정한다.

> **판례** 지방자치법령은 지방자치단체의 장으로 하여금 지방자치단체의 대표자로서 당해 지방자치단체의 사무와 법령에 의하여 위임된 사무를 관리·집행하는 데 필요한 행정기구를 설치할 고유한 권한과 이를 위한 조례안의 제안권을 가지도록 하는 반면 지방의회로 하여금 지방자치단체의 장의 행정기구의 설치권한을 견제하도록 하기 위하여 지방자치단체의 장이 조례안으로서 제안한 행정기구의 축소, 통폐합의 권한을 가지는 것으로 하고 있으므로, 지방의회의원이 지방자치단체의 장이 조례안으로서 제안한 행정기구를 종류 및 업무가 다른 행정기구로 전환하는 수정안을 발의하여 지방의회가 의결 및 재의결하는 것은 지방자치단체의 장의 고유 권한에 속하는 사항의 행사에 관하여 사전에 적극적으로 개입하는 것으로서 허용되지 아니한다. (대판 2005. 8. 19. 2005추48)

III 소속 행정기관

> **지방자치법**
> **제3절 소속 행정기관**
> **제126조(직속기관)** 지방자치단체는 그 소관 사무의 범위 안에서 필요하면 대통령령이나 대통령령으로 정하는 범위에서 지방자치단체의 조례로 자치경찰기관(제주특별자치도만 해당한다), 소방기관, 교육훈련기관, 보건진료기관, 시험연구기관 및 중소기업지도기관 등을 직속기관으로 설치할 수 있다.
> **제127조(사업소)** 지방자치단체는 특정 업무를 효율적으로 수행하기 위하여 필요하면 대통령령으로 정하는 바에 따라 그 지방자치단체의 조례로 사업소를 설치할 수 있다.

제128조(출장소) 지방자치단체는 외진 곳의 주민의 편의와 특정지역의 개발 촉진을 위하여 필요하면 대통령령으로 정하는 바에 따라 그 지방자치단체의 조례로 출장소를 설치할 수 있다.

제129조(합의제행정기관) ① 지방자치단체는 그 소관 사무의 일부를 독립하여 수행할 필요가 있으면 법령이나 그 지방자치단체의 조례로 정하는 바에 따라 합의제행정기관을 설치할 수 있다.

② 제1항의 합의제행정기관의 설치·운영에 관하여 필요한 사항은 대통령령이나 그 지방자치단체의 조례로 정한다.

제130조(자문기관의 설치 등) ① 지방자치단체는 소관 사무의 범위에서 법령이나 그 지방자치단체의 조례로 정하는 바에 따라 자문기관(소관 사무에 대한 자문에 응하거나 협의, 심의 등을 목적으로 하는 심의회, 위원회 등을 말한다. 이하 같다)을 설치·운영할 수 있다.

④ 지방자치단체는 자문기관 운영의 효율성 향상을 위하여 해당 지방자치단체에 설치된 다른 자문기관과 성격·기능이 중복되는 자문기관을 설치·운영해서는 아니 되며, 지방자치단체의 조례로 정하는 바에 따라 성격과 기능이 유사한 다른 자문기관의 기능을 포함하여 운영할 수 있다.

판례 합의제 행정기관에는 합의제 행정관청뿐만 아니라 합의제 의결기관도 포함되는 것이다.

지방자치법 제107조의 규정에 따르면 지방자치단체는 그 소관 사무의 일부를 독립하여 수행할 필요가 있을 경우에는 합의제 행정기관을 조례가 정하는 바에 의하여 설치할 수 있는바, 그러한 합의제 행정기관에는 그 의사와 판단을 결정하여 외부에 표시하는 권한을 가지는 합의제 행정관청뿐만 아니라 행정주체 내부에서 행정에 관한 의사 또는 판단을 결정할 수 있는 권한만을 가지는 의결기관도 포함되는 것이므로, 지방의회가 재의결한 조례안에서 주민자치위원회가 지역주민이 이용할 수 있도록 동사무소에 설치된 각종 문화·복지·편익시설과 프로그램을 총칭하는 주민자치센터의 운영에 관하여 의결을 할 수 있는 것으로 규정하고 있는 것 자체는 법령 위반에 해당한다고 단정할 수 없다. (대판 2000. 11. 10. 2000추36)

Ⅳ 하부행정기관

1. 의 의

하부행정기관이란 지방자치단체의 장에 소속하면서 어느 정도 독립성을 가지고 지방자치단체의 사무를 지역적으로 분담, 처리하는 기관을 말하는 바, 현행 지방자치법상 자치구가 아닌 구에 구청장, 읍에 읍장, 면에 면장, 동에 동장을 두고 있다. 자치구가 아닌 구의 구청장은 일반직 지방공무원으로 보하되, 시장이 임명하고 읍장·면장·동장은 일반직 지방공무원으로 보하되, 시장·군수 및 자치구의 구청장이 임명한다. 각각 지방자치단체의 장의 지휘·감독을 받음은 당연하다.

2. 하부행정기관의 장의 직무권한

지방자치법
제133조(하부행정기관의 장의 직무권한) 자치구가 아닌 구의 구청장은 시장의, 읍장·면장은 시장이나 군수의, 동장은 시장(구가 없는 시의 시장을 말한다)이나 구청장(자치구의 구청장을 포함한다)의 지휘·감독을 받아 소관 국가사무와 지방자치단체의 사무를 맡아 처리하고 소속 직원을 지휘·감독한다.

판례 ❶ 하부행정기관의 장의 직무권한은 내부적으로 집행사무만을 위임한 것이라기보다는 이른바 외부적 권한 위임에 해당한다. 군수가 군사무위임조례의 규정에 따라 무허가 건축물에 대한 철거대집행사무를 하부 행정기관인 읍·면에 위임하였다면, 읍·면장에게는 관할구역 내의 무허가 건축물에 대하여 그 철거대집행을 위한 계고처분을 할 권한이 있다. (대판 1997. 2. 14. 96누15428)

❷ 지방자치법은 행정의 통일적 수행을 기하기 위하여 군수에게 읍·면장에 대한 일반적 지휘·감독권을 부여함으로써 군수와 읍·면장은 상급 행정관청과 하급 행정관청의 관계에 있어 상명하복의 기관계층체를 구성하는 것이고, 지방자치법이 상급 지방자치단체의 장에게 하급 지방자치단체의 장의 위임사무 처리에 대한 지휘·감독권을 규정하면서 하급 지방자치단체의 장의 자치사무 이외의 사무처리에 관한 위법하거나 현저히 부당한 명령·처분에 대하여 취소·정지권을 부여하고 있는 점에 비추어 볼 때, 하급 행정관청으로서 군수의 일반적 지휘·감독을 받는 읍·면장의 위임사무 처리에 관한 위법한 처분에 대하여만 군수에게 취소·정지권을 부여하고 부당한 처분에 대하여는 이를 배제한 조례안은 지방자치법에 위배되어 허용되지 않으므로 그 효력이 없다. (대판 1996. 12. 24. 96추114)

❸ 동장이 주민자치센터의 운영을 다시 민간에 위탁하는 것은 그 수임사무의 재위탁에 해당하는 것이므로 그에 관하여는 별도의 법령상 근거가 필요하다고 할 것인데, 지방자치법 제95조 제3항은 소정 사무의 민간위탁은 지방자치단체의 장이 할 수 있는 것으로 규정하고 있을 뿐 동장과 같은 하부행정기관이 할 수 있는 것으로는 규정하고 있지 아니하고, 행정권한의위임및위탁에관한규정 제4조 역시 동장이 자치사무에 관한 수임권한을 재위임 또는 재위탁할 수 있는 근거가 될 수 없음은 그 규정 내용상 분명하며, 달리 동장이 그 수임권한을 재위임 또는 재위탁할 수 있도록 규정하고 있는 근거 법령이 없으므로, 지방의회가 재의결한 조례안에서 동장이 주민자치센터의 운영을 다시 민간에 위탁할 수 있는 것으로 규정하고 있는 것은 결국 법령상의 근거 없이 동장이 그 수임사무를 재위탁할 수 있는 것으로 규정하고 있는 것이어서 법령에 위반된 규정이다. (대판 2000. 11. 10. 2000추36)

❹ 의원은 의회의 본회의 및 위원회의 의결과 안건의 심사 처리에 있어서 발의권, 질문권, 토론권 및 표결권을 가지며 의회가 행하는 지방자치단체사무에 대한 행정감사 및 조사에서 직접 감사 및 조사를 담당하여 시행하는 권능이 있으나, 이는 의회의 구성원으로서 의회의 권한행사를 담당하는 권능이지 의원 개인의 자격으로 가지는 권능이 아니므로 의원은 의회의 본회의 및 위원회의 활동과 아무런 관련 없이 의원 개인의 자격에서 집행기관의 사무집행에 간섭할 권한이 없으며, 이러한 권한은 법이 규정하는 의회의 권한 밖의 일로서 집행기관과의 권한한계를 침해하는 것이어서 허용될 수 없다. (대판 1992. 7. 28. 92추31)

CHAPTER

03 지방자치단체의 사무와 감독청의 통제

제1절 서 설

1. 의 의

지방자치단체의 사무는 자치사무, 단체위임사무, 기관위임사무가 있고, 이에 대하여 국가 등 감독청의 통제방법으로 사전적 수단과 사후적 수단으로 나누어서 각 살펴보기로 한다.

2. 지방자치단체의 사무

	자치사무(고유사무)	위임사무	
		단체위임사무	기관위임사무
근 거	헌법 제117조 제1항 지방자치법 제13조 제1항	지방자치법 제13조 제1항	지방자치법 제116조 국가위임사무 집행권
개 념	단체권한 고유사무	'법령'에 의한 위임사무	국가·상급기관 위임사무
국가감독	사후 합법성	사후 합법성·합목적성	사전·사후
경비부담	자치단체	국가	위임기관
국정감사	×	○	○
조례제정	○	○	×
사무의 종류	1. 지자체 구역·조직·행정 2. 주민복지증진사무 3. 농림·상공업 등 산업진흥 4. 지역개발 생활환경시설 5. 교육·체육·문화·예술진흥 6. 지역민방위·소방 사무	1. 지방세 징수 2. 보건 3. 농촌지도 4. 생활보호	1. 병역사무 2. 선거사무 3. 경찰사무 4. 지적사무 5. 호적사무 　(판례-고유사무)
판 례	호적(판례) 학교급식 통행료 지원사무 공유재산관리 주민투표		국도의 유지수선 묘지허가사무 부랑인 선도시설 서울신용보증재단의 업무

※ 호적사무와 관련하여 관련법이 개정되어 가족관계등록사무는 국가사무가 되었다.

제1항 자치사무의 개념

I 자치사무의 의의

1. 자치사무의 개념

지방자치단체의 본래적 고유사무로서 지방자치단체는 국가 또는 다른 자지단체의 전권에 속하는 사무를 제외하고는 그 지방주민의 복리에 관한 공공사무를 포괄적으로 처리할 수 있다. 지방자치법 제13조 제2항은 자치사무를 예시적으로 규정하고 있다.

2. 자치사무와 기관위임사무의 구분기준

> **판례** ❶ 법령상 지방자치단체의 장이 처리하도록 규정하고 있는 사무가 자치사무인지 아니면 기관위임사무인지를 판단함에 있어서는 그에 관한 법령의 규정 형식과 취지를 우선 고려하여야 하지만 그 외에도 그 사무의 성질이 전국적으로 통일적인 처리가 요구되는 사무인지 여부나 그에 관한 경비부담과 최종적인 책임귀속의 주체 등도 아울러 고려하여야 한다. (대판 2003. 4. 22. 2002두10483)
> ❷ 인천광역시의회가 의결한 '인천광역시 공항고속도로 통행료지원 조례안'이 규정하고 있는 인천국제공항고속도로를 이용하는 지역주민에게 통행료를 지원하는 내용의 사무는 주민복지에 관한 사업으로서 지방자치사무이다. (대판 2008. 6. 12. 2007추42)
> ❸ 부랑인선도시설 및 정신질환자요양시설의 지도·감독사무에 관한 법규의 규정 형식과 취지가 보건사회부장관 또는 보건복지부장관이 위 각 시설에 대한 지도·감독권한을 시장·군수·구청장에게 위임 또는 재위임하고 있는 것으로 보이는 점, 위 각 시설에 대한 지도·감독사무가 성질상 전국적으로 통일적인 처리가 요구되는 것인 점, 위 각 시설에 대한 대부분의 시설운영비 등의 보조금을 국가가 부담하고 있는 점, 장관이 정기적인 보고를 받는 방법으로 최종적인 책임을 지고 있는 것으로 보이는 점 등을 종합하여, 부랑인선도시설 및 정신질환자요양시설에 대한 지방자치단체장의 지도·감독사무를 보건복지부장관 등으로부터 기관위임된 국가사무에 해당한다. (대판 2006. 7. 28. 2004다759)

3. 자치사무의 종류

자치사무는 박물관·도서관·스포츠 시설의 설치 등 법령에 정함이 없는 경우에 행하는 임의적 자치사무와 초등학교설립·청소년보호·소방 등 법령에 정해져 있는 의무적 자치사무로 나뉜다.

Ⅱ 자치사무의 특징

1. 비용부담의 주체

> **지방자치법**
> **제158조(경비의 지출)** 지방자치단체는 그 자치사무의 수행에 필요한 경비와 위임된 사무에 관하여 필요한 경비를 지출할 의무를 진다.
>
> **지방재정법**
> **제20조(자치사무에 관한 경비)** 지방자치단체의 관할구역 자치사무에 필요한 경비는 그 지방자치단체가 전액을 부담한다.

2. 손해배상의 주체

지방자치단체는 자치사무의 수행과 관련하여 발생하는 손해에 대해서는 사무의 귀속주체로서, 단체위임사무나 기관위임사무의 경우에는 비용부담자로서 국가배상책임을 진다.

3. 지방의회의 관여

지방의회는 그 지방자치단체의 사무에 대하여 감사를 실시하고, 지방자치단체의 사무 중 특정 사안에 관하여 본회의 의결로 본회의나 위원회에서 조사하게 할 수 있고 지방자치단체의 장이나 관계 공무원은 지방의회나 그 위원회가 요구하면 출석·답변하여야 한다.

4. 감독청의 통제

> **지방자치법**
> **제188조(위법·부당한 명령·처분의 시정)** ① 지방자치단체의 사무에 관한 지방자치단체의 장(제103조 제2항에 따른 사무의 경우에는 지방의회의 의장을 말한다. 이하 이 조에서 같다)의 명령이나 처분이 법령에 위반되거나 현저히 부당하여 공익을 해친다고 인정되면 시·도에 대해서는 주무부장관이, 시·군 및 자치구에 대해서는 시·도지사가 기간을 정하여 서면으로 시정할 것을 명하고, 그 기간에 이행하지 아니하면 이를 취소하거나 정지할 수 있다.
> ⑤ 제1항부터 제4항까지의 규정에 따른 자치사무에 관한 명령이나 처분에 대한 주무부장관 또는 시·도지사의 시정명령, 취소 또는 정지는 법령을 위반한 것에 한정한다.
> **제190조(지방자치단체의 자치사무에 대한 감사)** ① 행정안전부장관이나 시·도지사는 지방자치단체의 자치사무에 관하여 보고를 받거나 서류·장부 또는 회계를 감사할 수 있다. 이 경우 감사는 법령위반사항에 대하여만 실시한다.

(1) 의 의

자치사무에 대한 감독청은 광역자치단체의 경우는 국가, 기초자치단체의 경우는 1차적으로 광역자치단체인 시·도가, 2차적으로는 국가가 이에 해당한다. 자치사무에 대한 감독청의 통제는 원칙적으로 합법성 통제에 그친다. 이는 자치사무는 지방자치단체의 고유한 사무라서 지방자치단체의 고유한 의사를 존중해 주기 위해 합목적성 통제를 지양하고, 다만 지방자치단체도 국가로부터 전래하여 단일체를 구성하고 있어 법률적합성 원칙은 유지되어야 하기에 합법적 통제에 그치는 것이다. 합법성 감독을 법규감독이라고도 한다.

(2) 사전적 통제

1) 조언·권고·지도 등(동법 제184조 제1항, 제2항)

① 중앙행정기관의 장이나 시·도지사는 지방자치단체의 사무에 관하여 조언 또는 권고하거나 지도할 수 있으며, 이를 위하여 필요하면 지방자치단체에 자료의 제출을 요구할 수 있다.

② 국가나 시·도는 지방자치단체가 그 지방자치단체의 사무를 처리하는 데에 필요하다고 인정하면 재정지원이나 기술지원을 할 수 있다.

2) 각종 보고 및 감사(동법 제190조)

행정안전부장관이나 시·도지사는 지방자치단체의 자치사무에 관하여 보고를 받거나 서류·장부 또는 회계를 감사할 수 있다. 이 경우 감사는 법령위반사항에 대하여만 실시한다.

3) 승인의 유보

승인유보란 지방자치단체의 행위에 대해 사전에 감독청의 승인, 동의 등을 요구케 하는 제도이다. 그 예로 지방자치법 제176조 제1항[1]의 지방자치단체에 대한 감독청의 승인 등을 들 수 있다.

(3) 사후적 통제

1) 지방의회에 대한 통제

가. 재의요구명령

지방의회의 의결이 법령에 위반되거나 공익을 현저히 해친다고 판단되면 시·도에 대하여는 주무부장관이, 시·군 및 자치구에 대하여는 시·도지사가 재의를 요구하게 할 수 있고, 재의요구를 받은 지방자치단체의 장은 의결사항을 이송 받은 날부터 20일 이내에 지방의회에 이유를 붙여 재의를 요구하여야 한다(동법 제192조 제1항).

나. 제소지시 또는 직접제소

재의요구명령 불응시	지방의회의 의결이 법령에 위반된다고 판단되어 주무부장관이나 시·도지사로부터 재의요구지시를 받은 지방자치단체의 장이 재의를 요구하지 아니하는 경우(법령에 위반되는 지방의회의 의결사항이 조례안인 경우로서 재의요구 지시를 받기 전에 그 조례안을 공포한 경우를 포함한다)에는 주무부장관이나 시·도지사는 제1항 또는 제2항에 따른 기간이 지난 날부터 7일 이내에 대법원에 직접 제소 및 집행정지결정을 신청할 수 있다(동법 제192조 제8항).
재의요구명령 순응시	① 제1항 또는 제2항의 요구에 대하여 재의의 결과 재적의원 과반수의 출석과 출석의원 3분의 2 이상의 찬성으로 전과 같은 의결을 하면 그 의결사항은 확정된다(동법 제192조 제3항). ② 지방자치단체의 장은 제3항에 따라 재의결된 사항이 법령에 위반된다고 판단되면 재의결된 날부터 20일 이내에 대법원에 소를 제기할 수 있다. 이 경우 필요하다고 인정되면 그 의결의 집행을 정지하게 하는 집행정지결정을 신청할 수 있다(동조 제4항). ③ 주무부장관이나 시·도지사는 재의결된 사항이 법령에 위반된다고 판단됨에도 불구하고 해당 지방자치단체의 장이 소를 제기하지 아니하면 시·도에 대해서는 주무부장관이, 시·군 및 자치구에 대해서는 시·도지사(제2항에 따라 주무부장관이 직접 재의 요구 지시를 한 경우에는 주무부장관을 말한다. 이하 이 조에서 같다)가 그 지방자치단체의 장에게 제소를 지시하거나 직접 제소 및 집행정지결정을 신청할 수 있다(동조 제5항). ④ 제5항에 따른 제소의 지시는 제4항의 기간이 지난 날부터 7일 이내에 하고, 해당 지방자치단체의 장은 제소지시를 받은 날부터 7일 이내에 제소하여야 한다(동조 제6항). ⑤ 주무부장관이나 시·도지사는 제6항의 기간이 지난 날부터 7일 이내에 제5항에 따른 직접 제소 및 집행정지결정을 신청할 수 있다(동조 제7항).

---

1) **지방자치법 제176조(지방자치단체조합의 설립)** ① 2개 이상의 지방자치단체가 하나 또는 둘 이상의 사무를 공동으로 처리할 필요가 있을 때에는 규약을 정하여 그 지방의회의 의결을 거쳐 시·도는 행정안전부장관의, 시·군 및 자치구는 시·도지사의 승인을 받아 지방자치단체조합을 설립할 수 있다. 다만, 지방자치단체조합의 구성원인 시·군 및 자치구가 2개 이상의 시·도에 걸치는 지방자치단체조합은 행정안전부장관의 승인을 받아야 한다.

2) 지방자치단체장에 대한 통제(시정명령 및 취소·정지권)

가. 시정명령 및 취소·정지권의 내용

지방자치단체의 사무에 관한 그 장의 명령이나 처분이 법령에 위반되거나 현저히 부당하여 공익을 해친다고 인정되면 시·도에 대하여는 주무부장관이, 시·군 및 자치구에 대하여는 시·도지사가 기간을 정하여 서면으로 시정할 것을 명하고, 그 기간에 이행하지 아니하면 이를 취소하거나 정지할 수 있다. 이 경우 자치사무에 관한 명령이나 처분에 대하여는 법령에 위반하는 것에 한한다(제188조 제1항, 제5항).

나. 법령 위반에 '재량권의 일탈·남용'이 포함되는지 여부

이에 대해 최근 대법원 전원합의체 판례에서 다수의견은 이를 긍정한 바 있고 반대의견은 이를 부정하였다.

> **판례** 지방자치법 제157조 제1항 전문은 "지방자치단체의 사무에 관한 그 장의 명령이나 처분이 법령에 위반되거나 현저히 부당하여 공익을 해한다고 인정될 때에는 시·도에 대하여는 주무부장관이, 시·군 및 자치구에 대하여는 시·도지사가 기간을 정하여 서면으로 시정을 명하고 그 기간 내에 이행하지 아니할 때에는 이를 취소하거나 정지할 수 있다"고 규정하고 있고, 같은 항 후문은 "이 경우 자치사무에 관한 명령이나 처분에 있어서는 법령에 위반하는 것에 한한다"고 규정하고 있는바, 지방자치법 제157조 제1항 전문 및 후문에서 규정하고 있는 지방자치단체의 사무에 관한 그 장의 명령이나 처분이 법령에 위반되는 경우라 함은 명령이나 처분이 현저히 부당하여 공익을 해하는 경우, 즉 합목적성을 현저히 결하는 경우와 대비되는 개념으로, 시·군·구의 장의 사무의 집행이 명시적인 법령의 규정을 구체적으로 위반한 경우뿐만 아니라 그러한 사무의 집행이 재량권을 일탈·남용하여 위법하게 되는 경우를 포함한다고 할 것이므로, 시·군·구의 장의 자치사무의 일종인 당해 지방자치단체 소속 공무원에 대한 승진처분이 재량권을 일탈·남용하여 위법하게 된 경우 시·도지사는 지방자치법 제157조 제1항 후문에 따라 그에 대한 시정명령이나 취소 또는 정지를 할 수 있다. (대판 2007. 3. 22. 2005추62(전합))[2]

다. 시정명령 및 취소·정지권에 대한 지방자치단체장의 불복

내 용	지방자치단체의 장은 제1항, 제3항 또는 제4항에 따른 자치사무에 관한 명령이나 처분의 취소 또는 정지에 대하여 이의가 있으면 그 취소처분 또는 정지처분을 통보받은 날부터 15일 이내에 대법원에 소를 제기할 수 있다(동법 제188조 제6항).
법적 성질	제188조 제6항의 소송은 권한쟁의심판의 대상으로 볼만한 헌법적 사항(권한쟁의설)은 아니라고 보여 지고 기관소송은 동일한 법주체 내부의 분쟁(기관소송설)에 대한 것이라고 보아야 하므로 항고소송설이 타당하다.

---

2) 지방공무원법에서 정한 공무원의 집단행위금지의무 등에 위반하여 전국공무원노동조합의 불법 총파업에 참가한 지방자치단체 소속 공무원들의 행위는 임용권자의 징계의결요구 의무가 인정될 정도의 징계사유에 해당함이 명백하므로, 임용권자인 하급 지방자치단체장으로서는 위 공무원들에 대하여 지체 없이 관할 인사위원회에 징계의결의 요구를 하여야 함에도 불구하고 상급 지방자치단체장의 여러 차례에 걸친 징계의결요구 지시를 이행하지 않고 오히려 그들을 승진임용 시키기에 이른 경우, 하급 지방자치단체장의 위 승진처분은 법률이 임용권자에게 부여한 승진임용에 관한 재량권의 범위를 현저하게 일탈한 것으로서 위법한 처분이라 할 것이다. 따라서 상급 지방자치단체장이 하급 지방자치단체장에게 기간을 정하여 그 시정을 명하였음에도 이를 이행하지 아니하자 지방자치법 제157조 제1항에 따라 위 승진처분을 취소한 것은 적법하고, 그 취소권 행사에 재량권 일탈·남용의 위법이 있다고 할 수 없다(대판 2007. 3. 22. 2005추62(전합)).

기출 지방자치제도에 대한 설명으로 옳지 않은 것은? (다툼이 있는 경우 판례에 의함) 20년 지방직 7급

① 기관위임사무는 법령에 의하여 특별히 위임받은 경우를 제외하고는 조례로 이를 규율할 수 없다.

② 「지방자치법」 제188조 제1항 제5항에 따라 주무부장관이 시·도에 대하여 법령위반을 이유로 행하는 직권취소의 대상은 항고소송의 대상이 되는 처분으로 제한된다.

③ 「지방자치법」 제192조 제4항, 제6항에서 지방의회 재의결에 대하여 직접 제소할 수 있는 주체로 규정된 '주무부장관이나 시·도지사'는 시·도에 대하여는 주무부장관을, 시·군 및 자치구에 대하여는 시·도지사를 각 의미한다.

④ 지방자치단체는 법령이나 상급 지방자치단체의 조례를 위반하여 그 사무를 처리할 수 없다.

정답 ②

Ⅲ 자치사무의 민간위탁

1. 민간위탁의 의의 및 도입배경

민간위탁이란 법률에 규정된 행정기관의 사무 중 일부를 지방자치단체가 아닌 법인·단체 또는 그 기관이나 개인에게 맡겨 그의 명의로 그의 책임 아래 행사하도록 하는 것을 말한다. 이러한 민간위탁은 행정비용의 절감, 행정의 민주화, 사업의 전문화, 행정서비스의 향상 등에 기여한다.

2. 민간위탁의 법적 근거

> **지방자치법**
> 제117조(사무의 위임 등) ③ 지방자치단체의 장은 조례나 규칙으로 정하는 바에 따라 그 권한에 속하는 사무 중 조사·검사·검정·관리업무 등 주민의 권리·의무와 직접 관련되지 아니하는 사무를 법인·단체 또는 그 기관이나 개인에게 위탁할 수 있다.

3. 민간위탁의 법관계

(1) 지방자치단체

위탁기관은 민간위탁사무의 처리에 대하여 민간수탁기관을 지휘·감독하며, 필요하다고 인정될 때에는 민간수탁기관에 민간위탁사무에 관하여 필요한 지시를 하거나 조치를 명할 수 있다. 민간수탁기관에 대하여 필요한 사항을 보고하게 할 수도 있고 민간수탁기관의 사무 처리가 위법하거나 부당하다고 인정될 때에는 이를 취소하거나 정지시킬 수 있다.

(2) 공무수탁사인

행정사무를 위탁받은 사인은 자신의 명의와 책임으로 사무를 처리한다. 수탁자는 사무처리를 함에 있어 사무 처리의 지연, 불필요한 서류의 요구, 처리기준의 불공정, 수수료의 부당징수 등의 행위를 하여서는 아니 된다.

제2항 자치사무의 범위

> **지방자치법**
>
> **제13조(지방자치단체의 사무 범위)** ① 지방자치단체는 관할 구역의 자치사무와 법령에 따라 지방자치단체에 속하는 사무를 처리한다.
>
> ② 제1항에 따른 지방자치단체의 사무를 예시하면 다음 각 호와 같다. 다만, 법률에 이와 다른 규정이 있으면 그러하지 아니하다.
>
>   1. 지방자치단체의 구역, 조직, 행정관리 등에 관한 사무 (각 목 생략)
>   2. 주민의 복지증진에 관한 사무 (각 목 생략)
>   3. 농림·상공업 등 산업 진흥에 관한 사무 (각 목 생략)
>   4. 지역개발과 주민의 생활환경시설의 설치·관리에 관한 사무 (각 목 생략)
>   5. 교육·체육·문화·예술의 진흥에 관한 사무 (각 목 생략)
>   6. 지역민방위 및 지방소방에 관한 사무 (각 목 생략)
>   7. 국제교류 및 협력에 관한 사무 (각 목 생략)

제3절 | 단체위임사무

제1항 단체위임사무

1. 의 의

단체위임사무란 법령에 의해 국가나 광역지방자치단체의 사무가 지방자치단체 자체에게 위임된 것을 말한다. 기관위임사무는 지방자치단체의 장에게 위임된 사무임에 반해 단체위임사무는 지방자치단체 그 자체에 위임된 사무라는 점에서 차이가 있다. 지방자치법 제13조 제1항의 '법령에 의하여 지방자치단체에 속하는 사무'는 단체위임사무를 말한다고 보는 것이 일반적인 견해이다.

2. 성질(지위 이전 여부)

단체위임사무는 국가 또는 광역지방자치단체의 사무이기도 하지만 수임자인 지방자치단체도 이해관계가 결부된 경우가 많다. 이에 단체위임사무의 경우 법적 효과를 받는 지위마저도 법적으로 완전히 이전하여, 단체위임사무의 법적 효과도 수임된 지방자치단체에게 귀속되는지에 대해 학설이 대립한다. 이에 대한 단체위임사무에 대해 합법성 심사 이외에 합목적성 감독까지도 가능한 점을 볼 때 지위이전이 안된다고 보는 부정설이 타당하다고 본다.

3. 단체위임사무의 내용

단체위임사무의 내용이 어떠한 위임사항을 담고 있는지는 개별법령의 위임규정에 따라 달라지기 때문에 특정하기는 어렵다. 다만, 지방자치법 제15조[3]는 특정사무에 대해 단체위임사무로 위임하기 곤란한 것으

---

3) **지방자치법 제15조(국가사무의 처리 제한)** 지방자치단체는 다음 각 호의 국가사무를 처리할 수 없다. 다만, 법률에 이와 다른 규

로 규정하여 간접적으로 단체위임사무의 내용을 제한하고 있다.

4. 단체위임사무의 특징

(1) 법규의 형식

단체위임사무는 조례, 규칙 어느 것으로나 가능하다.

(2) 비용부담의 주체

단체위임사무와 기관위임사무는 질적으로 유사한 위임사무이므로 분담설보다는 위임자부담설이 타당하다고 본다.

(3) 손해배상

단체위임사무에 대해 손해배상청구가 들어왔을 때 지방자치단체는 국가배상법 제2조 또는 제5조상의 관리주체 또는 사무의 귀속주체로서 책임을 지는지 아니면 제6조의 비용부담자로서 책임을 지는지가 문제된다. 그러나 단체위임사무와 기관위임사무는 질적으로 유사한 위임사무이므로 비용부담자로서의 책임설이 타당하다고 본다.

(4) 지방의회의 관여

단체위임사무도 지방자치단체에게 직접적으로 위임된 사무이므로 지방의회가 원칙적으로 관여할 수 있다. 따라서 지방의회는 조례로 단체위임사무에 대해 제정하고, 행정사무감사와 조사를 할 수 있으며(동법 제49조), 지방자치단체장 또는 관계공무원에게 출석 및 답변을 요구할 수 있고(동법 제49조), 회계검사 및 결산의 승인을 할 수 있다(동법 제150조).

(5) 법적 근거

단체위임사무는 기본적으로 위임사무이기 때문에 업무 수행을 위해서는 자치법규 외에도 모법에 해당하는 법령상에 개별적인 근거가 있어야 한다.

5. 감독청의 통제

(1) 의 의

단체위임사무에 대한 감독청은 광역자치단체의 경우는 국가, 기초자치단체의 경우는 1차적으로 광역자치단체인 시·도가, 2차적으로는 국가가 이에 해당한다. 단체위임사무에 대한 감독청의 통제는 원칙적으로 합법성 통제 및 합목적성 통제에까지 이른다. 이는 단체위임사무는 기본적으로 위임한 국가 또는 광역자치단체의 사무이기 때문이다. 합법성 및 합목적성 감독을 합해 전문감독이라고 한다.

정이 있는 경우에는 국가사무를 처리할 수 있다. ① 외교, 국방, 사법, 국세 등 국가의 존립에 필요한 사무, ② 물가정책, 금융정책, 수출입정책 등 전국적으로 통일적 처리를 요하는 사무, ③ 농산물·임산물·축산물·수산물 및 양곡의 수급조절과 수출입 등 전국적 규모의 사무, ④ 국가종합경제개발계획, 국가하천, 국유림, 국토종합개발계획, 지정항만, 고속국도·일반국도, 국립공원 등 전국적 규모나 이와 비슷한 규모의 사무, ⑤ 근로기준, 측량단위 등 전국적으로 기준을 통일하고 조정하여야 할 필요가 있는 사무, ⑥ 우편, 철도 등 전국적 규모나 이와 비슷한 규모의 사무, ⑦ 고도의 기술을 요하는 검사·시험·연구, 항공관리, 기상행정, 원자력개발 등 지방자치단체의 기술과 재정능력으로 감당하기 어려운 사무

(2) 사전적 통제

1) 조언·권고·지도 등

① 중앙행정기관의 장이나 시·도지사는 지방자치단체의 사무에 관하여 조언 또는 권고하거나 지도할 수 있으며, 이를 위하여 필요하면 지방자치단체에 자료의 제출을 요구할 수 있다.

② 국가나 시·도는 지방자치단체가 그 지방자치단체의 사무를 처리하는 데에 필요하다고 인정하면 재정지원이나 기술지원을 할 수 있다(동법 제184조).

2) 각종 보고 및 감사

지방자치법상으로는 자치사무에서와 같은 보고 및 감사에 대한 규정이 단체위임사무의 경우에는 없다. 다만, 위임에 관한 일반규정으로서 대통령령인 행정권한의위임및위탁에관한규정에서 기관위임사무에 대한 감독권을 단체위임사무에도 유추적용하여 그로부터 각종 보고 및 감사제도를 인정할 수 있을 것이다. 이에 해당하는 조항으로는 행정권한의위임및위탁에관한규정 제6조, 제9조[4] 등을 들 수 있다.

(3) 사후적 통제

1) 지방의회에 대한 통제

기본적으로 단체위임사무에 대한 지방의회의 의결에 대한 통제는 자치사무에 대한 지방의회의 의결에 대한 통제와 동일하다.

가. 재의요구명령

지방의회의 의결이 법령에 위반되거나 공익을 현저히 해친다고 판단되면 시·도에 대하여는 주무부장관이, 시·군 및 자치구에 대하여는 시·도지사가 재의를 요구하게 할 수 있고, 재의요구를 받은 지방자치단체의 장은 의결사항을 이송 받은 날부터 20일 이내에 지방의회에 이유를 붙여 재의를 요구하여야 한다(동법 제192조 제1항).

나. 제소지시 또는 직접제소

재의요구명령 불응시	지방의회의 의결이 법령에 위반된다고 판단되어 주무부장관이나 시·도지사로부터 재의요구지시를 받은 지방자치단체의 장이 재의를 요구하지 아니하는 경우(법령에 위반되는 지방의회의 의결사항이 조례안인 경우로서 재의요구 지시를 받기 전에 그 조례안을 공포한 경우를 포함한다)에는 주무부장관이나 시·도지사는 제1항 또는 제2항에 따른 기간이 지난 날부터 7일 이내에 대법원에 직접 제소 및 집행정지결정을 신청할 수 있다(동법 제192조 제8항).
재의요구명령 순응시	① 제1항 또는 제2항의 요구에 대하여 재의의 결과 재적의원 과반수의 출석과 출석의원 3분의 2 이상의 찬성으로 전과 같은 의결을 하면 그 의결사항은 확정된다(동법 제192조 제3항). ② 지방자치단체의 장은 제3항에 따라 재의결된 사항이 법령에 위반된다고 판단되면 재의결된 날부터 20일 이내에 대법원에 소를 제기할 수 있다. 이 경우 필요하다고 인정되면 그 의결의 집행을 정지하게 하는 집행정지결정을 신청할 수 있다(동조 제4항). ③ 주무부장관이나 시·도지사는 재의결된 사항이 법령에 위반된다고 판단됨에도 불구하고 해당 지방자치단체의 장이 소를 제기하지 아니하면 시·도에 대해서는 주무부장관이, 시·군 및 자치구에 대해서는 시·도지사(제2항에 따라 주무부장관이 직접 재의 요구 지시를 한 경우에는 주무부장관을 말한다. 이하 이 조에서 같다)가 그 지방자치단체의 장에게 제소를 지시하거나 직접 제소 및 집행정지결정을 신청할 수 있다(동조 제5항). ④ 제5항에 따른 제소의 지시는 제4항의 기간이 지난 날부터 7일 이내에 하고, 해당 지방자치단체의 장은 제소지시를 받은 날부터 7일 이내에 제소하여야 한다(동조 제6항). ⑤ 주무부장관이나 시·도지사는 제6항의 기간이 지난 날부터 7일 이내에 제5항에 따른 직접 제소 및 집행정지결정을 신청할 수 있다(동조 제7항).

---

[4] 행정권한의위임및위탁에관한규정 제6조(지휘·감독) 위임기관 및 위탁기관은 수임기관 및 수탁기관의 수임 및 수탁사무처리에 대하여 지휘·감독하고, 그 처리가 위법 또는 부당하다고 인정되는 때에는 이를 취소하거나 정지시킬 수 있다.
제9조(권한의 위임 및 위탁에 따른 감사) 위임기관 및 위탁기관은 위임 및 위탁사무의 처리에 있어 적정성을 확보하기 위하여 필요한 경우에는 수임기관 및 수탁기관의 수임 및 수탁사무처리의 상황을 수시로 감사할 수 있다.

2) 지방자치단체장에 대한 통제

가. 시정명령 및 취소·정지권

내 용	지방자치단체의 사무에 관한 그 장의 명령이나 처분이 법령에 위반되거나 현저히 부당하여 공익을 해친다고 인정되면 시·도에 대하여는 주무부장관이, 시·군 및 자치구에 대하여는 시·도지사가 기간을 정하여 서면으로 시정할 것을 명하고, 그 기간에 이행하지 아니하면 이를 취소하거나 정지할 수 있다. 이 경우 자치사무에 관한 명령이나 처분에 대하여는 법령에 위반하는 것에 한한다(제188조 제1항, 제5항).
자치사무와의 차이점	기본적으로 자치사무에 대한 경우와 동일하다. 다만, 자치사무는 법령위반의 경우에만 명령·처분이 가능하였으나 단체위임사무는 법령위반 외에도 부당하여 공익을 해치는 경우까지 명령·처분이 가능하다는 점이 다르다. 또한 자치사무의 경우에는 시정명령 및 취소·정지권에 대해 지방자치단체장이 대법원에 소제기를 통해 불복할 수 있도록 하였지만 단체위임사무의 경우에는 불복절차가 없다는 점도 다르다. 이는 단체위임사무는 기본적으로 지방자치단체에게 국가기관으로서의 지위를 인정하여 그 업무를 수임한 것으로 행정부 내부의 문제에 불과하기 때문이다.

나. 직무이행명령의 가능여부

지방자치법은 단체위임사무와 관련해 시정명령 및 취소·정지권 등 수임지자체의 작위에 대한 통제만 규정할 뿐 부작위에 대해서는 아무런 규정이 없다. 따라서 이 경우 감독청은 위임에 관한 일반규정 즉, 정부조직법 및 행정권한의위임및위탁에관한규정 제6조 등을 근거로 부작위(부당한 작위행위를 포함)에 대해 직무이행명령을 발할 수 있다고 보아야 할 것이라는 견해가 있고 타당하다고 본다(홍정선).

제4절 기관위임사무

1. 의 의

기관위임사무란 국가 또는 광역자치단체의 사무를 법령에 의해 지방자치단체의 장에게 위임하는 것을 말한다. 이 경우 지방자치단체장은 국가기관의 지위로서 이를 수임한다.

2. 자치사무와 구별 기준

자치사무와 기관위임사무의 구별이 애매한 경우 먼저 권한규정을 살피어 어느 기관의 권한으로 되어 있고 이를 다른 기관에 위임하고 있는지 등을 살피고, 그래도 애매할 경우에는 그에 관한 법령의 취지, 목적, 형식, 사무의 성질, 통일적 규율성 여부, 경비부담, 수입규정, 감독규정 등을 종합적으로 고려하여 판단하여야 한다. 지방자치법 제13조와 제15조가 구별을 위한 보충적 해석규정으로 작용할 수 있다.

> **판례** 지방교육자치에 관한 법률 제3조, 지방자치법 제170조 제1항에 따르면, 교육부장관이 교육감에 대하여 할 수 있는 직무이행명령의 대상사무는 '국가위임사무의 관리와 집행'이다. 그 규정의 문언과 함께 직무이행명령 제도의 취지, 즉 교육감이나 지방자치단체의 장 등, 기관에 위임된 국가사무의 통일적 실현을 강제하고자 하는 점 등을 고려하면, 여기서 국가위임사무란 교육감 등에 위임된 국가사무, 즉 기관위임 국가사무를 뜻한다고 보는 것이 타당하다. (대판 2013. 6. 27. 2009추206)

3. 기관위임사무의 특징

(1) 법규의 형식

기관위임사무는 원칙적으로 규칙으로만 제정이 가능하다. 다만, 예외적으로 개별법령을 통해 조례로서 제정 가능성을 수권한 경우에는 조례로도 제정이 가능하다.

> **판례** ❶ 국가사무에 관한 기관위임사무의 경우 지자체내에서 재위임시 조례가 아닌 규칙으로만 가능하다.
> '가'항의 관리처분계획의 인가 등에 관한 사무는 국가사무로서 지방자치단체의 장에게 위임된 이른바 기관위임사무에 해당하므로, 시·도지사가 지방자치단체의 조례에 의하여 이를 구청장 등에게 재위임할 수는 없고, 행정권한의위임및위탁에관한규정 제4조에 의하여 위임기관의 장의 승인을 얻은 후 지방자치단체의 장이 제정한 규칙이 정하는 바에 따라 재위임하는 것만이 가능하다. (대판 1995. 8. 22. 94누5694(전합))
> ❷ 중등학교의 학생생활기록의 작성에 관한 사무는 국가사무이다.
> 학교생활기록에 관한 초·중등교육법, 고등교육법 및 각 시행령의 규정 내용에 의하면, 어느 학생이 시·도를 달리하여 또는 국립학교와 공립·사립학교를 달리하여 전출하는 경우에 학교생활기록의 체계적·통일적인 관리가 필요하고, 중학생이 다른 시·도 지역에 소재한 고등학교에 진학하는 경우에도 학교생활기록은 고등학교의 입학전형에 반영되며, 고등학생의 학교생활기록은 교육부장관의 지도·감독을 받는 대학교의 입학전형자료로 활용되므로, 학교의 장이 행하는 학교생활기록의 작성에 관한 사무는 국민 전체의 이익을 위하여 통일적으로 처리되어야 할 성격의 사무이다. (대판 2014. 2. 27. 2012추183)

(2) 비용부담의 주체

국가사무나 지방자치단체사무를 위임할 때에는 이를 위임한 국가나 지방자치단체에서 그 경비를 부담하여야 한다(법 제158조 단서). 한편, 국가가 스스로 행사하여야 할 사무를 지방자치단체 또는 그 기관에 위임하여 수행하는 경우에, 그 소요되는 경비는 국가가 그 전부를 당해 지방자치단체에게 교부하여야 한다(지방재정법 제21조 제2항). 시·도 또는 시·도지사가 시·군 및 자치구 또는 시장·군수·자치구의 구청장으로 하여금 그 사무를 집행하게 하는 때에는 시·도는 그 사무집행에 소요되는 경비를 부담하여야 한다(지방재정법 제28조).

(3) 손해배상

기관위임사무는 위임사무이기 때문에 그 귀속주체로서 국가배상법 제2조 또는 제5조상의 책임은 위임자인 국가 또는 광역자치단체에게 있고, 다만 수임된 당해 지방자치단체는 국가배상법 제6조에 따라 비용부담자로서 책임을 질 뿐이다.

(4) 지방의회의 관여

기관위임사무는 원칙적으로 국가 등 위임자의 사무이지 지방자치단체의 사무가 아니므로 지방의회가 원칙적으로 관여할 수 없다. 다만, 지방의회는 지방자치법 제49조 제3항에 따라 지방자치단체 및 그 장이 위임받아 처리하는 국가사무와 시·도의 사무에 대하여 국회와 시·도의회가 직접 감사하기로 한 사무 외에는 그 감사를 각각 해당 시·도의회와 시·군 및 자치구의회가 할 수 있다. 이 경우 국회와 시·도의회는 그 감사결과에 대하여 그 지방의회에 필요한 자료를 요구할 수 있다. 또한 동조 제4항에 따라 지방자치단체장 또는 관계공무원에게 출석 및 답변을 요구할 수 있다.

(5) 법적 근거

기관위임사무는 기본적으로 위임사무이기 때문에 업무 수행을 위해서는 자치법규 외에도 모법에 해당하는 법령상에 개별적인 근거가 있어야 한다.

4. 감독청에 의한 통제

(1) 의 의

기관위임사무에 대한 감독청은 광역자치단체의 경우는 국가, 기초자치단체의 경우는 1차적으로 광역자치단체인 시·도가, 2차적으로는 국가가 이에 해당한다. 기관위임사무에 대한 감독청의 통제는 원칙적으로 합법성 통제 및 합목적성 통제까지 가능하다. 기관위임사무는 기본적으로 위임한 국가 또는 광역자치단체의 사무이기 때문이다. 합법성 및 합목적성 감독을 합해 전문감독이라고 한다.

(2) 사전적 통제

1) 조언·권고·지도 등

지방자치법에는 기관위임사무의 경우 다른 사무에서와 같은 조언·권고·지도 등에 관한 일반규정은 없다. 다만, 위임에 관한 일반규정으로서 대통령령인 행정권한의위임및위탁에관한규정에서 기관위임사무에 대한 감독권(제6조)에 근거해 조언 또는 권고, 지도 등을 할 수 있다고 볼 수 있다.

2) 각종 보고 및 감사

지방자치법상으로는 자치사무에서와 같은 보고 및 감사에 대한 규정이 기관위임사무의 경우에는 없다. 다만, 위임에 관한 일반규정으로서 대통령령인 행정권한의위임및위탁에관한규정에서 기관위임사무에 대한 감독권 및 감사제도를 근거로 각종 보고 및 감사를 할 수 있다고 볼 것이다. 이에 해당하는 조항으로는 행정권한의위임및위탁에관한규정 제6조, 제9조[5] 등을 들 수 있다.

(3) 사후적 통제

1) 지방의회에 대한 통제

기관위임사무의 경우 법령에서 특별히 규정하고 있지 않는 한 지방의회의 조례제정사항이 아니고 또한 지방자치단체기관인 지방의회가 국가사무에 원칙적으로 관여할 일도 없기 때문에 지방자치법은 기관위임사무에 대해서 지방의회에 관한 감독청의 통제는 따로 규정을 두고 있지 않다. 판례는 국가의 경우 이처럼 기관위임사무에 관해 지방자치단체에 대한 사후적 통제가 가능하므로 지방자치단체를 상대로 한 취소소송의 원고적격이 없다고 보고 있다.

> **판례** 국토교통부장관은 지방자치단체의 장이 기관위임사무인 국토이용계획 사무를 처리함에 있어 자신과 의견이 다를 경우 행정협의조정위원회에 협의·조정 신청을 하여 그 협의·조정 결정에 따라 의견불일치를 해소할 수 있고, 법원에 의한 판결을 받지 않고서도 행정권한의 위임 및 위탁에 관한 규정이나 구 지방자치법에서 정하고 있는 지도·감독을 통하여 직접 지방자치단체의 장의 사무처리에 대하여 시정명령을 발하고 그 사무처리를 취소 또는 정지할 수 있으며, 지방자치단체의 장에게 기간을 정하여 직무이행명령을 하고 지방자치단체의 장이 이를

---

5) 행정권한의위임및위탁에관한규정 제6조(지휘·감독) 위임기관 및 위탁기관은 수임기관 및 수탁기관의 수임 및 수탁사무처리에 대하여 지휘·감독하고, 그 처리가 위법 또는 부당하다고 인정되는 때에는 이를 취소하거나 정지시킬 수 있다.
    제9조(권한의 위임 및 위탁에 따른 감사) 위임기관 및 위탁기관은 위임 및 위탁사무의 처리에 있어 적정성을 확보하기 위하여 필요한 경우에는 수임기관 및 수탁기관의 수임 및 수탁사무처리의 상황을 수시로 감사할 수 있다.

이행하지 아니할 때에는 직접 필요한 조치를 할 수도 있으므로, 국가가 국토이용계획과 관련한 지방자치단체의 장의 기관위임사무의 처리에 관하여 지방자치단체의 장을 상대로 취소소송을 제기하는 것은 허용되지 않는다. (대판 2007. 9. 20. 2005두6935)

2) 지방자치단체장에 대한 통제

가. 시정명령 및 취소·정지권

지방자치법은 기관위임사무의 경우 시정명령 및 취소·정지권에 대해 따로 규정하고 있지는 않지만 이는 위임사무로서 위임자의 지휘·감독권에 의해 당연히 인정될 수 있다고 본다. 따라서 행정권한의위임및위탁에관한규정 제6조 또는 지방자치법 제185조[6]에 근거해 지방자치단체장의 사무수행이 법령에 반하거나 공익에 반한다고 보이는 경우 감독청은 시정명령 및 취소·정지권을 발령할 수 있을 것으로 보는 견해가 유력하다.

나. 직무이행명령

① 의 의

지방자치단체의 장이 법령의 규정에 따라 그 의무에 속하는 국가위임사무나 시·도위임사무의 관리와 집행을 명백히 게을리 하고 있다고 인정되면 시·도에 대하여는 주무부장관이, 시·군 및 자치구에 대하여는 시·도지사가 기간을 정하여 서면으로 이행할 사항을 명령할 수 있다(동법 제189조 제1항).

② 직무이행명령의 강제로써 대집행

주무부장관이나 시·도지사는 해당 지방자치단체의 장이 제1항의 기간에 이행명령을 이행하지 아니하면 그 지방자치단체의 비용부담으로 대집행하거나 행정상·재정상 필요한 조치를 할 수 있다. 이 경우 행정대집행에 관하여는 「행정대집행법」을 준용한다(동조 제2항).

③ 직무이행명령에 대한 지방자치단체장의 불복

내 용	지방자치단체의 장은 제1항 또는 제4항에 따른 이행명령에 이의가 있으면 이행명령서를 접수한 날부터 15일 이내에 대법원에 소를 제기할 수 있다. 이 경우 지방자치단체의 장은 이행명령의 집행을 정지하게 하는 집행정지결정을 신청할 수 있다(동법 제189조 제6항).
소의 법적 성질	지방자치법 제189조 제6항의 소송은 권한쟁의심판의 대상으로 볼만한 헌법적 사항은 아니라고 보여 지고 기관소송은 동일한 법주체 내부의 분쟁에 대한 것이라고 보아야 하므로 특수소송설이 타당하다.

기출 지방자치에 대한 설명으로 옳은 것은? (다툼이 있는 경우 판례에 의함)   20년 국가직 7급

① 「지방자치법」 제17조 제2항 제2호에 규정된 주민소송에서 다툼의 대상이 된 처분은 그 처분으로 인해 지방자치단체의 재정에 손실이 발생하였다는 사실만으로도 위법성이 인정된다.

② 지방자치단체는 기관위임사무의 집행에 관한 권한의 존부 및 범위에 관한 권한분쟁을 이유로 기관위임사무를 집행하는 국가기관을 상대로 권한쟁의심판을 청구할 당사자적격이 없다.

③ 교육감이 「지방교육자치에 관한 법률」에 따라 독자적인 권한으로 지방의회의 조례안 의결에 대해 재의요구를 한 경우 지방의회가 재의결하기 전이라도 교육감은 그 재의요구를 철회할 수 없다.

④ 지방자치단체의 장이 국가가 위임한 사무에 대해 국가기관의 지위에서 처분을 한 경우 그 지방자치단체의 장은 권한쟁의 심판청구의 당사자가 될 수 없다.

정답 ②

---

6) 지방자치법 제185조(국가사무나 시·도사무 처리의 지도·감독) ① 지방자치단체나 그 장이 위임받아 처리하는 국가사무에 관하여 시·도에서는 주무부장관의, 시·군 및 자치구에서는 1차로 시·도지사의, 2차로 주무부장관의 지도·감독을 받는다.
② 시·군 및 자치구나 그 장이 위임받아 처리하는 시·도의 사무에 관하여는 시·도지사의 지도·감독을 받는다.

CHAPTER

04 지방자치단체의 협력

제1절 지방자치단체의 협력

Ⅰ 협력의무

> **지방자치법**
> **제164조(지방자치단체 상호 간의 협력)** ① 지방자치단체는 다른 지방자치단체로부터 사무의 공동처리에 관한 요청이나 사무처리에 관한 협의·조정·승인 또는 지원의 요청을 받으면 법령의 범위에서 협력하여야 한다.
> ② 관계 중앙행정기관의 장은 지방자치단체 간의 협력 활성화를 위하여 필요한 지원을 할 수 있다.

Ⅱ 사무의 위탁

> **지방자치법**
> **제168조(사무의 위탁)** ① 지방자치단체나 그 장은 소관 사무의 일부를 다른 지방자치단체나 그 장에게 위탁하여 처리하게 할 수 있다.
> ② 지방자치단체나 그 장은 제1항에 따라 사무를 위탁하려면 관계 지방자치단체와의 협의에 따라 규약을 정하여 고시하여야 한다.
> ③ 제2항의 사무위탁에 관한 규약에는 다음 각 호의 사항이 포함되어야 한다.
>   1. 사무를 위탁하는 지방자치단체와 사무를 위탁받는 지방자치단체
>   2. 위탁사무의 내용과 범위
>   3. 위탁사무의 관리와 처리방법
>   4. 위탁사무의 관리와 처리에 드는 경비의 부담과 지출방법
>   5. 그 밖에 사무위탁에 필요한 사항
> ④ 지방자치단체나 그 장은 사무위탁을 변경하거나 해지하려면 관계 지방자치단체나 그 장과 협의하여 그 사실을 고시하여야 한다.
> ⑤ 사무가 위탁된 경우 위탁된 사무의 관리와 처리에 관한 조례나 규칙은 규약에 다르게 정해진 경우 외에는 사무를 위탁받은 지방자치단체에 대해서도 적용한다.

Ⅲ 행정협의회

지방자치법
제169조(행정협의회의 구성) ① 지방자치단체는 2개 이상의 지방자치단체에 관련된 사무의 일부를 공동으로 처리하기 위하여 관계 지방자치단체 간의 행정협의회(이하 "협의회"라 한다)를 구성할 수 있다. 이 경우 지방자치단체의 장은 시·도가 구성원이면 행정안전부장관과 관계 중앙행정기관의 장에게, 시·군 또는 자치구가 구성원이면 시·도지사에게 이를 보고하여야 한다.
② 지방자치단체는 협의회를 구성하려면 관계 지방자치단체 간의 협의에 따라 규약을 정하여 관계 지방의회에 각각 보고한 다음 고시하여야 한다.
③ 행정안전부장관이나 시·도지사는 공익상 필요하면 관계 지방자치단체에 대하여 협의회를 구성하도록 권고할 수 있다.

Ⅳ 지방자치단체의 장 등의 협의체

지방자치법
제182조(지방자치단체의 장 등의 협의체) ① 지방자치단체의 장이나 지방의회의 의장은 상호 간의 교류와 협력을 증진하고, 공동의 문제를 협의하기 위하여 다음 각 호의 구분에 따라 각각 전국적 협의체를 설립할 수 있다.
　　1. 시·도지사
　　2. 시·도의회의 의장
　　3. 시장·군수·자치구의 구청장
　　4. 시·군·자치구의회의 의장
② 제1항 각 호의 전국적 협의체가 모두 참가하는 지방자치단체 연합체를 설립할 수 있다.

Ⅴ 지방자치단체의 조합

지방자치법
제176조(지방자치단체조합의 설립) ① 2개 이상의 지방자치단체가 하나 또는 둘 이상의 사무를 공동으로 처리할 필요가 있을 때에는 규약을 정하여 그 지방의회의 의결을 거쳐 시·도는 행정안전부장관의, 시·군 및 자치구는 시·도지사의 승인을 받아 지방자치단체조합을 설립할 수 있다. 다만, 지방자치단체조합의 구성원인 시·군 및 자치구가 2개 이상의 시·도에 걸치는 지방자치단체조합은 행정안전부장관의 승인을 받아야 한다.
② 지방자치단체조합은 법인으로 한다.
제180조(지방자치단체조합의 지도·감독) ① 시·도가 구성원인 지방자치단체조합은 행정안전부장관의, 시·군 및 자치구가 구성원인 지방자치단체조합은 1차로 시·도지사의, 2차로 행정안전부장관의 지도·감독을 받는다. 다만, 지방자치단체조합의 구성원인 시·군 및 자치구가 2개 이상의 시·도에 걸치는 지방자치단체조합은 행정안전부장관의 지도·감독을 받는다.
② 행정안전부장관은 공익상 필요하면 지방자치단체조합의 설립이나 해산 또는 규약의 변경을 명할 수 있다.

제2항 지방자치단체 상호 간의 분쟁조정

지방자치법

제165조(지방자치단체 상호 간의 분쟁조정) ① 지방자치단체 상호 간이나 지방자치단체의 장 상호 간 사무를 처리할 때 의견이 달라 다툼(이하 "분쟁"이라 한다)이 생기면 다른 법률에 특별한 규정이 없으면 행정안전부장관이나 시·도지사가 당사자의 신청에 따라 조정할 수 있다. 다만, 그 분쟁이 공익을 현저히 해쳐 조속한 조정이 필요하다고 인정되면 당사자의 신청이 없어도 직권으로 조정할 수 있다.

② 제1항 단서에 따라 행정안전부장관이나 시·도지사가 분쟁을 조정하는 경우에는 그 취지를 미리 당사자에게 알려야 한다.

③ 행정안전부장관이나 시·도지사가 제1항의 분쟁을 조정하고자 할 때에는 관계 중앙행정기관의 장과의 협의를 거쳐 제166조에 따른 지방자치단체중앙분쟁조정위원회나 지방자치단체지방분쟁조정위원회의 의결에 따라 조정하여야 한다.

④ 행정안전부장관이나 시·도지사는 제3항의 조정에 대하여 결정을 하면 서면으로 지체 없이 관계 지방자치단체의 장에게 통보하여야 하며, 통보를 받은 지방자치단체의 장은 그 조정 결정 사항을 이행하여야 한다.

⑤ 제3항의 조정 결정 사항 중 예산이 수반되는 사항에 대하여는 관계 지방자치단체는 필요한 예산을 우선적으로 편성하여야 한다. 이 경우 연차적으로 추진하여야 할 사항은 연도별 추진계획을 행정안전부장관이나 시·도지사에게 보고하여야 한다.

⑥ 행정안전부장관이나 시·도지사는 제3항의 조정결정에 따른 시설의 설치 또는 서비스의 제공으로 이익을 받거나 그 원인을 일으켰다고 인정되는 지방자치단체에 대하여는 그 시설비나 운영비 등의 전부나 일부를 행정안전부장관이 정하는 기준에 따라 부담하게 할 수 있다.

⑦ 행정안전부장관이나 시·도지사는 제4항부터 제6항까지의 규정에 따른 조정 결정 사항이 성실히 이행되지 아니하면 그 지방자치단체에 대하여 제189조를 준용하여 이행하게 할 수 있다.

제166조(지방자치단체중앙분쟁조정위원회 등의 설치와 구성 등) ① 제165조 제1항에 따른 분쟁의 조정과 제173조 제1항에 따른 협의사항의 조정에 필요한 사항을 심의·의결하기 위하여 행정안전부에 지방자치단체중앙분쟁조정위원회(이하 "중앙분쟁조정위원회"라 한다)와 시·도에 지방자치단체지방분쟁조정위원회(이하 "지방분쟁조정위원회"라 한다)를 둔다.

제3항 지방자치단체와 국가 간의 협력 및 분쟁조정

지방자치법

제184조(지방자치단체의 사무에 대한 지도와 지원) ① 중앙행정기관의 장이나 시·도지사는 지방자치단체의 사무에 관하여 조언 또는 권고하거나 지도할 수 있으며, 이를 위하여 필요하면 지방자치단체에 자료의 제출을 요구할 수 있다.

② 국가나 시·도는 지방자치단체가 그 지방자치단체의 사무를 처리하는 데에 필요하다고 인정하면 재정지원이나 기술지원을 할 수 있다.

제187조(중앙행정기관과 지방자치단체 간 협의조정) ① 중앙행정기관의 장과 지방자치단체의 장이 사무를 처리할 때 의견을 달리하는 경우 이를 협의·조정하기 위하여 국무총리 소속으로 행정협의조정위원회를 둔다.

판례 분쟁조정결정은 상대방이나 내용 등에 비추어 행정소송법상 항고소송의 대상인 처분이 아니다.

지방자치법 제148조 제4항, 제7항, 제170조 제3항의 내용과 체계, 지방자치법 제148조 제1항에 따른 지방자치단체 또는 지방자치단체의 장 상호 간 분쟁에 대한 조정결정(이하 '분쟁조정결정'이라 한다)의 법적 성격 및 분쟁조정결정과 이행명령 사이의 관계 등에 비추어 보면, 행정안전부장관이나 시·도지사의 분쟁조정결정에 대하여는 후속의 이행명령을 기다려 대법원에 이행명령을 다투는 소를 제기한 후 그 사건에서 이행의무의 존부와 관련하여 분쟁조정결정의 위법까지 함께 다투는 것이 가능할 뿐, 별도로 분쟁조정결정 자체의 취소를 구하는 소송을 대법원에 제기하는 것은 지방자치법상 허용되지 아니한다. 나아가 분쟁조정결정은 상대방이나 내용 등에 비추어 행정소송법상 항고소송의 대상이 되는 처분에 해당한다고 보기 어려우므로, 통상의 항고소송을 통한 불복의 여지도 없다. (대판 2015. 9. 24. 2014추613)

기출 지방자치에 대한 설명으로 옳지 않은 것은? (다툼이 있는 경우 판례에 의함) 19년 지방직 7급

① 도로 등 공물이나 공공용물을 특정 사인이 배타적으로 사용하도록 하는 점용허가가 도로 등의 본래 기능 및 목적과 무관하게 그 사용가치를 실현·활용하기 위한 것으로 평가되는 경우에는 주민소송의 대상이 되는 재산의 관리·처분에 해당한다.

② 지방자치단체의 사무에 관한 그 장의 명령이나 처분이 법령에 위반되거나 현저히 부당하여 공익을 해친다고 인정되면 시·도지사나 주무부장관은 시정명령을 내릴 수 있는데, 이때 시정명령의 대상인 처분은 행정소송법 상 처분에 한정되지 않는다.

③ 교육·학예에 관한 사무 중 자치사무에 대한 교육감의 명령이나 처분이 합목적성을 현저히 결하였다면 그러한 사무의 집행은 재량권을 일탈·남용한 경우로서 교육부장관은 그 시정을 명할 수 있다.

④ 행정안전부장관이 지방자치단체 상호 간의 사무비용 분담에 관한 다툼에 대하여 지방자치법에 따른 분쟁조정결정을 한 경우 분쟁조정결정 자체의 취소를 구하는 소송을 대법원에 제기하는 것은 지방자치법상 허용되지 아니한다.

정답 ③

참고 요약 정리 ─

1. 조례제정

법적근거	창설적	헌법 제117조 제1항	법령의 범위 안에서 자치에 관한 규정 제정 가능
	확인적	지방자치법 제28조	지방자치단체는 법령의 범위에서 그 사무에 관하여 조례를 제정할 수 있다. 다만, 주민의 권리 제한 또는 의무 부과에 관한 사항이나 벌칙을 정할 때에는 법률의 위임이 있어야 한다.
	법령의 의미	이 경우 법률은 물론이고 법규명령과 법규성이 있는 행정규칙도 포함된다.	
조례와 법률과의 관계	법률선점 이론	조례가 법률과 동일한 목적을 가진 경우 법률의 규제기준 이상의 엄격한 기준을 두어 규제하는 것은 법률에 이를 허용한다는 규정이 없는 이상 허용될 수 없다는 견해이다.	
	수정법률 선점이론	조례가 규율하는 특정사항에 관하여 그것을 규율하는 국가의 법령이 이미 존재하는 경우에도 조례가 법령과 별도의 목적에 기하여 규율함을 의도하는 것으로서 그 적용에 의하여 법령의 규정이 의도하는 목적과 효과를 전혀 저해하는 바가 없는 때, 또는 양자가 동일한 목적에서 출발한 것이라고 할지라도 국가의 법령이 반드시 그 규정에 의하여 전국에 걸쳐 일률적으로 동일한 내용을 규율하려는 취지가 아니고 각 지방자치단체가 그 지방의 실정에 맞게 별도로 규율하는 것을 용인하는 취지라고 해석되는 때에는 그 조례가 국가의 법령에 위반되는 것은 아니다(대판 1997. 4. 25. 96추244).	
	판례	정선군 3자녀 양육비 지원의 경우에는 헌법에 위반되지 않는다(대판 2006. 10. 12. 2006추38).	
대상사무	법령의 범위안	자체사무, 단체위임사무(기관위임 사무×)	
	법령의 위임 (위임조례)	포괄위임의 허용	주민의 권리·의무 관련, 기관위임사무
		구체적	형벌법규 ×

		〈법 률〉	〈조 례〉
절 차	제 안	정부, 국회의원 10인	주민 일정수 이상, 단체장, 지방의회의원 재적 1/5 이상 또는 10인 이상
	의 결	재적 과반수 출석, 출석 과반수 찬성	
	이 송	정부	단체장
	재의요구 기간	15일 이내	20일 이내
	재의결	재적 과반수 출석, 출석 2/3 이상 찬성	
	발 효	공포 후 20일 경과	

2. 사법적 통제

기관소송	지자체장은 조례의 법령위반을 이유로 재의결한 지방의회를 상대로 대법원에 소제기 가능(지방자치법 제120조, 제192조)
위헌·위법심사	명령·규칙에 대한 위헌 심사권(헌법 제107조 제2항)
항고소송	두밀분교 폐지조례 무효확인 / 일부무효는 전부무효
헌법소원	조례에 의해 기본권을 직접·현재 침해당한 경우

3. 관련판례

조례에 대한 항고소송에서의 피고적격은 지방자치단체의 의사를 외부에 표시할 권한이 없는 지방의회가 아니라 조례로서의 효력을 발생시키는 공포권이 있는 지방자치단체의 장이다.

기관위임사무에 관한 조례제정	기관위임사무에 있어서도 그에 관한 개별법령에서 일정한 사항을 조례로 정하도록 위임하고 있는 경우에는 지방자치단체의 자치조례 제정권과 무관하게 위임조례를 정할 수 있다.
조례에 의한 과세면제사건	과세면제의 경우 내무부장관의 허가를 얻도록 한 것은 권한의 남용여부를 심사하고 나아가 전체적인 지방세법 체계와 조화를 유지할 수 있도록 하기 위한 제도적 장치
두밀분교 폐교	공립초등학교 분교의 폐지는 지방의회가 이를 폐지하는 내용의 개정조례를 의결하고 교육감이 이를 공포하여 그 효력이 발생함으로써 완결되는 것인바 두밀분교 통폐합에 관한 조례가 재량권의 범위를 일탈한 것이라 볼 수 없다.
청주시 행정정보공개조례(안) 재의결 취소등 청구	이는 주민의 알권리의 실현을 그 근본내용으로 하는 것인바 법률의 개별적 위임이 따로 필요한 것은 아니다.
공무원 파견시 지방의회 동의	견제의 범위를 넘어 적극적 관여하는 것을 허용하고 있다는 이유로 법령 위반됨
유급보좌관 제도	전혀 새로운 항목의 비용을 변칙적으로 지출하는 것임. 따라서 법적근거 필요
동행명령장	지방의회가 영장없이 동행명령장 발부시 영장주의 원칙을 규정한 헌법에 위반
학교급식 조례	관세 및 무역에 관한 일반협정(GATT)에 위반되어 무효
차고지 조례	침익적 내용의 조례는 상위법령의 제한범위를 초과하여 무효
옴부즈맨 지방의회 동의	인사권에 소극적으로 개입하는 것으로 견제권의 범위임. 다만 공무원의 총정원을 늘리게 될 경우 장관의 승인이 없는 경우 무효임

4. 지방자치단체의 장

규칙제정권		법령·조례위임
재의요구사유		월권, 법령위반, 공익의 현저한 위배 예산상 집행할 수 없는 경비포함 필요경비의 삭감, 감독청의 요구
직원에 대한 임면권(제118조)		지방자치단체의 장은 소속 직원(지방의회의 사무직원은 제외한다)을 지휘·감독하고 법령과 조례·규칙으로 정하는 바에 따라 그 임면·교육훈련·복무·징계 등에 관한 사항을 처리한다.
선결처분권(제122조)	요건	− 지방의회 성립(×), 의회소집 여유(×), 의결 지체 시 − 주민 생명·재산 보호를 위한 긴급 사항
	사후승인(×)	그때부터(소급 ×) 효력 상실
주민투표부의권	성격	− 단체장 고유권한 − 단체장 의무(×), 헌법상 보장된 참정권(×)
	대상	− 과도한 부담, 중대한 영향 주는 사항의 결정
	주민투표법	대상, 발의자, 발의요건, 투표절차 등

5. 주 민

		조례의 제정, 개폐청구권	주민의 감사청구	주민소송
청구권자		18세 이상의 주민으로서 다음 각 호의 어느 하나에 해당하는 사람(「공직선거법」 제18조에 따른 선거권이 없는 사람은 제외한다. 이하 "청구권자"라 한다)은 해당 지방자치단체의 의회(이하 "지방의회"라 한다)에 조례를 제정하거나 개정 또는 폐지할 것을 청구(이하 "주민조례청구"라 한다)할 수 있다.	지방자치단체의 18세 이상의 주민으로서 다음 각 호의 어느 하나에 해당하는 사람(「공직선거법」 제18조에 따른 선거권이 없는 사람은 제외한다. 이하 이 조에서 "18세 이상의 주민"이라 한다)은 시·도는 300명, 제198조에 따른 인구 50만 이상 대도시는 200명, 그 밖의 시·군 및 자치구는 150명 이내에서 그 지방자치단체의 조례로 정하는 수 이상의 18세 이상의 주민	감사청구 한 주민
대 상	적 극	조례를 제정하거나 개정하거나 폐지할 것을 청구	사무의 처리가 법령에 위반되거나 공익을 현저히 해친다고 인정	
	소 극	1. 법령을 위반하는 사항 2. 지방세·사용료·수수료·부담금의 부과·징수 또는 감면에 관한 사항 3. 행정기구를 설치하거나 변경하는 것에 관한 사항이나 공공시설의 설치를 반대하는 사항	1. 수사나 재판에 관여하게 되는 사항 2. 개인의 사생활을 침해할 우려가 있는 사항 3. 다른 기관에서 감사하였거나 감사 중인 사항. 다만, 다른 기관에서 감사한 사항이라도 새로운 사항이 발견되거나 중요사항이 감사에서 누락된 경우와 제22조 제1항에 따라 주민소송의 대상이 되는 경우에는 그러하지 아니한다. 4. 동일한 사항에 대하여 제22조 제2항 각호의 어느 하나에 해당하는 소송이 진행 중이거나 그 판결이 확정된 사항	1. 주무부장관이나 시·도지사가 감사청구를 수리한 날부터 60(제21조 제9항 단서에 따라 감사기간이 연장된 경우에는 연장기간이 끝난 날을 말한다)이 지나도 감사를 끝내지 아니한 경우 2. 제21조 제9항 및 제10항에 따른 감사결과 또는 같은 조 제12항에 따른 조치요구에 불복하는 경우 3. 제21조 제12항에 따른 주무부장관이나 시·도지사의 조치요구를 지방자치단체의 장이 이행하지 아니한 경우 4. 제21조 제12항에 따른 지방자치단체의 장의 이행조치에 불복하는 경우(소극이 아닌 적극사안)

		주민투표		주민소환	
청구권자		19세 이상의 주민＋19세 이상의 외국인		19세 이상의 주민＋19세 이상의 외국인	
대 상	적극적 대상	주민에게 과도한 부담을 주거나 중대한 영향을 미치는 지방자치단체의 주요결정사항		지자체장＋지방의회 의원(비례대표제외)＋교육감(1년이 기준임)	
	소극적 대상	1. 법령에 위반되거나 재판중인 사항 2. 국가 또는 다른 지방자치단체의 권한 또는 사무에 속하는 사항 3. 지방자치단체의 예산·회계·계약 및 재산관리에 관한 사항과 지방세·사용료·수수료·분담금 등 각종 공과금의 부과 또는 감면에 관한 사항 4. 행정기구의 설치·변경에 관한 사항과 공무원의 인사·정원 등 신분과 보수에 관한 사항 5. 다른 법률에 의하여 주민대표가 직접 의사결정주체로서 참여할 수 있는 공공시설의 설치에 관한 사항. 다만, 제9조 제5항의 규정에 의하여 지방의회가 주민투표의 실시를 청구하는 경우에는 그러하지 아니하다. 6. 동일한 사항(그 사항과 취지가 동일한 경우를 포함한다)에 대하여 주민투표가 실시된 후 2년이 경과되지 아니한 사항			
실시 요건	지방자치단체 장의 직권	지방의회 재적의원 과반수 출석과 출석의원 과반수의 동의를 얻어야 함	1. 특별시장·광역시장·도지사(이하 "시·도지사"라 한다)	당해 지방자치단체의 주민소환투표청구권자 총수의 100분의 10 이상
	지방의회의 청구	지방의회 재적의원 과반수 출석과 출석의원 3분의 2 이상의 찬성이 있어야 함	2. 시장·군수·자치구의 구청장	당해 지방자치단체의 주민소환투표청구권자 총수의 100분의 15 이상
	주민의 청구	주민투표청구권자 총수의 20분의 1 이상 5분의 1 이하의 범위 안에서 지방자치단체의 조례로 정하는 수 이상의 서명이 있어야 함	3. 지역선거구시·도의회 의원(이하 "지역구시·도의원"이라 한다) 및 지역선거구자치구·시·군의회의원(이하 "지역구자치구·시·군의원"이라 한다)	당해 지방의회의원의 선거구 안의 주민소환투표청구권자 총수의 100분의 20 이상
	중앙행정기관 의 장의 요구	중앙행정기관장의 투표요구가 있더라도 지방자치단체장이 무조건 이에 따라야 하는 것이 아니라 발의 여부에 재량이 있음		
절 차		발의 → 실시(지자체장이 결정) → 확정(주민투표권자 총수의 3분의 1 이상 투표와 유효투표수 과반수 득표)		발의 → 실시(관할선관위가 결정) → 확정(주민투표권자 총수의 3분의 1 이상 투표와 유효투표수 과반수 득표)	
효 력		2년내 변경 못함 즉 구속력 존재(중앙행정기관은 구속 ×)		권한대행＋공표시점부터 직을 상실	

정인영
쎄르파

행 정 법 각 론

공무원법 총설

Ⅰ 의 의

일반적으로 공무원이란 국가 또는 지방자치단체와 공법상의 근무관계 있는 공무담당의 기관구성자를 말하고 공무원법이란 공무원의 법관계를 규율하는 모든 법규를 의미한다.

Ⅱ 공무원의 종류

국가공무원법
제2조(공무원의 구분) ① 국가공무원(이하 "공무원"이라 한다)은 경력직공무원과 특수경력직공무원으로 구분한다.
② **"경력직공무원"**이란 실적과 자격에 따라 임용되고 그 신분이 보장되며 평생 동안(근무기간을 정하여 임용하는 공무원의 경우에는 그 기간 동안을 말한다) 공무원으로 근무할 것이 예정되는 공무원을 말하며, 그 종류는 다음 각 호와 같다.
  1. **일반직공무원**: 기술·연구 또는 행정 일반에 대한 업무를 담당하는 공무원
  2. **특정직공무원**: 법관, 검사, 외무공무원, 경찰공무원, 소방공무원, 교육공무원, 군인, 군무원, 헌법재판소 헌법연구관, 국가정보원의 직원과 특수 분야의 업무를 담당하는 공무원으로서 다른 법률에서 특정직공무원으로 지정하는 공무원
  3. 삭제(기능직공무원)
③ **"특수경력직공무원"**이란 경력직공무원 외의 공무원을 말하며, 그 종류는 다음 각 호와 같다.
  1. **정무직공무원**
    가. 선거로 취임하거나 임명할 때 국회의 동의가 필요한 공무원
    나. 고도의 정책결정 업무를 담당하거나 이러한 업무를 보조하는 공무원으로서 법률이나 대통령령(대통령 비서실 및 국가안보실의 조직에 관한 대통령령만 해당한다)에서 정무직으로 지정하는 공무원
  2. **별정직공무원**: 비서관·비서 등 보좌업무 등을 수행하거나 특정한 업무 수행을 위하여 법령에서 별정직으로 지정하는 공무원
  3. 삭제(계약직공무원)
  4. 삭제(고용직공무원)
④ 제3항에 따른 별정직공무원의 채용조건·임용절차·근무상한연령, 그 밖에 필요한 사항은 국회규칙, 대법원규칙, 헌법재판소규칙, 중앙선거관리위원회규칙 또는 대통령령(이하 "대통령령등"이라 한다)으로 정한다.
제2조의2(고위공무원단) ① 국가의 고위공무원을 범정부적 차원에서 효율적으로 인사관리하여 정부의 경쟁력을 높이기 위하여 고위공무원단을 구성한다.
② 제1항의 "고위공무원단"이란 직무의 곤란성과 책임도가 높은 다음 각 호의 직위(이하 "고위공무원단 직위"라 한다)에 임용되어 재직 중이거나 파견·휴직 등으로 인사관리되고 있는 일반직공무원, 별정직공무원 및 특정직공무

원(특정직공무원은 다른 법률에서 고위공무원단에 속하는 공무원으로 임용할 수 있도록 규정하고 있는 경우만 해당한다)의 군을 말한다.

    1. 「정부조직법」 제2조에 따른 중앙행정기관의 실장·국장 및 이에 상당하는 보좌기관
    2. 행정부 각급 기관(감사원은 제외한다)의 직위 중 제1호의 직위에 상당하는 직위
    3. 「지방자치법」 제123조 제2항·제125조 제5항 및 「지방교육자치에 관한 법률」 제33조 제2항에 따라 국가공무원으로 보하는 지방자치단체 및 지방교육행정기관의 직위 중 제1호의 직위에 상당하는 직위
    4. 그 밖에 다른 법령에서 고위공무원단에 속하는 공무원으로 임용할 수 있도록 정한 직위
③ 인사혁신처장은 고위공무원단에 속하는 공무원이 갖추어야 할 능력과 자질을 설정하고 이를 기준으로 고위공무원단 직위에 임용되려는 자를 평가하여 신규채용·승진임용 등 인사관리에 활용할 수 있다.

Ⅲ 공무원법의 헌법적 기초

1. 민주적 공무원제도

공무원은 국민전체의 봉사자로서 자기에게 주어진 책무를 성실히 수행하여야 하고 만약 직무수행에 있어 문제를 발생시켰다면 그에 대한 책임을 져야 한다. 또한 모든 국민은 주권자로서 공무담임권을 갖는 바, 이러한 공무담임권에서의 평등대우는 너무나 당연한 국민의 기본권에 해당한다.

> **헌법**
> 제7조 ① 공무원은 국민전체에 대한 봉사자이며, 국민에 대하여 책임을 진다.
> 제11조 ① 모든 국민은 법 앞에 평등하다. 누구든지 성별·종교 또는 사회적 신분에 의하여 정치적·경제적·사회적·문화적 생활의 모든 영역에 있어서 차별을 받지 아니한다.
> 제25조 모든 국민은 법률이 정하는 바에 의하여 공무담임권을 가진다.

> **판례** 헌법 제25조는 "모든 국민은 법률이 정하는 바에 의하여 공무담임권을 가진다."고 하여 공무담임권을 기본권으로 보장하고 있다. 공무담임권이란 입법부, 집행부, 사법부는 물론 지방자치단체 등 국가, 공공단체의 구성원으로서 그 직무를 담당할 수 있는 권리를 말한다. 여기서 직무를 담당한다는 것은 모든 국민이 현실적으로 그 직무를 담당할 수 있다고 하는 의미가 아니라, 국민이 공무담임에 관한 자의적이지 않고 평등한 기회를 보장받음을 의미하는바, 공무담임권의 보호영역에는 공직취임의 기회의 자의적인 배제 뿐 아니라, 공무원 신분의 부당한 박탈까지 포함되는 것이라고 할 것이다. 왜냐하면, 후자는 전자보다 당해 국민의 법적 지위에 미치는 영향이 더욱 크다고 할 것이므로, 이를 보호영역에서 배제한다면, 기본권 보호체계에 발생하는 공백을 막기 어려울 것이며, 공무담임권을 규정하고 있는 위 헌법 제25조의 문언으로 보아도 현재 공무를 담임하고 있는 자를 그 공무로부터 배제하는 경우에는 적용되지 않는다고 해석할 수 없기 때문이다. (헌재 2003. 10. 30. 2002헌마684)

2. 직업공무원제도

(1) 개 념

헌법은 "공무원의 신분과 정치적 중립성은 법률이 정하는 바에 의하여 보장된다"고 규정하여 직업공무원제를 규정하고 있다. 이는 정권교체와 상관없이 행정의 일관성과 계속성을 유지하기 위한 것이다. 그 내

용으로 공무원의 신분보장, 정치적 중립성, 성적주의, 능률성의 확보(직위분류제)를 내용으로 한다.

> **판례** 우리나라는 직업공무원제도를 채택하고 있는데, 이는 공무원이 집권세력의 논공행상의 제물이 되는 엽관제도(獵官制度)를 지양하고 정권교체에 따른 국가작용의 중단과 혼란을 예방하고 일관성있는 공무수행의 독자성을 유지하기 위하여 헌법과 법률에 의하여 공무원의 신분이 보장되는 공직구조에 관한 제도이다. 여기서 말하는 공무원은 국가 또는 공공단체와 근로관계를 맺고 이른바 공법상 특별권력관계 내지 특별행정법관계 아래 공무를 담당하는 것을 직업으로 하는 협의의 공무원을 말하며 정치적 공무원이라든가 임시적 공무원은 포함되지 않는 것이다. 직업공무원제도하에 있어서는 과학적 직위분류제, 성적주의 등에 따른 인사의 공정성을 유지하는 장치가 중요하지만 특히 공무원의 정치적 중립과 신분보장은 그 중추적 요소라고 할 수 있는 것이다. (헌재 1998. 10. 18. 89헌마32 등)

(2) 신분의 보장

국가공무원법
제68조(의사에 반한 신분 조치) 공무원은 형의 선고, 징계처분 또는 이 법에서 정하는 사유에 따르지 아니하고는 본인의 의사에 반하여 휴직·강임 또는 면직을 당하지 아니한다. 다만, 1급 공무원과 제23조에 따라 배정된 직무등급이 가장 높은 등급의 직위에 임용된 고위공무원단에 속하는 공무원은 그러하지 아니하다.

지방공무원법
제60조(신분보장의 원칙) 공무원은 형의 선고·징계 또는 이 법에서 정하는 사유가 아니면 본인의 의사에 반하여 휴직·강임 또는 면직을 당하지 아니한다. 다만, 1급 공무원은 그러하지 아니하다.

(3) 정치적 중립성의 필요성

공무원에 대한 정치적 중립성의 필요성에 관하여, "공무원은 국민전체에 대한 봉사자이므로 중립적 위치에서 공익을 추구하고(국민전체의 봉사자), 행정에 대한 정치의 개입을 방지함으로써 행정의 전문성과 민주성을 제고하고 정책적 계속성과 안정성을 유지하며(정치와 행정의 분리), 정권의 변동에도 불구하고 공무원의 신분적 안정을 기하고 엽관제로 인한 부패·비능률 등의 폐해를 방지하며(공무원의 이익보호), 자본주의의 발달에 따르는 사회경제적 대립의 중재자·조정자로서의 기능을 적극적으로 담당하기 위하여 요구되는 것(공적 중재자)"이라고 하면서, 공무원의 정치적 중립성 요청은 결국 위 각 근거를 종합적으로 고려하여 "공무원의 직무의 성질상 그 직무집행의 중립성을 유지하기 위하여 필요한 것"이라고 판시한 바 있다(헌재 1995. 5. 25. 91헌마67). 다만, 국회의원, 지방의원과 같은 정치적 공무원은 여기에 해당하지 않는다.

(4) 성적주의(능력주의)

성적주의란 신규임용은 물론 승진에도 적용되는 바, 정치세력의 간섭을 받지 않고 개인의 성적을 기초로 하여 인사행정이 이루어지는 것을 말한다.

국가공무원법
제26조(임용의 원칙) 공무원의 임용은 시험성적·근무성적, 그 밖의 능력의 실증에 따라 행한다. 다만, 국가기관의 장은 대통령령등으로 정하는 바에 따라 장애인·이공계전공자·저소득층 등에 대한 채용·승진·전보 등 인사관리상의 우대와 실질적인 양성 평등을 구현하기 위한 적극적인 정책을 실시할 수 있다.

기출 공무원의 법률관계에 대한 설명으로 옳은 것은? (다툼이 있는 경우 판례에 의함)

21년 국회직 8급

① 국회 소속 공무원의 인사 사무에 대한 감사는 국회의장의 명을 받아 국회사무총장이 실시한다.

② 임용결격자라고 하더라도 공무원으로 임용되어 사실상 근무하여 왔다고 한다면 그 재직기간 동안에 해당하는 공무원연금법 상의 퇴직급여를 청구할 수 있다.

③ 전문지식·기술이 요구되거나 임용관리에 특수성이 요구되는 업무를 담당하게 하기 위하여 일정기간을 정하여 근무하는 계약직 공무원을 임용할 수 있다.

④ 국가공무원으로 임용되기 전의 행위는 원칙적으로 재직중의 징계사유로 삼을 수 없다 할 것이므로, 임용전의 행위로 인하여 임용 후 공무원의 체면 또는 위신을 손상하게 된 경우라 하더라도 국가공무원법 상의 징계 사유로 삼을 수 없다.

⑤ 감사보고서의 내용이 직무상 비밀에 속하지 않는다면, 그 보고서의 내용이 그대로 신문에 게재되게 한 공무원의 행위가 감사자료의 취급에 관한 내부수칙을 위반하였더라도 국가공무원법상 징계사유에 해당하는 것으로 볼 수 없다.

정답 ①

(5) 직위분류제(능률성의 확보)

국가공무원법
제22조(직위분류제의 원칙) 직위분류를 할 때에는 모든 대상 직위를 직무의 종류와 곤란성 및 책임도에 따라 직군·직렬·직급 또는 직무등급별로 분류하되, 같은 직급이나 같은 직무등급에 속하는 직위에 대하여는 동일하거나 유사한 보수가 지급되도록 분류하여야 한다.

공무원 임용의 하자

I 공무원 임용 및 임명의 의의

공무원 임용이란 특정 사무를 담당하기 위하여 공무원법상 공무원 신분의 발생·변경(승진)·소멸의 **원인**이 되는 채용·면직을 포함하는 행위를 말하고, 공무원 임명이란 공무원법상 특정 사무를 담당하기 위하여 임용된 공무원 신분자에게 직무집행을 위한 직위를 수여하는 구체적 행위로서 신분상의 변동을 가져오는 행위 중 하나를 의미한다.

II 공무원 임용의 성질과 하자

1. 일반직공무원의 경우

(1) 공무원 임용의 법적 성질

일반적인 공무원의 임용행위는 쌍방적 행정행위설, 공법상 계약설, 단독적 행정행위설 등이 대립되어 왔으나, 임용은 국가 또는 지방자치단체가 사인과 포괄적 권리·의무를 내용으로 하는 공법상 근무관계를 설정하는 행위로서 신청 또는 동의를 요하는 쌍방적 행정행위에 해당하고 강학상 특허에 해당한다. 그러므로 임용주체의 지위와 공무원 지원자의 지위가 대등하다고 볼 수 없고, 공무원 지원자의 신청행위 자체도 사인의 공법행위로서 중요하므로 이를 도외시할 수 없다는 점에서 쌍방적 행정행위설이 통설적 견해이자 판례의 태도이다(대판 1962. 11. 8. 62누163 등). 따라서 이러한 공무원 임용신청에 대한 거부 등 분쟁은 항고소송의 대상이 된다.

> **판례** ❶ 신규임용시 유일면접심사대상자에 대한 교원신규채용업무를 중단하는 조치는 항고소송의 대상이 되는 처분 등에 해당한다.
> 유일한 면접심사 대상자로 선정된 임용지원자에 대한 교원신규채용업무를 중단하는 조치는 교원신규채용절차의 진행을 유보하였다가 다시 속개하기 위한 중간처분 또는 사무처리절차상 하나의 행위에 불과한 것이라고는 볼 수 없고, 유일한 면접심사 대상자로서 임용에 관한 법률상 이익을 가지는 임용지원자에 대한 신규임용을 사실상 거부하는 종국적인 조치에 해당하는 것이며, 임용지원자에게 직접 고지되지 않았다고 하더라도 임용지원자가 이를 알게 됨으로써 효력이 발생한 것으로 보아야 할 것이므로, 이는 임용지원자의 권리 내지 법률상 이익에 직접 관계되는 것으로서 항고소송의 대상이 되는 처분 등에 해당한다. (대판 2004. 6. 11. 2001두7053)
> ❷ 4급 공무원이 당해 지방자치단체 인사위원회의 심의를 거쳐 3급 승진대상자로 결정되고 임용권자가 그 사실을 대내외에 공표까지 하였다면, 그 공무원은 승진임용에 관한 법률상 이익을 가진 자로서 임용권자에 대하여 3급 승진임용을 신청할 조리상의 권리가 있고, 이러한 공무원으로부터 소청심사청구를 통해 승진임용신청을 받은

행정청으로서는 상당한 기간 내에 그 신청을 인용하는 적극적 처분을 하거나 각하 또는 기각하는 등의 소극적 처분을 하여야 할 법률상의 응답의무가 있다. 그럼에도, 행정청이 위와 같은 권리자의 신청에 대해 아무런 적극적 또는 소극적 처분을 하지 않고 있다면 그러한 행정청의 부작위는 그 자체로 위법하다. (대판 2009. 7. 23. 2008두10560)

(2) 신청이나 동의의 결여

위와 같이 쌍방적 행정행위로 볼 때 공무원의 신청이나 동의가 결여된 경우는 그러한 임용행위는 중대·명백한 하자로서 무효가 된다.

2. 계약직공무원의 경우

계약직공무원의 임용행위에 대해서는 이를 공법상 계약이라고 보는 것이 통설이자 판례(공중보건의, 전문계약직공무원, 시립합창단, 시립무용단원의 해촉·위촉)이다. 따라서 이러한 임용에 대한 법적 분쟁은 공법상 당사자 소송에 의하게 된다.

Ⅲ 공무원 임용요건

1. 능력요건(소극적 요건)

국가공무원법 제33조[1] 또는 지방공무원법 제31조에 의하면 공무원에 임용될 수 없는 여러 사유를 들고 있다. 그리고 그러한 결격사유는 공무원의 당연퇴직사유가 된다(국가공무원법 제69조[2], 지방공무원법 제61조).

---

1) **국가공무원법 제33조(결격사유)** 다음 각 호의 어느 하나에 해당하는 자는 공무원으로 임용될 수 없다.
　1. 피성년후견인
　2. 파산선고를 받은 자로서 복권되지 아니한 자
　3. 금고 이상의 형을 받고 그 집행이 종료되거나 집행을 받지 아니하기로 확정된 후 5년을 경과하지 아니한 자
　4. 금고 이상의 형을 받고 그 집행유예의 기간이 완료된 날로부터 2년을 경과하지 아니한다.
　5. 금고 이상의 형의 선고유예를 받은 경우에 그 선고유예기간 중에 있는 자
　6. 법원의 판결 또는 다른 법률에 의하여 자격이 상실 또는 정지된 자
　6의2. 공무원으로 재직기간 중 직무와 관련하여 「형법」 제355조 및 제356조에 규정된 죄를 범한 자로서 300만원 이상의 벌금형을 선고받고 그 형이 확정된 후 2년이 지나지 아니한 자
　6의3. 「성폭력범죄의 처벌 등에 관한 특례법」 제2조에 규정된 죄를 범한 사람으로서 100만원 이상의 벌금형을 선고받고 그 형이 확정된 후 3년이 지나지 아니한 사람
　6의4. 미성년자에 대한 다음 각 목의 어느 하나에 해당하는 죄를 저질러 파면·해임되거나 형 또는 치료감호를 선고받아 그 형 또는 치료감호가 확정된 사람(집행유예를 선고받은 후 그 집행유예기간이 경과한 사람을 포함한다)
　　가. 「성폭력범죄의 처벌 등에 관한 특례법」 제2조에 따른 성폭력범죄
　　나. 「아동·청소년의 성보호에 관한 법률」 제2조 제2호에 따른 아동·청소년대상 성범죄
　7. 징계에 의하여 파면의 처분을 받은 때로부터 5년을 경과하지 아니한 자
　8. 징계에 의하여 해임의 처분을 받은 때로부터 3년을 경과하지 아니한 자
2) **국가공무원법 제69조(당연퇴직)** 공무원이 다음 각 호의 어느 하나에 해당할 때에는 당연히 퇴직한다.
　1. 제33조 각 호의 어느 하나에 해당하는 경우. 다만, 제33조 제2호는 파산선고를 받은 사람으로서 「채무자 회생 및 파산에 관한 법률」에 따라 신청기한 내에 면책신청을 하지 아니하였거나 면책불허가 결정 또는 면책 취소가 확정된 경우만 해당하고, 제33조 제5호는 「형법」 제129조부터 제132조까지, 「성폭력범죄의 처벌 등에 관한 특례법」 제2조, 「아동·청소년의 성보호에 관한 법률」 제2조 제2호 및 직무와 관련하여 「형법」 제355조 또는 제356조에 규정된 죄를 범한 사람으로서 금고 이상의 형의 선고유예를 받은 경우만 해당한다.
　2. 임기제공무원의 근무기간이 만료된 경우

2. 성적요건(자격요건)

공무원의 임용(신규·승진)은 시험성적·근무성적, 그 밖의 능력의 실증에 따라 행한다. 다만, 국가기관의 장은 대통령령등으로 정하는 바에 따라 장애인·이공계전공자·저소득층 등에 대한 채용·승진·전보 등 인사관리상의 우대와 실질적인 양성 평등을 구현하기 위한 적극적인 정책을 실시할 수 있다(국가공무원법 제26조, 지방공무원법 제25조).

Ⅳ 요건 결여의 효과

1. 능력요건(결격사유) 결여의 효과

국가공무원법에서 결격사유에 해당하는 경우 당연퇴직사유로 보고 있는 것에 비추어 볼 때 이는 당연무효사유라고 보는 견해와 임용결격사유를 간과한 임용행위의 흠을 명백하다고 할 수 있을지 의문이라면서 위와 같은 흠은 취소사유에 해당한다고 보는 견해가 있으나, 판례는 공무원임용결격사유가 있는지의 여부는 공무원관계가 설정되는 임용 당시에 시행되던 법률을 기준으로 판단하여야 한다면서, 임용 당시 공무원임용 결격사유가 있었다면 비록 국가의 과실에 의하여 임용결격자임을 밝혀내지 못했다 할지라도 그 임용행위는 당연무효로 보아야 한다고 한다. 다만, 당초 임용 당시 공무원 결격사유가 있었던 자를 그 후 공무원 경력으로 특별임용하였으나 특별임용 당시에는 공무원 결격사유가 없는 경우, 위 경력직 채용에서의 특별임용은 **경력요건에서 하자 있는 것에 불과**해 단순히 취소할 수 있는 행위에 불과하다고 본 사례도 있다.

> **판례** ❶ 경찰공무원으로 임용된 후 70일 만에 선고받은 형이 사면 등으로 실효되어 결격사유가 소멸된 후 30년 3개월 동안 사실상 공무원으로 계속 근무를 하였다고 하더라도 그것만으로는 임용권자가 묵시적으로 새로운 임용처분을 한 것으로 볼 수 없고, 임용 당시 결격자였다는 사실이 밝혀졌는데도 서울특별시 경찰국장이 일반사면령 등의 공포로 현재 결격사유에 해당하지 아니한다는 이유로 당연퇴직은 불가하다는 조치를 내려서 그 후 정년퇴직시까지 계속 사실상 근무하도록 한 것이 임용권자가 일반사면령의 시행으로 공무원자격을 구비한 후의 근무행위를 유효한 것으로 추인하였다거나 장래에 향하여 그를 공무원으로 새로 임용하는 효력이 있다고 볼 수 없을 뿐만 아니라, 1982. 당시 경장이었던 그의 임용권자는 당시 시행된 경찰공무원법 및 경찰공무원임용령의 규정상 서울특별시장이지 경찰국장이 아니었음이 분명하여, 무효인 임용행위를 임용권자가 추인하였다거나 장래에 향하여 공무원으로 임용하는 새로운 처분이 있었던 것으로 볼 수 없다. (대판 1996. 2. 27. 95누9617)
>
> ❷ 당초 임용 이래 공무원으로 근무하여 온 경력에 바탕을 두고 구 지방공무원법 제27조 제2항 제3호 등을 근거로 하여 특별임용 방식으로 임용이 이루어졌다면 이는 당초 임용과는 별도로 그 자체가 하나의 신규임용이라고 할 것이므로, 그 효력도 특별임용이 이루어질 당시를 기준으로 판단하여야 할 것인데, 당초 임용 당시에는 집행유예기간 중에 있었으나 특별임용 당시 이미 집행유예 기간 만료일로부터 2년이 경과하였다면 같은 법 제31조 제4호에서 정하는 공무원 결격사유에 해당할 수 없고, 다만 당초 임용과의 관계에서는 공무원 결격사유에 해당하여 당초 처분 이후 공무원으로 근무하였다고 하더라도 그것이 적법한 공무원 경력으로 되지 아니하는 점에서 특별임용의 효력에 영향을 미친다고 할 수 있으나, 위 특별임용의 하자는 결국 소정의 경력을 갖추지 못한 자에 대하여 특별임용시험의 방식으로 신규임용을 한 하자에 불과하여 취소사유가 된다고 함은 별론으로 하고, 그 하자가 중대·명백하여 특별임용이 당연무효로 된다고 할 수는 없다. (대판 1998. 10. 23. 98두12932)
>
> ❸ 2010. 3. 22. 법률 제10148호로 개정된 국가공무원법(이하 '법'이라 한다) 부칙(2010. 3. 22.) 제2조는 법 제33조 및 제69조의 개정 규정을 '이 법 시행 후 발생한 범죄행위로 형벌을 받은 자'부터 적용한다고 규정하고 있으

므로, 법 시행 전의 행위로 형벌을 받은 경우에는 당연퇴직사유에 해당하지 않음이 분명하다. 그런데 형사재판에서 법 시행일인 2010. 3. 22. 전후로 발생한 범죄행위에 대하여 포괄일죄로 하나의 벌금형이 선고되어 확정된 경우, 사후적으로 법 시행 후 발생한 범죄행위로 300만 원 이상의 벌금형이 선고된 경우에 해당하는지를 따져 당연퇴직 여부를 판단하는 것은, 이미 확정된 형을 임의로 분리하는 것과 마찬가지여서 원칙적으로는 허용되지 않는다. (대판 2016. 1. 28. 2013두35129)

❹ 도시 및 주거환경정비법(이하 '도시정비법'이라고 한다) 제84조의 문언과 취지, 형법상 뇌물죄의 보호법익 등을 고려하면, 정비사업조합의 임원이 정비구역 안에 있는 토지 또는 건축물의 소유권 또는 지상권을 상실함으로써 조합 임원의 지위를 상실한 경우나 임기가 만료된 정비사업조합의 임원이 관련 규정에 따라 후임자가 선임될 때까지 계속하여 직무를 수행하다가 후임자가 선임되어 직무수행권을 상실한 경우, 그 조합 임원이 그 후에도 조합의 법인 등기부에 임원으로 등기되어 있는 상태에서 계속하여 실질적으로 조합 임원으로서의 직무를 수행하여 왔다면 직무수행의 공정과 그에 대한 사회의 신뢰 및 직무행위의 불가매수성은 여전히 보호되어야 한다. 따라서 그 조합 임원은 임원의 지위 상실이나 직무수행권의 상실에도 불구하고 도시정비법 제84조에 따라 형법 제129조 내지 제132조의 적용에서 공무원으로 보아야 한다. (대판 2016. 1. 14. 2015도15798)

2. 성적요건 결여의 효과

성적요건이 결여된 자의 경우에는 대체로 중대·명백한 하자라고 볼 수 없어 취소할 수 있는 행위라고 보는 것이 일반적인 견해이다.

Ⅴ 임용이 무효된 경우

1. 봉급의 반환 여부

결격사유가 있거나 능력요건을 결한 공무원이라 하더라도 사실상 근무한 것이므로 당해 공무원이 받은 봉급은 이미 지급된 노무에 대한 대가라고 볼 수 있고, 그가 받은 봉급을 부당이득이라고 할 수는 없으므로 그 봉급을 반환할 의무가 없다고 보아야 한다.

2. 퇴직금의 지급 여부

판례는 다음과 같이 공무원연금법에 의한 퇴직금청구권을 부인하였다. 그러나 일부학설은 연금은 공무원이 납부한 기여금에 한하여는 봉급연불적(후불임금적) 성격이 있으므로 공무원이 납부한 기여금(2분의 1)은 지급하여야 하는 것으로 보는 것이 타당하다고 한다(박균성).

판례 ❶ 공무원연금법에 의한 퇴직급여 등은 적법한 공무원으로서의 신분을 취득하여 근무하다가 퇴직하는 경우에 지급되는 것이고, 당연무효인 임용결격자에 대한 임용행위에 의하여 공무원의 신분을 취득할 수는 없으므로, 임용결격자가 공무원으로 임용되어 사실상 근무하여 왔다고 하더라도 적법한 공무원으로서의 신분을 취득하지 못한 자로서는 공무원연금법 소정의 퇴직급여 등을 청구할 수 없으며, 나아가 임용결격사유가 소멸된 후에 계속 근무하여 왔다고 하더라도 그때부터 무효인 임용행위가 유효로 되어 적법한 공무원의 신분을 회복하고 퇴직급여 등을 청구할 수 있다고 볼 수는 없다. (대판 1996. 2. 27. 95누9617)

❷ 헌법재판소는 2007. 3. 29. 2005헌바33 사건에서 구 공무원연금법 제64조 제1항 제1호가 공무원의 '신분이나 직무상 의무'와 관련이 없는 범죄에 대해서도 퇴직급여의 감액사유로 삼는 것이 퇴직공무원들의 기본권을 침해한다

는 이유로 헌법불합치결정을 하였고, 이 사건 감액조항은 그에 따른 개선입법이다. 공무원의 직무와 관련이 없는 범죄라 할지라도 고의범의 경우에는 공무원의 법령준수의무, 청렴의무, 품위유지의무 등을 위반한 것으로 볼 수 있으므로 이를 퇴직급여의 감액사유에서 제외하지 아니하더라도 위 헌법불합치결정의 취지에 반한다고 볼 수 없다. (헌재 2013. 8. 29. 2010헌바354)

3. 사실상 공무원 이론

임용요건이 결여된 공무원의 행위는 국민의 신뢰와 법적 안정성을 고려하여 유효한 경우로 보아야 할 경우가 있다. 다만, 이는 국민을 위한 것이지 당해 공무원을 위한 것이 아니다. 그리고 무효인 임용에 의하여 사실상 근무하면서 받은 보수를 부당이득이라고 할 수는 없다.

기출 다음 사례에 관한 설명으로 옳은 것만을 모두 고른 것은? (다툼이 있는 경우 판례에 의함)   21년 국가직 7급

> 甲은 1991. 10. 10. A행정청의 공무원으로 신규임용되어 근무하였는데, 2007. 12. 5. A행정청의 자체 조사 결과 위 신규임용 당시 甲은 범죄행위로 징역 3년형을 선고받고 집행이 종료된 지 5년을 지나지 아니한 자였음이 밝혀져, 임용당시 시행되던 「국가공무원법」상 공무원임용 결격사유에 해당함을 이유로 A행정청은 2008. 1. 25. 甲에 대한 임용을 취소하였다.

> ㄱ. 甲에 대한 신규 임용행위의 하자는 취소사유에 해당한다.
> ㄴ. 甲에 대한 임용행위는 신뢰보호원칙에 따라 보호된다.
> ㄷ. 甲은 공무원으로 신규임용되어 임용이 취소될 때까지 사실상 근무를 하였더라도 「공무원연금법에 의한 퇴직급여를 청구할 수 없다.
> ㄹ. 甲이 신규임용되어 임용이 취소될 때까지 공무원으로서 한 행위는 당연무효라고 할 수 없다.

① ㄷ   ② ㄷ, ㄹ
③ ㄱ, ㄴ, ㄹ   ④ ㄱ, ㄴ, ㄷ, ㄹ

정답 ②

VI 임용의 형식과 효력발생

1. 임용권자

국가공무원은 대통령이 임용하고 지방자치단체의 공무원은 지방자치단체의 장이 임용하는 것이 원칙이지만 국가공무원법은 공무원의 직급에 따라 임용권자를 구분하고 있다.

> **국가공무원법**
> **제32조(임용권자)** ① 행정기관 소속 5급 이상 공무원 및 고위공무원단에 속하는 일반직공무원은 소속 장관의 제청으로 인사혁신처장과 협의를 거친 후에 국무총리를 거쳐 대통령이 임용하되, 고위공무원단에 속하는 일반직공무원의 경우 소속 장관은 해당 기관에 소속되지 아니한 공무원에 대하여도 임용제청할 수 있다. 이 경우 국세청장은 국회의 인사청문을 거쳐 대통령이 임명한다.
> ② 소속 장관은 소속 공무원에 대하여 제1항 외의 모든 임용권을 가진다.

③ 대통령은 대통령령으로 정하는 바에 따라 제1항에 따른 임용권의 일부를 소속 장관에게 위임할 수 있으며, 소속 장관은 대통령령으로 정하는 바에 따라 제2항에 따른 임용권의 일부와 대통령으로부터 위임받은 임용권의 일부를 그 보조기관 또는 소속 기관의 장에게 위임하거나 재위임할 수 있다.

2. 임용의 절차

참고 임용의 절차 ————————————————————

• 채용후보자명부의 작성 → 채용후보자의 추천 → 시보임용(5급 이상 1년, 6급 이하 6개월) 신분보장 ✕

3. 임용의 형식과 임명 행위

공무원의 임용은 임용장이나 임용통지서의 교부에 의함이 일반적이나 이러한 임용장이나 임용통지서는 임용행위를 확인하고 증명하는 의미를 갖는 것에 불과하다. 다만, 공무원에 대한 임명 또는 해임 행위는 임명권자의 의사표시를 내용으로 하는 하나의 행정처분으로 보아야 할 것이므로 임명의 의사표시가 상대방에게 도달하면 효력이 발생한다.

판례 공무원에 대한 임명 또는 해임 행위는 임명권자의 의사표시를 내용으로 하는 하나의 행정처분으로 보아야 할 것이므로 이 임명 또는 해임의 의사표시가 상대방에게 도달되지 아니하면 그 효력을 발생할 수 없다 할 것이므로 임명권자가 일반적으로 어떠한 공무원을 해임하고 그 후임 공무원을 임명하는 의사를 결정하였다 하여도 아직 그 의사표시가 그 공무원에게 도달되기까지에는 그 공무원은 그 권한에 속하는 직무를 수행할 권한이 있다. (대판 1962. 11. 15. 62누165)

4. 임용의 효력발생

공무원임용령
제6조(임용 시기) ① 공무원은 임용장이나 임용통지서에 적힌 날짜에 임용된 것으로 보며, 임용일자를 소급해서는 아니 된다.
② 사망으로 인한 면직은 사망한 다음 날에 면직된 것으로 본다.
③ 임용할 때에는 임용일자까지 그 임용장 또는 임용통지서가 임용될 사람에게 도달할 수 있도록 발령하여야 한다.

지방공무원 임용령
제5조(임용 시기) ① 공무원은 임용장에 적힌 날짜에 임용된 것으로 보며, 임용일자를 소급해서는 아니 된다. 다만, 특수한 사정으로 말미암아 임용장에 적힌 날짜까지 임용장을 받지 못하였을 때에는 임용장을 실제 받은 날에 임용된 것으로 본다.

CHAPTER

03 공무원의 의무

I 의 의

공무원은 국민전제의 봉사자로서 기본적인 자신의 임무수행과 관련하여 각종의 의무를 지는 바, 이러한 의무는 국가임무수행이란 목적을 위한 수단이지 자기목적적인 것이 아니다.

II 법적 근거

공무원관계도 공법관계에 해당하고 당연히 법치주의가 적용되어야 하므로 공무원에게 의무를 부과하기 위해서는 반드시 법적 근거가 있어야 한다.

제2절 공무원법상 의무

I 선서의무

> **국가공무원법**
> **제55조(선서)** 공무원은 취임할 때에 소속 기관장 앞에서 대통령령등으로 정하는 바에 따라 선서(宣誓)하여야 한다. 다만, 불가피한 사유가 있으면 취임 후에 선서하게 할 수 있다.

Ⅱ 품위유지의무

공무원으로 재직하면서 뇌물죄, 논문표절, 도박 등과 같은 범죄행위는 물론 알코올 중독과 같은 경우도 품위손상행위에 해당하고 이러한 품위유지의무는 직무집행과 관련없는 경우에도 존재한다.

> **국가공무원법**
> 제63조(품위 유지의 의무) 공무원은 직무의 내외를 불문하고 그 품위가 손상되는 행위를 하여서는 아니 된다.

> **판례** ❶ 감사원 공무원이 허위의 사실을 기자회견을 통하여 공표한 것이 감사원의 명예를 실추시키고 공무원으로서 품위를 손상한 행위로서 국가공무원법이 정하는 징계사유에 해당된다. (대판 2002. 9. 27. 2000두2969)
> ❷ 검사가 외부에 자신의 상사를 비판하는 의견을 발표하는 행위는 그것이 비록 검찰조직의 개선과 발전에 도움이 되고, 궁극적으로 검찰권 행사의 적정화에 기여하는 면이 있다고 할지라도, 국민들에게는 그 내용의 진위나 당부와는 상관없이 그 자체로 검찰 내부의 갈등으로 비춰져, 검찰에 대한 국민의 신뢰를 실추시키는 요인으로 작용할 수 있는 것이므로 그러한 발표행위는 검사로서의 체면이나 위신을 손상시키는 행위로서 징계사유에 해당한다. (대판 2001. 8. 24. 2000두7704)
> ❸ 아무런 변제 대책도 없이 과다채무를 부담한 경찰공무원에 대한 해임처분이 재량권의 범위를 일탈·남용한 것이라고 할 수 없다. (대판 1999. 4. 27. 99두1458)
> ❹ 원고가 세무공무원의 유부녀와 부첩관계를 맺어 동거하다가 자식까지 출산한 그 여인과의 사이에 별거에 관한 합의도 없이 동거하던 집에 돌아가지 않고 별거를 시작하였으므로 그 여인은 자기와 그 소생아이에 대한 생활대책을 강구하여 줄 것을 요구하면서 원고의 직장에까지 찾아와서 물의를 일으키게 되었고 그때마다 그 여인에게 폭행을 하였다면 이는 공무원이 그 체면 또는 위신을 손상하는 행위를 한 때에 해당한다. (대판 1972. 10. 31. 72누157)

Ⅲ 청렴의무

> **국가공무원법**
> 제61조(청렴의 의무) ① 공무원은 직무와 관련하여 직접적이든 간접적이든 사례·증여 또는 향응을 주거나 받을 수 없다.
> ② 공무원은 직무상의 관계가 있든 없든 그 소속 상관에게 증여하거나 소속 공무원으로부터 증여를 받아서는 아니 된다.

Ⅳ 비밀엄수의무

1. 의의 및 취지

공무원은 재직 중은 물론 퇴직 후에도 직무상 알게 된 비밀을 엄수하여야 하는 바, 이는 특정한 개인을 위한 것이 아니라 국민 전체의 이익을 보호하기 위한 것이다.

2. 직무상 비밀(실질적 비밀)

> **판례** 국가공무원법상 직무상 비밀이라 함은 국가 공무의 민주적, 능률적 운영을 확보하여야 한다는 이념에 비추어 볼 때 당해 사실이 일반에 알려질 경우 그러한 행정의 목적을 해할 우려가 있는지 여부를 기준으로 판단하여야 하며, 구체적으로는 행정기관이 비밀이라고 형식적으로 정한 것에 따를 것이 아니라 실질적으로 비밀로서 보호할 가치가 있는지, 즉 그것이 통상의 지식과 경험을 가진 다수인에게 알려지지 아니한 비밀성을 가졌는지, 또한 정부나 국민의 이익 또는 행정목적 달성을 위하여 비밀로서 보호할 필요성이 있는지 등이 객관적으로 검토되어야 한다. (대판 1996. 10. 11. 94누7171)

3. 의무의 위반

비밀엄수의무를 위반하면 징계처분은 물론 형사처벌도 받게 된다. 공무원이 퇴직 후 비밀을 누설한 경우에 징계처분은 불가능하다.

Ⅴ 법령준수의무

모든 공무원은 법령을 준수하여야 하고, 여기서 말하는 법령은 모든 법규는 물론 행정규칙도 포함된다.

Ⅵ 성실의무

국가공무원법
제56조(성실 의무) 모든 공무원은 법령을 준수하며 성실히 직무를 수행하여야 한다.

> **판례** ❶ 성실의무의 내용
> 지방공무원법 제48조 소정의 성실의무는 공무원에게 부과된 가장 기본적인 중요한 의무로서 최대한으로 공공의 이익을 도모하고 그 불이익을 방지하기 위하여 전인격과 양심을 바쳐서 성실히 직무를 수행하여야 하는 것을 그 내용으로 한다. (대판 1989. 5. 23. 88누3161)
> ❷ 성실의무의 범위
> 국가공무원법상 공무원의 성실의무는 경우에 따라 근무시간 외에 근무지 밖에까지 미칠 수도 있다. 따라서 전국기관차협의회가 주도하는 집회 및 철도파업은 정당한 단체행동의 범위 내에 있는 것으로 보기 어렵고, 또한 그 집회가 적법한 절차를 거쳐 개최되었고 근무시간 외에 사업장 밖에서 개최되었다고 하더라도 철도의 정상적인 운행을 수행하여야 할 철도기관사로서의 성실의무는 철도의 정상운행에 지장을 초래할 가능성이 높은 집회에 참석하지 아니할 의무에까지도 미친다고 보아, 철도기관사에 대하여 그 집회에 참석하지 못하도록 한 지방철도청장의 명령은 정당한 직무상 명령이다. (대판 1997. 2. 11. 96누2125)

Ⅶ 친절공정의무

Ⅷ 복종의무

1. 의의 및 소속상관

공무원은 소속상관의 직무상의 명령에 복종하여야 한다. 소속상관은 신분상의 상관이 아닌 직무상의 상관을 의미한다. 다만, 복종의 의무는 법관과 같이 직무의 독립성이 인정된 공무원에게는 적용되지 않는다. 상급기관의 직무상 명령이 충돌하는 경우에는 행정조직의 계층적 질서를 보장하기 위하여 직근상관의 명령에 따라야 한다.

2. 직무명령

(1) 의의 및 성질

직무명령이란 상급공무원이 부하공무원에 대하여 발하는 일체의 명령을 의미하고, 그 내용은 개별적·구체적인 경우도 있고 일반적·추상적일 수도 있다. 직무상 명령은 상·하공무원 간의 개념으로서 상·하관청 간의 개념인 훈령과 다르다. 또한 직무상 명령은 국민을 구속하는 것이 아니므로 법규가 아니다. 따라서 이에 위반하면 징계사유가 될 뿐이다.

(2) 적법요건

직무상 명령이 적법하기 위해서는 ① 상급공무원의 권한 범위 내에서 ② 부하공무원의 권한에 속하는 직무에 관한 사항에 관하여 ③ 법령과 공익에 적합하여야 한다. 주의할 점은 부하공무원에게 직무상 독립이 인정되는 사항에 관하여는 직무상 명령을 할 수 없다.

> **판례** 검찰총장은 검사의 직무범위 내의 사항에 관하여는 직무상 명령을 할 수 있다. 따라서 검찰사무에 속하지 않은 경우는 직무상 명령에 복종할 의무가 없다.
>
> 상급자가 하급자에게 발하는 직무상의 명령이 유효하게 성립하기 위하여는 상급자가 하급자의 직무범위 내에 속하는 사항에 대하여 발하는 명령이어야 하는 것인바, 검찰총장이 검사에 대한 비리혐의를 내사하는 과정에서 해당 검사에게 참고인과 대질신문을 받도록 담당부서에 출석할 것을 지시한 경우, 검찰총장의 위 출석명령은 "검찰총장은 대검찰청의 사무를 맡아 처리하고 검찰사무를 통할하며 검찰청의 공무원을 지휘·감독한다."고 규정한 검찰청법 제12조 제2항을 근거로 하고 있으나, 위 규정은 검찰총장이 직무상의 명령을 발할 수 있는 일반적인 근거규정에 불과하고, 구체적으로 그러한 직무상의 명령이 유효하게 성립하기 위해서는 하급자인 그 검사의 직무범위 내에 속하는 사항을 대상으로 하여야 할 것인데, 그 검사가 대질신문을 받기 위하여 대검찰청에 출석하는 행위는 검찰청법 제4조 제1항에서 규정하고 있는 검사의 고유한 직무인 검찰사무에 속하지 아니할 뿐만 아니라, 또한 그 검사가 소속 검찰청의 구성원으로서 맡아 처리하는 이른바 검찰행정사무에 속한다고 볼 수도 없는 것이고, 따라서 위 출석명령은 그 검사의 직무범위 내에 속하지 아니하는 사항을 대상으로 한 것이므로 그 검사에게 복종의무를 발생시키는 직무상의 명령이라고 볼 수는 없다. (대판 2001. 8. 24. 2000두7704)

3. 법령준수의무와 복종의무의 관계

직무상 명령이 형식적 요건을 결여한 경우 즉, 행정안전부장관이 검사의 직무권한에 관하여 직무상 명령을 하는 것처럼 상급공무원의 권한 범위 밖에 있는 사항에 관한 직무상 명령에는 복종의무가 없음은 문제가 없다. 다만, 직무상 명령의 내용이 공익이나 법령에 비추어 위법 내지 부당한 경우에는 공무원의 복종의무와 법령준수의무 간에 우선순위가 문제된다. 이에 관하여 통설과 판례는 직무명령의 위법이 명백한 경우에는 복종의무가 발생하지 않지만, 단순위법 내지 부당한 경우에는 행정조직의 계층적 질서유지를 위하여 복종의무가 발생한다는 절충설의 입장이다.

> **판례** 직무명령의 위법이 명백한 경우에는 복종의무가 발생하지 않는다.
>
> 설령 대공수사단 직원은 상관의 명령에 절대 복종하여야 한다는 것이 불문율로 되어 있다 할지라도 국민의 기본권인 신체의 자유를 침해하는 고문행위 등이 금지되어 있는 우리의 국법질서에 비추어 볼 때 그와 같은 불문율이 있다는 것만으로는 고문치사와 같이 중대하고도 명백한 위법명령에 따른 행위가 정당한 행위에 해당하거나 강요된 행위로서 적법행위에 대한 기대가능성이 없는 경우에 해당하게 되는 것이라고는 볼 수 없다. 즉, 공무원이 그 직무를 수행함에 있어 상관은 하관에 대하여 범죄행위 등 위법한 행위를 하도록 명령할 직권이 없는 것이고, 하관은 소속상관의 적법한 명령에 복종할 의무는 있으나 그 명령이 참고인으로 소환된 사람에게 가혹행위를 가하라는 등과 같이 명백한 위법 내지 불법한 명령인 때에는 이는 벌써 직무상의 지시명령이라 할 수 없으므로 이에 따라야 할 의무는 없다. (대판 1988. 2. 23. 87도2358)

Ⅸ 직장이탈금지의무

> **국가공무원법**
> 제58조(직장 이탈 금지) ① 공무원은 소속 상관의 허가 또는 정당한 사유가 없으면 직장을 이탈하지 못한다.

> **판례** 직장이탈에 해당하는 판례 모음
>
> ❶ 경찰서 수사과 형사계 반장인 원고의 부하직원에 대한 뇌물수수사건의 검찰 수사과정에서 뇌물을 받은 사람이 원고라는 제공자의 진술에 따라 원고에게까지 수사가 확대되자, 원고가 수사를 피하기 위하여 사직원을 제출하였으나 수리도 되지 아니한 상태에서 소속상관의 허가없이 3개월여 동안 직장을 이탈하고 출근하지 아니하여 뇌물수수 등의 죄로 지명수배된 경우, 원고의 위와 같은 행위는 국가공무원법상의 직장이탈이어서 같은 법 제78조 제1항 제1호에 해당한다는 이유로 원고에 대하여 한 파면처분에 재량권을 남용 또는 일탈한 위법이 없다. (대판 1991. 11. 12. 91누3666)
>
> ❷ 공무원이 출장 중 점심시간대를 훨씬 지난 시각에 근무장소가 아닌 유원지에 들어가 함께 출장근무 중이던 동료 여직원에게 성관계를 요구한 것이 직장 이탈금지에 해당한다. (대판 1998. 2. 27. 97누18172)
>
> ❸ 공무원이 그 법정 연가일수의 범위 내에서 연가를 신청하였다고 할지라도 그에 대한 소속 행정기관의 장의 허가가 있기 이전에 근무지를 이탈한 행위는 특단의 사정이 없는 한 직장 이탈금지에 위반되는 행위로서 징계사유가 된다 할 것이다. (대판 1996. 6. 14. 96누2521)
>
> ❹ 검찰근무규칙 제13조 제1항은 검찰청의 장이 출장 등의 사유로 근무지를 떠날 때에는 미리 바로 윗 검찰청의 장 및 검찰총장의 승인을 얻어야 한다고 규정하고 있는 바, 이는 검찰조직 내부에서 검찰청의 장의 근무수칙을 정한 이른바 행정규칙으로서 검찰청의 장에 대하여 일반적인 구속력을 가지므로, 그 위반행위는 직무상의 의무

위반으로 검사징계법 제2조 제2호의 징계사유에 해당한다고 할 것이다. 기록에 의하면, 원고는 근무지를 떠남에 있어 미리 검찰총장에게 그 사유를 보고하여 승인을 얻지 아니하고 바로 근무지를 떠났음을 알 수 있으므로, 이러한 원고의 행위는 징계사유에 해당한다고 할 것이다. (대판 2001. 8. 24. 2000두7704)

X 영리업무금지의무 및 겸직금지의무

국가공무원법
제64조(영리 업무 및 겸직 금지) ① 공무원은 공무 외에 영리를 목적으로 하는 업무에 종사하지 못하며 소속 기관장의 허가 없이 다른 직무를 겸할 수 없다.
② 제1항에 따른 영리를 목적으로 하는 업무의 한계는 대통령령등으로 정한다.

판례 공무원이 여관(건물)을 매수하여 (건물을) 임대하는 행위는 영리업무에 종사하는 경우가 아니다.
공무원으로서 겸직이 금지되는 영리업무는 영리적인 업무를 공무원이 스스로 경영하여 영리를 추구함이 현저한 업무를 의미하고 공무원이 여관을 매수하여 임대하는 행위는 영리업무에 종사하는 경우라고 할 수 없다. 다만, 수개의 징계사유중 그 일부가 독립하여 징계사유가 되지 않는다 하더라도, 인정되는 타의 일부 징계사유만으로도 징계처분을 함에 족하다고 인정되는 경우에는 그 징계처분 자체가 무효로 되거나 취소되어야 한다고 볼 수 없다. (대판 1982. 9. 14. 82누46)

XI 영예의 제한

국가공무원법
제62조(외국 정부의 영예 등을 받을 경우) 공무원이 외국 정부로부터 영예나 증여를 받을 경우에는 대통령의 허가를 받아야 한다.

XII 정치운동금지의무

국가공무원법
제65조(정치 운동의 금지) ① 공무원은 정당이나 그 밖의 정치단체의 결성에 관여하거나 이에 가입할 수 없다.
② 공무원은 선거에서 특정 정당 또는 특정인을 지지 또는 반대하기 위한 다음의 행위를 하여서는 아니 된다.
  1. 투표를 하거나 하지 아니하도록 권유 운동을 하는 것
  2. 서명 운동을 기도·주재하거나 권유하는 것
  3. 문서나 도서를 공공시설 등에 게시하거나 게시하게 하는 것

4. 기부금을 모집 또는 모집하게 하거나, 공공자금을 이용 또는 이용하게 하는 것
5. 타인에게 정당이나 그 밖의 정치단체에 가입하게 하거나 가입하지 아니하도록 권유 운동을 하는 것
③ 공무원은 다른 공무원에게 제1항과 제2항에 위배되는 행위를 하도록 요구하거나, 정치적 행위에 대한 보상 또는 보복으로서 이익 또는 불이익을 약속하여서는 아니 된다.

판례 초·중등학교의 교육공무원이 정치단체의 결성에 관여하거나 이에 가입하는 행위를 금지한 국가공무원법 제65조 제1항 중 '국가공무원법 제2조 제2항 제2호의 교육공무원 가운데 초·중등교육법 제19조 제1항의 교원은 그 밖의 정치단체의 결성에 관여하거나 이에 가입할 수 없다.' 부분은 공무원의 정치적 중립성 및 교육의 정치적 중립성에 대한 국민의 신뢰는 직무와 관련하여 또는 그 지위를 이용하여 정치적 중립성을 훼손하는 행위를 방지하기 위한 감시와 통제 장치를 마련함으로써 충분히 담보될 수 있음에도 전면적으로 금지한다면 헌법에 위반된다. (헌재 2020. 4. 23. 2018헌마551) 위헌

XIII 집단행위의 금지

공무원은 국민 전체의 이익을 위한 봉사자로서 자신의 개인적 이익을 위하여 집단행동을 하여서는 아니 된다. 다만, 공무원도 근로자에 해당할 수 있기 때문에 법률이 정하는 공무원은 노동3권을 가질 수 있다.

헌법
제33조 ② 공무원인 근로자는 법률이 정하는 자에 한하여 단결권·단체교섭권 및 단체행동권을 가진다.

국가공무원법
제66조(집단 행위의 금지) ① 공무원은 노동운동이나 그 밖에 공무 외의 일을 위한 집단 행위를 하여서는 아니 된다. 다만, 사실상 노무에 종사하는 공무원은 예외로 한다.

판례 ❶ 공무원의 집단행위를 금지한 국가공무원법 제66조 제1항이 헌법 제11조의 평등권조항, 제21조의 언론, 출판, 집회, 결사의 자유조항, 제31조 제4항의 교육의 자주성 등의 보장조항, 제33조의 근로자의 단결권 등 조항이나 제37조 제2항의 국민의 자유와 권리의 제한조항에 위배된 위헌규정이라고 할 수 없다. (대판 1990. 12. 26. 90다8916)
❷ '노동운동'의 개념은 그 근거가 되는 헌법 제33조 제2항의 취지에 비추어 근로자의 근로조건의 향상을 위한 단결권·단체교섭권·단체행동권 등 근로3권을 기초로 하여 이에 직접 관련된 행위를 의미하는 것으로 좁게 해석하여야 하고, '공무 이외의 일을 위한 집단행위'의 개념도 헌법상의 집회·결사의 자유와 관련시켜 살펴보면 모든 집단행위를 의미하는 것이 아니라 공무 이외의 일을 위한 집단행위 중 공익에 반하는 행위로 축소하여 해석하여야 하며, 법원도 위 개념들을 해석·적용함에 있어서 위와 유사한 뜻으로 명백히 한정해석하고 있다. 아울러 '사실상 노무에 종사하는 공무원'의 개념은 공무원의 주된 직무를 정신활동으로 보고 이에 대비되는 신체활동에 종사하는 공무원으로 명확하게 해석된다. (헌재 2007. 8. 30. 2003헌바51)
❸ 국가공무원법 제66조 제1항이 금지하고 있는 "공무 외의 집단적 행위"라 함은 공무원으로서 직무에 관한 기강을 저해하거나 기타 그 본분에 배치되는 등 공무의 본질을 해치는 특정목적을 위한 다수인의 행위로써 단체의 결성단계에는 이르지 아니한 상태에서의 행위를 말하는 바, 장관 주재의 정례조회에서의 집단퇴장행위는 공무원

으로서 직무에 관한 기강을 저해하거나 기타 그 본분에 배치되는 등 공무의 본질을 해치는 다수인의 행위라 할 것이므로, 비록 그것이 건설행정기구의 개편안에 관한 불만의 의사표시에서 비롯되었다 하더라도 "공무 외의 집단적 행위"에 해당한다. (대판 1992. 3. 27. 91누9145)

❹ 국가공무원법 제66조 제1항 본문 중 '그 밖에 공무 외의 일을 위한 집단행위' 부분은 법원이 헌법 및 국가공무원법을 고려하여 한정해석하고 있으며 통상적 법해석으로 의미가 보충될 수 있어 명확성원칙에 위반되지 않고, 공무원의 집단행위는 정치적 중립성을 훼손시킬 수 있으므로 이를 제한하는 것은 과잉금지원칙에 위반되지 않는다. (헌재 2020. 4. 23. 2018헌마550).

XIV 종교중립의 의무

국가공무원법
제59조의2(종교중립의 의무) ① 공무원은 종교에 따른 차별 없이 직무를 수행하여야 한다.
② 공무원은 소속 상관이 제1항에 위배되는 직무상 명령을 한 경우에는 이에 따르지 아니할 수 있다.

기출 공무원의 의무에 대한 설명으로 옳지 않은 것은? (다툼이 있는 경우 판례에 의함)   20년 지방직 7급
① 공무원의 비밀엄수의무의 대상이 되는 직무상 비밀은 행정기관이 비밀이라고 형식적으로 정한 것을 의미한다.
② 공무원의 법정연가일수의 범위 내에서의 연가신청에 대한 허가가 있기 전에 근무지를 이탈한 행위는 직장이탈 금지의무 위반에 해당한다.
③ 다수의 공무원이 일반계약직 공무원에 대한 계약연장 거부결정에 대하여 비난하면서 릴레이 1인 시위 등을 한 행위는 '공무 외의 일을 위한 집단행위'에 해당하지 않는다.
④ 군인이 상관의 지시나 명령에 대하여 재판청구권을 행사하는 경우에 그것이 위헌·위법인 지시와 명령을 시정하려는 데 목적이 있을 뿐, 군 내부의 상명하복관계를 파괴하고 명령불복종 수단으로서 재판청구권의 외형만을 빌리거나 그 밖에 다른 불순한 의도가 있지 않다면, 군인의 복종의무를 위반하였다고 볼 수 없다.

정답 ①

제3절 기타 법률상 의무

I 공직자윤리법상의 의무

현행 공직자윤리법은 ① 공직자의 재산등록의무, ② 공직선거후보자의 재산공개의무, ③ 선물신고의무, ④ 취업금지의무를 규정하고 있다.

Ⅱ 공직자병역사항신고법상 병역신고의무

대통령, 국무총리, 국무위원, 국회의원, 국가정보원의 원장·차장 등 국가의 정무직공무원 등 일정한 공무원은 동 법에 따라 병역사항을 신고하여야 한다.

Ⅲ 부패방지 및 국민권익위원회의 설치와 운영에 관한 법률상 의무

> 부패방지 및 국민권익위원회의 설치와 운영에 관한 법률
> 제7조(공직자의 청렴의무) 공직자는 법령을 준수하고 친절하고 공정하게 집무하여야 하며 일체의 부패행위와 품위를 손상하는 행위를 하여서는 아니 된다.

공무원법관계의 변경

Ⅰ 상위직급으로의 변경(승진)

승진이란 하위직급에서 바로 상위직급으로 임용되는 것을 말하고, 승진여부의 판단은 임명권자의 판단여지가 인정되는 영역이므로 사법심사가 제한받을 수 있다. 또한 예외적인 경우를 제외하고는 원칙적으로 승진신청권은 인정되지 않는다.

> **판례** 지방공무원법 제8조, 제38조 제1항, 지방공무원임용령 제38조의3의 각 규정을 종합하면, 2급 내지 4급 공무원의 승진임용은 임용권자가 행정실적·능력·경력·전공분야·인품 및 적성 등을 고려하여 하되 인사위원회의 사전심의를 거치도록 하고 있는바, 4급 공무원이 당해 지방자치단체 인사위원회의 심의를 거쳐 3급 승진대상자로 결정되고 임용권자가 그 사실을 대내외에 공표까지 하였다면, 그 공무원은 승진임용에 관한 법률상 이익을 가진 자로서 임용권자에 대하여 3급 승진임용 신청을 할 조리상의 권리가 있다. (대판 2008. 4. 10. 2007두18611)

Ⅱ 동위직급 내의 변경(전직·전보·복직)

> **국가공무원법**
> **제5조(정의)** 이 법에서 사용하는 용어의 뜻은 다음과 같다.
> 2. "직급"이란 직무의 종류·곤란성과 책임도가 상당히 유사한 직위의 군을 말한다.
> 5. "전직"이란 직렬을 달리하는 임명을 말한다.
> 6. "전보"란 같은 직급 내에서의 보직 변경 또는 고위공무원단 직위 간의 보직 변경(제4조 제2항에 따라 같은 조 제1항의 계급 구분을 적용하지 아니하는 공무원은 고위공무원단 직위와 대통령령으로 정하는 직위 간의 보직 변경을 포함한다)을 말한다.
> 8. "직렬"이란 직무의 종류가 유사하고 그 책임과 곤란성의 정도가 서로 다른 직급의 군을 말한다.

1. 전 직

전직이란 예컨대 교정사무관을 행정사무관으로 임명하는 것처럼 직렬을 달리하여 임명하는 것을 말하는바, 이는 직위분류제의 예외로서 전직시험을 거쳐야 한다.

> **국가공무원법**
> **제28조의3(전직)** 공무원을 전직 임용하려는 때에는 전직시험을 거쳐야 한다. 다만, 대통령령등으로 정하는 전직의 경우에는 시험의 일부나 전부를 면제할 수 있다.

2. 전 보

같은 직급 내에서의 보직변경을 말한다. 예를 들면 서울지방국세청 6급 세무직 공무원을 부산지방국세청 6급 공무원으로 이동하는 경우를 말한다. 공무원임용령 제45조는 임용권자 또는 임용제청권자는 소속 공무원을 해당 직위에 임용된 날부터 필수보직기간이 지나야 다른 직위에 전보할 수 있다. 이 경우 필수보직기간은 3년으로 규정하고 예외적으로 소속 장관은 유사 직위로 전보 또는 그 밖에 상당하는 경우에 필수보직기간은 2년 이상으로 별도로 정하여 운영할 수 있다. 이는 공무원으로 하여금 일정기간 안정된 공무원생활을 보장하기 위한 것이다.

3. 복 직

복직이란 휴직, 직위해제, 정직 중이거나 강등으로 직무에 종사하지 못한 공무원을 직위에 복귀시키는 것을 말한다. 휴직의 경우에는 복직이 보장되지만, 직위해제의 경우에는 복직이 보장되지 않는다.

Ⅲ 하위직급으로의 변경(강임)

임용권자는 직제 또는 정원의 변경이나 예산의 감소 등으로 직위가 폐직되거나 하위의 직위로 변경되어 과원이 된 경우 또는 본인이 동의한 경우에는 소속 공무원을 강임할 수 있다.

> **국가공무원법**
> **제5조(정의)** 이 법에서 사용하는 용어의 뜻은 다음과 같다.
> 　　4. "강임"이란 같은 직렬 내에서 하위 직급에 임명하거나 하위 직급이 없어 다른 직렬의 하위 직급으로 임명하거나 고위공무원단에 속하는 일반직공무원(제4조 제2항에 따라 같은 조 제1항의 계급 구분을 적용하지 아니하는 공무원은 제외한다)을 고위공무원단 직위가 아닌 하위 직위에 임명하는 것을 말한다.
> **제73조의4(강임)** ① 임용권자는 직제 또는 정원의 변경이나 예산의 감소 등으로 직위가 폐직되거나 하위의 직위로 변경되어 과원이 된 경우 또는 본인이 동의한 경우에는 소속 공무원을 강임할 수 있다.
> ② 제1항에 따라 강임된 공무원은 상위 직급 또는 고위공무원단 직위에 결원이 생기면 제40조·제40조의2·제40조의4 및 제41조에도 불구하고 우선 임용된다. 다만, 본인이 동의하여 강임된 공무원은 본인의 경력과 해당 기관의 인력 사정 등을 고려하여 우선 임용될 수 있다.

Ⅳ 이중 직위의 부여 등(겸임·파견근무)

1. 겸 임

> **국가공무원법**
> **제32조의3(겸임)** 직위와 직무 내용이 유사하고 담당 직무 수행에 지장이 없다고 인정하면 대통령령등으로 정하는 바에 따라 일반직공무원을 대학 교수 등 특정직공무원이나 특수 전문 분야의 일반직공무원 또는 대통령령으로 정하는 관련 교육·연구기관, 그 밖의 기관·단체의 임직원과 서로 겸임하게 할 수 있다.

2. 파견근무

> **국가공무원법**
> **제32조의4(파견근무)** ① 국가기관의 장은 국가적 사업의 수행 또는 그 업무 수행과 관련된 행정 지원이나 연수, 그 밖에 능력 개발 등을 위하여 필요하면 소속 공무원을 다른 국가기관·공공단체·정부투자기관·국내외의 교육기관·연구기관, 그 밖의 기관에 일정 기간 파견근무하게 할 수 있으며, 국가적 사업의 공동 수행 또는 전문성이 특히 요구되는 특수 업무의 효율적 수행 등을 위하여 필요하면 국가기관 외의 기관·단체의 임직원을 파견받아 근무하게 할 수 있다.
> ② 파견권자는 파견 사유가 소멸하거나 파견 목적이 달성될 가망이 없으면 그 공무원을 지체 없이 원래의 소속 기관에 복귀시켜야 한다.

Ⅴ 무직위로의 변경

1. 휴 직

(1) 의 의

휴직이란 공무원의 신분은 보유하면서 직무담임을 일시적으로 해제하는 것을 말하는 바, 직권휴직과 의원휴직이 있다.

(2) 효 력

> **국가공무원법**
> **제73조(휴직의 효력)** ① 휴직 중인 공무원은 신분은 보유하나 직무에 종사하지 못한다.
> ② 휴직 기간 중 그 사유가 없어지면 30일 이내에 임용권자 또는 임용제청권자에게 신고하여야 하며, 임용권자는 지체 없이 복직을 명하여야 한다.
> ③ 휴직 기간이 끝난 공무원이 30일 이내에 복귀 신고를 하면 당연히 복직된다.

2. 직위해제

(1) 의 의

직위해제란 공무원의 신분은 그대로 둔 채 그 직무담당을 잠정적으로 박탈하는 행위를 말한다. 직위해제는 징계처분이 아니다. 따라서 직위해제와 감봉은 일사부재리에 반하지 않는다.

(2) 사유 및 부가처분

> **국가공무원법**
> **제73조의3(직위해제)** ① 임용권자는 다음 각 호의 어느 하나에 해당하는 자에게는 직위를 부여하지 아니할 수 있다.
>   2. 직무수행 능력이 부족하거나 근무성적이 극히 나쁜 자
>   3. 파면·해임·강등 또는 정직에 해당하는 징계 의결이 요구 중인 자
>   4. 형사 사건으로 기소된 자(약식명령이 청구된 자는 제외한다)

5. 고위공무원단에 속하는 일반직공무원으로서 제70조의2 제1항 제2호부터 제5호까지의 사유로 적격심사를 요구 받은 자
6. 금품비위, 성범죄 등 대통령령으로 정하는 비위행위로 인하여 감사원 및 검찰·경찰 등 수사기관에서 조사나 수사 중인 자로서 비위의 정도가 중대하고 이로 인하여 정상적인 업무수행을 기대하기 현저히 어려운 자

② 제1항에 따라 직위를 부여하지 아니한 경우에 그 사유가 소멸되면 임용권자는 지체 없이 직위를 부여하여야 한다.
③ 임용권자는 제1항 제2호에 따라 직위해제된 자에게 3개월의 범위에서 대기를 명한다.
④ 임용권자 또는 임용제청권자는 제3항에 따라 대기 명령을 받은 자에게 능력 회복이나 근무성적의 향상을 위한 교육훈련 또는 특별한 연구과제의 부여 등 필요한 조치를 하여야 한다.
⑤ 공무원에 대하여 제1항 제2호의 직위해제 사유와 같은 항 제3호·제4호 또는 제6호의 직위해제 사유가 경합(競合)할 때에는 같은 항 제3호·제4호 또는 제6호의 직위해제 처분을 하여야 한다.

판례 ❶ 헌법 제27조 제4항은 무죄추정의 원칙을 규정하고 있고, 직위해제 제도는 유죄의 확정판결을 받아 당연퇴직되기 전 단계에서 형사소추를 받은 공무원이 계속 직위를 보유하고 직무를 수행한다면 공무집행의 공정성과 그에 대한 국민의 신뢰를 저해할 구체적인 위험이 생길 우려가 있으므로 이를 사전에 방지하고자 하는 데 그 목적이 있는바, 헌법상의 무죄추정의 원칙이나 위와 같은 직위해제제도의 목적에 비추어 볼 때, 형사사건으로 기소되었다는 이유만으로 직위해제처분을 하는 것은 정당화될 수 없고, 당사자가 당연퇴직 사유인 국가공무원법 제33조 제1항 제3호 내지 제6호에 해당하는 유죄판결을 받을 고도의 개연성이 있는지 여부, 당사자가 계속 직무를 수행함으로 인하여 공정한 공무집행에 위험을 초래하는지 여부 등 구체적인 사정을 고려하여 그 위법 여부를 판단하여야 할 것이다. 따라서 단순히 일반 형사사건이 아닌 국가보안법위반으로 기소되었다는 사유만으로 직위해제처분을 한 것은 재량권의 범위를 일탈·남용하였다. (대판 1999. 9. 17. 98두15412)
❷ 직위해제처분이 공무원에 대한 불이익한 처분이긴 하나 징계처분과 같은 성질의 처분이라 할 수 없으므로 동일한 사유로 직위해제 처분을 하고 다시 감봉처분을 하였다 하여 일사부재리원칙에 위배된다 할 수 없다. (대판 1983. 10. 25. 83누184)

(3) 효 과

직위가 해제되면 직무에 종사하지 못한다. 출근의무도 없다. 대기 명령을 받은 자가 그 기간에 능력 또는 근무성적의 향상을 기대하기 어렵다고 인정되면 징계위원회(지방공무원의 경우에는 인사위원회)의 동의를 얻어 직권으로 면직시킬 수 있다. 반면에 직위해제사유가 소멸되면 임용권자는 지체 없이 직위를 부여하여야 한다.

판례 ❶ 직위해제처분은 공무원에 대하여 불이익한 처분이긴 하나 징계처분과 같은 성질의 처분이라고는 볼 수 없으므로 동일한 사유에 대한 직위해제처분이 있은 후 다시 해임처분이 있었다 하여 일사부재리의 법리에 어긋난다고 할 수 없다. (대판 1984. 2. 28. 83누489)
❷ 직위해제처분이 있은 후 면직처분이 된 경우 전자에 대하여 소청심사청구 등 불복을 함이 없고 그 처분이 당연무효인 경우도 아닌 이상 그 후의 면직처분에 대한 불복의 행정소송에서 전자의 취소사유를 들어 위법을 주장할 수 없다. (대판 1970. 1. 27. 68누10)

(4) 직위해제처분의 효력 소멸 후 소의 이익

> **판례** 직위해제 처분은 그 근로자로서의 지위를 그대로 존속시키면서 다만 그 직위만을 부여하지 아니하는 처분이므로 만일 어떤 사유에 기하여 근로자를 직위해제한 후 그 직위해제 사유와 동일한 사유를 이유로 징계처분을 하였다면 뒤에 이루어진 징계처분에 의하여 그 전에 있었던 직위해제 처분은 그 효력을 상실한다고 할 것이고, 이와 같이 직위해제 처분이 효력을 상실한 경우에는, 인사규정 등에 의하여 승진·승급에 제한이 가하여지는 등의 특별한 사정이 없는 한, 그 무효확인을 구할 이익은 없다고 할 것이다. (대판 1997. 9. 26. 97다25590, 2006다33999)

3. 정 직

정직은 1개월 이상 3개월 이하의 기간으로 하고, 정직 처분을 받은 자는 그 기간 중 공무원의 신분은 보유하나 직무에 종사하지 못하며 보수는 전액을 감한다. 정직은 징계처분인 점에서 휴직이나 직위해제와 다르다.

CHAPTER

05 공무원법관계의 소멸

제1절 당연퇴직

Ⅰ 의 의

임용권자의 의사와 관계없이 법이 정한 일정한 사유의 발생으로 당연히 공무원 관계가 소멸되는 것을 말한다. 따라서 당연퇴직의 발령통보는 관념의 통지에 불과하므로 처분이 아니다. 정년제를 임기제로 변경하는 것은 입법자의 입법재량에 속한다.

> **판례** ❶ 당연퇴직의 경우에는 결격사유가 있어 법률상 당연퇴직되는 것이지 공무원관계를 소멸시키기 위한 별도의 행정처분을 요하지 아니한다 할 것이며 위와 같은 사유의 발생으로 당연퇴직의 인사발령이 있었다 하여도 이는 퇴직사실을 알리는 이른바 관념의 통지에 불과하여 행정소송의 대상이 되지 아니한다. (대판 1992. 1. 12. 91누 2687)
>
> ❷ 공익상의 이유로 공무원(동장)을 직권면직시킬 수 있도록 규정한 지방공무원법 제62조 제1항 제3호, 구 서울특별시동장인사규칙 등의 규정들에 비추어 볼 때 근무상한기간제 도입 이전에 동장으로 임용된 자들이 정년까지 근무할 수 있으리라고 하는 기대와 신뢰는 절대적인 권리로서 보호되어야만 하는 것이 아니라 행정조직·직제·정원의 변경, 예산의 감소 등 행정운영상의 필요성 등 정당한 공익상의 근거에 의하여 좌우될 수 있는 상대적이고 가변적인 것이라 할 것인바, 종전의 정년제에다가 근무상한기간제를 추가로 규정한 것은 입법재량의 범위 내에 있는 것으로서 직업공무원제도의 본질적 내용을 침해하거나 비례의 원칙 또는 신뢰보호의 원칙에 위배된다고 할 수 없다. (대판 1997. 3. 14. 95누17625)

Ⅱ 사 유

> **국가공무원법**
> **제69조(당연퇴직)** 공무원이 다음 각 호의 어느 하나에 해당할 때에는 당연히 퇴직한다.
> 　1. 제33조 각 호의 어느 하나에 해당하는 경우(결격사유). 다만, 제33조 제2호는 파산선고를 받은 사람으로서 「채무자 회생 및 파산에 관한 법률」에 따라 신청기한 내에 면책신청을 하지 아니하였거나 면책불허가 결정 또는 면책 취소가 확정된 경우만 해당하고, 제33조 제5호는 「형법」제129조부터 제132조(뇌물죄)까지, 「성폭력범죄의 처벌 등에 관한 특례법」제2조, 「아동·청소년의 성보호에 관한 법률」제2조 제2호 및 직무와 관련하여 「형법」제355조 또는 제356조(횡령, 배임)에 규정된 죄를 범한 사람으로서 금고 이상의 형의 선

고유예를 받은 경우만 해당한다.
2. 임기제공무원의 근무기간이 만료된 경우

판례 ❶ 원고들은 상고심 계속중에 이미 국가공무원법 소정의 정년이 지났으므로 면직처분이 무효로 확인된다 하더라도 공무원의 신분을 다시 회복할 수 없기 때문에, 비록 면직으로 인한 퇴직기간을 재직기간으로 인정받지 못함으로써 퇴직급여, 승진소요연수의 계산 및 호봉승급에 과거의 불이익이 남아 있긴 하나 이러한 불이익이 현재는 계속되고 있지 아니하고, 면직처분으로 인한 급료청구소송 또는 명예침해 등을 이유로 한 손해배상청구소송에서 위 처분의 무효를 주장하여 과거에 입은 권익의 침해를 구제받을 수 있는 이상, 소로써 면직처분의 무효확인을 받는 것이 원고들의 권리 또는 법률상 지위에 현존하는 불안, 위험을 제거하는 데 필요하고도 적절한 것이라 할 수 없으므로 확인의 이익이 없다. (대판 1993. 1. 15. 91누5747)
❷ 국회해직공무원인 원고가 복직은 되었으나 원·피고 사이에 원고의 면직처분의 무효 여부에 관하여 다툼이 있고 원고가 면직으로 인한 퇴직기간을 재직기간으로 인정받지 못하고 있어 퇴직급여, 승진소요년수의 계산 및 호봉승급 등에 있어서 현재에도 계속하여 불이익한 대우를 받고 있다면 그 법률상의 지위의 불안, 위험을 제거할 필요가 있고 다른 소송수단(국가배상소송이나 민사소송)으로는 위와 같은 원고들의 권리 또는 법률상의 지위의 불안, 위험을 제거하기에 미흡하여 면직처분무효확인의 소가 필요하고도 적절한 것이므로 면직처분무효확인의 소는 확인의 이익이 있다고 할 것이다. (대판 1991. 6. 28. 90누9346)

Ⅲ 효 과

당연퇴직 사유가 발생하면 공무원법관계는 당연히 소멸하고 더 이상 공무원이 아니므로 그 자가 행한 행위는 무권한자의 행위로서 원칙적으로 무효이다.

제2절 면 직

Ⅰ 의 의

특별한 행위로 공무원관계를 소멸시키는 것을 말하는 바, 특별한 행위에 의한다는 점에서 당연퇴직과 다르다. 면직에는 의원면직과 강제면직이 있다. 공무원에 대하여 징계처분등을 할 때나 강임·휴직·직위해제 또는 면직처분을 할 때에는 그 처분권자 또는 처분제청권자는 처분사유를 적은 설명서를 교부하여야 한다. 다만, 본인의 원에 따른 면직처분은 그러하지 아니하다.

Ⅱ 의원면직

1. 의의와 성질

공무원 자신의 사의표시에 의한 공무원관계의 소멸행위로 공무원의 사의표명 후 면직(수리)처분이 있어야 효력이 발생한다. 사직의 의사표시는 수리되기 전까지는 철회할 수 있고 사직의 의사표시가 의사결정의 자유가 박탈된 상태에서 이루어진 경우라면 무효이고 그에 기초한 면직처분도 무효이다.

2. 사직의 의사표시

> **판례** ❶ 공무원이 사직의 의사표시를 하여 의원면직처분을 하는 경우 그 사직의 의사표시는 그 법률관계의 특수성에 비추어 외부적·객관적으로 표시된 바를 존중하여야 할 것이므로, 비록 사직원제출자의 내심의 의사가 사직할 뜻이 아니었다고 하더라도 진의 아닌 의사표시에 관한 민법 제107조는 그 성질상 사직의 의사표시와 같은 사인의 공법행위에는 준용되지 아니하므로 그 의사가 외부에 표시된 이상 그 의사는 표시된 대로 효력을 발한다. 다만, 사직서의 제출이 감사기관이나 상급관청 등의 강박에 의한 경우에는 그 정도가 의사결정의 자유를 박탈할 정도에 이른 것이라면 그 의사표시가 무효로 될 것이다. (대판 1997. 12. 12. 97누13962)
> ❷ 이른바 1980년의 공직자숙정계획의 일환으로 일괄사표의 제출과 선별수리의 형식으로 공무원에 대한 의원면직처분이 이루어진 경우, 사직원 제출행위가 강압에 의하여 의사결정의 자유를 박탈당한 상태에서 이루어진 것이라고 할 수 없고 민법상 비진의 의사표시의 무효에 관한 규정은 사인의 공법행위에 적용되지 않는다는 등의 이유로 그 의원면직처분을 당연무효라고 할 수 없다. (대판 2001. 8. 24. 99두9971)

3. 사직의 자유와 수리의무

공무담임권은 권리이지 의무가 아니므로 공무원은 사직의 자유가 있고 임용권자는 수리의무가 있다. 다만, 수리가 있을 때까지는 여전히 공무원으로서 각종 의무를 부담한다.

4. 명예퇴직제

> **국가공무원법**
> **제74조의2(명예퇴직 등)** ① 공무원으로 20년 이상 근속한 자가 정년 전에 스스로 퇴직(임기제공무원이 아닌 경력직공무원이 임기제공무원으로 임용되어 퇴직하는 경우로서 대통령령으로 정하는 경우를 포함한다)하면 예산의 범위에서 명예퇴직 수당을 지급할 수 있다.
> ② 직제와 정원의 개폐 또는 예산의 감소 등에 따라 폐직 또는 과원이 되었을 때에 20년 미만 근속한 자가 정년 전에 스스로 퇴직하면 예산의 범위에서 수당을 지급할 수 있다.

Ⅲ 강제면직

1. 의 의

공무원의 의사와 관계없이 임용권자가 일방적으로 공무원관계를 소멸시키는 처분을 말한다. 이에는 징계면직과 직권 면직이 있다.

2. 징계 면직

공무원의 공무원법상의 의무위반에 대한 징계로서 내려지는 파면과 해임이 있다.

> **국가공무원법**
> **제79조(징계의 종류)** 징계는 파면·해임·강등·정직·감봉·견책으로 구분한다.

기출 「지방공무원법」상 징계의 종류에 해당하는 것만을 모두 고르면?   20년 지방직 7급

ㄱ. 강등	ㄴ. 경고	ㄷ. 견책
ㄹ. 직권면직	ㅁ. 불문경고	ㅂ. 직위해제
ㅅ. 자격정지		

① ㄱ, ㄷ   ② ㄱ, ㅅ
③ ㄴ, ㄹ, ㅂ   ④ ㄷ, ㅁ, ㅂ

정답 ①

3. 직권 면직

> **국가공무원법**
> **제70조(직권 면직)** ① 임용권자는 공무원이 다음 각 호의 어느 하나에 해당하면 직권으로 면직시킬 수 있다.
> 3. 직제와 정원의 개폐 또는 예산의 감소 등에 따라 폐직 또는 과원이 되었을 때
> 4. 휴직 기간이 끝나거나 휴직 사유가 소멸된 후에도 직무에 복귀하지 아니하거나 직무를 감당할 수 없을 때
> 5. 제73조의3 제3항에 따라 대기 명령을 받은 자가 그 기간에 능력 또는 근무성적의 향상을 기대하기 어렵다고 인정된 때
> 6. 전직시험에서 세 번 이상 불합격한 자로서 직무수행 능력이 부족하다고 인정된 때
> 7. 병역판정검사·입영 또는 소집의 명령을 받고 정당한 사유 없이 이를 기피하거나 군복무를 위하여 휴직 중에 있는 자가 군복무 중 군무를 이탈하였을 때
> 8. 해당 직급·직위에서 직무를 수행하는데 필요한 자격증의 효력이 없어지거나 면허가 취소되어 담당 직무를 수행할 수 없게 된 때
> 9. 고위공무원단에 속하는 공무원이 제70조의2에 따른 적격심사 결과 부적격 결정을 받은 때
> ② 임용권자는 제1항 제3호부터 제8호까지의 규정에 따라 면직시킬 경우에는 미리 관할 징계위원회의 의견을 들어야 한다. 다만, 제1항 제5호에 따라 면직시킬 경우에는 징계위원회의 동의를 받아야 한다.

Ⅳ 면직의 효력발생시기

> **판례** 공무원임용령 제6조 제1항 본문의 규정에 의하면 공무원의 임용시기에 관하여 공무원은 임용장 또는 임용통지서에 기재된 일자에 임용된 것으로 본다고 되어 있고 이는 임용장 또는 임용통지서에 기재된 일자에 임용의 효과가 발생함을 말하는 것이므로, 임용중 면직의 경우에는 면직발령장 또는 면직통지서에 기재된 일자에 면직의 효과가 발생하여 그 날 영시(00:00)부터 공무원의 신분을 상실한다. (대판 1985. 12. 28. 85누531)

CHAPTER

06 공무원의 권리

제1항 신분상 권리

Ⅰ 신분 보유권

> **헌법**
> 제7조 ② 공무원의 신분과 정치적 중립성은 법률이 정하는 바에 의하여 보장된다.
>
> **국가공무원법**
> 제68조(의사에 반한 신분 조치) 공무원은 형의 선고, 징계처분 또는 이 법에서 정하는 사유에 따르지 아니하고는 본인의 의사에 반하여 휴직·강임 또는 면직을 당하지 아니한다. 다만, 1급 공무원과 제23조에 따라 배정된 직무등급이 가장 높은 등급의 직위에 임용된 고위공무원단에 속하는 공무원은 그러하지 아니하다.

Ⅱ 직위 보유권

공무원으로 임명된 이상 공무원은 자신에게 적합한 일정한 직위를 부여받을 권리와 자신의 직위를 위법하게 박탈당하지 않을 권리 즉, 직위 보유권을 갖는다.

> **국가공무원법**
> 제32조의5(보직관리의 원칙) ① 임용권자나 임용제청권자는 법령으로 따로 정하는 경우 외에는 소속 공무원의 직급과 직류를 고려하여 그 직급에 상응하는 일정한 직위를 부여하여야 한다. 다만, 고위공무원단에 속하는 일반직 공무원과 제4조 제2항 제1호에 따른 공무원 중 계급 구분 및 직군·직렬의 분류가 적용되지 아니하는 공무원에 대하여는 자격·경력 등을 고려하여 그에 상응하는 일정한 직위를 부여하여야 한다.

Ⅲ 고충심사청구권

1. 고충처리제도의 의의

공무원은 누구나 인사·조직·처우 등 각종 직무 조건과 그 밖에 신상 문제에 대하여 인사 상담이나 고충심사를 청구할 수 있으며, 이를 이유로 불이익한 처분이나 대우를 받지 아니한다. 고충심사청구제도는 청원과 유사한 권리로서 후술할 소청권과 다르다.

2. 고충처리제도의 성격

고충처리제도는 공무원이 갖는 불만이나 어려움을 해소함으로써 직무에 보다 더 충실을 기할 수 있게 하기 위한 제도이고, 고충심사결정은 항고소송의 대상인 처분이 아니다.

> **판례** 고충심사제도는 공무원으로서의 권익을 보장하고 적정한 근무환경을 조성하여 주기 위하여 근무조건 또는 인사관리 기타 신상문제에 대하여 법률적인 쟁송의 절차에 의하여서가 아니라 사실상의 절차에 의하여 그 시정과 개선책을 청구하여 줄 것을 임용권자에게 청구할 수 있도록 한 제도로서, 고충심사결정 자체에 의하여는 어떠한 법률관계의 변동이나 이익의 침해가 직접적으로 생기는 것은 아니므로 고충심사의 결정은 행정상 쟁송의 대상이 되는 행정처분이라고 할 수 없다. (대판 1987. 12. 8. 87누657)

3. 법적 근거 및 청구대상

국가공무원법
제76조의2(고충 처리) ① 공무원은 인사·조직·처우 등 각종 직무 조건과 그 밖에 신상 문제와 관련한 고충에 대하여 상담을 신청하거나 심사를 청구할 수 있으며, 누구나 기관 내 성폭력 범죄 또는 성희롱 발생 사실을 알게 된 경우 이를 신고할 수 있다. 이 경우 상담 신청이나 심사 청구 또는 신고를 이유로 불이익한 처분이나 대우를 받지 아니한다.
② 중앙인사관장기관의 장, 임용권자 또는 임용제청권자는 제1항에 따른 상담을 신청받은 경우에는 소속 공무원을 지정하여 상담하게 하고, 심사를 청구받은 경우에는 제4항에 따른 관할 고충심사위원회에 부쳐 심사하도록 하여야 하며, 그 결과에 따라 고충의 해소 등 공정한 처리를 위하여 노력하여야 한다.
③ 중앙인사관장기관의 장, 임용권자 또는 임용제청권자는 기관 내 성폭력 범죄 또는 성희롱 발생 사실의 신고를 받은 경우에는 지체 없이 사실 확인을 위한 조사를 하고 그에 따라 필요한 조치를 하여야 한다.
④ 공무원의 고충을 심사하기 위하여 중앙인사관장기관에 중앙고충심사위원회를, 임용권자 또는 임용제청권자 단위로 보통고충심사위원회를 두되, 중앙고충심사위원회의 기능은 소청심사위원회에서 관장한다.

Ⅳ 소청권

공무원의 징계처분이나 기타 본인의 의사에 반한 불리한 처분을 받은 공무원이 그 처분에 불복하는 경우에 관할소청심사위원회에 불복을 신청하는 것으로서 행정심판의 일종이다.

국가공무원법
제9조(소청심사위원회의 설치) ① 행정기관 소속 공무원의 징계처분, 그 밖에 그 의사에 반하는 불리한 처분이나 부작위에 대한 소청을 심사·결정하게 하기 위하여 인사혁신처에 소청심사위원회를 둔다.

교원의 지위 향상 및 교육활동 보호를 위한 특별법
제7조(교원소청심사위원회의 설치) ① 각급학교 교원의 징계처분과 그 밖에 그 의사에 반하는 불리한 처분(「교육공무원법」 제11조의4 제4항 및 「사립학교법」 제53조의2 제6항에 따른 교원에 대한 재임용 거부처분을 포함한다. 이하 같다)에 대한 소청심사를 하기 위하여 교육부에 교원소청심사위원회(이하 "심사위원회"라 한다)를 둔다.

V 직장협의회 설립·운영권

> **공무원직장협의회의 설립·운영에 관한 법률**
> **제1조(목적)** 이 법은 공무원의 근무환경 개선, 업무능률 향상 및 고충처리 등을 위한 직장협의회의 설립과 운영에 관한 기본적인 사항을 규정함을 목적으로 한다.
> **제2조(설립)** ① 국가기관, 지방자치단체 및 그 하부기관에 근무하는 공무원은 직장협의회(이하 "협의회"라 한다)를 설립할 수 있다.
> ② 협의회는 기관 단위로 설립하되, 하나의 기관에는 하나의 협의회만을 설립할 수 있다.
> ③ 협의회를 설립한 경우 그 대표자는 소속 기관의 장(이하 "기관장"이라 한다)에게 설립 사실을 통보하여야 한다.

VI 노동조합설립·운영권

1. 노동조합의 설립

> **공무원의 노동조합 설립 및 운영 등에 관한 법률**
> **제2조(정의)** 이 법에서 "공무원"이란 「국가공무원법」 제2조 및 「지방공무원법」 제2조에서 규정하고 있는 공무원을 말한다. 다만, 「국가공무원법」 제66조 제1항 단서 및 「지방공무원법」 제58조 제1항 단서에 따른 사실상 노무에 종사하는 공무원과 「교원의 노동조합 설립 및 운영 등에 관한 법률」의 적용을 받는 교원인 공무원은 제외한다.
>
> **국가공무원법**
> **제2조(공무원의 구분)** ① 국가공무원(이하 "공무원"이라 한다)은 경력직공무원과 특수경력직공무원으로 구분한다.
> ② "경력직공무원" 1. 일반직공무원(기술, 연구, 행정일반) 2. 특정직공무원(법관, 특정직공무원)
> ③ "특수경력직공무원" 1. 정무직공무원(선거, 동의) 2. 별정직공무원(보좌, 법령)

2. 노동조합의 설립단위

> **공무원의 노동조합 설립 및 운영 등에 관한 법률**
> **제5조(노동조합의 설립)** ① 공무원이 노동조합을 설립하려는 경우에는 국회·법원·헌법재판소·선거관리위원회·행정부·특별시·광역시·특별자치시·도·특별자치도·시·군·구(자치구를 말한다) 및 특별시·광역시·특별자치시·도·특별자치도의 교육청을 최소 단위로 한다.

3. 가입범위

> **공무원의 노동조합 설립 및 운영 등에 관한 법률**
> **제6조(가입 범위)** ① <u>노동조합에 가입할 수 있는 사람의 범위는 다음 각 호와 같다.</u>
>   1. 일반직공무원
>   2. 특정직공무원 중 외무영사직렬·외교정보기술직렬 외무공무원, 소방공무원 및 교육공무원(다만, 교원은 제외한다)
>   3. 별정직공무원

4. 제1호부터 제3호까지의 어느 하나에 해당하는 공무원이었던 사람으로서 노동조합 규약으로 정하는 사람
② 제1항에도 불구하고 <u>다음 각 호의 어느 하나에 해당하는 공무원은 노동조합에 가입할 수 없다.</u>
1. 업무의 주된 내용이 다른 공무원에 대하여 지휘·감독권을 행사하거나 다른 공무원의 업무를 총괄하는 업무에 종사하는 공무원
2. 업무의 주된 내용이 인사·보수 또는 노동관계의 조정·감독 등 노동조합의 조합원 지위를 가지고 수행하기에 적절하지 아니한 업무에 종사하는 공무원
3. 교정·수사 등 공공의 안녕과 국가안전보장에 관한 업무에 종사하는 공무원
④ 제2항에 따른 공무원의 범위는 대통령령으로 정한다.

판례 소방공무원은 화재를 예방·경계하거나 진압하고, 화재, 재난·재해 그 밖의 위급한 상황에서의 구조·구급 활동 등을 통하여 국민의 생명·신체 및 재산을 보호하는 업무를 수행하며, 소방행정의 기능은 현대사회가 복잡 다양화하고 각종 사고가 빈발함에 따라 그 역할이 확대되어 오늘날 소방행정은 재난관리의 중심적인 업무를 수행하는바, 현시점에서 노동기본권을 보장함으로 말미암아 예상되는 사회적 폐해가 너무 크다. 또한 소방공무원은 특정직 공무원으로서 '소방공무원법'에 의하여 신분보장이나 대우 등 근로조건의 면에서 일반직공무원에 비하여 두텁게 보호받고 있다. 따라서 심판대상조항이 헌법 제33조 제2항의 입법형성권의 한계를 일탈하여 소방공무원인 청구인의 단결권을 침해한다고 볼 수 없다. (헌재 2008. 12. 26. 2006헌마462)

4. 교섭 및 체결권

공무원의 노동조합 설립 및 운영 등에 관한 법률
제8조(교섭 및 체결 권한 등) ① 노동조합의 대표자는 그 노동조합에 관한 사항 또는 조합원의 보수·복지, 그 밖의 근무조건에 관하여 국회사무총장·법원행정처장·헌법재판소사무처장·중앙선거관리위원회사무총장·인사혁신처장(행정부를 대표한다)·특별시장·광역시장·특별자치시장·도지사·특별자치도지사·시장·군수·구청장(자치구의 구청장을 말한다) 또는 특별시·광역시·특별자치시·도·특별자치도의 교육감 중 어느 하나에 해당하는 사람(이하 "정부교섭대표"라 한다)과 각각 교섭하고 단체협약을 체결할 권한을 가진다. 다만, 법령 등에 따라 국가나 지방자치단체가 그 권한으로 행하는 정책결정에 관한 사항, 임용권의 행사 등 그 기관의 관리·운영에 관한 사항으로서 근무조건과 직접 관련되지 아니하는 사항은 교섭의 대상이 될 수 없다.

5. 정치활동과 쟁의행위의 금지

공무원의 노동조합 설립 및 운영 등에 관한 법률
제4조(정치활동의 금지) 노동조합과 그 조합원은 정치활동을 하여서는 아니 된다.
제11조(쟁의행위의 금지) 노동조합과 그 조합원은 파업, 태업 또는 그 밖에 업무의 정상적인 운영을 방해하는 어떠한 행위도 하여서는 아니 된다.

제2항 재산상 권리

I 보수청구권

1. 보수의 의의 및 성격

보수란 봉급과 기타 각종 수당을 합산한 금액으로서 공무원은 당연히 보수를 청구할 권리를 갖는다. 수당이란 직무여건 및 생활여건 등에 따라 지급되는 부가급여로서 현재 [공무원 수당 등에 관한 규정]에서 정근수당, 성과상여금, 가족수당, 자녀학비보조수당 등이 규정되어 있다. 이러한 공무원의 보수는 공무원의 노동력에 대한 대가로서의 성격과 공무원의 생활보장으로서의 성격을 가진다.

2. 보수청구권의 성질(행정소송의 대상)

> **판례** ❶ [구] 공무원연금법 소정의 퇴직연금 등의 급여는 급여를 받을 권리를 가진 자가 당해 공무원이 소속하였던 기관장의 확인을 얻어 신청하는 바에 따라 공무원연금관리공단이 그 지급결정을 함으로써 그 구체적인 권리가 발생하는 것이므로, 공무원연금관리공단의 급여에 관한 결정은 국민의 권리에 직접 영향을 미치는 것이어서 행정처분에 해당할 것이지만, 공무원연금관리공단의 인정에 의하여 퇴직연금을 지급받아 오던 중 [구] 공무원연금법령의 개정 등으로 퇴직연금 중 일부 금액의 지급이 정지된 경우에는 당연히 개정된 법령에 따라 퇴직연금이 확정되는 것이지 같은 법 제26조 제1항에 정해진 공무원연금관리공단의 퇴직연금 결정과 통지에 의하여 비로소 그 금액이 확정되는 것이 아니므로, 공무원연금관리공단이 퇴직연금 중 일부 금액에 대하여 지급거부의 의사표시를 하였다고 하더라도 그 의사표시는 퇴직연금 청구권을 형성·확정하는 행정처분이 아니라 공법상의 법률관계의 한쪽 당사자로서 그 지급의무의 존부 및 범위에 관하여 나름대로의 사실상·법률상 의견을 밝힌 것일 뿐이어서, 이를 행정처분이라고 볼 수는 없고, 이 경우 미지급퇴직연금에 대한 지급청구권은 공법상 권리로서 그의 지급을 구하는 소송은 공법상의 법률관계에 관한 소송인 공법상 당사자소송에 해당한다. (대판 2004. 7. 8. 2004두244)
> ❷ 교육부장관의 권한을 재위임 받은 공립교육기관의 장에 의하여 공립유치원의 임용기간을 정한 전임강사로 임용되어 지방자치단체로부터 보수를 지급받으면서 공무원복무규정을 적용받고 사실상 유치원 교사의 업무를 담당하여 온 유치원 교사의 자격이 있는 자는 교육공무원에 준하여 신분보장을 받는 정원 외의 임시직 공무원으로 봄이 상당하므로 그에 대한 해임처분의 시정 및 수령지체된 보수의 지급을 구하는 소송은 행정소송의 대상이지 민사소송의 대상이 아니다. (대판 1991. 5. 10. 90다10766)

3. 보수청구권의 압류와 시효

보수는 노동력의 대가이면서 동시에 공무원의 생활보장으로서의 성격도 있으므로 임의로 포기할 수 없고, 압류에도 제한이 따른다. 판례는 보수청구권의 소멸시효는 민법 제163조 제1호에 의하여 3년이라고 판시하였다.

> **국세징수법**
> **제42조(급여채권의 압류 제한)** ① 급료, 연금, 임금, 봉급, 상여금, 세비, 퇴직연금, 그 밖에 이와 비슷한 성질을 가진 급여채권에 대해서는 그 총액의 2분의 1에 해당하는 금액은 압류가 금지되는 금액으로 한다.
> ② 제1항에도 불구하고 다음 각 호의 경우 압류가 금지되는 금액은 각각 다음 각 호의 구분에 따른 금액으로 한다.
> 　1. 제1항에 따라 계산한 급여채권 총액의 2분의 1에 해당하는 금액이 표준적인 가구의 「국민기초생활 보장법」 제2조 제7호에 따른 최저생계비를 고려하여 대통령령으로 정하는 금액에 미달하는 경우: 같은 호에 따른 최저생계비를 고려하여 대통령령으로 정하는 금액

2. 제1항에 따라 계산한 급여채권 총액의 2분의 1에 해당하는 금액이 표준적인 가구의 생계비를 고려하여 대통령령으로 정하는 금액을 초과하는 경우: 표준적인 가구의 생계비를 고려하여 대통령령으로 정하는 금액
③ 퇴직금이나 그 밖에 이와 비슷한 성질을 가진 급여채권에 대해서는 그 총액의 2분의 1에 해당하는 금액은 압류하지 못한다.
④ 제1항부터 제3항까지의 규정에 따른 총액은 「소득세법」 제20조 제1항 각 호에 해당하는 근로소득의 금액의 합계액(비과세소득의 금액은 제외한다) 또는 같은 법 제22조 제1항 각 호에 해당하는 퇴직소득의 금액의 합계액(비과세소득의 금액은 제외한다)에서 그 근로소득 또는 퇴직소득에 대한 소득세 및 소득세분 지방소득세를 뺀 금액으로 한다.

Ⅱ 실비변상청구권

국가공무원법
제48조(실비 변상 등) ① 공무원은 보수 외에 대통령령등으로 정하는 바에 따라 직무 수행에 필요한 실비(實費) 변상을 받을 수 있다.
② 공무원이 소속 기관장의 허가를 받아 본래의 업무 수행에 지장이 없는 범위에서 담당 직무 외의 특수한 연구과제를 위탁받아 처리하면 그 보상을 지급받을 수 있다.
③ 제1항 및 제2항에 따른 실비 변상이나 보상을 거짓이나 그 밖의 부정한 방법으로 수령한 경우에는 수령한 금액의 5배의 범위에서 가산하여 징수할 수 있다.

Ⅲ 연금청구권

1. 의 의

공무원이 질병·부상·폐질·퇴직·사망 또는 재해를 입으면 본인이나 유족에게 법률로 정하는 바에 따라 지급되는 급여를 연금이라고 한다. 공무원연금제도는 사회보장제도의 하나로서 연금은 적법하게 임용된 공무원에게만 지급된다.

판례 ❶ 공무원연금제도는 공무원이라는 특수직역을 대상으로 한 노후소득보장, 근로보상, 재해보상, 부조 및 후생복지 등을 포괄적으로 실시하는 종합적인 사회보장제도이므로, 공무원연금법상의 각종 급여는 기본적으로 모두 사회보장적 급여로서의 성격을 가짐과 동시에 공로보상 내지 후불임금으로서의 성격도 함께 가지며 특히 퇴직연금수급권은 경제적 가치 있는 권리로서 헌법 제23조에 의하여 보장되는 재산권으로서의 성격을 가지는데 다만, 그 구체적인 급여의 내용, 기여금의 액수 등을 형성하는 데에 있어서는 직업공무원제도나 사회보험원리에 입각한 사회보장적 급여로서의 성격으로 인하여 일반적인 재산권에 비하여 입법자에게 상대적으로 보다 폭넓은 재량이 헌법상 허용된다고 볼 수 있다. (헌재 2005. 6. 30. 2004헌바42)
❷ 공무원연금법에 의한 퇴직급여 등은 적법한 공무원으로서의 신분을 취득하여 근무하다가 퇴직하는 경우에 지급되는 것이고, 임용 당시 공무원 임용 결격사유가 있었다면 비록 국가의 과실에 의하여 임용 결격자임을 밝혀내지 못하였다고 하더라도 그 임용행위는 당연무효로 보아야 하고, 당연무효인 임용행위에 의하여 공무원의 신분

을 취득할 수는 없으므로, 임용 결격자가 공무원으로 임용되어 사실상 근무하여 왔다고 하더라도 적법한 공무원으로서의 신분을 취득하지 못한 자로서는 공무원연금법 소정의 퇴직급여 등을 청구할 수 없으며, 임용 결격사유가 소멸된 후에 계속 근무하여 왔다고 하더라도 그 때부터 무효인 임용행위가 유효로 되어 적법한 공무원의 신분을 회복하고 퇴직급여 등을 청구할 수 있다고 볼 수 없다. (대판 1998. 1. 23. 97누16985)

2. 성질(후불임금 및 사회보장)

판례 공무원연금법상의 급여를 그 보호내용의 성격에 따라 구분해 보면, 퇴직이나 사망 등에 의한 소득상실시 그 소득을 보장해주는 소득보장적 성격의 퇴직급여와 유족급여, 민간의 법정퇴직금에 해당하는 근로보상적 성격의 퇴직수당, 근로재해에 대해 보상을 해주는 재해보상적 성격의 공무상요양급여(공무상요양비·공무상요양일시금), 장해급여 및 유족보상금, 일반재해에 대해 위로하는 차원에서 지급하는 부조적 성격의 재해부조금과 사망조위금 등으로 나누어진다. 이와 같이 공무원연금법상의 각종 급여는 기본적으로는 모두 사회보장적 급여로서의 성격을 가짐과 동시에 공로보상 내지 후불임금으로서의 성격도 함께 가진다고 할 것이다. (헌재 1998. 12. 24. 96헌바73)

3. 양도·압류 등 금지와 시효

공무원연금법
제39조(권리의 보호) ① 급여를 받을 권리는 양도, 압류하거나 담보로 제공할 수 없다. 다만, 연금인 급여를 받을 권리는 대통령령으로 정하는 금융기관에 담보로 제공할 수 있고, 「국세징수법」, 「지방세기본법」, 그 밖의 법률에 따른 체납처분의 대상으로 할 수 있다.
제88조(시효) ① 이 법에 따른 급여를 받을 권리는 급여의 사유가 발생한 날부터 5년간 행사하지 아니하면 시효로 인하여 소멸한다.
② 잘못 납부한 기여금을 반환받을 권리는 퇴직급여 또는 퇴직유족급여의 지급 결정일부터 5년간 행사하지 아니하면 시효로 인하여 소멸한다.
③ 이 법에 따른 기여금, 환수금 및 그 밖의 징수금 등을 징수하거나 환수할 공단의 권리는 징수 및 환수 사유가 발생한 날부터 5년간 행사하지 아니하면 시효로 인하여 소멸한다.

판례 공무원연금에 대한 압류금지는 합헌이다.
공무원연금법상의 각종 급여는 기본적으로 사법상의 급여와는 달리 퇴직공무원 및 그 유족의 생활안정과 복리향상을 위한 사회보장적 급여로서의 성질을 가지므로, 본질상 일신전속성이 강하여 권리자로부터 분리되기 어렵고, 사적 거래의 대상으로 삼기에 적합하지 아니할 뿐만 아니라, 압류를 금지할 필요성이 훨씬 크며, 공무원연금법상 각종 급여의 액수는 공무원의 보수월액을 기준으로 산정되는데, 공무원연금법이 제정될 당시부터 공무원의 보수수준은 일반기업의 급료에 비하여 상대적으로 낮은 편이고, 더구나 이 사건 법률조항은 수급권자가 법상의 급여를 받기 전에 그 급여수급권에 대하여만 압류를 금지하는 것일 뿐 법상의 급여를 받은 이후까지 압류를 금지하는 것은 아니므로, 이 사건 법률조항에서 공무원연금법상의 각종 급여수급권 전액에 대하여 압류를 금지한 것이 기본권 제한의 입법적 한계를 넘어서 재산권의 본질적 내용을 침해한 것이거나 헌법상의 경제질서에 위반된다고 볼 수는 없다. (헌재 2000. 3. 30. 98헌마401)

Ⅳ 순직보상청구권

고도의 위험을 무릅쓰고 국민의 생명과 재산을 보호하기 위하여 직무를 수행하던 중 위해로 순직한 경찰관·소방공무원 등의 유족이 생활안정을 위하여 청구하는 보상청구권을 말한다.

CHAPTER

07 공무원의 책임

I 의 의

공무원의 책임이란 공무원이 위헌·위법의 행위를 하거나 부당한 행위를 한 경우에 불이익한 법적 제재를 받게 되는 것을 말한다. 공무원의 책임에는 선거를 통한 책임추궁과 같은 헌법상 책임, 형사법상 범죄에 해당하는 행위로 받게 되는 형사책임, 금전적 손해배상으로서의 민사책임, 징계책임 등과 같은 행정법상 책임이 있는 바, 본 절에서는 행정법상 책임에 관하여 상술하기로 한다.

II 행정법상 책임

1. 징계책임

(1) 의 의

징계란 공무원이 행정상 부담하는 의무를 위반한 경우에 공무원 관계의 질서를 유지하기 위해서 가해지는 행정적 제재를 말한다. 이를 처벌적 측면에서 바라볼 때 징계벌이라 하고, 책임 측면에서는 징계책임이라고 한다.

(2) 징계벌과 일사부재리

1) 징계벌과 형사벌

가. 구별 여부

징계벌이나 형사벌이나 모두 당해 공무원에게 의무위반행위를 이유로 제재를 가하는 것에서는 차이가 없다.
① 징계벌은 행정조직 내부에서 공무원 관계의 유지를 위한 것인 반면, 형사벌은 국가와 일반 공공사회의 질서유지를 위한 것이라는 점에서 차이가 난다.
② 형벌은 공무원의 퇴직 여하에 관계없지만, 징계벌은 공무원이 퇴직하면 내릴 수 없다.
③ 형벌은 일반 국민을 상대로 하지만, 징계벌은 공무원에 대해서만 문제된다는 점 등에서 차이가 난다.
④ 징계벌은 공무원으로서 가지는 신분상의 이익을 박탈 내지 제한하는 것이지만, 형벌은 일반 국민으로서 가지는 생명, 신체의 자유, 재산권을 박탈 내지 제한하는 것이다.
⑤ 징계벌은 고의, 과실을 요하지 않지만, 형벌은 고의 또는 과실이 요구된다.

나. 병과 여부

이렇듯 징계벌과 형사벌은 목적과 효과 면에서 차이가 있어서 형사벌과 징계벌이 병과될 수도 있고, 이 경우 일사부재리 원칙 위반이 아니다.

❶ 공무원에게 징계사유가 인정되는 이상 관련된 형사사건이 아직 유죄로 확정되지 아니하였다고 하더라도 징계처분을 할 수 있다. (대판 2001. 11. 9. 2001두4184)

❷ 공무원인 갑이 그 직무에 관하여 뇌물을 받았음을 징계사유로 하여 파면처분을 받은 후 그에 대한 형사사건이 항소심까지 유죄로 인정되었고 그 형사사건에서 갑이 수사기관과 법정에서 금품수수사실을 자인하였으나 그 후 대법원의 파기환송판결에 따라 무죄의 확정판결이 있었다면 위 징계처분은 근거없는 사실을 징계사유로 삼은 것이 되어 위법하다고 할 수는 있을지언정 그것이 객관적으로 명백하다고는 할 수 없으므로 위 징계처분이 당연무효인 것은 아니다. (대판 1989. 9. 26. 89누4963)

2) 징계벌과 직위해제

❶ 직위해제처분이 공무원에 대한 불이익한 처분이긴 하나 징계처분과 같은 성질의 처분이라 할 수 없으므로 동일한 사유로 직위해제 처분을 하고 다시 감봉처분을 하였다 하여 일사부재리원칙에 위배된다 할 수 없다. (대판 1983. 10. 25. 83누184)

❷ 국가공무원법상 직위해제처분에 행정절차법상 사전통지 및 의견청취절차가 적용되지 않는다.
국가공무원법상 직위해제처분은 구 행정절차법 제3조 제2항 제9호, 구 행정절차법 시행령 제2조 제3호에 의하여 당해 행정작용의 성질상 행정절차를 거치기 곤란하거나 불필요하다고 인정되는 사항 또는 행정절차에 준하는 절차를 거친 사항에 해당하므로, 처분의 사전통지 및 의견청취 등에 관한 행정절차법의 규정이 별도로 적용되지 않는다. (대판 2014. 5. 16. 2012두26180)

3) 동일한 징계사유를 이유로 한 재징계처분

동일한 징계사유를 이유로 징계처분 받은 자에게 또 다시 징계처분을 하는 것은 일사부재리 원칙에 위반되어 허용되지 않는다. 다만, 징계 받은 후 동일한 징계사유가 다시 발생한 경우에는 이를 이유로 징계처분해도 일사부재리 원칙 위반이 아니다.

(3) 법적 근거

징계도 법적 근거를 요하는지에 관하여 종래의 특별권력관계를 인정하는 견해에 의하면 특별권력관계에 해당할 경우 법적 근거가 없이도 수명자의 권리·의무를 제한할 수 있다고 보는 부정설과 법치주의가 확립된 오늘날 사법심사의 적용을 배제하는 특별권력관계를 인정할 수 없고, 징계도 당사자에게 불이익한 제재이므로 헌법 제37조 제2항에 따라 법적 근거를 요한다는 긍정설의 대립이 있다.

(4) 징계 원인

1) 국가공무원법의 경우

가. 징계사유

징계사유의 발생 원인에 공무원의 고의나 과실을 요구하는 것은 아니라고 보는 것이 통설적 견해이다. 그러나 불가항력에 의한 발생은 면책될 수 있다.

국가공무원법
제78조(징계 사유) ① 공무원이 다음 각 호의 어느 하나에 해당하면 징계 의결을 요구하여야 하고 그 징계 의결의 결과에 따라 징계처분을 하여야 한다.
　　1. 이 법 및 이 법에 따른 명령을 위반한 경우

2. 직무상의 의무(다른 법령에서 공무원의 신분으로 인하여 부과된 의무를 포함한다)를 위반하거나 직무를 태만히 한 때
3. 직무의 내외를 불문하고 그 체면 또는 위신을 손상하는 행위를 한 때

② 공무원(특수경력직공무원 및 지방공무원을 포함한다)이었던 사람이 다시 공무원으로 임용된 경우에 재임용 전에 적용된 법령에 따른 징계 사유는 그 사유가 발생한 날부터 이 법에 따른 징계 사유가 발생한 것으로 본다.
④ 제1항의 징계 의결 요구는 5급 이상 공무원 및 고위공무원단에 속하는 일반직공무원은 소속 장관이, 6급 이하의 공무원은 소속 기관의 장 또는 소속 상급기관의 장이 한다. 다만, 국무총리·인사혁신처장 및 대통령령등으로 정하는 각급 기관의 장은 다른 기관 소속 공무원이 징계 사유가 있다고 인정하면 관계 공무원에 대하여 관할 징계위원회에 직접 징계를 요구할 수 있다.

나. 의제규정

징계에 관하여 다른 법률의 적용을 받는 공무원이 이 법의 징계에 관한 규정의 적용을 받는 공무원으로 임용된 경우에 임용 이전의 다른 법률에 의한 징계사유는 그 사유가 발생한 날로부터 이 법에 의한 징계사유가 발생한 것으로 본다(동법 제78조 제2항). 특수경력직공무원이 경력직공무원으로 임용된 경우에 임용전의 당해 특수경력직공무원의 징계를 규율하는 법령상의 징계사유는 그 사유가 발생한 날로부터 이법의 규정에 의한 징계사유가 발생한 것으로 본다(동법 제78조 제3항).

다. 징계사유의 발생 시점

징계사유의 발생 시점은 원칙적으로 임용된 후 발생한 것을 말하나, 경우에 따라서는 임용 전 행위라도 징계사유가 될 수는 있다.

> **판례** ❶ 국가공무원으로 임용되기 전의 행위는 국가공무원법 제78조 제2항, 제3항의 경우 외에는 원칙적으로 재직 중의 징계사유로 삼을 수 없다 할 것이나, 비록 임용전의 행위라 하더라도 이로 인하여 임용후의 공무원의 체면 또는 위신을 손상하게 된 경우에는 위 제1항 제3호의 징계사유로 삼을 수 있다고 보아야 할 것인바, 원고가 장학사 또는 공립학교 교사로 임용해 달라는 등의 인사 청탁과 함께 금 1,000만 원을 제3자를 통하여 서울시 교육감에게 전달함으로써 뇌물을 공여하였고, 그 후 공립학교 교사로 임용되어 재직 중 검찰에 의하여 위 뇌물공여죄로 수사를 받다가 기소되기에 이르렀으며 그와 같은 사실이 언론기관을 통하여 널리 알려졌다면, 비록 위와 같은 뇌물을 공여한 행위는 공립학교 교사로 임용되기 전이었더라도 그 때문에 임용후의 공립학교 교사로서의 체면과 위신이 크게 손상되었다고 하지 않을 수 없으므로 이를 징계사유로 삼은 것은 정당하다. (대판 1990. 5. 22. 89누7368)
> ❷ 국가공무원법(지방공무원법) 및 동법에 의한 명령의 위반, 직무상의무위반·직무태만, 직무 내외를 불문하고 품위손상행위를 한 경우 징계원인이 된다. 공무원의 고의·과실에 관계없이 성립하며, 감독의무를 해태한 감독자도 징계책임을 질 수 있다. 또한 수 개의 징계사유 중 일부가 인정되지 않는다고 하더라도 다른 일부 징계사유만으로도 달해 징계처분이 정당하다면 위법하다고 할 수 없다. (대판 2002. 9. 24. 2002두6620)

2) 그 외 개별법령의 경우

법관징계법, 검사징계법, 교육공무원법, 군인사법 등 개별법령에서 징계사유를 별도로 규율하고 있는 경우도 있다.

(5) 징계절차

1) 징계의결의 요구

징계의결 요구는 5급 이상 공무원 및 고위공무원단에 속하는 일반직공무원은 소속 장관이, 6급 이하의 공

무원은 소속 기관의 장 또는 소속 상급기관의 장이 한다. 다만, 국무총리·인사혁신처장 및 대통령령등으로 정하는 각급 기관의 장은 다른 기관 소속 공무원이 징계사유가 있다고 인정하면 관계 공무원에 대하여 관할 징계위원회에 직접 징계를 요구할 수 있다(법 제78조 제4항). 또한 공무원에게 징계사유가 발생하면 징계권자는 반드시 징계의결을 요구하여야 하고 그 징계의결의 결과에 따라 징계처분을 하여야 한다.

> **판례** 지방공무원의 징계와 관련된 규정을 종합해 보면, 징계권자이자 임용권자인 지방자치단체장은 소속 공무원의 구체적인 행위가 과연 지방공무원법 제69조 제1항에 규정된 징계사유에 해당하는지 여부에 관하여 판단할 재량은 있지만, 징계사유에 해당하는 것이 명백한 경우에는 관할 인사위원회에 징계를 요구할 의무가 있다. (대판 2007. 7. 12. 2006도1390)

2) 징계부가금

공무원의 징계의결을 요구하는 경우 그 징계사유가 다음 각 호의 어느 하나에 해당하는 경우에는 해당 징계 외에 다음 각 호의 행위로 취득하거나 제공한 금전 또는 재산상 이득(금전이 아닌 재산상 이득의 경우에는 금전으로 환산한 금액을 말한다)의 5배 내의 징계부가금 부과 의결을 징계위원회에 요구하여야 한다(법 제78조의2 제1항).

> **국가공무원법**
> **제78조의2(징계부가금)** ① 제78조에 따라 공무원의 징계 의결을 요구하는 경우 그 징계 사유가 다음 각 호의 어느 하나에 해당하는 경우에는 해당 징계 외에 다음 각 호의 행위로 취득하거나 제공한 금전 또는 재산상 이득(금전이 아닌 재산상 이득의 경우에는 금전으로 환산한 금액을 말한다)의 5배 내의 징계부가금 부과 의결을 징계위원회에 요구하여야 한다.
>   1. 금전, 물품, 부동산, 향응 또는 그 밖에 대통령령으로 정하는 재산상 이익을 취득하거나 제공한 경우
>   2. 다음 각 목에 해당하는 것을 횡령(橫領), 배임(背任), 절도, 사기 또는 유용(流用)한 경우
>   가. ~ 사.
> ② 징계위원회는 징계부가금 부과 의결을 하기 전에 징계부가금 부과 대상자가 제1항 각 호의 어느 하나에 해당하는 사유로 다른 법률에 따라 형사처벌을 받거나 변상책임 등을 이행한 경우(몰수나 추징을 당한 경우를 포함한다) 또는 다른 법령에 따른 환수나 가산징수 절차에 따라 환수금이나 가산징수금을 납부한 경우에는 대통령령으로 정하는 바에 따라 조정된 범위에서 징계부가금 부과를 의결하여야 한다.
> ③ 징계위원회는 징계부가금 부과 의결을 한 후에 징계부가금 부과 대상자가 형사처벌을 받거나 변상책임 등을 이행한 경우(몰수나 추징을 당한 경우를 포함한다) 또는 환수금이나 가산징수금을 납부한 경우에는 대통령령으로 정하는 바에 따라 이미 의결된 징계부가금의 감면 등의 조치를 하여야 한다.
> ④ 제1항에 따라 징계부가금 부과처분을 받은 사람이 납부기간 내에 그 부가금을 납부하지 아니한 때에는 처분권자(대통령이 처분권자인 경우에는 처분 제청권자)는 국세강제징수의 예에 따라 징수할 수 있다. 이 경우 체납액의 징수가 사실상 곤란하다고 판단되는 경우에는 징수 대상자의 주소지를 관할하는 세무서장에게 징수를 위탁한다.
> ⑤ 처분권자(대통령이 처분권자인 경우에는 처분 제청권자)는 제4항 단서에 따라 관할 세무서장에게 징계부가금 징수를 의뢰한 후 체납일부터 5년이 지난 후에도 징수가 불가능하다고 인정될 때에는 관할 징계위원회에 징계부가금 감면의결을 요청할 수 있다.

3) 재징계의결 등의 요구

처분권자(대통령이 처분권자인 경우에는 처분 제청권자)는 다음 각 호에 해당하는 사유로 소청심사위원회 또는 법원에서 징계처분등의 무효 또는 취소(취소명령 포함)의 결정이나 판결을 받은 경우에는 다시

징계의결 또는 징계부가금 부과 의결(이하 "징계의결등"이라 한다)을 요구하여야 한다. 다만, 다음의 사유로 무효 또는 취소(취소명령 포함)의 결정이나 판결을 받은 감봉·견책처분에 대하여는 징계의결을 요구하지 아니할 수 있다(법 제78조의3 제1항).

① 법령의 적용, 증거 및 사실 조사에 명백한 흠이 있는 경우.
② 징계위원회의 구성 또는 징계의결 등, 그 밖에 절차상의 흠이 있는 경우.
③ 징계양정 및 징계부가금이 과다(過多)한 경우.

국가공무원법
제78조의3(재징계의결 등의 요구) ① 처분권자(대통령이 처분권자인 경우에는 처분 제청권자)는 다음 각 호에 해당하는 사유로 소청심사위원회 또는 법원에서 징계처분등의 무효 또는 취소(취소명령 포함)의 결정이나 판결을 받은 경우에는 다시 징계 의결 또는 징계부가금 부과 의결(이하 "징계의결등"이라 한다)을 요구하여야 한다. 다만, 제3호의 사유로 무효 또는 취소(취소명령 포함)의 결정이나 판결을 받은 감봉·견책처분에 대하여는 징계의결을 요구하지 아니할 수 있다.
　　1. 법령의 적용, 증거 및 사실 조사에 명백한 흠이 있는 경우
　　2. 징계위원회의 구성 또는 징계의결등, 그 밖에 절차상의 흠이 있는 경우
　　3. 징계양정 및 징계부가금이 과다(過多)한 경우
② 처분권자는 제1항에 따른 징계의결등을 요구하는 경우에는 소청심사위원회의 결정 또는 법원의 판결이 확정된 날부터 3개월 이내에 관할 징계위원회에 징계의결등을 요구하여야 하며, 관할 징계위원회에서는 다른 징계사건에 우선하여 징계의결등을 하여야 한다.

---

4) 징계의결의 요구 시한

징계의결 등의 요구는 징계 등의 사유가 발생한 날부터 3년(법 제78조의2 제1항 각 호의 어느 하나에 해당하는 경우에는 5년)이 지나면 하지 못한다(법 제83조의2).

[판례] ❶ 원고의 비위가 모두 소송사건에 관련하여 계속적으로 행하여진 일련의 행위라면 설사 그 중에 본건 징계의결시 2년이 경과한 것이 있다 할지라도 그 징계시효의 기산점은 위 일련의 행위 중 최종의 것을 기준하여야 한다. (대판 1986. 1. 21. 85누841)
❷ 징계권자는 공무원에게 징계사유에 발생하면 징계의결을 요구하여야 한다.
지방공무원의 징계와 관련된 규정을 종합해 보면, 징계권자이자 임용권자인 지방자치단체장은 소속 공무원의 구체적인 행위가 징계사유에 해당하는지 여부에 관하여 판단할 재량은 있지만, 징계사유에 해당하는 것이 명백한 경우에는 관할 인사위원회에 징계를 요구할 의무가 있다. (대판 2007. 7. 12. 2006도1390)

---

5) 징계위원회의 심의·의결

공무원의 징계는 징계위원회의 의결을 거쳐 징계위원회가 설치된 소속기관의 장이 행하되, 국무총리소속하에 설치된 징계위원회(국회·법원·헌법재판소 및 선거관리위원회에 있어서는 해당 중앙인사관장기관에 설치된 상급징계위원회)에서 행한 징계의결에 대하여는 중앙행정기관의 장이 행한다. 다만, 파면과 해임은 징계위원회의 의결을 거쳐 각 임용권자 또는 임용권을 위임한 상급감독기관의 장이 이를 행한다(법 제82조 제1항). 이 경우 징계위원회의 심사 시에 해당공무원에게 진술의 기회를 주지 않은 경우는 당해 징계는 무효로 한다(법 제81조 제3항, 제13조 제2항).

공무원 징계령

제9조(징계의결 등의 기한) ① 징계위원회는 징계의결 등 요구서를 접수한 날부터 30일(중앙징계위원회의 경우는 60일) 이내에 징계의결 등을 하여야 한다. 다만, 부득이한 사유가 있을 때에는 해당 징계위원회의 의결로 30일(중앙징계위원회의 경우는 60일)의 범위에서 그 기간을 연장할 수 있다.

제10조(징계 등 혐의자의 출석) ① 징계위원회가 징계 등 혐의자의 출석을 명할 때에는 별지 제2호 서식에 따른 출석통지서로 하되, 징계위원회 개최일 3일 전에 징계 등 혐의자에게 도달되도록 하여야 한다.

③ 징계위원회는 징계 등 혐의자가 그 징계위원회에 출석하여 진술하기를 원하지 아니할 때에는 진술권포기서를 제출하게 하여 기록에 첨부하고 서면심사만으로 징계의결 등을 할 수 있다.

판례 징계혐의자의 출석이 원칙이므로 적법한 통지 없이 행한 징계심의절차는 위법하다.

교육공무원법의 위임에 의하여 제정된 교육공무원징계령 제8조 소정의 징계혐의자에 대한 출석통지는 징계혐의자로 하여금 징계심의 개최일을 알게 하고 동시에 자기에게 이익되는 사실을 진술하거나 증거자료를 제출할 기회를 부여하기 위한 조치에서 나온 강행규정이므로 적법한 출석통지 없이 한 징계심의 절차는 위법하다. (대판 1987. 7. 21. 86누623)

6) 징계권자의 징계

공무원의 징계처분 등은 징계위원회의 의결을 거쳐 징계위원회가 설치된 소속 기관의 장이 하되, 국무총리 소속으로 설치된 징계위원회에서 한 징계의결 등에 대하여는 중앙행정기관의 장이 한다. 다만, 파면과 해임은 징계위원회의 의결을 거쳐 각 임용권자 또는 임용권을 위임한 상급 감독기관의 장이 한다.

7) 재심사청구

징계의결을 요구한 기관의 장은 징계위원회의 의결이 경하다고 인정한 때에는 그 처분을 하기 전에 직근 상급기관에 설치된 징계위원회(국무총리소속하에 설치된 징계위원회의 의결에 대하여는 그 징계위원회)에 심사 또는 재심사를 청구할 수 있다. 이 경우에는 소속공무원을 대리인으로 지정할 수 있다(법 제82조 제2항).

8) 처분사유 설명서의 교부

공무원에 대하여 징계처분을 행할 때나 강임·휴직·직위해제 또는 면직처분을 행할 때에는 그 처분권자 또는 처분제청권자는 처분의 사유를 기재한 설명서를 교부하여야 한다. 다만, 본인의 원에 의한 강임·휴직 또는 면직처분은 그러하지 아니하다(법 제75조 제1항).

(6) 징계의 종류 및 효력

국가공무원법과 지방공무원법에 의하면 징계의 종류로는 파면·해임·강등·정직(停職)·감봉·견책(譴責)의 6가지 종류가 있으며 이는 선택재량이 인정되는 부분이다(국가공무원법 제79조, 지방공무원법 제70조). 다만, 실무상 행해지는 경고는 여기서 말하는 징계에 해당하지 않는다. 그러나 불문경고조치는 징계처분은 아니지만 처분성이 있다.

구 분	내 용
파 면	파면은 공무원 관계를 해제하는 것으로 파면처분을 받은 후 5년을 경과해야만 다시 공무원 임용이 가능하다(법 제33조 제1항 7호). 한편, 공무원연금법 제65조 제1항에 의하면 파면을 받으면 퇴직급여, 퇴직수당이 감액된다.
해 임	해임도 공무원 관계를 해제하는 것으로 해임처분을 받은 후 3년간 공무원에 임용될 수 없고(법 제33조 제1항 8호), 한편 공무원연금법상의 퇴직급여, 퇴직수당의 감액은 없다. 다만, 금품 및 향응수수, 공금의 횡령·유용으로 징계 해임된 경우는 퇴직급여, 퇴직수당이 감액된다.
강 등	강등은 1계급 아래로 직급을 내리고(고위공무원단에 속하는 공무원은 3급으로 임용하고, 연구관 및 지도관은 연구사 및 지도사로 한다) 공무원신분은 보유하나 3개월간 직무에 종사하지 못하며 그 기간 중 보수는 전액을 감한다. 다만, 계급을 구분하지 아니하는 공무원과 임기제공무원에 대해서는 강등을 적용하지 아니한다(법 제80조 제1항).
정 직	정직은 1개월 이상 3개월 이하의 기간으로 하고, 정직 처분을 받은 자는 그 기간 중 공무원의 신분은 보유하나 직무에 종사하지 못하며 보수는 전액을 감한다(법 제80조 제3항).
감 봉	감봉은 1월 이상 3월 이하의 기간 보수의 3분의 1을 감한다(법 제80조 제4항).
견 책	견책은 전과에 대하여 훈계하고 회개하게 한다(법 제80조 제5항).

> **판례** ❶ 서면에 의한 경고는 징계는 물론 행정처분에도 해당하지 않는다.
> 공무원이 소속 장관으로부터 받은 "직상급자와 다투고 폭언하는 행위 등에 대하여 엄중 경고하니 차후 이러한 사례가 없도록 각별히 유념하기 바람"이라는 내용의 서면에 의한 경고가 공무원의 신분에 영향을 미치는 국가공무원법상의 징계의 종류에 해당하지 아니하므로 처분이 아니다. (대판 1991. 11. 12. 91누2700)
> ❷ 행정규칙에 의한 '불문경고조치'는 징계처분은 아니지만 행정처분에 해당한다.
> 행정규칙에 의한 '불문경고조치'가 비록 법률상의 징계처분은 아니지만 위 처분을 받지 아니하였다면 차후 다른 징계처분이나 경고를 받게 될 경우 징계감경사유로 사용될 수 있었던 표창공적의 사용가능성을 소멸시키는 효과와 1년 동안 인사기록카드에 등재됨으로써 그 동안은 장관표창이나 도지사표창 대상자에서 제외시키는 효과 등이 있다는 이유로 항고소송의 대상이 되는 행정처분에 해당한다. (대판 2002. 7. 26. 2001두3532)

(7) 권리 구제

1) 소청심사

가. 의 의

행정기관 소속공무원의 징계처분 기타 그 의사에 반하는 불리한 처분이나 부작위에 대한 소청을 심사결정하게 하기 위하여 인사혁신처에 소청심사위원회를 둔다(법 제9조 제1항). 소청심사는 행정심판의 일종이다.

나. 절 차

① 처분사유설명서를 받은 공무원은 그 처분에 불복이 있을 때에는 그 설명서를 받은 날부터, 공무원이 제75조에서 정한 처분 이외의 그 의사에 반한 불리한 처분을 받았을 때에는 그 처분이 있은 것을 안 날부터 각각 30일 이내에 소청심사위원회에 이에 대한 심사를 청구할 수 있다. 이 경우에는 변호사를 대리인으로 선임할 수 있다(법 제76조 제1항).

② 소청심사위원회는 제3항에 의한 가결정을 한 경우를 제외하고는 소청심사청구를 접수한 날로부터 60일 이내에 이에 대한 결정을 하여야 한다. 다만, 소청심사위원회의 의결로 불가피하다고 인정되는 경우에는 30일을 연장할 수 있다(법 제76조 제5항). 소청심사위원회가 소청사건을 심사할 때에는 국회규칙·대법원규칙·헌법재판소규칙·중앙선거관리위원회규칙 또는 대통령령으로 정하는 바에 따라 소청인 또는 제76조 제1항의 규정에 의한 대리인에게 진술의 기회를 부여하여야 한다. 이 경우 진술의 기회를 부여하지 아니한 결정은 이를 무효로 한다(법 제13조 제1항, 제2항).

다. 필요적 전치주의

행정소송을 제기하기 위해서는 소청심사위원회의 심사·결정을 거치지 아니하면 제기할 수 없다(법 제16조 제2항).

라. 불이익변경금지의 원칙

소청심사위원회가 징계처분을 받은 자의 청구에 의하여 소청을 심사할 경우에는 원징계처분에서 과한 징계보다 중한 징계를 과하는 결정을 하지 못한다(법 제14조 제8항).

기출 국가공무원법상 소청에 관한 설명으로 옳은 것은?   20년 행정사
① 소청을 통해 위법한 거부처분에 대하여 의무이행을 구하는 심사청구를 할 수 없다.
② 징계처분에 대해 소청심사위원회의 심사·결정을 거치지 아니하면 행정소송을 제기할 수 없다.
③ 소청심사위원회가 소청인에게 진술 기회를 주지 아니하고 내린 결정은 취소사유의 하자가 있다.
④ 징계처분에 대한 소청에 대하여는 불이익변경금지원칙이 적용되지 아니한다.
⑤ 행정기관소속 공무원의 소청을 심사하는 소청심사위원회는 법제처에 둔다.

정답 ②

기출 공무원관계의 변동에 대한 설명으로 옳은 것은? (다툼이 있는 경우 판례에 의함)   19년 지방직 7급
① 국가공무원법 상 직위해제처분에 대해서는 처분의 사전통지 및 의견청취 등에 관한 행정절차법 규정이 적용된다.
② 공무원임용결격사유가 있는지의 여부는 채용후보자 명부에 등록한 때의 법률을 기준으로 하여 판단하여야 한다.
③ 지방자치단체의 장이 소속 공무원을 다른 지방자치단체로 전출하는 것은 임명권자를 달리하는 지방자치단체로의 이동인 점에 비추어 이 경우에는 반드시 당해 공무원의 동의를 전제로 하므로, 당해 공무원의 동의 없는 전출명령은 무효이다.
④ 지방공무원법에 따르면, 임용권자는 직제와 정원이 개정되거나 폐지되어 과원이 됨에 따라 소속 공무원을 면직시킬 때에는 임용형태, 업무실적, 직무수행능력, 징계처분 사실 등을 고려하여 면직 기준을 정하여야 하며, 이 경우 미리 해당 인사위원회의 의결을 거쳐야 한다.

정답 ④

2) 행정소송

소청심사 및 결정을 받은 후 이에 대해 불복하고자 하는 자는 행정소송을 제기할 수 있다. 이 경우 원처분을 대상으로 소송을 제기하며, 소청결정 자체에 고유한 위법이 있는 경우에만 소청결정을 대상으로 소송을 제기할 수 있다. 행정소송의 본안판단에서는 징계처분의 재량권의 일탈·남용 여부를 심사하게 된다. 판례는 실무상 행하여지는 단순한 경고에 대해서는 처분성을 부정하고 있다. 그러나 불문경고조치는 처분성을 인정하고 있다.

> **판례** ❶ 공무원이 소속 장관으로부터 받은 "직상급자와 다투고 폭언하는 행위 등에 대하여 엄중 경고하니 차후 이러한 사례가 없도록 각별히 유념하기 바람"이라는 내용의 서면에 의한 경고가 공무원의 신분에 영향을 미치는 국가공무원법상의 징계의 종류에 해당하지 아니하고, 근무충실에 관한 권고행위 내지 지도행위로서 그 때문에 공무원으로서의 신분에 불이익을 초래하는 법률상의 효과가 발생하는 것도 아니므로, 경고가 국가공무원법상의 징계처분이나 행정소송의 대상이 되는 행정처분이라고 할 수 없어 그 취소를 구할 법률상의 이익이 없다. (대판 1991. 11. 12. 91누2700)

❷ 항고소송의 대상이 되는 행정처분이라 함은 원칙적으로 행정청의 공법상 행위로서 특정 사항에 대하여 법규에 의한 권리의 설정 또는 의무의 부담을 명하거나 기타 법률상 효과를 발생하게 하는 등으로 일반 국민의 권리 의무에 직접 영향을 미치는 행위를 가리키는 것이지만, 어떠한 처분의 근거나 법적인 효과가 행정규칙에 규정되어 있다고 하더라도, 그 처분이 행정규칙의 내부적 구속력에 의하여 상대방에게 권리의 설정 또는 의무의 부담을 명하거나 기타 법적인 효과를 발생하게 하는 등으로 그 상대방의 권리 의무에 직접 영향을 미치는 행위라면, 이 경우에도 항고소송의 대상이 되는 행정처분에 해당한다. 행정규칙에 의한 '불문경고조치'가 비록 법률상의 징계처분은 아니지만 위 처분을 받지 아니하였다면 차후 다른 징계처분이나 경고를 받게 될 경우 징계감경사유로 사용될 수 있었던 표창공적의 사용가능성을 소멸시키는 효과와 1년 동안 인사기록카드에 등재됨으로써 그 동안은 장관표창이나 도지사표창 대상자에서 제외시키는 효과 등이 있다는 이유로 항고소송의 대상이 되는 행정처분에 해당한다. (대판 2002. 7. 26. 2001두3532)

❸ 구청공무원인 원고가 같은 구청 관할 내에서 다른 관광호텔의 부대시설 또는 기타 시설로서 복합목욕장 영업허가를 내준 선례가 있었으며 관련 건설부공고의 내용에 애매모호한 점이 있고 관련된 법령이나 상부의 방침을 잘못 이해하여 이 사건 복합목욕장 영업허가를 결재함으로써 공무원의 성실의무를 위반하였는데, 원고는 임용된 이래 20년간 아무런 징계처분을 받지 않았고, 수회에 걸쳐 표창을 받는 등 성실히 근무해 왔으며, 이 사건 영업허가에 관련된 공무원 중 기안담당자는 불문에, 담당과장은 견책에, 담당국장은 경고 등 가벼운 처분을 받은 경우 원고에 대한 감봉처분의 징계양정은 재량권의 범위를 일탈한 것이어서 위법하다. (대판 1991. 5. 10. 91누2090)

❹ 원고가 국방부 조사대에서 고문을 당해 납품업체로부터 뇌물을 수수하였다는 진술을 하고 위 조사대는 징계권자인 피고에게 원고의 위와 같은 업무상 비위사실을 통보하여 피고는 그 비위사실 통보에 터잡아 원고를 해임처분하였는 바, 징계권자가 징계처분을 함에 있어서 사실관계를 오인한 하자가 있는 경우에 그 하자가 중대하더라도 외형상 객관적으로 명백하지 않다면 그 징계처분은 취소할 수 있음에 불과하고 당연무효라고 볼 수는 없다. 즉, 징계원인사실관계의 오인이 잘못된 징계자료에 기인한 경우에 그 징계자료가 외형상 상태성을 결여하고 객관적으로 그 성립이나 내용의 진정을 인정할 수 없는 것임이 명백한 경우가 아닌 한 그 징계자료에 기인한 사실관계의 오인을 외형상 객관적으로 명백한 하자라고 보기는 어려울 것이다. (대판 1990. 11. 27. 90누5580)

❺ 소청절차에 특별한 규정이 없는 한 행정심판법은 소청절차에도 적용된다.
행정심판법 제43조는 행정심판에 관하여 다른 법률에서 특례를 정한 경우에도 그 법률에서 규정하지 아니한 사항에 관하여는 이 법이 정하는 바에 의한다고 규정하고 있고, 행정심판법은 '행정청이 심판청구의 경유절차를 알리지 아니하였거나 잘못 알려서 청구인이 심판청구서를 다른 행정기관에 제출한 때에는 당해 행정기관은 그 심판청구서를 지체 없이 정당한 권한 있는 행정청에 송부하여야 한다고 규정하고 있으므로 지방공무원의 불이익처분에 대한 소청절차규정에 행정절차법의 규정을 배제하거나 이와 저촉되는 내용의 규정이 없는 한 그 소청절차에 관하여도 행정심판법 규정이 적용된다. (대판 1992. 6. 23. 92누1834)

❻ 소청심사위원회의 재임용거부처분취소결정은 해당 교원에 대한 재임용 심사의무만 부과한다.
교원소청심사위원회의 소청심사결정 중 임용기간이 만료된 교원에 대한 재임용거부처분을 취소하는 결정은 재임용거부처분을 취소함으로써 학교법인 등에게 해당 교원에 대한 재임용심사를 다시 하도록 하는 절차적 의무를 부과하는 데 그칠 뿐 학교법인 등에게 반드시 해당 교원을 재임용하여야 하는 의무를 부과하거나 혹은 그 교원이 바로 재임용되는 것과 같은 법적 효과까지 인정되는 것은 아니다. 나아가 재임용거부처분을 취소한 소청심사결정의 기속력에 기하여 재임용심사의무가 있는 학교법인 등이 그 의무를 이행하지 아니하였다고 하더라도 그러한 사정만으로 바로 불법행위로 인한 임금 상당 재산상 손해의 배상책임이 발생하는 것은 아니고, 재심사 결과 해당 교원이 재임용되었을 것임이 인정되는 경우에 한하여 위와 같은 손해배상책임을 긍정할 수 있다. (대판 2010. 9. 9. 2008다6953)

❼ 불이익변경 금지의 대상은 내용상 불이익에 관한 원칙이다.
국가공무원법 제14조 제6항은 소청심사결정에서 당초의 원처분청의 징계처분보다 청구인에게 불리한 결정을 할 수 없다는 의미인데, 소청심사위원회가 절차상 하자가 있다는 이유로 의원면직처분을 취소하는 결정을 한 후 징계권자가 징계절차에 따라 당해 공무원에 대하여 징계처분을 하는 경우에는 불이익변경금지의 원칙이 적용될 여지가 없다. (대판 2008. 10. 9. 2008두11853)

2. 변상책임

(1) 의 의

변상책임이란 공무원이 직무상 의무를 위반하여 국가나 지방자치단체에 재산상 손해를 입히게 된 경우 그 손해를 변상하는 책임을 말한다. 이에는 회계관계법상의 변상책임과 국가배상법상의 변상책임이 있다.

(2) 회계관계법상의 변상책임

회계관계직원등의책임에관한법률은 국가회계법 제28조, 물품관리법 제45조, 군수품관리법 제28조 및 제29조, 공유재산및물품관리법 제60조[3] 등에서 회계관계직원 등의 변상책임에 관해 규정하고 있으므로 그에 대한 일반법에 해당한다. 회계관계직원등의책임에관한법률 제4조[4]는 회계관계직원의 변상책임을, 동법 제6조는 감사원 판정 전의 회계관계직원의 변상책임을 각 규정하고 있다.

판례 ❶ 변상책임은 공법상 책임이다.

공무원의 순전한 직무상의 행위로 인하여 국가 또는 공공단체에 손해를 입힌 경우에는 회계관계직원등의책임에관한법률이나 물품보관법 등에 의하여 특별히 규정된 경우를 제외하고는 국가 또는 공공단체에 대하여 민법상 불법행위로 인한 손해배상책임을 지지 않는다. (대판 1988. 10. 24. 87다카1751)

❷ 감사원의 변상판정에 따른 소속 장관의 변상명령은 독립한 행정처분에 해당한다.

감사원의 변상판정의 위법과는 별개로 소속장관 등의 변상명령 자체에 위법사유가 있을 수 있어 변상명령을 별도로 행정소송 대상으로 인정할 필요성도 있고, 또한 회계관계직원 등의 변상책임에 관하여 감사원은 추상적인 변상의무의 유무 및 범위 등을 확정할 뿐이고 그 변상판정의 내용에 따른 구체적인 변상금 납부의무는 소속장관 등이 감사원의 변상판정서를 첨부한 변상명령처분을 함으로써 비로소 발생한다 할 것이어서 변상명령은 그 자체 독립한 행정행위의 하나로 보아야 할 것이다. (대판 1994. 12. 4. 93누623)

❸ 항고소송의 대상의 원칙인 원처분주의의 예외로서 감사원법상 재결주의

감사원의 변상판정처분에 대하여서는 행정소송을 제기할 수 없고 재결에 해당하는 재심의 판정에 대하여서만 감사원을 피고로 하여 행정소송을 제기할 수 있는 것이다. (대판 1984. 4. 10. 84누91)

---

(3) 국가배상법상의 변상책임

공무원이 직무상 위법행위로 국가에 손해를 끼친 경우 당해 공무원이 고의 또는 중과실에 기해 행위 한 경우에는 국가배상법 제2조 제2항에 따라 공무원은 국가 등에 대하여 구상의무(변상책임)가 있고, 영조물 설치·관리상의 하자와 관련해 당해 공무원에게 책임이 있을 경우에는 국가배상법 제5조 제2항에 따라 역시 구상의무(변상책임)가 있다.

---

3) **공유재산및물품관리법 제60조(재물조사 등)** ① 지방자치단체의 장은 관리하는 물품에 대하여 대통령령으로 정하는 바에 따라 1년마다 재물조사를 실시하여야 하며, 필요한 경우에는 수시로 재물조사를 할 수 있다.
② 제1항에 따른 재물조사 결과 잃어버리거나 훼손된 물품이 발견되면 「회계관계직원 등의 책임에 관한 법률」에 따라 조치하여야 한다.

4) **회계관계직원등의책임에관한법률 제4조(회계관계직원의 변상책임)** ① 회계관계직원은 고의 또는 중대한 과실로 법령 그 밖의 관계규정과 예산에 정하여진 바에 위반하여 국가·지방자치단체 그 밖에 감사원의 감사를 받는 단체 등의 재산에 대하여 손해를 끼친 때에는 변상의 책임이 있다.

Ⅲ 형사법상 책임

공무원의 의무위반행위가 형사법상의 범죄구성요건을 충족하는 경우 공무원은 형사법상으로도 처벌을 받을 수 있다. 이 경우에는 징계책임과 병과되어도 일사부재리 원칙 위반이 아니다. 형사법상 책임에는 행정형벌에 의한 경우도 포함한다.

Ⅳ 민사법상 책임

공무원의 의무위반행위로 인해 사인이 피해를 입게 된 경우 국가배상 외에 공무원이 사인에게 직접 민사상 손해배상책임이 있는지가 문제된다. 이 경우 판례는 공무원이 고의 또는 중과실에 의해서 사인에게 손해를 입힌 경우에는 공무원도 사인에게 민사상 손해배상책임을 진다고 하여 국가와 공무원 간의 선택적 청구를 긍정하고 있다.

Ⅴ 헌법상 책임

공무원의 의무위반행위가 있는 경우 헌법상 책임으로 선거제도, 탄핵제도, 청원, 해임건의 등을 통해 공무원에게 책임 추궁을 하는 것은 가능하다. 그러나 대체로 정무직, 특정직 공무원에 한정되어 있고, 그 효과가 비강제적이고 간접적인 것에 그치고 있다.

기출 공무원법관계에 대한 판례의 입장으로 옳은 것은? 　　　　　　　　　　21년 국가직 7급
　① 직위해제 중에 자격정지 이상의 형의 선고유예를 받아 당연퇴직된 경찰공무원에게 임용권자가 복직처분을 한 상태에서 선고유예 기간이 경과된 경우 그 공무원의 신분이 회복된다 할 것이다.
　② 공무원에 대한 직위해제처분은 공무원에 대하여 불이익한 처분에 해당하므로 동일한 사유에 대한 직위해제처분이 있은 후 다시 해임처분이 있었다면 일사부재리의 법리에 어긋난다.
　③ 국가공무원이 금고 이상의 형의 집행유예를 받고 그 후 형의 선고가 효력을 잃게 된 경우 이미 발생한 당연퇴직의 효력은 소멸한다.
　④ 구 「경찰공무원법」 소정의 부적격사유가 있어 직위해제처분을 받은 자가 그 처분에 대하여 소청심사위원회에 심사청구를 하지 않았다면 그 처분이 당연무효 사유가 아닌 한 이를 행정소송으로 다툴 수 없다.

정답 ④

정인영
쎄르파

행 정 법 각 론

PART

4

경찰행정법

CHAPTER 01 경찰법

제1절 경 찰

I 경찰의 개념

1. 실질적 의미의 경찰과 형식적 의미의 경찰

형식적 의미의 경찰이란 경찰작용의 성질 여하를 불문하고 보통경찰기관의 권한에 속하는 모든 작용을 의미하고 실질적 의미의 경찰이란 사회공공의 안녕과 질서를 유지하기 위하여 일반통치권에 의거하여 기본적으로는 국민에게 명령·강제함으로써 개인의 자유를 제한하는 작용을 의미하는 바, 경찰행정법에서의 경찰은 실질적 의미의 경찰을 지칭한다.

2. 실질적 의미의 경찰의 개념적 징표

(1) 경찰의 목적

사회공공의 안녕과 질서를 유지하고 그에 대한 위해를 예방 또는 제거함을 목적으로 한다. 실질적 의미의 경찰은 소극적 질서유지작용이라는 점에서 적극적으로 사회공공의 복리증진을 위하여 발동할 수는 없다는 점에서 복리작용과 구별된다.

(2) 경찰의 수단

경찰작용의 수단은 국민에게 명령·강제 등의 권력적 수단을 사용한다. 그러나 오늘날에는 국민의식이 성숙함에 따라 경찰행정지도와 같은 비권력적 작용의 비중이 점차 증가하고 있다.

(3) 경찰권의 기초

경찰은 일반통치권에 기초를 둔 작용이므로 내·외국인을 불문하고 복종하여야 한다. 특별행정법관계의 내부질서를 위한 명령이나 강제는 경찰에 속하지 않는다.

(4) 경찰의 내용

경찰은 개인의 자연적 자유를 제한하는 것을 내용으로 한다.

Ⅱ 경찰의 종류

1. 행정경찰과 사법경찰

행정경찰이란 행정법학의 대상이 되는 경찰개념으로 사회공공의 안녕과 질서유지를 목적으로 하는 행정작용을 뜻한다. 즉, 실질적 의미의 경찰이다. 그러나 사법경찰이란 형사소송법이 정하는 바에 따라 검찰과 사법경찰직원에 의해 재판목적을 위해 행해지는 형사사법권의 작용으로 행정법의 대상이 되지 않는다. 형식적 의미의 경찰에 포함된다.

2. 보안경찰과 협의의 행정경찰

실질적 의미의 행정경찰은 다시 보안경찰과 협의의 행정경찰로 구분된다. 보안경찰은 풍속경찰, 영업경찰, 해양경찰, 교통경찰 등 보통경찰기관이 공공의 안전과 질서유지를 위해 그 자체로 독립적으로 행하여지는 경찰을 말하고, 협의의 행정경찰은 위생경찰, 건축경찰 등 다른 행정작용과 부수하여 다른 행정작용을 수행하는 행정기관에 의해 행해지는 행정경찰을 말한다.

3. 예방경찰과 진압경찰

위해가 발생하기 이전에 위험을 방지하기 위한 경찰작용을 예방경찰이라 하고, 위해가 발생한 이후에 그러한 장해를 제거하기 위한 경찰작용을 진압경찰이라 한다.

4. 국가경찰과 지방자치단체경찰

질서유지의 권능과 책임이 국가에 속하는 경찰을 국가경찰이라 하고, 지방자치단체가 경찰권의 권한 및 책임을 지는 것을 자치제 경찰이라 한다. 현재 자치제 경찰은 인정되지 않고 있으나, 제주특별자치도는 특별법에 의해 도지사 소속하에 자치경찰이 설치되어 있다.

5. 평시경찰과 비상경찰

평시경찰이란 일반경찰기관이 일반 경찰법규에 의하여 행하는 경찰작용을 말하고, 비상경찰이란 전시, 사변 등 국가비상사태에 있어 군대병력이 공공의 안녕·질서를 유지하는 경우를 비상경찰이라 한다.

Ⅲ 경찰조직

1. 보통경찰기관과 특별경찰기관

보통경찰기관은 직접적으로 보안경찰작용을 담당하는 경찰기관으로서 경찰작용을 주된 행정작용으로 하는 행정기관을 말하고, 그 권한 및 기능에 따라 행정관처의 지위를 갖는 경찰행정청과 의결 및 협의기관인 경찰위원회 그리고 집행기관인 경찰집행기관으로 나뉜다. 특별경찰기관이란 특정의 전문영역에서 경찰상의 권한을 가진 행정기관으로서 조직상 일반경찰행정기관에 속하지 아니하는 행정청을 의미하는 바, 이는 위생경찰을 담당하는 보건복지부장관, 산림경찰을 담당하는 산림청장 등을 지칭하는 협의의 행정경찰기관이 있고, 계엄사령관, 위수사령관과 같이 비상시에 병력으로서 치안을 담당하는 비상경찰기관이 있다.

2. 국가경찰의 경찰행정관청

경찰행정관청이란 위험방지임무에 관한 국가의 의사를 결정하고 이를 외부에 표시할 수 있는 권한을 가진 기관을 말한다.

(1) 일반경찰행정관청

치안에 관한 사무를 관장하게 하기 위하여 행정안전부장관 소속으로 경찰청을 둔다. 경찰청의 장 즉, 경찰청장이 중앙경찰관청이다. 해양에서의 경찰 및 오염방제에 관한 사무를 관장하기 위하여 2014년 정부조직 개편에 따라 신설된 국민안전처 해양경비안전본부로 흡수·통합되었다.

(2) 특별경찰행정관청

특별경찰행정관청이란 특정의 전문영역에서 경찰상의 권한을 가진 행정기관으로서 조직상 일반경찰행정청에 속하지 아니한 행정청을 의미한다. 특별경찰행정청으로 각 주무부장관, 지방자치단체의 장 등이 있다. 특별경찰행정청의 권한영역 내에서는 기본적으로 일반경찰행정청 활동할 수 없다. 즉, 특별경찰행정청의 권한이 우선한다.

3. 국가경찰의 경찰의결기관(국가경찰위원회)

> **경찰법**
> **제7조(경찰위원회의 설치)** ① 경찰행정에 관하여 제10조제1항 각 호의 사항을 심의·의결하기 위하여 행정안전부에 국가경찰위원회를 둔다.
> **제10조(국가경찰위원회의 심의·의결 사항)** ① 다음 각 호의 사항은 위원회의 심의·의결을 거쳐야 한다.
>   1. 국가경찰의 인사, 예산, 장비, 통신 등에 관한 주요정책 및 국가경찰 업무 발전에 관한 사항
>   2. 인권보호와 관련되는 국가경찰의 운영·개선에 관한 사항
>   3. 국가경찰의 부패 방지와 청렴도 향상에 관한 주요 정책사항
>   4. 국가경찰 임무 외에 다른 국가기관으로부터의 업무협조 요청에 관한 사항
>   5. 제주특별자치도의 자치경찰에 대한 국가경찰의 지원·협조 및 협약체결의 조정 등에 관한 주요 정책사항
>   6. 그 밖에 행정안전부장관 및 경찰청장이 중요하다고 인정하여 위원회의 회의에 부친 사항

4. 국가경찰의 경찰집행기관

경찰행정관청이 명한 사항을 현실적으로 직접 수행하는 경찰기관을 말하는 바, 이에는 일반경비경찰·해양경찰·전투경찰·특별경찰행정관청에 소속되어 있는 공무원·비상사태시의 군인 등이 있다.

5. 소방서

소방사무 역시 위험방지업무로서 경찰사무의 한 부분이지만, 소방기관은 일반경찰기관으로부터 분리되어 소방기본법상 화재, 재난·재해 등의 위급한 상황으로부터 국민의 생명·신체 및 재산을 보호하기 위한 소방사무가 국가와 지방자치단체 간의 협력 하에 효율적으로 추진될 수 있도록 국가와 지방자치단체의 책무, 소방청장과 시·도 소방본부장 및 소방서장과의 지휘·감독 관계, 소방공무원의 배치 등에 관한 사무이다.

소방기본법

제2조의2(국가와 지방자치단체의 책무) 국가와 지방자치단체는 화재, 재난·재해, 그 밖의 위급한 상황으로부터 국민의 생명·신체 및 재산을 보호하기 위하여 필요한 시책을 수립·시행하여야 한다.

제3조(소방기관의 설치 등) ① 시·도의 화재 예방·경계·진압 및 조사, 소방안전교육·홍보와 화재, 재난·재해, 그 밖의 위급한 상황에서의 구조·구급 등의 업무(이하 "소방업무"라 한다)를 수행하는 소방기관의 설치에 필요한 사항은 대통령령으로 정한다.

② 소방업무를 수행하는 소방본부장 또는 소방서장은 그 소재지를 관할하는 특별시장·광역시장·특별자치시장·도지사 또는 특별자치도지사(이하 "시·도지사"라 한다)의 지휘와 감독을 받는다.

③ 제2항에도 불구하고 소방청장은 화재 예방 및 대형 재난 등 필요한 경우 시·도 소방본부장 및 소방서장을 지휘·감독할 수 있다.

④ 시·도에서 소방업무를 수행하기 위하여 시·도지사 직속으로 소방본부를 둔다.

6. 청원경찰

국가의 예산상의 한계 등을 이유로 국가경찰이 갖는 한계를 극복하기 위하여 국가의 감독과 사업주 등의 경비부담하에 운영되는 제도가 청원경찰제도이다. 이에 관하여 청원경찰법이 제정되어 있다.

청원경찰법

제1조(목적) 이 법은 청원경찰의 직무·임용·배치·보수·사회보장 및 그 밖에 필요한 사항을 규정함으로써 청원경찰의 원활한 운영을 목적으로 한다.

제2조(정의) 이 법에서 "청원경찰"이란 다음 각 호의 어느 하나에 해당하는 기관의 장 또는 시설·사업장 등의 경영자가 경비{이하 "청원경찰경비"(請願警察經費)라 한다}를 부담할 것을 조건으로 경찰의 배치를 신청하는 경우 그 기관·시설 또는 사업장 등의 경비(警備)를 담당하게 하기 위하여 배치하는 경찰을 말한다.

1. 국가기관 또는 공공단체와 그 관리하에 있는 중요 시설 또는 사업장
2. 국내 주재 외국기관
3. 그 밖에 행정안전부령으로 정하는 중요 시설, 사업장 또는 장소

청원경찰법 시행령

제9조(국가기관 또는 지방자치단체에 근무하는 청원경찰의 보수) ② 법 제6조제2항에 따른 국가기관 또는 지방자치단체에 근무하는 청원경찰의 각종 수당은 「공무원수당 등에 관한 규정」에 따른 수당 중 가계보전수당, 실비변상 등으로 하며, 그 세부 항목은 경찰청장이 정하여 고시한다.

판례 국가나 지방자치단체에 근무하는 청원경찰의 근무관계는 공법관계에 해당한다.

국가나 지방자치단체에 근무하는 청원경찰은 국가공무원법이나 지방공무원법상의 공무원은 아니지만, 다른 청원경찰과는 달리 그 임용권자가 행정기관의 장이고, 국가나 지방자치단체로부터 보수를 받으며, 산업재해보상보험법이나 근로기준법이 아닌 공무원연금법에 따른 재해보상과 퇴직급여를 지급받고, 직무상의 불법행위에 대하여도 민법이 아닌 국가배상법이 적용되는 등의 특질이 있으며 그 외 임용자격, 직무, 복무의무 내용 등을 종합하여 볼 때, 그 근무관계를 사법상의 고용계약관계로 보기는 어려우므로 그에 대한징계처분의 시정을 구하는 소는 행정소송의 대상이지 민사소송의 대상이 아니다. (대판 1993. 7. 13. 92다47564)

CHAPTER 02 경찰작용법

제1절 경찰작용(경찰권 발동)의 법적 근거

Ⅰ 법률유보의 원칙과 경찰

경찰행정영역은 위험 발생을 예방하고 공공의 안녕과 질서를 유지하기 위해 사인에게 침익적 처분을 행하는 것을 본질적 요소로 갖고 있어 이와 같은 경찰처분을 발령하기 위해서는 헌법 제37조 제2항에 따라 반드시 법률상의 근거가 있어야 한다. 이에는 특별경찰법상 개별수권에 의한 발령, 일반경찰법상 개별수권에 의한 발령, 일반경찰법상 일반조항에 의한 발령 등으로 구분해 볼 수 있다. 특히, 일반조항에 근거해 경찰권을 발동할 수 있는지가 문제된다.

Ⅱ 특별경찰법상 특별수권(일반경찰법에의 우선적용)

특별경찰법이란 특별법상으로 규정된 위험 방지 및 질서유지에 기여하는 실질적 경찰관련법을 말한다. 특별경찰법은 일반경찰법에 대해 특별법적 성격을 갖고 있어 특별경찰법이 작용되는 분야에는 일반경찰법은 적용이 배제된다. 이러한 특별경찰법상 개별적 수권의 예로는, 도로교통과 관련해 도로교통법, 건강과 관련해 의료법, 약사법, 전염병예방법, 환경과 관련해 산림법, 집회 및 시위와 관련해 집회및시위에관한법률, 영업상 안전과 관련해 식품위생법 등 각 개별법령에 각각 경찰관련 규정이 있다.

Ⅲ 일반경찰법(경찰관직무집행법)상 개별수권(경찰상 표준처분)

1. 표준처분의 의의

경찰행정과 관련해 일반경찰법은 경찰법과 경찰관직무집행법 등을 들 수 있다. 이 중 경찰관직무집행법에는 공공의 안녕과 질서 유지를 위해 빈번히 이루어지는 경찰작용에 대해 개별수권규정을 통해 그 법적 근거를 제시하고 있다. 이를 소위 표준처분이라고 한다. 이러한 표준처분은 영장주의의 예외에 해당한다.

2. 표준처분의 유형

(1) 불심검문

> **경찰관직무집행법**
> **제3조(불심검문)** ① 경찰관은 다음 각 호의 어느 하나에 해당하는 사람을 정지시켜 질문할 수 있다.
>   1. 수상한 행동이나 그 밖의 주위 사정을 합리적으로 판단하여 볼 때 어떠한 죄를 범하였거나 범하려 하고 있다고 의심할 만한 상당한 이유가 있는 사람
>   2. 이미 행하여진 범죄나 행하여지려고 하는 범죄행위에 관한 사실을 안다고 인정되는 사람
> ② 경찰관은 제1항에 따라 같은 항 각 호의 사람을 정지시킨 장소에서 질문을 하는 것이 그 사람에게 불리하거나 교통에 방해가 된다고 인정될 때에는 질문을 하기 위하여 가까운 경찰서·지구대·파출소 또는 출장소(지방해양경찰관서를 포함하며, 이하 "경찰관서"라 한다)로 동행할 것을 요구할 수 있다. 이 경우 동행을 요구받은 사람은 그 요구를 거절할 수 있다.
> ③ 경찰관은 제1항 각 호의 어느 하나에 해당하는 사람에게 질문을 할 때에 그 사람이 흉기를 가지고 있는지를 조사할 수 있다.
> ④ 경찰관은 제1항이나 제2항에 따라 질문을 하거나 동행을 요구할 경우 자신의 신분을 표시하는 증표를 제시하면서 소속과 성명을 밝히고 질문이나 동행의 목적과 이유를 설명하여야 하며, 동행을 요구하는 경우에는 동행 장소를 밝혀야 한다.
> ⑤ 경찰관은 제2항에 따라 동행한 사람의 가족이나 친지 등에게 동행한 경찰관의 신분, 동행 장소, 동행 목적과 이유를 알리거나 본인으로 하여금 즉시 연락할 수 있는 기회를 주어야 하며, 변호인의 도움을 받을 권리가 있음을 알려야 한다.
> ⑥ 경찰관은 제2항에 따라 동행한 사람을 6시간을 초과하여 경찰관서에 머물게 할 수 없다.
> ⑦ 제1항부터 제3항까지의 규정에 따라 질문을 받거나 동행을 요구받은 사람은 형사소송에 관한 법률에 따르지 아니하고는 신체를 구속당하지 아니하며, 그 의사에 반하여 답변을 강요당하지 아니한다.

1) 의 의

불심검문이란 경찰관이 거동이 수상한 자를 정지시켜 질문·동행요구·흉기소지 여부의 조사를 하는 것을 말한다.

2) 불심검문의 방법

가. 질 문

경찰관은 수상한 거동 기타 주위의 사정을 합리적으로 판단하여 어떠한 죄를 범하였거나 범하려 하고 있다고 의심할 만한 상당한 이유가 있는 자 또는 이미 행하여진 범죄나 행하여지려고 하는 범죄행위에 관하여 그 사실을 안다고 인정되는 자를 정지시켜 질문할 수 있다. 상대방은 그 의사에 반하여 답변을 강요당하지 아니한다.

나. 임의동행

그 장소에서 질문을 하는 것이 당해인에게 불리하거나 교통의 방해가 된다고 인정되는 때에는 질문하기 위하여 부근의 경찰서·지구대·파출소 또는 출장소에 동행할 것을 요구할 수 있다. 이 경우 당해인은 경찰관의 동행요구를 거절할 수 있다.

다. 흉기소지 여부의 조사

경찰관은 질문을 할 때에 흉기의 소지여부를 조사할 수 있다. 흉기소지 여부의 조사는 신체나 소지품에 대한 검색을 전제로 하므로 권력적 사실행위에 해당하고 법적 근거가 필요하다. 본 조가 바로 그 근거이다.

3) 절 차

가. 사전절차

질문하거나 동행을 요구할 경우 경찰관은 당해인에게 자신의 신분을 표시하는 증표를 제시하면서 소속과 성명을 밝히고 그 목적과 이유를 설명하여야 하며, 동행의 경우에는 동행장소를 밝혀야 한다.

나. 사후절차

동행을 한 경우 경찰관은 당해인의 가족 또는 친지 등에게 동행한 경찰관의 신분, 동행장소, 동행목적과 이유를 고지하거나 본인으로 하여금 즉시 연락할 수 있는 기회를 부여하여야 하며, 변호인의 조력을 받을 권리가 있음을 고지하여야 한다. 임의동행을 한 경우에 경찰관은 당해인을 6시간을 초과하여 경찰관서에 머물게 할 수 없다.

기출 「경찰관직무집행법」에 따른 경찰권발동에 대한 설명으로 옳지 않은 것은? (다툼이 있는 경우 판례에 의함)

① 경찰관으로부터 임의동행 요구를 받은 상대방은 이를 거절할 수 있을 뿐만 아니라 임의동행 후 언제든지 경찰관서에서 퇴거할 자유가 있다.

② 불심검문을 하는 경찰관이 신분증을 제시하지 않았다 하더라도 검문하는 사람이 경찰관이고 검문하는 이유가 범죄행위에 관한 것임을 상대방이 충분히 알고 있었다면 그 불심검문은 위법한 공무집행이라고 할 수 없다.

③ 경찰관이 불심검문을 하기 위해서는 불심검문 대상자에게 반드시 「형사소송법」상 체포나 구속에 이를 정도의 혐의가 있을 것이 요구되지는 않는다.

④ 경찰관의 보호조치의 발동에 관하여는 재량이 인정되므로 술에 취하여 응급구호가 필요한 자를 가족에게 인계할 수 있음에도 특별한 사정없이 경찰관서에 보호조치하는 것은 위법이라 할 수 없다.

정답 ④

(2) 보호조치

경찰관직무집행법

제4조(보호조치 등) ① 경찰관은 수상한 행동이나 그 밖의 주위 사정을 합리적으로 판단해 볼 때 다음 각 호의 어느 하나에 해당하는 것이 명백하고 응급구호가 필요하다고 믿을 만한 상당한 이유가 있는 사람(이하 "구호대상자"라 한다)을 발견하였을 때에는 보건의료기관이나 공공구호기관에 긴급구호를 요청하거나 경찰관서에 보호하는 등 적절한 조치를 할 수 있다.

    1. 정신착란을 일으키거나 술에 취하여 자신 또는 다른 사람의 생명·신체·재산에 위해를 끼칠 우려가 있는 사람

    2. 자살을 시도하는 사람

    3. 미아, 병자, 부상자 등으로서 적당한 보호자가 없으며 응급구호가 필요하다고 인정되는 사람. 다만, 본인이 구호를 거절하는 경우는 제외한다.

② 제1항에 따라 긴급구호를 요청받은 보건의료기관이나 공공구호기관은 정당한 이유 없이 긴급구호를 거절할 수 없다.

③ 경찰관은 제1항의 조치를 하는 경우에 구호대상자가 휴대하고 있는 무기·흉기 등 위험을 일으킬 수 있는 것으로 인정되는 물건을 경찰관서에 임시로 영치(領置)하여 놓을 수 있다.

④ 경찰관은 제1항의 조치를 하였을 때에는 지체 없이 구호대상자의 가족, 친지 또는 그 밖의 연고자에게 그 사실을 알려야 하며, 연고자가 발견되지 아니할 때에는 구호대상자를 적당한 공공보건의료기관이나 공공구호기관에 즉시 인계하여야 한다.

1) 의 의

보호조치란 경찰관은 수상한 거동 기타 주위의 사정을 합리적으로 판단하여 자해 또는 타해의 위험이 있거나 자살을 기도하는 등 응급의 구호를 요한다고 믿을 만한 상당한 이유가 있는 자를 발견한 때에는 보건의료기관 또는 공공구호기관에 긴급구호를 요청하거나 경찰관서에 보호하는 등의 적당한 조치를 말한다. 보호조치에는 강제보호와 임의보호가 있고, 임시영치는 대물적 즉시강제에 해당한다.

2) 보호기간

보건의료기관 또는 공공구호기관에서는 보호기간의 제한이 없으나 경찰관서에서의 보호는 24시간을, 피구호자가 휴대하고 있는 무기·흉기 등 위험을 야기할 수 있는 것으로 인정되는 물건의 임시영치는 10일을 초과할 수 없다.

3) 사후조치

경찰관이 보호조치를 한 때에는 지체없이 이를 피구호자의 가족·친지 기타의 연고자에게 그 사실을 통지하여야 하며, 연고자가 발견되지 아니할 때에는 피보호자를 적당한 공중보건의료기관이나 공공구호기관에 즉시 인계하여야 한다. 만약 피구호자를 공중보건의료기관 또는 공공구호기관에 인계한 때에는 즉시 그 사실을 소속 경찰서장 또는 지방해양경찰관서의 장에게 보고하여야 한다. 보고를 받은 소속 경찰서장 또는 지방해양경찰관서의 장은 피구호자를 인계한 사실을 지체없이 당해 공중보건의료기관·공공구호기관의 장 및 그 감독행정청에 통보하여야 한다.

(3) 위험발생의 방지

(4) 범죄의 예방과 제지

> **경찰관직무집행법**
> **제6조(범죄의 예방과 제지)** 경찰관은 범죄행위가 목전(目前)에 행하여지려고 하고 있다고 인정될 때에는 이를 예방하기 위하여 관계인에게 필요한 경고를 하고, 그 행위로 인하여 사람의 생명·신체에 위해를 끼치거나 재산에 중대한 손해를 끼칠 우려가 있는 긴급한 경우에는 그 행위를 제지할 수 있다.

기출 「경찰관직무집행법」상 경찰권 발동에 대한 설명으로 옳은 것은? (다툼이 있는 경우 판례에 의함) 21년 국가직 7급

① 야간에 집에서 음악을 크게 틀어 놓는 등 「경범죄처벌법」상 금지하는 인근소란행위에 해당하면서도 경찰관의 개문 요청을 거부하는 자를 집 밖으로 나오게 하기 위해 일시적으로 전기를 차단한 것은 「경찰관직무집행법」에 따른 적법한 직무집행으로 볼 수 있다.

② 임의동행의 형식으로 수사기관에 연행된 피내사자에게는 변호인 또는 변호인이 되려는 자와의 접견교통권이 인정되지 않는다.

③ 보호조치는 경찰관서에서 해야 하고 보건의료기관이나 공공구호기관에서는 할 수 없다.

④ 경찰관의 제지 조치가 적법한지 여부는 사후적으로 순수한 객관적 기준으로 판단할 것이지 제지 조치 당시의 구체적 상황을 기초로 판단할 것은 아니다.

정답 ①

(5) 위험방지를 위한 출입

> **경찰관직무집행법**
> **제7조(위험방지를 위한 출입)** ① 경찰관은 제5조제1항·제2항 및 제6조에 따른 위험한 사태가 발생하여 사람의 생명·신체 또는 재산에 대한 위해가 임박한 때에 그 위해를 방지하거나 피해자를 구조하기 위하여 부득이하다고 인정하면 합리적으로 판단하여 필요한 한도에서 다른 사람의 토지·건물·배 또는 차에 출입할 수 있다.
> ② 흥행장(興行場), 여관, 음식점, 역, 그 밖에 많은 사람이 출입하는 장소의 관리자나 그에 준하는 관계인은 경찰관이 범죄나 사람의 생명·신체·재산에 대한 위해를 예방하기 위하여 해당 장소의 영업시간이나 해당 장소가 일반인에게 공개된 시간에 그 장소에 출입하겠다고 요구하면 정당한 이유 없이 그 요구를 거절할 수 없다.
> ③ 경찰관은 대간첩 작전 수행에 필요할 때에는 작전지역에서 제2항에 따른 장소를 검색할 수 있다.
> ④ 경찰관은 제1항부터 제3항까지의 규정에 따라 필요한 장소에 출입할 때에는 그 신분을 표시하는 증표를 제시하여야 하며, 함부로 관계인이 하는 정당한 업무를 방해해서는 아니 된다.

1) 긴급출입

경찰관은 위험한 사태가 발생하여 인명·신체 또는 재산에 대한 위해가 절박한 때에 그 위해를 방지하거나 피해자를 구조하기 위하여 부득이 하다고 인정할 때에는 합리적으로 판단하여 필요한 한도 내에서 타인의 토지·건물 또는 선차 내에 출입할 수 있다.

2) 예방출입

흥행장·여관·음식점·역 기타 다수인이 출입하는 장소의 관리자 또는 이에 준하는 관계인은 그 영업 또는 공개시간 내에 경찰관이 범죄의 예방 또는 인명·신체와 재산에 대한 위해예방을 목적으로 그 장소에 출입할 것을 요구한 때에는 정당한 이유없이 이를 거절할 수 없다.

(6) 사실의 확인 등

(7) 국제협력(경찰관직무집행법 제8조의2)

경찰청장(국민안전처 소속 경찰공무원의 직무에 관한 사항인 경우에는 국민안전처장관을 말한다)은 이 법에 따른 경찰관의 직무수행을 위하여 외국 정부기관, 국제기구 등과 자료 교환, 국제협력 활동 등을 할 수 있다.

(8) 경찰장비의 사용 등

② 제1항에서 "경찰장구"란 경찰관이 휴대하여 범인 검거와 범죄 진압 등의 직무 수행에 사용하는 수갑, 포승(捕繩), 경찰봉, 방패 등을 말한다.

16년 국가직 7급

제10조의3(분사기 등의 사용) 경찰관은 다음 각 호의 직무를 수행하기 위하여 부득이한 경우에는 현장책임자가 판단하여 필요한 최소한의 범위에서 분사기(「총포·도검·화약류 등의 안전관리에 관한 법률」에 따른 분사기를 말하며, 그에 사용하는 최루 등의 작용제를 포함한다. 이하 같다) 또는 최루탄을 사용할 수 있다.

1. 범인의 체포 또는 범인의 도주 방지
2. 불법집회·시위로 인한 자신이나 다른 사람의 생명·신체와 재산 및 공공시설 안전에 대한 현저한 위해의 발생 억제

제10조의4(무기의 사용) ① 경찰관은 범인의 체포, 범인의 도주 방지, 자신이나 다른 사람의 생명·신체의 방어 및 보호, 공무집행에 대한 항거의 제지를 위하여 필요하다고 인정되는 상당한 이유가 있을 때에는 그 사태를 합리적으로 판단하여 필요한 한도에서 무기를 사용할 수 있다. 다만, 다음 각 호의 어느 하나에 해당할 때를 제외하고는 사람에게 위해를 끼쳐서는 아니 된다.

1. 「형법」에 규정된 정당방위와 긴급피난에 해당할 때
2. 다음 각 목의 어느 하나에 해당하는 때에 그 행위를 방지하거나 그 행위자를 체포하기 위하여 무기를 사용하지 아니하고는 다른 수단이 없다고 인정되는 상당한 이유가 있을 때
    가. 사형·무기 또는 장기 3년 이상의 징역이나 금고에 해당하는 죄를 범하거나 범하였다고 의심할 만한 충분한 이유가 있는 사람이 경찰관의 직무집행에 항거하거나 도주하려고 할 때
    나. 체포·구속영장과 압수·수색영장을 집행하는 과정에서 경찰관의 직무집행에 항거하거나 도주하려고 할 때
    다. 제3자가 가목 또는 나목에 해당하는 사람을 도주시키려고 경찰관에게 항거할 때
    라. 범인이나 소요를 일으킨 사람이 무기·흉기 등 위험한 물건을 지니고 경찰관으로부터 3회 이상 물건을 버리라는 명령이나 항복하라는 명령을 받고도 따르지 아니하면서 계속 항거할 때
3. 대간첩 작전 수행 과정에서 무장간첩이 항복하라는 경찰관의 명령을 받고도 따르지 아니할 때

② 제1항에서 "무기"란 사람의 생명이나 신체에 위해를 끼칠 수 있도록 제작된 권총·소총·도검 등을 말한다.
③ 대간첩·대테러 작전 등 국가안전에 관련되는 작전을 수행할 때에는 개인화기(個人火器) 외에 공용화기(共用火器)를 사용할 수 있다.

판례 무기사용에 있어서의 비례의 원칙상 한계

경찰관은 범인의 체포, 범인의 도주 방지, 자신이나 다른 사람의 생명·신체의 방어 및 보호, 공무집행에 대한 항거의 제지를 위하여 필요하다고 인정되는 상당한 이유가 있을 때에는 그 사태를 합리적으로 판단하여 필요한 한도에서 무기를 사용하여야 하는 바(경찰관직무집행법 제10조의4), 경찰관의 무기 사용이 이러한 요건을 충족하는지 여부는 범죄의 종류, 죄질, 피해법익의 경중, 위해의 급박성, 저항의 강약, 범인과 경찰관의 수, 무기의 종류, 무기 사용의 태양, 주변의 상황 등을 고려하여 사회통념상 상당하다고 평가되는지 여부에 따라 판단하여야 하고, 특히 사람에게 위해를 가할 위험성이 큰 권총의 사용에 있어서는 그 요건을 더욱 엄격하게 판단하여야 한다. (대판 2008. 2. 1. 2006다6713)

(9) 손실보상(경찰관직무집행법 제11조의2)

국가는 경찰관의 적법한 직무집행으로 인하여 다음 각 호의 어느 하나에 해당하는 손실을 입은 자에 대하여 정당한 보상을 하여야 한다. 이러한 정당한 보상을 청구할 수 있는 권리는 손실이 있음을 안 날부터 3년, 손실이 발생한 날부터 5년간 행사하지 아니하면 시효의 완성으로 소멸한다. 이는 국가가 경찰관의 적법한 직무집행 과정에서 발생한 재산상 손실 외에 생명 또는 신체상의 손실에 대하여도 보상을 하도록 하되, 거짓 또는 부정한 방법으로 보상금을 받은 사람에 대하여는 해당 보상금을 환수하도록 하고, 손실보

상심의위원회는 보상금 지급 후 경찰위원회에 정기적으로 보고하게 하며, 경찰청장 또는 지방경찰청장은 보상금을 반환하여야 할 사람이 대통령령으로 정한 기한까지 그 금액을 납부하지 아니한 때에는 국세 체납처분의 예에 따라 징수할 수 있도록 함으로써 해당 손실에 대한 국민의 권리구제를 강화함과 동시에 경찰관의 충실한 직무수행 및 투명한 보상금 지급절차가 되도록 하려는 것이다.

경찰관직무집행법

제11조의2(손실보상) ① 국가는 경찰관의 적법한 직무집행으로 인하여 다음 각 호의 어느 하나에 해당하는 손실을 입은 자에 대하여 정당한 보상을 하여야 한다.

    1. 손실발생의 원인에 대하여 책임이 없는 자가 생명·신체 또는 재산상의 손실을 입은 경우(손실발생의 원인에 대하여 책임이 없는 자가 경찰관의 직무집행에 자발적으로 협조하거나 물건을 제공하여 생명·신체 또는 재산상의 손실을 입은 경우를 포함한다)

    2. 손실발생의 원인에 대하여 책임이 있는 자가 자신의 책임에 상응하는 정도를 초과하는 생명·신체 또는 재산상의 손실을 입은 경우

② 제1항에 따른 보상을 청구할 수 있는 권리는 손실이 있음을 안 날부터 3년, 손실이 발생한 날부터 5년간 행사하지 아니하면 시효의 완성으로 소멸한다.

③ 제1항에 따른 손실보상신청 사건을 심의하기 위하여 손실보상심의위원회를 둔다.

④ 경찰청장 또는 지방경찰청장은 제3항의 손실보상심의위원회의 심의·의결에 따라 보상금을 지급하고, 거짓 또는 부정한 방법으로 보상금을 받은 사람에 대하여는 해당 보상금을 환수하여야 한다.

⑤ 보상금이 지급된 경우 손실보상심의위원회는 대통령령으로 정하는 바에 따라 경찰위원회에 심사자료와 결과를 보고하여야 한다. 이 경우 경찰위원회는 손실보상의 적법성 및 적정성 확인을 위하여 필요한 자료의 제출을 요구할 수 있다.

⑥ 경찰청장 또는 지방경찰청장은 제4항에 따라 보상금을 반환하여야 할 사람이 대통령령으로 정한 기한까지 그 금액을 납부하지 아니한 때에는 국세 체납처분의 예에 따라 징수할 수 있다.

⑦ 제1항에 따른 손실보상의 기준, 보상금액, 지급 절차 및 방법, 제3항에 따른 손실보상심의위원회의 구성 및 운영, 제4항 및 제6항에 따른 환수절차, 그 밖에 손실보상에 관하여 필요한 사항은 대통령령으로 정한다.

기출 「경찰관직무집행법」상 경찰작용에 대한 설명으로 옳지 않은 것은? (다툼이 있는 경우 판례에 의함)   20년 지방직 7급

  ① 국가는 경찰관의 적법한 직무집행으로 인하여 손실발생의 원인에 대하여 책임이 있는 자가 자신의 책임에 상응하는 정도의 재산상의 손실을 입은 경우 그 손실을 입은 자에게 정당한 보상을 하여야 한다.

  ② 경찰관은 공무집행에 대한 항거 제지의 직무를 수행하기 위하여 필요하다고 인정되는 상당한 이유가 있을 때에는 그 사태를 합리적으로 판단하여 필요한 한도에서 경찰장구와 경찰무기로 수갑과 포승, 권총 등을 사용할 수 있다.

  ③ 술에 취한 상태로 인하여 자기 또는 타인의 생명·신체와 재산에 위해를 미칠 우려가 있는 피구호자에 대한 보호조치는 경찰 행정상 즉시강제에 해당하므로, 그 조치가 불가피한 최소한도 내에서만 행사되도록 발동·행사 요건을 신중하고 엄격하게 해석하여야 한다.

  ④ 경찰관이 살수차, 분사기, 최루탄 또는 무기를 사용하는 경우 그 책임자는 사용 일시·장소·대상, 현장책임자, 종류, 수량 등을 기록하여 보관하여야 한다.

        정답 ①

(10) 직범인검거 등 공로자 보상

> **경찰관직무집행법**
> **제11조의3(범인검거 등 공로자 보상)** ① 경찰청장, 시·도경찰청장 또는 경찰서장은 다음 각 호의 어느 하나에 해당하는 사람에게 보상금을 지급할 수 있다.
>   1. 범인 또는 범인의 소재를 신고하여 검거하게 한 사람
>   2. 범인을 검거하여 경찰공무원에게 인도한 사람
>   3. 테러범죄의 예방활동에 현저한 공로가 있는 사람
>   4. 그 밖에 제1호부터 제3호까지의 규정에 준하는 사람으로서 대통령령으로 정하는 사람
> ② 경찰청장, 시·도경찰청장 및 경찰서장은 제1항에 따른 보상금 지급의 심사를 위하여 대통령령으로 정하는 바에 따라 각각 보상금심사위원회를 설치·운영하여야 한다.
> ③ 제2항에 따른 보상금심사위원회는 위원장 1명을 포함한 5명 이내의 위원으로 구성한다.
> ④ 제2항에 따른 보상금심사위원회의 위원은 소속 경찰공무원 중에서 경찰청장, 시·도경찰청장 또는 경찰서장이 임명한다.
> ⑤ 경찰청장, 시·도경찰청장 또는 경찰서장은 제2항에 따른 보상금심사위원회의 심사·의결에 따라 보상금을 지급하고, 거짓 또는 부정한 방법으로 보상금을 받은 사람에 대하여는 해당 보상금을 환수한다.
> ⑥ 경찰청장, 시·도경찰청장 또는 경찰서장은 제5항에 따라 보상금을 반환하여야 할 사람이 대통령령으로 정한 기한까지 그 금액을 납부하지 아니한 때에는 국세 체납처분의 예에 따라 징수할 수 있다.
> ⑦ 제1항에 따른 보상 대상, 보상금의 지급 기준 및 절차, 제2항 및 제3항에 따른 보상금심사위원회의 구성 및 심사사항, 제5항 및 제6항에 따른 환수절차, 그 밖에 보상금 지급에 관하여 필요한 사항은 대통령령으로 정한다.

기출 경찰작용에 대한 설명으로 옳지 않은 것은?   20년 지방직 7급
① 경찰서장은 범인을 검거하여 경찰공무원에게 인도한 사람에게 보상금심사위원회의 심사·의결에 따라 보상금을 지급할 수 있다.
② 경찰서장은 주차위반 차의 견인·보관 업무의 전부 또는 일부를 일정한 자격요건을 갖춘 법인·단체 또는 개인으로 하여금 대행하게 할 수 있다.
③ 경찰서장이 주차위반 차를 이동하거나 보관한 경우에 이에 들어간 비용은 그 차의 사용자가 부담하며, 그 비용 징수는 「행정대집행법」이 정한 바에 따른다.
④ 경찰관의 적법한 직무집행으로 인하여, 손실발생의 원인에 대하여 책임이 없는 자가 생명·신체 또는 재산상의 손실을 입은 경우 국가는 정당한 보상을 하여야 하되, 손실보상의 청구는 손실이 발생한 날부터 3년간 행사하지 않으면 소멸한다.

정답 ④

(11) 소송 지원

경찰관과 소방관은 직무 특성상 국민의 생명·신체 및 재산을 보호하기 위해 불가피하게 물리력을 사용하게 되고, 그 과정에서 사상이나 재산상 손해가 발생하여 해당 경찰관 또는 소방관이 민·형사상 소송에 휘말리는 경우가 빈번하게 발생한다. 그러나 소방관은 「소방기본법」에 소송지원의 법적 근거가 있는 반면, 경찰관의 경우 법률에 소송지원 근거 규정이 없기에, 경찰관이 직무를 안정적으로 수행할 수 있도록 직무수행으로 인하여 민·형사상 책임과 관련된 소송을 수행할 경우 경찰청장과 해양경찰청장이 소송수행에 필요한 지원을 할 수 있도록 법적 근거를 마련하려는 취지이다.

> **경찰관직무집행법**
> **제11조의4(소송 지원)** 경찰청장과 해양경찰청장은 경찰관이 제2조 각 호에 따른 직무의 수행으로 인하여 민·형사상 책임과 관련된 소송을 수행할 경우 변호인 선임 등 소송 수행에 필요한 지원을 할 수 있다.

(12) 직무 수행으로 인한 형의 감면(신설)

현행법상 경찰공무원의 직무 수행 과정에서 경과실로 인해 발생한 사고에 대하여 형을 감면할 수 있는 근거가 미비하여 경찰관이 직무 집행에 소극적으로 임하고 있다는 지적이 제기되고 있는바, 살인 또는 상해·폭행의 죄, 아동학대범죄 등으로 타인의 생명·신체에 대한 위해 발생의 우려가 명백하고 긴급한 상황에서 경찰관이 그 위해를 예방·진압하는 등의 과정에서 타인에게 피해가 발생한 경우, 그 경찰관의 직무 수행이 불가피하고 필요한 최소한의 범위에서 이루어졌으며 고의 또는 중대한 과실이 없는 경우에는 그 정상을 참작하여 형을 감경하거나 면제할 수 있도록 하려는 취지이다.

> **경찰관직무집행법**
> **제11조의5(직무 수행으로 인한 형의 감면)** 다음 각 호의 범죄가 행하여지려고 하거나 행하여지고 있어 타인의 생명·신체에 대한 위해 발생의 우려가 명백하고 긴급한 상황에서, 경찰관이 그 위해를 예방하거나 진압하기 위한 행위 또는 범인의 검거 과정에서 경찰관을 향한 직접적인 유형력 행사에 대응하는 행위를 하여 그로 인하여 타인에게 피해가 발생한 경우, 그 경찰관의 직무수행이 불가피한 것이고 필요한 최소한의 범위에서 이루어졌으며 해당 경찰관에게 고의 또는 중대한 과실이 없는 때에는 그 정상을 참작하여 형을 감경하거나 면제할 수 있다.
> 1. 「형법」 제2편 제24장 살인의 죄, 제25장 상해와 폭행의 죄, 제32장 강간과 추행의 죄 중 강간에 관한 범죄, 제38장 절도와 강도의 죄 중 강도에 관한 범죄 및 이에 대하여 다른 법률에 따라 가중처벌하는 범죄
> 2. 「가정폭력범죄의 처벌 등에 관한 특례법」에 따른 가정폭력범죄, 「아동학대범죄의 처벌 등에 관한 특례법」에 따른 아동학대범죄

Ⅳ 일반경찰작용법상 일반수권조항

1. 일반수권조항 인정여부

(1) 의 의

일반경찰법상 일반조항이란 위험의 발생 예방, 질서유지를 위해 필요하지만 그에 대한 개별적인 법적 규정이 없는 경우, 그 처분의 발령을 위한 보충적 근거규정으로 마련된 개괄적인 조항을 말한다.

(2) 필요성

인권침해를 우려하게 되면 부정하여야 하나, 입법의 불비 영역에서도 위험발생상황이 발생하게 되고 이를 대처하기 위해서는 인정할 필요가 있기 때문이다.

(3) 학설 및 검토

학 설	지속적인 사회의 변화 및 그에 따른 경찰행정분야의 고도화, 전문화, 지능화, 위험발생상황이 예측하기 어려운 수준으로 다양화 되어가고 있는 점 등을 근거로 입법이 그러한 사회 다변화현상을 모두 수렴하지 못하므로 입법의 공백을 메우기 위해서는 일반조항을 규정하여 이를 규율할 필요가 있다고 보는 긍정설
	헌법상의 법률유보 원칙은 행정권 발동에 있어서 개별적 수권조항을 의미한다고 보아야 하고, 포괄적 재량권의 부여로 인해 경찰권 남용이 발생하고 그로 인해 국민의 기본권이 침해될 우려가 있다는 부정설

검 토	경찰행정작용의 특성상 개별법령에 규정이 없다는 이유로 경찰처분이 발령되지 못한다면 그로 인해 위험의 발생 및 사회의 혼란 등이 발생할 수 있어 긍정설이 타당하다고 본다.

2. 경찰관직무집행법 제2조 제7호 일반조항 인정가능성

일반조항의 필요성을 긍정한다고 하여도 현행법상 일반조항을 긍정할 수 있는지 여부에 대해서 다시 견해가 나누어진다.

(1) 학 설

긍정설	일반조항의 필요성을 이유로 현행 경찰관직무집행법 제2조 제7호[1](공공의 안녕과 질서 유지)를 경찰권 발동의 일반조항으로 보는 견해이다.
부정설 (입법 필요설)	일반조항의 필요성을 인정하면서도 현행 경찰관직무집행법 제2조 제7호는 수권규정이 아니라 직무범위를 정한 조직법상의 직무조항에 불과하다고 보고, 따라서 현재 일반조항은 없는 상태이며 이에 대해 입법이 필요하다고 보는 견해이다.

(2) 판 례

대법원은 청원경찰이 경찰관직무집행법 제2조 제7호에 의해 경찰권을 행사한 사안에서 이를 적법한 행위라고 보아 일반조항을 인정하는 것으로 보인다.

> **판례** 청원경찰법 제3조는 청원경찰은 청원주와 배치된 기관, 시설 또는 사업장등의 구역을 관할하는 경찰서장의 감독을 받아 그 경비구역 내에 한하여 경찰관직무집행법에 의한 직무를 행한다고 정하고 있고 한편 경찰관직무집행법 제2조에 의하면 경찰관은 범죄의 예방, 진압 및 수사, 경비요인, 경호 및 대간첩작전 수행, 치안정보의 수집작성 및 배포, 교통의 단속과 위해의 방지, 기타 공공의 안녕과 질서유지 등을 그 직무로 하고 있는 터이므로 경상남도 양산군 도시과 단속계 요원으로 근무하고 있는 청원경찰관인 공소외 김○○ 및 이○○가 원심판시와 같이 1984. 12. 29 경상남도 양산군 장안면에 있는 피고인의 집에서 피고인의 형 공소외 1이 허가 없이 창고를 주택으로 개축하는 것을 단속한 것은 그들의 정당한 공무집행에 속한다고 할 것이므로 이를 폭력으로 방해한 피고인의 판시 소위를 공무집행방해죄로 다스린 원심 조치는 정당하다. (대판 1986. 1. 28. 85도2448)

(3) 검 토

경찰관직무집행법 제2조 제7호는 직무규정에 해당하고 수권규정은 아니라고 할 것이나, 우리나라 경찰법규가 독일처럼 직무규범과 수권규범으로 철저히 구별되어 있지 않은 현실에서 이를 엄격히 해석할 것이 아니라 일반조항의 필요성을 이유로 이를 일반조항으로 보아 앞으로 새로운 입법이 있기까지 이를 근거로 경찰권을 발동할 수 있다고 보아야 할 것이다. 이렇게 보더라도 경찰권의 한계로서 경찰비례의 원칙, 경찰공공의 원칙 등이 작용하기 때문에 경찰권의 남용으로 인해 큰 피해는 발생하지 않을 것으로 보인다.

---

1) 경찰관직무집행법 제2조(직무의 범위) 경찰관은 다음 각 호의 직무를 수행한다.
　　1. 국민의 생명·신체 및 재산의 보호
　　2. 범죄의 예방·진압 및 수사
　　2의2. 범죄피해자보호
　　3. 경비, 주요 인사(人士) 경호 및 대간첩·대테러 작전 수행 16년 국가직 7급
　　4. 공공안녕에 대한 위험의 예방과 대응을 위한 정보의 수집·작성 및 배포
　　5. 교통 단속과 교통 위해(危害)의 방지
　　6. 외국 정부기관 및 국제기구와의 국제협력
　　7. 그 밖에 공공의 안녕과 질서 유지

3. 일반조항에 따른 경찰권 발동의 요건

일반조항에 따른 경찰권 발동의 요건으로는, ① 공공의 안녕 또는 질서에 대해 구체적 위험이 존재하거나 이미 장애가 존재할 것, ② 이를 예방 또는 제거할 필요가 있을 것, ③ 개별조항에 의한 수권조항이 없을 것(보충성)을 요건으로 한다.

제2절 경찰권의 한계

Ⅰ 개 념

경찰권의 행사는 성문법인 법령의 규정에 위배되어서는 아니 되고, 그 외에 불문법 특히, 경찰법의 일반원칙에 위배되어서는 아니 된다. 이를 위배하면 이는 경찰권의 한계를 넘어선 것으로 위법한 경찰권의 행사가 되어 항고소송을 통해 무효확인 또는 취소될 수 있다. 여기서 경찰법의 일반원칙으로는 경찰소극의 원칙, 경찰공공의 원칙, 경찰평등의 원칙, 경찰비례의 원칙, 경찰책임의 원칙 등이 있다.

Ⅱ 성문법규상의 한계

경찰권의 발동은 경찰권의 근거규정 및 상위법령에 위배되어서는 아니 된다. 경찰권의 발동 전에는 처분의 사전절차를 모두 준수하여야 하고, 법령상의 요건에 맞게 행사되어야 한다. 이 경우 법령상의 요건을 해석함에 있어 불확정개념이 사용될 경우 판단여지론이 적용될 수 있다. 또한 경찰권 발동은 일반적으로 재량행위이지만 재량권이 '0'으로 수축되는 경우 발동의무가 발생하고 이를 위반 시 위법하다는 판단을 받게 된다.

Ⅲ 경찰법원리상 한계

1. 경찰소극의 원칙

경찰소극의 원칙이란 경찰권은 사회공공의 안녕·질서에 대한 위해의 방지·제거라는 소극적 목적을 위해서만 발동될 수 있고, 복리증진이라는 적극목적을 위해서는 발동될 수 없다. 따라서 소극적인 경찰목적을 넘은 경찰권의 행사는 비례의 원칙 내지 권한남용금지원칙에 위반된다.

2. 경찰공공의 원칙

(1) 의 의

경찰공공의 원칙이란 경찰권은 공공의 안전·질서 유지 차원에서 행사되는 것이지, 사적 이익을 위해 행사되어서는 아니 된다는 원칙이다. 이에는 사생활불가침원칙, 사주소불가침원칙, 민사관계불가침원칙이 있다.

(2) 사생활불간섭의 원칙

사생활불간섭의 원칙이란 경찰권은 공공의 안녕과 질서에 관계없는 개인의 사적인 생활영역에는 개입할 수 없다는 원칙을 말한다. 그러나 개인의 사생활 영역에 해당한다고 할지라도 미성년자의 음주·흡연, AIDS환자나 법정감염병 환자의 관리나 치료 등 특정인의 사생활을 방치하는 것이 공공의 안녕과 질서에 중대한 위협을 가져올 수 있다면 경찰권 개입이 허용된다.

(3) 사주소불가침의 원칙

사주소불가침의 원칙이란 경찰이 개인의 사주소에서 일어나는 행위에 대해 간섭할 수 없다는 원칙이다. 여기서의 사주소에는 주거, 연구실, 강의실, 사무실 등이 모두 해당한다. 그러나 사주소내의 행위가 공공의 안녕이나 질서 유지에 중대한 침해를 발생케 할 때는 이 역시 경찰권이 발동될 수 있다. 예컨대, 아무리 사주소내(아파트 통행로는 제외)라 하여도 고성방가로 인해 이웃에게 피해를 주는 경우는 경찰권이 발동될 수 있다.

> **판례** 대학교의 강의실은 사주소불가침의 대상에 해당한다.
> 일반적으로 대학교의 강의실은 그 대학 당국에 의하여 관리되면서 그 관리업무나 강의와 관련되는 사람에 한하여 출입이 허용되는 건조물이지 널리 일반인에게 개방되어 누구나 자유롭게 출입할 수 있는 곳은 아니다. (대판 1992. 9. 25. 92도1520)

(4) 민사관계불관여의 원칙

민사관계불가침의 원칙이란 경찰권은 사회 공공의 안녕과 질서 유지에 상관없는 민사관계에 간섭할 수 없다는 원칙이다. 민사관계는 개인간의 문제로서 공공의 안녕과는 관계가 없기 때문이다. 그러나 민사문제라 하여도 공공의 안녕과 질서 유지에 위해를 가져올 수 있는 경우에는 경찰권이 발동될 수 있다. 예컨대, 슈퍼마켓에서 미성년자에게 술과 담배를 파는 경우는 아무리 민사관계라 하여도 이로 인해 공공의 위해가 발생하므로 단속대상이 된다.

3. 경찰비례의 원칙

(1) 의 의

경찰 비례의 원칙이란 경찰 행정의 목적과 그 목적을 실현하기 위한 수단의 관계에서 그 수단은 목적을 실현하는데 적합하고 또한 최소 침해를 가져오는 것이어야 하며, 아울러 그 수단의 도입으로 인해 생겨나는 침해가 달성하려고 하는 경찰 행정상의 공익을 능가하여서는 아니 된다는 원칙으로, '과도하면 지나치다'라는 조리를 경찰행정영역에서 법원칙화한 행정법의 일반원칙 중 하나이다.

(2) 법적 근거

비례의 원칙을 명시적으로 표현한 헌법규정은 없으나 헌법 제37조 제2항의 '국민의 모든 자유와 권리는…필요한 경우에 한하여 법률로써 제한할 수 있으며…'와 관련해 '필요한 경우'를 비례의 원칙의 법적 근거로 보는 것이 일반적 견해이다. 한편, 경찰관직무집행법 제1조 제2항[2]은 비례의 원칙을 입법화한 규정으로 볼 수 있다.

---

2) **경찰관직무집행법 제1조(목적)** ② 이 법에 규정된 경찰관의 직권은 그 직무수행에 필요한 최소한도에서 행사되어야 하며 남용되어서는 아니 된다.

(3) 기능 및 적용영역

비례의 원칙의 근거를 이처럼 헌법에서 찾을 때 비례의 원칙은 헌법상의 원칙으로 이는 법률유보를 통해 기본권을 제한할 때 준수해야 할 기본권 제한의 내재적 한계이며(과잉금지의 원칙), 과도하게 제한 또는 금지된 권리를 회복시켜 구체적 타당성을 부여해주는 기능을 수행한다. 이러한 비례의 원칙은 급부행정 또는 침해행정 구분 없이 행정의 전영역에서 적용되는 일반 원칙이다.

(4) 내 용[3]

경찰 비례의 원칙은 적합성의 원칙, 필요성의 원칙, 상당성의 원칙이 단계적 구조를 이루어 선행 원칙이 인정되면 그 다음 원칙의 준수 여부를 검토해 보는 식으로 위반 여부를 검토하게 된다. 각각의 내용은 다음과 같다.

1) 적합성의 원칙

행정청이 취하는 수단은 추구하는 목표의 달성에 법적으로나 사실상으로 유용한 것이어야 한다는 원칙이다. 이와 관련해 이미 도입된 수단이 비록 사후에 부적법한 것으로 판명 나더라도 당초 판단 당시에는 합리적 이성에 근거해 판단한 것이라면 적합성의 원칙은 일단 충족한 것으로 본다.

2) 필요성의 원칙(최소 침해의 원칙)

수단은 설정된 목적을 실현하기 위하여 필요 이상으로 행해져서는 안된다는 원칙으로, 발생하는 피해를 가능한 최소한으로 해야 한다는 의미에서 최소 침해의 원칙이라고도 한다.

3) 상당성의 원칙(협의의 비례원칙)

취하는 수단이 공익상 필요와 그로 인해 침해되는 사익을 비교·형량하였을 때 공익상 필요가 더 큰 경우에만 정당화 될 수 있다는 원칙으로 즉, 공익상 필요와 침해되는 사익 간의 상당한 균형을 유지해야 한다는 원칙이다.

> **판례** [1] 제재적 행정처분이 재량권의 범위를 일탈하였거나 남용하였는지 여부는 처분사유로 된 위반행위의 내용과 그 위반의 정도, 당해 처분에 의하여 달성하려는 공익상의 필요와 개인이 입게 될 불이익 및 이에 따르는 제반 사정 등을 객관적으로 심리하여 공익침해의 정도와 그 처분으로 인하여 개인이 입게 될 불이익을 비교·교량하여 판단하여야 한다.
> [2] 지방식품의약품안전청장이 수입 녹용 중 전지 3대를 절단부위로부터 5cm까지의 부분을 절단하여 측정한 회분함량이 기준치를 0.5% 초과하였다는 이유로 수입 녹용 전부에 대하여 전량 폐기 또는 반송처리를 지시한 경우, 녹용 수입업자가 입게 될 불이익이 의약품의 안전성과 유효성을 확보함으로써 국민보건의 향상을 기하고 고가의 한약재인 녹용에 대하여 부적합한 수입품의 무분별한 유통을 방지하려는 공익상 필요보다 크다고는 할 수 없으므로 위 폐기 등 지시처분이 재량권을 일탈·남용한 경우에 해당하지 않는다고 한 사례. (대판 2006. 4. 14. 2004두3854)

(5) 시간상 과잉 금지

경찰처분은 위험의 방지, 예방, 질서 유지에 있기 때문에 위험이 방지되면 바로 경찰처분을 그쳐야 하고, 시간상 과잉이 있게 되면 안 된다. 이를 시간상 과잉 금지라고 한다. 부분적으로 경찰 처분이 효과를 나

---

3) 헌법재판소와 헌법학계에서는 이를 일반적으로, 목적의 정당성, 방법의 적절성, 피해의 최소성, 법익의 균형성 등 4단계로 구분하고 있다.

타내기 시작해도 더 이상의 처분은 허용되지 않는다고 한다. 한편, 시간상 과잉이 있게 되면 피해자는 이에 대해 폐지를 청구할 수 있고 그에 대해 부작위 또는 거부를 하면 부작위위법확인소송 또는 거부처분취소소송 등을 통해 구제받을 수 있다.

4. 경찰평등의 원칙

경찰 평등의 원칙이란 경찰권 행사에 있어서 특별한 사정이 없는 한 합리적 이유 없는 차별을 금지하는 원칙이다. 이는 헌법상의 평등의 원칙이 경찰행정영역에서 발현된 것이다.

Ⅳ 경찰책임의 원칙

경찰책임의 원칙이란 경찰권의 발동은 사회공공의 안녕·질서가 침해되거나 침해될 우려가 있는 경우에는 그러한 상태의 발생에 책임이 있는 자에 대하여 행하여져야 한다는 원칙이다. 이는 목차를 바꾸어 다시 자세히 설명하기로 한다.

제3절 경찰책임의 원칙

Ⅰ 개 념

1. 경찰책임 의의

경찰책임의 원칙이란 경찰권 발동은 긴급한 필요가 있는 경우를 제외하고는 원칙적으로 경찰책임자에 대해서만 발동되어야 한다는 원칙으로 경찰권 발동의 상대방과 관련된 문제이다. 여기서 경찰책임이란 실질적 의미와 형식적 의미로 나누어 볼 수 있다. 먼저 실질적 의미로는 경찰상 위해가 발생한 경우 그러한 위해를 제거할 책임을 말하고, 형식적 의미로는 경찰상 위해와 관련해 행정기관으로부터 그러한 위해를 제거하도록 수명 받은 경우 그에 복종할 의무(책임)를 말한다.

2. 경찰책임의 주체

경찰책임은 고의·과실과 무관하게 발생하므로 의사능력이 없는 자연인은 물론 법인도 경찰책임의 주체에 해당하고 자기 지배범위에 속하는 타인의 행위 또는 물건의 상태에 대해서도 책임을 진다. 다만, 공법인 특히 국가나 지방자치단체 등 공권력의 주체도 경찰책임자가 되는 가에 대해서는 견해의 대립이 있는 바, 공법인 등도 실질적 경찰책임인 경찰법규의 준수의무는 있다. 다만, 경찰권발동의 대상이 되는지에 대해서는 학설의 대립이 있지만, 공법인의 공적 과제의 수행과 공공의 안녕·질서유지라는 이익을 비교·교량하여 후자의 이익이 더 큰 경우에는 공법인에 대해서도 경찰권을 발동할 수 있다는 제한적 긍정설이 다수설이다.

3. 경찰책임의 유형

경찰책임은 행위책임, 상태책임, 혼합책임으로 구분할 수 있다. ① 행위책임이란 경찰 위해의 발생이 특정인의 행위로 인해 발생하는 경우를 말하고, ② 상태책임이란 경찰 위해의 발생이 물건으로 인해 발생하는 경우이며, ③ 복합적 책임이란 행위책임과 상태책임이 동시에 발생하는 경우를 말한다. 아래 상술하기로 한다.

Ⅱ 행위책임

1. 의 의

자신의 행위 또는 자신의 보호·감독하에 있는 자의 행위로 인하여 공공의 안녕과 질서에 대한 위해가 발생한 경우에 있어서의 책임이다. 행위책임은 고의·과실을 불문하고, 성년인가 미성년인가도 불문한다. 즉 의사능력, 행위능력 등을 묻지 않고 인정되는 책임이다.

2. 인과관계

행위책임이 인정되기 위해서는 책임자의 행위와 경찰상의 위해 사이에 인과관계가 있어야 하는 바, 통설은 공공의 안녕과 질서에 대한 위해를 직접 발생시키는 행위만이 경찰책임의 대상이 된다는 직접원인설의 입장이다.

3. 행위책임의 주체

행위책임은 원칙적으로 경찰상의 위해를 야기시킨 자가 부담한다. 다만, 타인을 보호 내지 감독하는 자는 피보호자 내지 피감독자의 행위로 인해 생긴 위험에 대하여 경찰책임을 질 수 있다. 예컨대 종업원이 부정휘발유를 판매하는 경우에 종업원은 자신의 행위로 인한 행위책임이고 고용주는 타인에 대한 감독·의무위반에 대한 행위책임을 지게 되므로 양 책임은 병존한다.

Ⅲ 상태책임

1. 의 의

상태책임이란 물건에 의해 공공의 안녕과 질서에 위해가 발생하는 경우의 경찰 책임을 말한다. 이는 물건의 상태로부터 발생하는 것이므로 그 물건을 사실상 누가 지배하였는지에 따라 경찰책임자가 결정된다. 사실상 지배자는 물건의 임차인, 수취인뿐만 아니라 절도·강도범 등을 포함해 정당한 권원 여하를 불문한다. 한편, 이 경우 물건의 소유자는 부가적인 책임을 지게 된다.

2. 인과관계

물건의 상태와 경찰 위해의 발생에 대해 인과관계가 인정되어야 한다. 이 경우의 인과관계의 판단기준 역시 행위책임에서와 같이 학설대립이 있으나 직접원인제공설이 지배적인 견해이다.

3. 상태책임의 주체

(1) 현실적으로 지배하고 있는 자

소유권자가 현실적으로 지배하는 것이 일반적이지만, 만약 물건의 절도범, 임차인 등이 현실적으로 지배하고 있는 경우에는 1차적으로 현실적 지배자가 1차적 책임을 지게 된다. 물건에 대한 정당한 지배권원이 있는지는 불문한다.

(2) 소유권자

소유권자는 2차적으로 상태책임을 부담한다. 소유권을 포기한 경우에도 경찰상의 책임을 부담하는 경우가 있다. 예를 들면 냉장고를 운반하다가 도로 위에서 파손된 경우에 소유자가 소유권을 포기하여도 냉장고 제거에 대한 상태책임을 부담할 수 있다. 다만, 소유자라고 하더라도 물건을 도난당한 경우와 같이 소유자의 지배권이 법률상·사실상 미치지 않는 경우에는 상태책임이 없다.

4. 책임의 범위

(1) 원 칙

소유권자의 상태책임의 범위는 원칙적으로 무제한이다. 그러나 현실적으로 개입이 불가능한 것까지 책임의 내용이 될 수는 없다.

(2) 제3자에 의한 장해

위험을 야기하는 상태는 제3자에 의하여도 발생할 수 있는 데 그 제3자가 더 이상 사실상 지배권을 행사하지 아니하는 경우에는 소유권자는 그 제3자와 함께 상태책임을 지기도 한다. 예를 들면 임차인이 임대차가 종료되어 퇴거하는 도중에 담벼락을 무너트린 경우 등이 이에 해당한다.

(3) 자연재해

예를 들면 태풍으로 인하여 정박 중이던 유조선이 파괴되어 기름이 바다에 유출되는 경우에도 소유자는 그 기름제거를 위한 상태책임을 질 수도 있다는 것이 다수설이다.

Ⅳ 책임자의 경합(복합적 책임)

1. 의 의

동일한 위험이 다수의 책임자에 의해 발생하는 경우에 누구를 경찰권 발동의 대상으로 할 것인가의 문제가 발생한다. 이것을 다수 책임자의 경합이라고 한다. 이는 행위책임과 상태책임이 서로 동시에 경합하는 경우에 주로 나타난다.

2. 원 칙

경찰기관은 경찰위반상태를 가장 신속하고 효과적으로 제거할 수 있는 사람에 대하여 경찰권을 발동할 수 있다. 따라서 다수의 경찰책임자가 경합하는 경우 일반적으로 행위책임이 상태책임에 우선한다. 다만, 이 경우 비례의 원칙에 위배되어서는 아니 된다. 부차적으로 경찰상 위해에 보다 더 중대한 위해를 제공한 사람이 경찰권 발동의 대상이 될 수 있다.

3. 비용상환청구

경찰권 발동의 대상이 된 사람이 경찰 책임을 진 경우에 이를 이행하지 않은 다른 책임자들에게 비용 등을 부담하게 할 수 있는지가 문제된다. 이에 대하여 경찰권 발동의 효율적인 대상 선정과 다수책임자 사이의 비용부담의 문제는 별개의 문제로서 후자는 책임분담의 원리에 따라 결정되어야 할 것이다. 따라서 원인행위의 발생에 대한 기여정도에 따라 분담하는 것이 타당하다 할 것이므로 긍정설이 타당하다.

Ⅴ 경찰책임의 법적 승계

1. 의 의

경찰책임과 관련해 경찰책임자가 사망하거나 물건이 양도된 경우 상속인 또는 양수인이 경찰책임을 승계하는지가 문제된다. 이를 경찰책임의 승계문제라 한다. 이를 인정하게 되면 상속인 또는 양수인에게 경찰책임과 관련된 처분을 발령하고 이를 집행할 수 있는 실익이 있다.

2. 승계 인정여부

행위책임은 특별한 법령상의 근거가 없다면 승계가 부정된다. 그러나 상태책임은 물건의 상태와 관련된 책임이므로 원칙적 승계가 허용된다는 것이 일반적 견해이다.

(1) 행위책임의 승계
경찰상 행위책임은 특정인의 위험야기행위라는 고유한 행위에 대한 자기책임이고 따라서 특정인의 사망으로 종결된다고 보아야 할 것이다. 따라서 승계가 되지 않는다고 봄이 타당하다.

(2) 상태책임의 승계
승계규범필요설이나 개별검토설의 경우 상태책임의 승계를 제한적으로만 인정하게 되어 그 필요성에 비추어 볼 때 문제가 있고, 승계가 된다고 보는 견해가 보다 명료하다는 점에서 긍정설이 타당하다고 본다.

Ⅵ 책임이 없는 제3자의 경찰책임

1. 의 의

공공의 안녕이나 질서 유지에 대해 긴박한 위험이 목전에 있는 경우 위해를 발생케 한 자와 상관없이 그러한 긴급 상태를 해결하기 위해 제3자에게 경찰권이 발동되는 경우를 '긴급 상태시 제3자의 경찰책임'이라고 한다.

2. 법적 근거

경찰상 긴급 상태시 제3자의 경찰 책임은 침해적 처분에 해당하기 때문에 헌법 제37조 제2항에 따라 법률상의 근거를 요한다. 따라서 이 경우 개별규정이 있다면 그에 따르면 될 것이다. 문제는 그러한 개별규정이 없는 경우 경찰행정법상의 일반조항에 따라 제3자의 경찰 책임을 인정할 수 있는지가 문제되나, 긍정설이 타당하다. 그러나 경범죄처벌법이나 경찰관직무집행법상의 조항을 수권조항으로 보기에는 무리(업무범위규정이라고 보는 견해가 있으므로)가 있으므로 입법적 보완이 필요하다.

(1) 개별법적 근거

> **소방기본법**
> **제24조(소방활동 종사명령)** ① 소방본부장, 소방서장 또는 소방대장은 화재, 재난·재해, 그 밖의 위급한 상황이 발생한 현장에서 소방활동을 위하여 필요할 때에는 그 관할구역에 사는 사람 또는 그 현장에 있는 사람으로 하여금 사람을 구출하는 일 또는 불을 끄거나 불이 번지지 아니하도록 하는 일을 하게 할 수 있다. 이 경우 소방본부장, 소방서장 또는 소방대장은 소방활동에 필요한 보호장구를 지급하는 등 안전을 위한 조치를 하여야 한다.
> ② 삭제
> ③ 제1항에 따른 명령에 따라 소방활동에 종사한 사람은 시·도지사로부터 소방활동의 비용을 지급받을 수 있다. 다만, 다음 각 호의 어느 하나에 해당하는 사람의 경우에는 그러하지 아니하다.
>   1. 소방대상물에 화재, 재난·재해, 그 밖의 위급한 상황이 발생한 경우 그 관계인
>   2. 고의 또는 과실로 화재 또는 구조·구급 활동이 필요한 상황을 발생시킨 사람
>   3. 화재 또는 구조·구급 현장에서 물건을 가져간 사람
>
> **수상에서의 수색·구조 등에 관한 법률**
> **제29조(수난구호를 위한 종사명령 등)** ① 구조본부의 장 및 소방관서의 장은 수난구호를 위하여 부득이하다고 인정할 때에는 필요한 범위에서 사람 또는 단체를 수난구호업무에 종사하게 하거나 선박, 자동차, 항공기, 다른 사람의 토지·건물 또는 그 밖의 물건 등을 일시적으로 사용할 수 있다. 다만, 노약자, 정신적 장애인, 신체장애인, 그 밖에 대통령령으로 정하는 사람에 대하여는 제외한다.
> ② 제1항에 따라 수난구호업무에의 종사명령을 받은 자는 구조본부의 장 및 소방관서의 장의 지휘를 받아 수난구호업무에 종사하여야 한다.

(2) 일반수권조항

경찰비책임자에 대한 경찰권 발동에는 반드시 법적 근거가 필요한 데, 개별법상 명문의 규정이 있다면 문제가 없으나, 일반수권조항(경찰관직무집행법 제2조 제7호)에 의하여도 가능한지에 대하여는 긍정설과 부정설의 견해 대립이 있다.

3. 요 건

경찰긴급 상태 시 제3자의 책임에 대한 요건은 개별법령에 자세한 규정이 되어 있겠지만, 그 일반적인 요건으로는, ① 이미 경찰상 위해가 발생하였거나 급박한 위험이 존재하여야 하고, ② 경찰책임자를 통한 위해의 제거가 무의미하며, ③ 경찰 스스로 또는 경찰과의 위임계약에 의한 수임자에 의해서도 해결이 불가능할 경우, ④ 비례의 원칙을 준수하여 제3자의 조력을 구할 것을 요건으로 한다.

4. 한 계

(1) 성문 법규상의 한계

제3자의 책임이 개별 법령에 규정되어 있는 경우에는 개별 법령상의 제반규정을 준수하고 이에 위배되지 않는 범위 내에서 행사되어야 한다.

(2) 불문법 원리상의 한계

불문법, 즉 경찰 행정법상의 일반원칙에 위배되지 않아야 한다. 특히 비례의 원칙이 문제되는데, 제3자에 대한 경찰권 발동은 보충적으로만 발동되고, 최소 침해에 머물러야 하며, 경찰권 발동으로 인해 얻어지는 공익과 그로 인해 침해되는 제3자의 사익을 비교·형량하여 공익이 더 커야만 정당화 될 수 있다.

5. 원상회복과 손실보상

경찰은 제3자에게 이와 같은 경찰책임과 관련된 처분을 발령한 후 제3자에게 침익적 처분의 결과로 발생한 상태를 원상회복해야 한다. 또한 그로 인해 제3자에게 수인할 수 없는 피해가 발생한 경우에는 그 손실을 보상하여야 한다.

Ⅶ 기 타

1. 경찰하명

경찰목적을 위하여 일반통치권에 의거하여 개인에게 특정한 작위·부작위·수인 또는 급부의무를 과하는 행정행위를 말한다. 상대방은 하명의 내용을 이행할 의무를 부담하고 이를 위반한 경우 강제집행 또는 제재를 받는다. 경찰하명에 위반한 법률행위의 사법적 효력에는 직접 영향을 미치지 않는다.

2. 경찰허가

경찰법규에 의한 상대적 금지를 특정한 경우에 해제하여 적법하게 특정행위를 할 수 있게 하여 주는 행정행위를 말한다. 허가의 상대방은 헌법상 자유권을 적법하게 행사할 수 있는 법적 지위가 발생하며, 관계법상의 경찰금지를 해제함에 그치고, 다른 법률상의 금지를 해제하는 것은 아니다. 허가 받지 않은 행위는 제재나 강제집행의 대상이 되지만 사법상의 효력에는 영향을 미치지 않는다.

3. 경찰행정의 실효성 확보수단

행정경찰상 강제수단으로 강제집행·즉시강제·경찰상 조사가 있고, 행정벌 중 경찰벌로써 경찰형벌과 경찰질서벌 등이 있다.

4. 경찰권 행사와 권리구제

위법한 경찰권 발동에 대해서는 국가배상법상 손해배상청구가 가능하다. 경찰권의 불행사의 경우 재량권이 0으로 수축되는 경우 또는 경찰권의 일탈·남용의 경우 국가배상이 인정될 수 있다. 적법한 경찰권 행사로 사인에게 손실이 발생한 경우에는 원칙적 손실보상이 필요하지 않다. 또한 경찰권 행사가 위법·부당한 경우에는 행정심판법에 기한 행정심판 또는 행정소송법에 기한 행정소송을 제기할 수 있다.

경찰소극	공공복리증진을 위해 발동할 수 없다.	
경찰공공	사생활 불간섭의 원칙 / 예외적 발동	
	사주소 불가침의 원칙 / 공개된 장소는 발동 대상 대학강의실 ○, 아파트 통행로 ×	
	민사관계불간섭의 원칙, 예외적 발동(암표, 화약류 취급, 술, 담배 등)	
경찰책임	경찰책임은 고의·과실과 무관하고 행위능력여부도 불문한다. 공법인의 경우에 정당한 권한행사의 경우에 다른 국가기관을 방해하지 않는 선에서 책임을 진다는 견해가 다수설 경찰법규를 준수해야 한다는 실질적 책임은 당연히 공법인도 진다.	
	행위책임	직접원인설 자기가 지배하는 타인의 행위에 대한 책임도 진다. 지배자 책임은 대위책임이 아니라 자기책임이다.
	상태책임	고의·과실 불문 1차적 주체는 사실상 지배권을 행사하는 자 2차적으로는 소유권자 정당한 재산권의 행사는 책임을 부담하지 않으며, 감당해야 할 위험을 넘는 경우도 책임을 부담하지 않는다.
	혼합책임	행위책임이 우선한다.
	승계	행위책임은 승계되지 않으나, 상태책임은 승계된다.
	긴급상태	관계없는 제3자에 대해서도 발동가능
경찰비례	무기사용시 특히 고려	
경찰평등	특별히 더 중요	

정인영
쎄르파

행 정 법 각 론

공적시설법

CHAPTER 01 공물의 성립과 소멸

I 의 의

1. 공물의 의의

① 공물이란 행정주체 또는 법령에 의해 직접 공적인 행정목적에 제공된 공공시설(유체물 또는 관리할 수 있는 무체물이나 집합물)을 말한다.

② 공물은 국유재산법, 공유재산및물품관리법, 도로법, 하천법, 도시공원법, 문화재보호법 등에서 개별적으로 규정하고 있다.

③ 공물은 '직접' 공공목적에 제공된 물건으로서 관리권이 행정주체에게 있어야 한다. 광산 또는 유가증권과 같이 그 재산가치에 의하여 간접적으로 공적목적에 기여하는 재정재산과 구별되고, '공공목적'에 제공된 물건으로서 그 소유권의 귀속과는 관계가 없다. 따라서 관리권이 행정주체에게 제공되는 한 사인 소유의 재산도 공물이 될 수 있다.

④ 공물은 관리가능한 물적 개념이므로 공적 목적에 제공된 인적·물적 시설의 종합체인 영조물과는 구별된다.

2. 공물의 종류

(1) 성립과정에 따른 종류

공물의 성립 과정에 따라 자연의 상태 그대로 공물이 된 자연공물, 인위적인 가공을 거쳐 공물이 된 인공공물로 구분된다.

(2) 소유권자에 따른 종류

소유권자에 따른 분류로서 국가가 소유권을 갖는 국유공물, 지방자치단체가 소유권을 갖는 공유공물, 사인이 소유권을 갖는 사유공물로 구분된다.

(3) 목적에 따른 종류

공공용물	직접 일반 공중의 사용에 제공된 물건
공용물	행정주체 자신의 사용에 제공된 공물
공적 보존물	문화목적·보안목적 등의 목적을 위해 보전이 목적인 물건

(4) 예정공물

장래에 어떠한 물건들을 공적 목적에 제공할 것임을 정하는 의사표시를 공물의 예정이라 하고, 그 물건을 예정공물이라 한다. 판례는 예정공물의 경우도 행정재산인 공공용물에 준하여 취급함으로 시효취득의 대상이 아니라 본다.

> **판례** 예정공물도 공물에 해당함으로 시효취득의 대상이 될 수 없다.
>
> 이 사건 토지에 관하여 도로구역의 결정, 고시 등의 공물지정행위는 있었지만 아직 도로의 형태를 갖추지 못하여 완전한 공공용물이 성립되었다고는 할 수 없으므로 일종의 예정공물이라고 볼 수 있는데, 국유재산법 제4조 제2항 및 같은 법 시행령 제2조 제1항, 제2항에 의하여 국가가 1년 이내에 사용하기로 결정한 재산도 행정재산으로 간주하고 있는 점 등에 비추어 보면 이와 같은 경우에는 예정공물인 토지도 일종의 행정재산인 공공용물에 준하여 취급하는 것이 타당하다고 할 것이므로 시효취득의 대상이 될 수 없다. (대판 1994. 5. 10. 93다23442)

국유재산법
제6조(국유재산의 구분과 종류) ① 국유재산은 그 용도에 따라 행정재산과 일반재산으로 구분한다.
② 행정재산의 종류는 다음 각 호와 같다.
　1. 공용재산: 국가가 직접 사무용·사업용 또는 공무원의 주거용으로 사용하거나 대통령령으로 정하는 기한까지 사용하기로 결정한 재산
　2. 공공용재산: 국가가 직접 공공용으로 사용하거나 대통령령으로 정하는 기한까지 사용하기로 결정한 재산
　3. 기업용재산: 정부기업이 직접 사무용·사업용 또는 그 기업에 종사하는 직원의 주거용으로 사용하거나 대통령령으로 정하는 기한까지 사용하기로 결정한 재산
　4. 보존용재산: 법령이나 그 밖의 필요에 따라 국가가 보존하는 재산
③ "일반재산"이란 행정재산 외의 모든 국유재산을 말한다.(구, 잡종재산)

Ⅱ 공물의 성립

1. 일반적인 성립 요건

공물이 성립하기 위해서는 의사적 요소로서 공용지정과 형태적 요소로 공용제공이 필요하다.

2. 공용 지정

(1) 의 의

공용지정이란 권한 있는 행정기관이 어떤 물건이 앞으로 공적 목적에 제공되고 그로 인해 공법적 규율을 받게 됨을 선언하는 의사표시이다.

(2) 공용지정(의사적 요소)의 필요성이 문제되는 경우

1) 공용물의 경우
필요설이 타당하다.

2) 자연공물의 경우
가. 학 설
이는 결국 법규에 의한 공용지정을 인정할 것인가로 귀결되는데 법규 그 자체로 인한 공용지정을 부인할 이유는 없으므로 필요설이 타당하다.

나. 판 례

대법원 판례에 대한 학설의 평가는 대법원이 자연공물의 경우에는 공용지정행위를 요하지 않는 것으로 보는 견해와 대법원이 법규에 의한 공용지정행위를 요하는 것이라고 보는 견해로 나누어진다.

> **판례** ❶ 하천법 제2조 제1항의 규정을 비롯한 관계 법규에 의하면, 제방으로부터 하심측에 위치하는 이른바 제외지는 위법 제2조 제1항 제2호 (다)목 전단에 의하여 당연히 하천구역에 속하게 되는 것이지 이러한 제외지가 위법 제2조 제1항 제2호 (다)목 후단의 적용을 받아 관리청의 지정이 있어야 하천구역이 되는 것은 아닌 것이다. (대판 1992. 6. 9. 91누10497)
> ❷ 국유하천부지는 자연의 상태 그대로 공공용에 제공될 수 있는 실체를 갖추고 있는 이른바 자연공물로서 별도의 공용개시행위가 없더라도 행정재산이 되고 그 후 본래의 용도에 공여되지 않는 상태에 놓여 있더라도 「국유재산법령」에 의한 용도폐지를 하지 않은 이상 당연히 일반재산으로 된다고는 할 수 없다. (대판 2007. 6. 1. 2005도7523 등)

(3) 공용지정의 형식

1) 법규에 의한 공용지정

위와 같이 법규에 의한 공용지정을 인정할 경우, 법규에 의한 공용지정방식으로는 형식적 의미의 법률에 의한 지정, 법규명령에 의한 지정, 자치입법에 의한 지정, 관습법에 의한 지정[1] 등이 있다.

2) 행정행위에 의한 공용지정

행정행위를 통해 공용지정을 하는 것으로 도로법 제25조[2]에 따른 도로구역의 결정·고시행위가 그 대표적인 예에 해당한다. 이러한 행정행위는 물건에 대해 발령되는 것이기 때문에 대표적인 물적 행정행위에 해당하고 이러한 공용지정의 효과가 불특정 다수인에게 미친다는 점에서 일반처분에 해당한다.

(4) 공용지정의 권원

1) 권원의 필요성

행정기관이 공용지정을 하기 위해서는 그에 합당한 권원을 가지고 있어야 한다. 이러한 권원은 소유권이 될 수도 있고, 지상권, 임차권 또는 소유권자의 동의 등이 될 수도 있다. 이러한 공용지정의 권원 없이 공용지정행위를 하는 것은 하자 있는 행정행위가 된다.

2) 권원 없이 한 공용지정행위의 효력

이 경우 무효와 취소의 일반적 구별기준인 중대·명백설에 따라 판단해 보아서 하자가 중대하고 명백하다면 무효로 보아야 할 것이지만 그렇지 않다면 단순취소사유로 보아야 할 것이다.

3. 공적 제공

형태적 요소로서 공적 제공행위는 사실행위로서 이는 도로개통식 등을 통해 명시적으로 이루어질 수도 있고, 또는 묵시적으로도 이루어지는 경우도 있다.

---

1) 그 예로 해변의 공공사용 등을 들 수 있다.
2) **도로법 제25조(도로구역의 결정)** ① 도로관리청은 도로 노선의 지정·변경 또는 폐지의 고시가 있으면 지체 없이 해당 도로의 도로구역을 결정·변경 또는 폐지하여야 한다.

Ⅲ 공물의 소멸

1. 소멸의 일반 요건

공물의 소멸의 경우 의사적 요소로 공용폐지와 형태적 요소로 물건의 소멸을 요건으로 들 수 있다. 이와 관련해 형태적 요소와 상관없이 공용폐지로 인해 공물성이 상실되는 것에는 이견이 없으나, 공용 폐지 없이 형태적 요소의 소멸만으로도 공물성이 소멸되는지에 대해서는 학설이 대립한다. 이에 대해서는 개별적으로 검토해 보기로 한다.

2. 공용 폐지

(1) 의 의

행정기관이 공물로서의 지위를 상실하였다는 선언적 의사표시를 하는 것을 말한다.

(2) 공용폐지 의사표시의 필요성

1) 자연공물의 경우

가. 학 설

공물의 성립에 의사적 요소와 형태적 요소를 필요로 했으므로 그 소멸에 있어서는 이중 어느 하나를 결하면 공물성이 소멸하는 것으로 보는 것이 타당하다. 따라서 불요설이 타당하다.

나. 판 례

대법원은 공용폐지가 필요하며 묵시적인 공용폐지도 가능하다는 입장이다.

> **판례** ❶ 공유수면인 갯벌은 자연의 상태 그대로 공공용에 제공될 수 있는 실체를 갖추고 있는 이른바 자연공물로서 간척에 의하여 사실상 갯벌로서의 성질을 상실하였더라도 당시 시행되던 국유재산법령에 의한 용도폐지를 하지 않은 이상 당연히 잡종재산으로 된다고는 할 수 없다. 공용폐지의 의사표시는 명시적이든 묵시적이든 상관없으나 적법한 의사표시가 있어야 하고, 행정재산이 사실상 본래의 용도에 사용되고 있지 않다는 사실만으로 공용폐지의 의사표시가 있었다고 볼 수는 없으며, 원래의 행정재산이 공용폐지되어 취득시효의 대상이 된다는 입증책임은 시효취득을 주장하는 자에게 있다. (대판 1995. 11. 14. 94다42877)
> ❷ 공유수면으로서 자연공물인 바다의 일부가 매립에 의하여 토지로 변경된 경우에 다른 공물과 마찬가지로 공용폐지가 가능하다고 할 것이며, 이 경우 공용폐지의 의사표시는 명시적 의사표시뿐만 아니라 묵시적 의사표시도 무방하다. 그리고 공물의 공용폐지에 관하여 국가의 묵시적인 의사표시가 있다고 인정되려면 공물이 사실상 본래의 용도에 사용되고 있지 않다거나 행정주체가 점유를 상실하였다는 정도의 사정만으로는 부족하고, 주위의 사정을 종합하여 객관적으로 공용폐지의사의 존재가 추단될 수 있어야 한다. (대판 2009. 12. 10. 2006다87538)

2) 인공공물의 경우

가. 학 설

공물의 성립에 의사적 요소와 형태적 요소를 필요로 했으므로 그 소멸에 있어서는 이중 어느 하나가 결하면 공물성이 소멸하는 것으로 보는 것이 타당하다. 따라서 불요설이 타당하다.

나. 판 례

대법원은 공용폐지가 필요하며 묵시적인 공용폐지도 가능하다는 입장이다.

3) 공용물의 경우

가. 학 설

공물의 성립에 의사적 요소와 형태적 요소를 필요로 했으므로 그 소멸에 있어서는 이중 어느 하나가 결하면 공물성이 소멸하는 것으로 보는 것이 타당하다. 따라서 불요설이 타당하다.

나. 판 례

대법원은 공용폐지가 필요하며 묵시적인 공용폐지도 가능하다는 입장이다.

> **판례** 행정재산에 대한 공용폐지의 의사표시는 명시적이든 묵시적이든 상관이 없으나 적법한 의사표시가 있어야 하고, 행정재산이 사실상 본래의 용도에 사용되지 않고 있다는 사실만으로 용도폐지의 의사표시가 있었다고 볼 수는 없으므로 행정청이 행정재산에 속하는 1필지 토지 중 일부를 그 필지에 속하는 토지인줄 모르고 본래의 용도에 사용하지 않는다는 사실만으로 묵시적으로나마 그 부분에 대한 용도폐지의 의사표시가 있었다고 할 수 없다. (대판 1997. 3. 14. 96다43508)

4) 공적보존물의 경우

공물의 성립에 의사적 요소와 형태적 요소를 필요로 했으므로 그 소멸에 있어서는 이중 어느 하나가 공물성이 결하면 소멸하는 것으로 보는 것이 타당하다. 따라서 불요설이 타당하다.

(3) 방 식

공용폐지의 경우에도 법규에 의한 것과 행정행위에 의한 것이 모두 인정된다.

(4) 권 원

공용폐지의 경우에도 행정기관이 그에 대해 권원이 있을 것을 요하고 그러한 권원이 없으면 위법한 공용폐지에 해당한다.

공물의 성립과 소멸에 있어서 의사적 요소 필요 여부

구 분		성 립	소 멸
공공용물	인공공물	○	○
	자연공물	×	○
공용물		×	○
공적 보존물		○	○

3. 형태적 요소의 소멸

형태적 요소의 소멸이란, 공용물이 형태적 요소가 소멸하거나 또는 행정주체의 사실상의 사용의 폐지를 말하고 이는 사실행위에 속한다.

판례 구 공원법 또는 구 도시계획법에 의하여 확정되거나 시행으로 실제로 설치된 토지의 경우 행정재산으로서 그 관리 처분권을 한국자산관리공사, 한국토지공사에 위탁할 수 없다.

[1] 국유재산법상의 행정재산이란 국가가 소유하는 재산으로서 직접 공용, 공공용, 또는 기업용으로 사용하거나 사용하기로 결정한 재산을 말한다. 그 중 도로, 공원과 같은 인공적 공공용 재산은 법령에 의하여 지정되거나 행정처분으로써 공공용으로 사용하기로 결정한 경우, 또는 행정재산으로 실제로 사용하는 경우의 어느 하나에 해당하면 행정재산이 되는 것인데, 1980. 1. 4. 법률 제3256호로 제정된 도시공원법이 시행되기 이전에 구 도시계획법상 공원으로 결정·고시된 국유토지라는 사정만으로는 행정처분으로써 공공용으로 사용하기로 결정한 것으로 보기는 부족하나, 서울특별시장이 구 공원법, 구 도시계획법에 따라 사업실시계획의 인가내용을 고시함으로써 공원시설의 종류, 위치 및 범위 등이 구체적으로 확정되거나 도시계획사업의 시행으로 도시공원이 실제로 설치된 토지라면 공공용물로서 행정재산에 해당한다.

[2] 구 국유재산법 제21조의2가 행정재산에 관하여 재정경제부장관(이하 '총괄청'이라 한다)이 아닌 그 행정재산이 속하는 소관 중앙관서의 장(예산회계법 제14조 규정에 의한 중앙관서의 장을 말한다)에 관리위탁 권한을 부여한 점, 같은 법 제32조 및 구 국유재산법 시행령 제33조 제2항 단서는 잡종재산 및 보존재산에 한하여 일정한 경우에는 총괄청이 그 관리·처분권을 한국자산관리공사 또는 한국토지공사에 위탁할 수 있도록 한 것이고, 구 국유잡종재산의 위탁에 관한 규칙 역시 총괄청이 한국자산관리공사 또는 한국토지공사에 위탁한 '잡종재산'의 관리·처분에 관하여 적용되는 점 등을 종합하면, 총괄청은 행정재산에 대하여는 구 국유재산법 제32조 제3항, 같은 법 시행령 제33조 제2항 단서, 잡종재산 위탁규칙 제2조, 제3조에 의하여 그 관리·처분권을 한국자산관리공사 또는 한국토지공사에 위탁할 수 없다. (대판 2014. 11. 27. 2014두10769)

기출 공물의 성립 및 소멸에 대한 설명으로 옳지 않은 것은? (다툼이 있는 경우 판례에 의함) 20년 지방직 7급

① 토지의 지목이 도로이고 국유재산대장에 등재되어 있다는 사정만으로 바로 토지가 도로로서 행정재산에 해당한다.

② 국유 하천부지는 자연의 상태 그대로 공공용에 제공될 수 있는 실체를 갖추고 있는 이른바 자연공물로서, 별도의 공용개시행위가 없더라도 행정재산이 된다.

③ 공유수면의 일부가 사실상 매립되어 대지화되었다고 하더라도 국가가 공유수면으로서의 공용폐지를 하지 아니하는 이상 법률상으로는 여전히 공유수면으로서의 성질을 보유하고 있다.

④ 학교장이, 학교 밖에 위치한 관사를 용도폐지한 후 국가로 귀속시키라는 지시를 어기고 사친회 이사회의 의결을 거쳐 개인에게 매각하였고, 그 후 오랫동안 국가가 이 매각절차상의 문제 등을 제기하지도 않았다면 이 용도폐지 자체는 국가의 지시에 의한 것으로 유효하다.

정답 ①

공물에 대한 취득시효 및 공용수용의 가능성

Ⅰ 개 설

공물은 공적 목적에 제공되는 것이 기본 특질이기 때문에 이러한 특징으로 인해 사법상의 취득시효의 규정 및 공법상의 공용수용에 대한 규정이 공물에도 적용될 수 있는지가 문제된다.

Ⅱ 취득시효의 가능성

1. 의 의

취득시효라 함은 20년간 소유의 의사로 평온, 공연하게 부동산을 점유하는 경우 등기함으로써 그 소유권을 취득하는 것 또는 부동산의 소유자로 등기한 자가 10년간 소유의 의사로 평온, 공연하게 선의이며 과실 없이 그 부동산을 점유한 때 소유권을 취득케 하는 제도를 말한다(민법 제245조 제1항, 제2항).

2. 국·공유재산과 취득시효

(1) 원 칙

국유재산 및 공유재산 중의 행정재산은 민법 제245조의 규정에 불구하고 시효취득의 대상이 되지 아니한다(국유재산법 제7조 제2항, 공유재산및물품관리법 제6조 제2항).

(2) 예 외

다만, 잡종재산의 경우는 국유재산 또는 공유재산이라고 하여도 취득시효의 대상이 된다. 이는 잡종재산의 경우는 비록 국·공유재산에 속하기는 하지만 공물이 아닌 사물(私物)에 속하기 때문이다. 과거 구 국유재산법이나 구 지방재정법상으로는 잡종재산의 경우에도 따로 취득시효를 인정하지 않았으나 이 부분이 평등의 원칙 및 과잉금지의 원칙에 반한다는 이유로 위헌판결을 받은 이후 현재와 같이 법률이 개정되었다.[3] 따라서 잡종재산이 아닌 국유재산 또는 공유재산(행정재산, 공적 보존물 등)이 공용폐지가 있게 되면 잡종재산이 되고 이 경우 취득시효의 대상이 된다. 다만, 그러한 공용폐지는 판례에 따르면 묵시적으로도 가능하지만 행정재산이 본래의 용도로 사용되고 있지 않다는 사실만으로는 묵시적 공용폐지로 볼 수 없다는 것이 판례이다(대판 1996. 5. 28. 95다52383).

---

[3] 국유잡종재산은 사경제적 거래의 대상으로서 사적 자치의 원칙이 지배되고 있으므로 시효제도의 적용에 있어서도 동일하게 보아야 하고, 국유잡종재산에 대한 시효취득을 부인하는 동규정은 합리적 근거 없이 국가만을 우대하는 불평등한 규정으로서 헌법상의 평등의 원칙과 사유재산권 보장의 이념 및 과잉금지의 원칙에 반한다(헌재 1991. 5. 13. 89헌가97).

3. 사유공물과 취득시효

(1) 문제점

사유공물의 경우에 민법상 취득시효 제도를 적용할 수 있는지가 문제된다.

(2) 학 설

부정설은 시효제도의 존재 이유를 무시한 것으로 부당하고, 완전시효취득설은 시효취득이 되면 공물에 대한 공적 목적 제공이라는 취지가 상실되므로 부당하며, 공물에 대한 소유권의 귀속 문제와 공적 목적의 제공이라는 공물의 제한은 서로 별개의 문제로서 양자는 논리적 연관관계가 없으므로 제한적 긍정설이 타당하다.

Ⅲ 공물의 수용가능성

1. 공토법 제19조 제2항의 규정 취지

공익사업을 위한 토지 등의 취득 및 보상에 관한 법률(이하 공토법이라고 함) 제19조 제2항은 "공익사업에 수용 또는 사용되고 있는 토지 등은 특별히 필요한 경우가 아니면 이를 다른 공익사업을 위하여 수용 또는 사용할 수 없다"라고 규정하고 있는 바, 이는 공익 또는 수용권의 충돌 문제를 해결하기 위한 것으로 수용적격사업이 경합하여 충돌하는 공익의 조정을 위한 목적으로 한 규정이다. 위와 같은 토지보상법상의 규정을 가지고 공용폐지가 없더라도 공물인 상태로 공용수용을 할 수 있는지가 문제된다.

2. 학 설

행정기관 상호간에 서로 이해관계가 얽혀있는 경우 기존의 공물을 관리하는 행정청의 공용폐지가 없다는 이유로 더 큰 공익을 위한 목적임에도 불구하고 그러한 공익 목적을 달성할 수 없게 된다면 불합리할 것이다. 따라서 특별히 필요한 경우란 광의의 비례원칙을 판단기준으로 하여 현재의 보존적 공익과 장래의 공익을 비교형량하여 후자가 더 큰 경우라고 보아 이 경우 공물도 수용이 가능하다 할 것이므로 긍정설이 타당하다.

3. 판 례

대법원은 지방문화재로 지정된 토지에 대해 수용을 인정한 바 있다. 이러한 판례의 태도에 대해 긍정설을 취하고 있다고 보는 견해가 다수의 견해인데, 그에 반해 일부견해는 "이 판례는 공적보존물의 수용을 인정한 것으로 공적보존물은 공물이라기보다 공용제한의 일종이라고 하며 공익사업에 수용 또는 사용되고 있는 토지의 수용에 관한 판례는 아니다"라고 보는 견해도 있다(박균성).

> **판례** 토지수용법은 제5조의 규정에 의한 제한 이외에는 수용의 대상이 되는 토지에 관하여 아무런 제한을 하지 아니하고 있을 뿐만 아니라, 토지수용법 제5조, 문화재보호법 제20조 제4호, 제58조 제1항, 부칙 제3조 제2항 등의 규정을 종합하면 구 문화재보호법 제54조의2 제1항에 의하여 지방문화재로 지정된 토지가 수용의 대상이 될 수 없다고 볼 수는 없다. (대판 1996. 4. 26. 95누13241)

4. 공물의 수용가능성 판단기준으로서의 특별한 필요

위와 같이 공물의 수용가능성과 관련해 긍정설을 취할 경우 특별한 필요의 경우란 공익간의 이익형량을 말하며, 이는 광의의 비례원칙에 의거하여 목적의 정당성, 수단의 적합성, 상당성을 판단기준으로 한다.

CHAPTER 03 공물의 사용 관계

Ⅰ 의 의

공물의 사용관계란 공물의 관리주체와 사용자 사이에 공물의 사용과 관련하여 발생하는 법률관계를 말하는 것으로, 주로 공공용물의 경우에 논의된다. 이에는 일반사용과 특별사용으로 구분되고 특별사용은 다시 허가사용, 특허사용, 관습법상 사용, 행정재산의 목적 외 사용 등으로 구분된다.

Ⅱ 공물의 일반사용(자유사용)

1. 의 의

공물의 자유사용 또는 일반사용이란 공물을 본래의 용법대로 일반 공중이 사용하는 것을 말한다. 예컨대 도로를 통행하는 것, 공원을 산책하는 것 등을 말한다.

2. 성 질

공물의 자유사용과 관련해 일반 공중이 얻는 이익이 법률상 보호받는 이익인지 아니면 단순히 반사적 이익에 불과한지가 문제된다.

(1) 학 설
공물을 합리적 이유 없이 폐지당한 경우에는 그에 대한 시정을 요구할 수 있다고 보아야 할 것이므로 개인적 공권설이 타당하다.

(2) 판 례
대법원은 반사적 이익설을 취하고 있다.

> 판례 ❶ 일반적으로 도로는 국가나 지방자치단체가 직접 공중의 통행에 제공하는 것으로서 일반국민은 이를 자유로이 이용할 수 있는 것이기는 하나, 그렇다고 하여 그 이용관계로부터 당연히 그 도로에 관하여 특정한 권리나 법령에 의하여 보호되는 이익이 개인에게 부여되는 것이라고까지는 말할 수 없으므로, 일반적인 시민생활에 있어 도로를 이용만 하는 사람은 그 용도폐지를 다툴 법률상의 이익이 있다고 말할 수 없다. (대판 1992. 9. 22. 91누13212)
> ❷ 일반 공중의 이용에 제공되는 공공용물에 대하여 특허 또는 허가를 받지 않고 하는 일반사용은 다른 개인의 자유이용과 국가 또는 지방자치단체 등의 공공목적을 위한 개발 또는 관리·보존행위를 방해하지 않는 범위 내

에서만 허용된다 할 것이므로, 공공용물에 관하여 적법한 개발행위 등이 이루어짐으로 말미암아 이에 대한 일정범위의 사람들의 일반사용이 종전에 비하여 제한받게 되었다 하더라도 특별한 사정이 없는 한 그로 인한 불이익은 손실보상의 대상이 되는 특별한 손실에 해당한다고 할 수 없다. (대판 2002. 2. 26. 99다35300)

3. 사용료 징수 관계

공물의 일반사용의 경우 공물주체가 일반 공중으로부터 사용료를 징수하는 것은 일반적인 모습은 아니다. 그러나 공물의 특수한 행정목적을 달성하기 위해 사용료를 징수하기도 한다. 이러한 사용료 징수권은 공물주체의 공법상 권리에 속한다.

4. 한 계

일반사용에 제공되는 범위는 공물의 공용목적과 개별법령의 규정에 의해 정해지게 된다. 다만, 일반사용으로 인해 다른 개인의 자유사용과 공공목적을 위한 개발 등을 방해해서는 안 되는 한계가 있다.

> **판례** 일반 공중의 이용에 제공되는 공공용물에 대하여 특허 또는 허가를 받지 않고 하는 일반사용은 다른 개인의 자유이용과 국가 또는 지방자치단체 등의 공공목적을 위한 개발 또는 관리·보존행위를 방해하지 않는 범위 내에서만 허용된다 할 것이므로, 공공용물에 관하여 적법한 개발행위 등이 이루어짐으로 말미암아 이에 대한 일정범위의 사람들의 일반사용이 종전에 비하여 제한받게 되었다 하더라도 특별한 사정이 없는 한 그로 인한 불이익은 손실보상의 대상이 되는 특별한 손실에 해당한다고 할 수 없다. (대판 2002. 2. 26. 99다35300)

5. 인접주민의 강화된 일반사용권

(1) 의 의

인접주민은 공물 특히 도로의 사용과 관련해 일반인보다 고양된 특별한 사용권을 갖는다고 보는 것이 최근의 다수의 견해인바, 이를 인접주민의 강화된 일반사용권이라 한다.

(2) 필요성

인접주민은 생활이나 경제활동에 있어 도로의 사용에 의존하는 경우가 많고 특히 재산권 보장과 관련해 인접주민이 자신의 토지에의 자유로운 출입을 보장해주어야 할 필요가 있어 인접주민의 생활이나 경제활동을 위하여 필요한 한도 내에서 이러한 강화된 일반사용권을 인정할 필요가 있다.

(3) 법적 성질

1) 문제점

행정청이 도로를 용도폐지하여 폐쇄한 경우 인접주민이 이를 일반사용권의 침해로 보아 그러한 도로의 용도폐지처분을 다툴 법률상 이익을 인정할지가 문제이다.

2) 학 설

공공용물은 일반 공중의 사용에 제공되는 것을 본래의 목적으로 하는 것이고, 이러한 사용은 일상생활에 필요한 것으로 인접주민의 개인적 이익도 보호하고 있다고 보아야 할 것이므로 개인적 공권설이 타당하다.

3) 판 례

대법원은 일반사용의 경우 원칙적으로 원고적격을 부정하고 있으나 특별한 사정이 있는 경우 이를 예외적으로 인정하고 있다.

> **판례** ❶ 일반적으로 도로는 국가나 지방자치단체가 직접 공중의 통행에 제공하는 것으로서 일반국민은 이를 자유로이 이용할 수 있는 것이기는 하나, 그렇다고 하여 그 이용관계로부터 당연히 그 도로에 관하여 특정한 권리나 법령에 의하여 보호되는 이익이 개인에게 부여되는 것이라고까지는 말할 수 없으므로, 일반적인 시민생활에 있어 도로를 이용만 하는 사람은 그 용도폐지를 다툴 법률상의 이익이 있다고 말할 수 없지만, 공공용재산이라고 하여도 당해 공공용재산의 성질상 특정개인의 생활에 개별성이 강한 직접적이고 구체적인 이익을 부여하고 있어서 그에게 그로 인한 이익을 가지게 하는 것이 법률적인 관점으로도 이유가 있다고 인정되는 특별한 사정이 있는 경우에는 그와 같은 이익은 법률상 보호되어야 할 것이고, 따라서 도로의 용도폐지처분에 관하여 이러한 직접적인 이해관계를 가지는 사람이 그와 같은 이익을 현실적으로 침해당한 경우에는 그 취소를 구할 법률상의 이익이 있다. (대판 1992. 9. 22. 91누13212)
> ❷ 공물의 인접주민은 다른 일반인보다 인접공물의 일반사용에 있어 특별한 이해관계를 가지는 경우가 있고, 그러한 의미에서 다른 사람에게 인정되지 아니하는 이른바 고양된 일반사용권이 보장될 수 있으며, 이러한 고양된 일반사용권이 침해된 경우 다른 개인과의 관계에서 민법상으로도 보호될 수 있으나, 그 권리도 공물의 일반사용의 범위 안에서 인정되는 것이므로, 특정인에게 어느 범위에서 이른바 고양된 일반사용권으로서의 권리가 인정될 수 있는지의 여부는 당해 공물의 목적과 효용, 일반사용관계, 고양된 일반사용권을 주장하는 사람의 법률상의 지위와 당해 공물의 사용관계의 인접성, 특수성 등을 종합적으로 고려하여 판단하여야 한다. 따라서 구체적으로 공물을 사용하지 않고 있는 이상 그 공물의 인접주민이라는 사정만으로는 공물에 대한 고양된 일반사용권이 인정될 수 없다. (대판 2006. 12. 22. 2004다68311 · 68328)

(4) 내 용

1) 강화된 이용권

인접주민은 일반인의 일반사용을 능가하여 사용할 수 있는 개인적 공권을 갖는데, 그 예로 도로변에서 상점을 운영하는 자는 상품의 적·하차를 위해 차량을 일시 주차시키거나 상품을 도로에 일시 쌓아두는 것이 가능하고, 건물 공사를 위해 불가피한 경우 일정기간 건자재를 쌓아두는 경우도 가능하다 할 것이다.

2) 공물의 존속보장청구권

인접주민은 도로가 합리적 이유 없이 용도폐지되어 폐쇄되었을 때 그 도로의 존속을 보장할 청구권도 갖는다 할 것이다.

3) 인접주민의 수인의무

반면, 인접주민은 도로로부터 발생하는 소음 등에 대해 이를 수인하여야 할 의무와 다른 일반인의 일반사용을 수인할 의무를 부담한다.

(5) 한 계

인접주민의 강화된 일반사용권이 무한정 인정되는 것은 아니고, 인접주민의 일상생활이나 경제활동에 필요한 최소한의 범위 내에서 인정되며, 일반인의 일반사용을 부당하게 제한하는 경우에는 강화된 일반사용권은 허용되지 않는다고 할 것이다.

(6) 침해시 권리구제

1) 행정청의 침해

이에 대해서는 만약 행정청의 위법한 용도폐지가 있는 경우에는 항고소송으로서 그 처분을 다툴 수 있고 그렇지 못할 경우 국가배상청구를 할 수 있을 것이다.

2) 사인의 침해

사인에 의해 침해가 있는 경우에는 사법상의 방해배제청구권 또는 민법상 손해배상청구권을 유추적용하여 권리구제를 받을 수 있을지가 문제된다.

> **판례** [1] 공물의 인접주민은 다른 일반인보다 인접공물의 일반사용에 있어 특별한 이해관계를 가지는 경우가 있고, 그러한 의미에서 다른 사람에게 인정되지 아니하는 이른바 고양된 일반사용권이 보장될 수 있으며, 이러한 고양된 일반사용권이 침해된 경우 다른 개인과의 관계에서 민법상으로도 보호될 수 있으나, 그 권리도 공물의 일반사용의 범위 안에서 인정되는 것이므로, 특정인에게 어느 범위에서 이른바 고양된 일반사용권으로서의 권리가 인정될 수 있는지의 여부는 당해 공물의 목적과 효용, 일반사용관계, 고양된 일반사용권을 주장하는 사람의 법률상의 지위와 당해 공물의 사용관계의 인접성, 특수성 등을 종합적으로 고려하여 판단하여야 한다. 따라서 구체적으로 공물을 사용하지 않고 있는 이상 그 공물의 인접주민이라는 사정만으로는 공물에 대한 고양된 일반사용권이 인정될 수 없다.
> [2] 재래시장 내 점포의 소유자가 점포 앞의 도로에 대하여 일반사용을 넘어 특별한 이해관계를 인정할 만한 사용을 하고 있었다는 사정을 인정할 수 없다는 이유로 위 소유자는 도로에 좌판을 설치·이용할 수 있는 권리가 없다. (대판 2006. 12. 22. 2004다68311)

6. 공용물의 경우

지금까지 논의된 것은 공공용물의 경우를 상정한 것이고, 공용물의 일반사용은 국가 또는 지방자치단체가 직접 사용하는 것을 목적으로 하기 때문에 일반 공중에 의해 이용되는 부분은 극히 제한적으로만 인정될 수밖에 없다.

기출 공물에 대한 설명으로 옳은 것은? (다툼이 있는 경우 판례에 의함)   21년 국가직 7급
① 행정재산은 공용폐지가 되지 아니하는 한 사법상 거래의 대상이 될 수 없으므로 관재당국이 이를 모르고 행정재산을 매각하였다 하더라도 그 매매를 당연무효라 할 수 없다.
② 행정재산이 본래의 용도에 제공되지 않는 상태에 놓여 있다는 사실만으로도 관리청의 이에 대한 공용폐지의 의사표시가 있었다고 볼 수 있다.
③ 하천의 점용허가권은 특허에 의한 공물사용권의 일종으로서 대세적 효력이 있는 물권이라 할 수 있다.
④ 구체적으로 공물을 사용하지 않고 있는 이상 그 공물의 인접주민이라는 사정만으로는 공물에 대한 고양된 일반사용권이 인정될 수 없다.

정답 ④

Ⅲ 공물의 특별사용

1. 공물의 허가사용

(1) 의 의

공물의 허가사용이란 공물의 자유사용의 경우 공공의 안녕에 위해를 초래하거나 공물의 유지·보전·관리에 문제가 생길 소지가 있어 우선 일반적 사용을 금지하고 요건을 갖춘 경우에 한해 이를 허가하여 사용케 하는 것을 말한다. 공물의 허가사용은 공물의 특허사용과 비교해 볼 때 주로 일시적 사용을 의미하는 것으로 해석된다. 예를 들면, 건물신축에 필요한 건자재를 일시적으로 도로에 적치하고자 하는 경우 행정청의 허가를 받아서 하는 것을 말한다.

(2) 종 류

1) 공물관리권에 의한 허가사용

공물의 유지·보전·관리상의 목적으로 일정한 내용의 사용에 대해서는 이에 대한 일반사용을 금지하고 특정 요건을 충족한 경우 그 금지를 해제하여 공물을 사용하게 하는 것을 말한다.

2) 공물경찰권에 의한 허가사용

공물에 대한 일정한 내용의 일반사용의 허용이 그로 인해 공공의 안녕과 질서에 위험을 초래할 우려가 있는 경우 이를 일반적으로 금지해 놓고 특정 요건을 충족한 경우 그 금지를 해제하여 공물을 사용하게 하는 것을 말한다.

(3) 성 질

공물의 허가사용에 대한 법적 성질과 관련해 개인적 공권 여부가 문제된다. 여기에는 공물의 자유사용과 마찬가지로 공물의 허가사용도 그에 대해 사용자의 법률상 이익을 인정할 수 없다는 반사적 이익설보다는, 허가 요건을 갖추었는데 이에 대해 합리적 이유 없이 거절하는 것 또는 허가를 맡아 사용하고 있는데 합리적 이유 없이 폐지당하는 경우 그에 대해 법률상 이익을 침해당한 것으로 보고 개인적 공권을 인정하는 견해가 타당하다.

(4) 사용료 관계

공물의 허가사용의 경우 그에 대해 공물주체가 사용자에게 사용료를 징수하기도 하고 징수하지 않는 경우도 있다. 각 공물의 특성과 관련 법규의 내용에 따라 달라질 것이다.

2. 공물의 특허사용

(1) 의 의

공물의 특허사용이란, 적극적 이익이나 공익 목적의 실현을 위해 행정청으로부터 특별한 권리를 수여받아 사인이 공물을 사용하는 것을 말한다. 이는 공물의 허가사용과 비교해 볼 때 비교적 장기의 사용인 점에서 차이가 난다. 예를 들어, 도로상에서 상당 기간 영업을 하고자 행정청으로부터 도로점용허가를 받는 경우가 이에 해당한다.

(2) 성 질

공물의 특허사용은 형성적 행위로 이해된다. 또한 이는 재량행위에 속한다는 것이 통설과 판례이다. 따라서 이에 대한 부관도 가능하다 할 것이다. 또한 일반사용과 병존이 가능하다는 것이 통설과 판례의 입장이다.

> **판례** 도로법 제40조, 제43조, 제80조의2에 규정된 도로의 점용이라 함은, 일반 공중의 교통에 공용되는 도로에 대하여 이러한 일반사용과는 별도로 도로의 특정 부분을 유형적, 고정적으로 사용하는 이른바 특별사용을 뜻하는 것이고, 그와 같은 병존이 가능한 경우도 있고, 이러한 경우에는 도로점용 부분이 동시에 일반 공중의 교통에 공용되고 있다고 하여 도로점용이 아니라고 말할 수는 없는 것이다. (대판 1999. 5. 14. 98두17906)

(3) 특허사용관계

1) 특허사용자의 권리(특허사용권)

① 특허사용권은 공법상의 원인에 의해 발생하는 배타적인 개인적 공권으로서 이에 대한 공법상의 침해가 있으면 행정쟁송을 제기할 수 있고, 사인으로부터 침해가 있으면 침해행위의 배제 등 민사소송을 제기할 수도 있다.
② 특허사용권은 공권이지만 재산권적 성격이 강하기 때문에 이전성도 인정된다.
③ 특허사용권은 공권이기 때문에 공법상의 일정한 제한을 받기도 한다. 예컨대 도로법 제96조[4]상의 제한이 그러하다.

2) 특허사용자의 의무

가. 사용료 납부의무

특허사용관계는 특정인의 이익을 위해 특별한 권리를 설정해 주는 것이므로 이에 대해 행정주체가 사용료를 징수하는 것이 일반적이다. 이에 대해 개별법령이 있는 경우에만 징수가 가능한지가 문제되나 이는 특별한 이익에 대한 대가의 징수에 해당하므로 관련규정의 근거 없이도 징수가 가능하다고 보는 것이 타당하다고 본다.

나. 제해시설 설치 또는 손해전보의무

공물의 특허사용으로 인해 인근 주민들에게 피해가 발생하는 경우 등에는 행정주체는 사용자에게 제해시설의 설치의무를 부가하기도 하며 여의치 않을 경우에는 직접 손해를 전보해 줄 것을 부관으로서 부가하기도 한다.

다. 원상회복의무

특허사용관계가 종료한 경우 당해 사용자는 그 공물의 사용 상태를 최초의 상태로 회복시킬 의무가 있다.

---

4) 도로법 제96조(법령 위반자 등에 대한 처분) 도로관리청은 다음 각 호의 어느 하나에 해당하는 자에 대하여 이 법에 따른 허가나 승인의 취소, 그 효력의 정지, 조건의 변경, 공사의 중지, 공작물의 개축, 물건의 이전 그 밖에 필요한 처분을 하거나 조치를 명할 수 있다.
제97조(공익을 위한 처분) ① 도로관리청은 다음 각 호의 어느 하나에 해당하는 경우 이 법에 따른 허가나 승인을 받은 자에게 제96조에 따른 처분을 하거나 조치를 명할 수 있다.
1. 도로 상황의 변경으로 인하여 필요한 경우
2. 도로공사나 그 밖의 도로에 관한 공사를 위하여 필요한 경우
3. 도로의 구조나 교통의 안전에 대한 위해를 제거하거나 줄이기 위하여 필요한 경우
4. 「공익사업을 위한 토지 등의 취득 및 보상에 관한 법률」 제4조의 규정에 따른 공익사업 등 공공의 이익이 될 사업을 위하여 특히 필요한 경우

3. 관습법상 사용

(1) 의 의

공물의 관습법상 사용이란 관습법을 통해서 공물의 사용관계가 설정되는 경우를 말한다. 그 예로 관습법상 하천의 용수권, 수산업법상 입어권[5] 등을 들 수 있다.

(2) 성립 요건

관습법상 사용권의 요건으로는 ① 특정 범위의 사람들이 분쟁 없이 오랫동안 해당 공물을 사용해 왔어야 하고, ② 그 사용의 이익이 특별한 법률상의 이익으로 평가받아야 하며, ③ 그 사용이 타인으로부터 법적 확신을 받아야 한다.

(3) 성 질

관습법상 사용권이 성립하면 이는 개인적 공권으로서 재산권의 성질을 갖고 따라서 이에 대한 침해가 있으면 민사소송 또는 행정소송을 통해 이를 배제할 수도 있다.

4. 행정재산의 목적 외 사용

(1) 의 의

행정재산의 목적 외 사용이란 행정재산이 행정 목적의 달성에 장애가 되지 않는 범위에서 행정 목적과는 다른 용도로 사용·수익되는 것을 말한다. 예컨대 정부청사 내에서 일부 공간을 매점으로 운영하는 것 등이 이에 해당한다.

(2) 법적 근거

행정재산의 목적 외 사용은 공적 목적에 방해가 되지 않는 한 목적 외 사용이 허가된다 할 것이므로 법률상 근거가 없어도 공법상 계약 등을 통해 행해질 수 있다. 한편, 이에 대한 일반법에 해당하는 규정으로 국유재산법 제24조 또는 공유재산및물품관리법 제20조의 규정을 들 수 있다. 그 밖에 개별적 규정으로 하천법, 도로법, 도시공원법 등에서 특별규정이 있다.

(3) 법적 성질

1) 문제점

국유재산법 제24조 또는 공유재산및물품관리법 제20조는 "행정재산은 그 용도 또는 목적에 장애가 되지 아니하는 범위 안에서 그 사용 또는 수익을 허가할 수 있다"라고 규정하고 있는바, 여기서의 허가의 법적 성질이 문제된다.

2) 학 설

사인이 사용료를 연체하는 경우 국세체납절차에 의하도록 함으로써 일반 사인에게는 인정되지 않는 특권을 국가에게 부여한 점을 볼 때 이 자체가 행정청에게 우월적 지위를 인정한 것이라 할 것이므로 대등관

---

5) 수산업법 제2조(정의) 9. "어업권"이란 제8조에 따라 면허를 받아 어업을 경영할 수 있는 권리를 말한다.
　　10. "입어"란 입어자가 마을어업의 어장에서 수산동식물을 포획·채취하는 것을 말한다.
　　11. "입어자"란 제47조에 따라 어업의 신고를 한 자로서 마을어업권이 설정되기 전부터 당해 수면에서 계속적으로 수산동식물을 포획·채취하여 온 사실이 대다수 사람들에게 인정되는 자중 대통령령으로 정하는 바에 의하여 어업권원부에 등록된 자를 말한다.
　　제40조(입어 등의 제한) ① 마을어업의 어업권자는 입어자에게 제38조에 따른 어장관리규약이 정하는 바에 따라 해당 어장에 입어하는 것을 허용하여야 한다.

계로 보는 사법상 계약설은 타당하지 않으며, 이원적 법률관계설도 굳이 그와 같이 분리할 실익이 존재하지 않으므로 행정행위설이 타당하다.

3) 판 례

대법원은 행정행위설을 취하고 있다.

> **판례** 국유재산 등의 관리청이 하는 행정재산의 사용·수익에 대한 허가는 순전히 사경제주체로서 행하는 사법상의 행위가 아니라 관리청이 공권력을 가진 우월적 지위에서 행하는 행정처분으로서 특정인에게 행정재산을 사용할 수 있는 권리를 설정하여 주는 강학상 특허에 해당한다. (대판 2006. 3. 9. 2004다31074)

기출 공물에 대한 설명으로 옳지 않은 것은? (다툼이 있는 경우 판례에 의함)   20년 국가직 7급

① 관재당국이 착오로 행정재산을 사인의 재산과 교환하였다 하더라도 그러한 사정만으로 그 행정재산에 대한 적법한 공용폐지의 의사표시가 있다고 볼 수 없다.
② 「지방재정법」상 공유재산에 대한 취득시효가 완성되기 위하여는 그 공유재산이 취득시효기간 동안 계속하여 시효취득의 대상이 될 수 있는 일반재산이어야 한다.
③ 국유재산의 관리청은 국유재산에 대하여 점용·사용허가를 받지 아니한 채 국유재산을 사용한 자에 대하여 「국유재산법」에 따른 국유재산 사용료를 부과할 수 있다.
④ 도로의 관리청은 도로부지에 대한 소유권을 취득하였는지 여부와 관계없이 도로를 무단점용하는 자에 대하여 「도로법」에 따라 변상금을 부과할 수 있다.

정답 ③

참고

일반사용	내 용	자유로이 사용할 수 있는 소극적 권리, 유지·이용이나 새로운 공물 제공을 청구할 수는 없다. 무상이 원칙이다.
	고양된 일반사용	인접주민의 경우 밀접한 관련을 가지고 있기 때문, 폐지시 원고적격인정
		타인의 공동사용을 영속적으로 배제하지 않는 범위내에서 인정
		구체적으로 공물사용하고 있는 것이 아니면 도로에 좌판을 설치·이용할 수 있는 권리가 없다.
특별사용	허가사용	공물의 본래 목적인 공공의 사용을 방해받지 않는 정도의 일시적 사용을 의미
		사용료를 부과·징수
	특허사용	도로점용, 발전용댐건설, 공유수면매립면허
		계속적으로 사용가능
		형성적·재량적·쌍방적 행정행위, 채권임
		사용료를 납부해야 하며, 손실보상의무 부담
		공물의 일반사용과 특허사용은 병존이 가능하다.
		지하도의 용도에 따라 특별사용인지 여부가 달라진다.
관습법상 특별사용	관습법에 의해 공물사용권인정 - 입어권, 관개용수리권	
	특허사용과 유사함	
행정재산의 목적외 사용	그 법적 성질은 공법관계로 보는 것이 판례이다.	
	사용·수익할 권리를 가지나, 영구시설물의 축조금지, 대여금지, 사용료 납부의무, 원상회복의무를 부담한다.	
	5년을 초과하지 못한다.	

변상금	소유자가 부과 안됨
	국공유재산의 관리청이 부과
	대부료 120%에 상당, 기속행위
	계약으로 변상금징수권의 인수는 불허

> **판례** 공물사용권에 관한 하천사용권은 채권적 권리에 준한다.
> 하천의 점용허가권은 특허에 의한 공물사용권의 일종으로서 하천의 관리주체에 대하여 일정한 특별사용을 청구할 수 있는 채권에 지나지 아니하고 대세적 효력이 있는 물권이라 할 수 없다. (대판 2015. 1. 29. 2012두27404)

공기업법

1. 공기업의 이용관계

의 의	직접 사회공공의 이익을 위하여 경영하는 비권력 사업으로 수익성을 갖는 기업
	영리추구가 주 목적임(영조물과 구별됨)
이용관계	원칙적으로 사법관계이다. 그러나 실정법에 강제집행이나 행정벌, 쟁송 등의 규율이 있으면 그 한도에서 공법관계이다.
성 립	합의로 성립하나 예외적으로 강제되는 경우도 있다. (전기·수도·전화 등 – 선택권 ×)
내 용	공기업이용권, 평등한 급부권, 행정쟁송권 등을 갖는다. 공기업은 이용대가 징수권 등을 갖는다.

2. 특허기업

(1) 의 의
특정 공익사업의 경영권을 사인에게 부여하는 형성적 행정행위

(2) 성 질
재량행위, 쌍방적 행정행위

(3) 법률관계 – 원칙적으로 사법관계
1) 권 리

기업경영권, 공용부담권(타인 토지 사용), 공물사용권, 경제상의 보호, 행정벌의 보호

2) 의 무

기업경영의무, 이용제공의무, 감독을 받을 의무

구 분	허가기업	특허기업
목 적	소극적 사회질서 유지	적극적 공공복리 증진
대상사업	본래 사인이 할 사업	국민생활상 필수불가결인 사업
재량성	기속	재량
감 독	소극적 감독	적극적 감독 특전부여 가능

구 분	독립기업	비독립기업
조 직	공무원 ×, 공물 ×	공무원 ○, 공물 ○
경 영	법률	직접 경영
예산회계	예산회경원칙 절차 ×	국가재정법상 제약
통 제	행정청 – 주무부장관 국회 – 결산보고 등 간접통제	내부 감독 및 통제

3. 자금지원법

> **판례** 사인 또는 사기업의 적법한 보조금 신청에 기한 거부는 처분이나, 행정부간 회신에 불과한 지식경제부장관의 반려는 처분이 아니며, 최종적 회신인 광주광역시장의 반려행위가 처분이다.
>
> 수도권 소재 갑 주식회사가 본사와 공장을 광주광역시로 이전하는 계획하에 광주광역시장에게 구 '지방자치단체의 지방이전기업유치에 대한 국가의 재정자금지원기준' 제7조에 따라 입지보조금 등 지급을 신청하였고 이에 따라 광주광역시장이 지식경제부장관에게 지급신청을 하였는데, 이후 지식경제부장관이 광주광역시장에게 갑 회사가 지원대상요건을 충족하지 못한다는 이유로 반려하자 광주광역시장이 다시 갑 회사에 같은 이유로 반려한 사안에서, 국가균형발전 특별법 제19조 제1항, 제3항, 국가균형발전 특별법 시행령 제17조 제2항, 제3항 등 관련 규정들의 형식 및 내용에 의하면, 지식경제부장관에 대한 국가 보조금 지급신청권은 해당 지방자치단체장에게 있고, 지방이전기업은 해당 지방자치단체장에게 국가 보조금 지급신청을 할 수 있을 뿐 지식경제부장관에게 국가 보조금 지급을 요구할 법규상 또는 조리상 신청권이 있다고 볼 수 없다는 이유로, 지식경제부장관의 반려회신은 항고소송 대상이 되는 행정처분에 해당하지 않고, 광주광역시장의 반려처분은 항고소송 대상이 되는 행정처분에 해당한다. (대판 2011. 9. 29. 2010두26339)

정인영
쎄르파

행정법각론

공용부담법

CHAPTER

01 규제행정

I 토지규제행정법

1. 국토계획

국토종합계획 / 도종합계획 / 시·군종합계획 / 지역계획 / 부문별 계획

2. 도시·군계획

① 도시·군 기본계획은 일반국민에 대한 직접적인 구속력은 없다.
② 다만 도시·군 관리계획은 처분성이 인정된다.

3. 도시계획의 입안권자

① 국토교통부장관, 광역지방자치단체장뿐만 아니라 기초 자치단체장도 입안권을 가진다.
② 도시관리계획을 입안할 때에는 주민의 의견을 들어야 하며, 타당할 경우 반영하여야 한다.
③ 도시관리계획의 입안을 거부한 처분은 취소소송의 대상이 된다.

4. 도시계획의 결정

도시·군관리계획은 시·도지사가 직접 또는 시장·군수의 신청에 따라 결정한다. 다만, 「지방자치법」 제175
조에 따른 서울특별시와 광역시 및 특별자치시를 제외한 인구 50만 이상의 대도시(이하 "대도시"라 한다)
의 경우에는 해당 시장(이하 "대도시 시장"이라 한다)이 직접 결정하고, 시장 또는 군수가 입안한 지구단위
계획구역의 지정·변경과 지구단위계획의 수립·변경에 관한 도시·군관리계획은 해당 시장 또는 군수가 직
접 결정하며, 국토교통부장관은 법률에서 특별히 규정한 경우에 한하여 결정권을 가진다(국토의 계획 및
이용에 관한 법률 제29조 제1항).

5. 도시·군관리계획 결정의 효력 및 실효

① 국토의 계획 및 이용에 관한 법률상 도시·군관리계획 결정의 효력은 지형도면을 고시한 날부터 발생
한다(국토의 계획 및 이용에 관한 법률 제31조 제1항).
② 도시·군관리계획 결정 당시 이미 사업이나 공사에 착수한 자(이 법 또는 다른 법률에 따라 허가·인가·승
인 등을 받아야 하는 경우에는 그 허가·인가·승인 등을 받아 사업이나 공사에 착수한 자를 말한다)는 그 도
시·군관리계획 결정에 관계없이 그 사업이나 공사를 계속할 수 있다. 다만, 시가화조정구역이나 수산
자원보호구역의 지정에 관한 도시·군관리계획 결정이 있는 경우에는 대통령령으로 정하는 바에 따라
특별시장·광역시장·특별자치시장·특별자치도지사·시장 또는 군수에게 신고하고 그 사업이나 공사를

계속할 수 있다(국토의 계획 및 이용에 관한 법률 제31조 제2항).

③ 토지이용규제 기본법상 지형도면 또는 지적도의 지형도면은 지정일부터 2년내 고시해야 하며, 2년이
되는 날까지 지형도면의 고시가 없는 경우 그 다음날부터 그 지정의 효력을 잃는다(토지이용규제기본법
제8조).

6. 용도지역·용도지구·용도구역

용도지역	도시지역 / 관리지역 / 농림지역 / 자연환경보전지역
용도지구	경관지구 / 미관지구 / 고도지구 / 방화지구 / 방재지구 / 보존지구 / 시설보호지구 / 취락지구 / 개발진흥지구 / 특정용도제한지구
용도구역의 지정	개발제한구역의 지정, 도시자연공원구역의 지정, 시가화조정구역의 지정 / 수산자원보호구역의 지정

Ⅱ 토지거래 허가제

1. 법적 성질

판례는 토지거래 허가의 법적성질을 인가로 보고 있다.

> **판례** 국토이용관리법상의 토지거래허가의 법적 성질은 인가이다.
> 같은 법(국토이용관리법) 제21조의3 제1항 소정의 허가가 규제지역 내의 모든 국민에게 전반적으로 토지거래의
> 자유를 금지하고 일정한 요건을 갖춘 경우에만 금지를 해제하여 계약체결의 자유를 회복시켜 주는 성질의 것이
> 라고 보는 것은 위 법의 입법취지를 넘어선 지나친 해석이라고 할 것이고, 규제지역 내에서도 토지거래의 자유가
> 인정되나 다만 위 허가를 허가 전의 유동적 무효 상태에 있는 법률행위의 효력을 완성시켜 주는 인가적 성질을
> 띤 것이라고 보는 것이 타당하다. (대판 1991. 12. 24. 90다12243(전합))

2. 지 정

투기적인 거래가 성행하는 경우 5년 이내의 기간을 정한다. 행정처분에 해당한다.

3. 범 위

대상토지인지 여부는 매매계약체결일을 기준으로 한다.

4. 효 력

유동적 무효, 형사적 처벌대상이다.

CHAPTER 02 공용수용의 절차

I 서 설

1. 의 의

공용수용이란 국가 또는 지방자치단체 등 공용수용의 주체가 특정 공익사업을 위해 법령이 정하는 절차를 준수하여 사인의 재산권을 강제로 취득하고 대신 사인에게 그 손실을 보상해 주는 물적 공용부담을 말한다.

2. 법적 근거

이에 대한 법적 근거로는 헌법 제23조 제3항에서 공용수용 및 보상에는 법적 근거가 있어야 함을 규정하고 있고, 그에 대해 토지 등의 수용에 관한 일반법으로 공익사업을 위한 토지 등의 취득 및 보상에 관한 법률(이하 법이라 함)이 있으며 개별적으로는 도로법, 하천법, 도시재개발법 등에 산재되어 있다. 이하에서는 법에 규정된 공용수용의 절차에 대하여 검토해 보기로 한다.

II 사업인정

1. 사업인정의 의의

사업인정이란 공익사업을 위해 토지 등을 수용 또는 사용하는 사업을 결정하는 것을 말한다(법 제2조 7호).

2. 사업인정의 법적 성질

(1) 처분성 여부

사업인정이 되면 사업시행자는 토지를 수용할 권리 등이 발생하고, 토지소유자 등에게는 사업인정으로 고시된 지역에 대해 사업 수행에 지장을 초래할 행위 등이 제한됨으로써 의무가 부과되는 등 국민의 권리·의무에 변동이 발생하므로 이는 행정소송법상의 처분에 해당한다. 판례도 마찬가지로 처분으로 보고 있다(대판 1994. 11. 11. 93누19375 등).

(2) 형성행위성 여부

1) 학 설

확인행위설	사업인정은 다만 특정사업이 공익사업을 위한 토지 등의 취득 및 보상에 관한 법률에서 말하는 공익사업에 해당함을 인식·확인하는 것에 불과하고 그로 인해 사업시행자에게 수용권이 설정되는 것은 아니며, 수용권은 공익사업을 위한 토지 등의 취득 및 보상에 관한 법률에 따라 협의 또는 재결에 이르러 비로소 발생하는 것이라고 보는 견해이다.
형성행위설 (강학상 특허설)	사업인정으로 인해 사업시행자는 일정한 절차를 거칠 것을 조건으로 특정 재산권에 대한 수용권을 부여받는 형성행위라는 견해이다.

2) 판 례

판례는 형성행위설을 취하고 있다.

> **판례** 토지수용법 제14조에 따른 사업인정은 그 후 일정한 절차를 거칠 것을 조건으로 하여 일정한 내용의 수용권을 설정해 주는 행정처분의 성격을 띠는 것으로서, 그 사업인정을 받음으로써 수용할 목적물의 범위가 확정되고 수용권으로 하여금 목적물에 관한 현재 및 장래의 권리자에게 대항할 수 있는 일종의 공법상의 권리로서의 효력을 발생시킨다고 할 것이다. (대판 1987. 9. 8. 87누395)

3) 검 토

형성행위설이 타당하다.

(3) 재량행위성 여부

1) 학 설

기속행위설	사업시행자가 사업시행에 필요한 요건을 갖추어 신청하면 행정청은 사업인정을 해줘야 하므로 기속행위로 보는 견해이다(김남진).
재량행위설	당해 사업이 공익상 필요한가에 대한 판단이 필요하므로 재량행위로 보는 견해이다(박균성).

2) 판 례

판례는 재량행위설을 취하고 있다.

> **판례** 광업법 제87조 내지 제89조, 토지수용법 제14조에 의한 토지수용을 위한 사업인정은 단순한 확인행위가 아니라 형성행위이고 당해 사업이 비록 토지를 수용할 수 있는 사업에 해당된다 하더라도 행정청으로서는 그 사업이 공용수용을 할 만한 공익성이 있는지의 여부를 모든 사정을 참작하여 구체적으로 판단하여야 하는 것이므로 사업인정의 여부는 행정청의 재량에 속한다. (대판 1992. 11. 13. 92누596)

3) 검 토

사업인정의 법적 성질에 대해 형성행위(강학상 특허)라고 보는 한 재량행위설이 타당하다.

3. 사업인정의 요건

사업인정을 위해서는 법 제4조 각호에 해당하는 공익사업이어야 하고, 그러한 공익사업은 헌법 제23조 제3항의 취지에 비추어 공공필요성이 인정되어야 한다.

(1) 공익사업

이 법에 의하여 토지 등을 취득 또는 사용할 수 있는 사업은 다음 각호의 1에 해당하는 사업이어야 한다. 1. 국방·군사에 관한 사업 …중간 생략… 7. 그 밖에 다른 법률에 의하여 토지 등을 수용 또는 사용할 수 있는 사업(법 제4조).

(2) 공공필요성

공공필요성이란 사업의 공공성과 필요성을 말한다. 우선, 공공성(공익성)은 법에 정한 공익사업에 해당한다고 하여 당연히 인정되는 것이 아니고 개별적으로 당해 상황에 비추어 판단되어야 한다. 둘째 필요성이란 공익사업으로 인해 침해되는 사익이 최소한도로 그쳐야 하고(최소침해성), 그로 인해 달성되는 공익과 침해되는 사익 사이에 비례성이 유지되는 것을 말한다(협의의 비례원칙).

4. 사업인정의 절차

(1) 사업인정의 신청

사업시행자는 제19조의 규정에 따라 토지 등을 수용 또는 사용하고자 하는 때에는 대통령령이 정하는 바에 따라 국토교통부장관의 사업인정을 받아야 한다(법 제20조 제1항).

(2) 의견청취

국토교통부장관은 사업인정을 하고자 하는 때에는 관계 중앙행정기관의 장 및 특별시장·광역시장·도지사·특별자치도지사(이하 "시·도지사"라 한다)와 협의하여야 하며, 대통령령이 정하는 바에 따라 미리 중앙토지수용위원회 및 사업인정에 관하여 이해관계가 있는 자의 의견을 들어야 한다(법 제21조).

(3) 사업인정의 고시

국토교통부장관은 제20조의 규정에 의한 사업인정을 한 때에는 지체 없이 그 뜻을 사업시행자, 토지소유자 및 관계인, 관계 시·도지사에게 통지하고 사업시행자의 성명 또는 명칭·사업의 종류·사업지역 및 수용 또는 사용할 토지의 세목을 관보에 고시하여야 한다(법 제22조 제1항).

5. 사업인정의 효과

사업인정은 법 제22조 제1항에 따라 고시한 날부터 그 효력을 발생한다(법 제22조 제3항).

(1) 수용권의 발생

사업인정으로 인해 사업시행자는 일정한 수용절차를 거칠 것을 조건으로 수용권이 발생한다.

(2) 수용목적물의 확정

사업인정의 고시에 토지의 세목이 포함됨으로써 수용목적물이 확정되게 된다. 이 경우 수용목적물은 비례의 원칙에 의해 사업에 필요한 최소한도에 그쳐야 한다(대판 2005. 11. 10. 2003두7507). 한편, 여기서의 수용목적물의 확정은 토지 세목의 공고로 인해 일응 특정된다는 의미이고, 종국적으로는 재결의 확정에 의

해 그 특정이 확정된다.[1]

(3) 피수용자의 범위 확정

사업인정의 고시로 인해 위와 같이 수용목적물이 확정되면서 그에 따라 피수용자도 확정되게 된다. 피수용자란 공용수용의 상대방으로 공토법상 토지소유자 및 관계인을 말한다. 이때 관계인이란 사업시행자가 취득 또는 사용할 토지에 관하여 지상권·지역권·전세권·저당권·사용대차 또는 임대차에 의한 권리 기타 토지에 관한 소유권외의 권리를 가진 자 또는 그 토지에 있는 물건에 관하여 소유권 그 밖의 권리를 가진 자를 말한다. 다만, 사업인정의 고시가 있은 후에 권리를 취득한 자는 기존의 권리를 승계한 자를 제외하고는 관계인에 포함되지 아니한다(법 제2조 5호).

(4) 토지 등의 보전의무

사업인정 고시가 있은 후에는 누구든지 고시된 토지에 대하여 사업에 지장을 초래할 우려가 있는 형질변경이나 수용의 범위에 포함되는 물건 등의 손괴 또는 수거 등을 하지 못한다(법 제25조 제1항). 사업인정 고시 후 고시된 토지에 대한 건축물의 증축, 대수선 등을 하려는 자는 미리 시장·군수·구청장의 허가를 받아야 한다(법 제25조 제2항).

(5) 토지 및 물건에 관한 조사권

사업인정의 고시가 있은 후에는 사업시행자 또는 감정평가를 의뢰받은 감정평가업자는 사업의 준비나 토지조서 및 물건조서를 작성하기 위하여 필요한 경우 등에는 해당 토지나 물건에 출입하여 이를 측량하거나 조사할 수 있다(법 제27조 제1항). 이 경우 발생하는 손실에 대하여는 토지소유자 등에게 보상하여야 한다(법 제27조 제3항).

6. 사업인정의 실효

(1) 재결신청의 해태로 인한 실효

사업시행자가 법 제22조 제1항의 규정에 의한 사업인정의 고시가 있은 날부터 1년 이내에 제28조 제1항의 규정에 의한 재결신청을 하지 아니한 때에는 사업인정고시가 있은 날부터 1년이 되는 날의 다음날에 사업인정은 그 효력을 상실한다(법 제23조 제1항). 사업시행자는 제1항의 규정에 의하여 사업인정이 실효됨으로 인하여 토지소유자 또는 관계인이 입은 손실을 보상하여야 한다(법 제23조 제2항).

(2) 당해 사업의 폐지·변경에 의한 실효

사업인정고시가 있은 후 사업의 전부 또는 일부를 폐지하거나 변경함으로 인하여 토지 등의 전부 또는 일부를 수용 또는 사용할 필요가 없게 된 때에는 사업시행자는 지체 없이 사업지역을 관할하는 시·도지사에게 신고하고, 토지소유자 및 관계인에게 이를 통지하며, 시·도지사는 제1항의 규정에 의한 신고가 있는 때에는 사업의 전부 또는 일부의 폐지나 변경이 있는 것을 관보에 고시하여야 한다(법 제24조 제1항, 제2항). 사업시행자는 제1항의 규정에 의하여 사업의 전부 또는 일부를 폐지·변경함으로 인하여 토지소유자 또는 관계인이 입은 손실을 보상하여야 한다(법 제24조 제7항).

---

[1] 박균성, 전게서 제5판, 1187p.

7. 사업인정에 대한 불복

(1) 항고쟁송

사업인정은 처분성이 긍정되기 때문에 사업인정에 대해 항고쟁송을 통해 불복하는 것이 가능하다. 이 경우 취소소송을 중심으로 문제되는 부분을 살펴본다.

> **판례** 도시계획사업허가의 공고시에 토지세목의 고시를 누락하거나 사업인정을 함에 있어 수용 또는 사용할 토지의 세목을 공시하는 절차를 누락한 경우, 이는 절차상의 위법으로서 수용재결 단계 전의 사업인정 단계에서 다툴 수 있는 취소사유에 해당하기는 하나 더 나아가 그 사업인정 자체를 무효로 할 중대하고 명백한 하자라고 보기는 어렵고, 따라서 이러한 위법을 들어 수용재결처분의 취소를 구하거나 무효확인을 구할 수는 없다. (대판 2009. 11. 26. 2009두11607)

1) 원고적격의 문제

사업인정은 사업시행자에게는 수용권을 설정해 주는 수익적 행위인 반면, 피수용자에게는 침익적 효과가 발생하는 제3자효 행정행위이기 때문에 사업시행자와 피수용자 모두 법률상 이익의 침해 또는 침해 우려를 이유로 그에 대한 취소소송을 제기할 수 있다. 한편, 인근주민 역시 폐기물처리장 등 지역현안과 관련된 민감한 문제에 대해서는 이에 대해 관련 법률을 통해 사익보호성이 인정된다면 원고적격이 긍정될 것이다.

> **판례** 사업인정이 환경영향평가의 대상이 되는 경우에는 대상지역 내 주민은 법률상 이익이 있는 것으로 추정되고, 대상지역 밖의 주민은 수인한도를 넘는 환경피해를 받거나 받을 우려가 있다는 것을 입증하면 법률상 이익이 인정되어 원고적격이 있다. (대판 2006. 3. 16. 2006두330(전합))

2) 불복기간의 문제

사업인정에 대한 불복기간 중 처분이 있음의 안날의 기산점에 대해 학설이 대립한다. 이에 대해 ① 사업인정 고시일에 사업인정이 있음을 안날로 보아야 한다는 견해와 ② 공토법은 사업인정의 고시 외에도 사업인정을 토지소유자 등에게 통지하도록 하고 있으므로(법 제22조 제1항) 이처럼 사업인정을 통지받아 실제로 안날을 그 기산점으로 보아야 한다는 견해가 있다. 생각건대, 사업인정을 조속히 확정할 필요가 있다는 점에서 1설이 타당하다고 본다.

(2) 국가배상청구 등

그 외에 사업인정에 위법성이 존재하고 관계공무원의 고의 또는 과실이 존재하여 그로 인해 손해가 발생하는 경우에는 국가배상청구소송도 가능할 것이다.

기출 「공익사업을 위한 토지 등의 취득 및 보상에 관한 법률」상 토지수용절차로서 사업인정에 대한 설명으로 옳은 것만을 모두 고른 것은? (다툼이 있는 경우 판례에 의함) 21년 국가직 7급

> ㄱ. 사업시행자가 해당 공익사업을 수행할 의사와 능력이 있어야 한다는 것은 사업인정의 요건에 해당한다.
> ㄴ. 사업인정의 고시로 수용의 목적물은 확정되고 관계인의 범위가 제한된다.
> ㄷ. 사업인정은 고시한 날부터 효력이 발생한다.
> ㄹ. 사업시행자가 사업인정고시가 된 날부터 1년 이내에 재결신청을 하지 아니한 경우에는 사업인정고시가 된 날부터 1년이 되는 날의 다음 날에 사업인정은 그 효력을 상실한다.

① ㄱ

② ㄴ, ㄷ

③ ㄱ, ㄴ, ㄹ

④ ㄱ, ㄴ, ㄷ, ㄹ

정답 ④

Ⅲ 토지조서 및 물건조서의 작성 등

1. 토지조서 및 물건조서의 작성

(1) 의 의

토지조서와 물건조서는 공익사업을 위해 사업시행자가 수용할 필요가 있는 토지 및 그 지상의 물건에 대해 그 내용을 기재하는 문서를 말한다.

(2) 취 지

> **판례** 토지조서는 재결절차의 개시 전에 기업자로 하여금 미리 토지에 대하여 필요한 사항을 확인하게 하고, 또한 토지소유자와 관계인에게도 이를 확인하게 하여 토지의 상황을 명백히 함으로써 조서에 개재된 사항에 대하여는 일응 진실성의 추정을 인정하여 토지의 상황에 관한 당사자 사이의 차후 분쟁을 예방하며 토지수용위원회의 심리와 재결 등의 절차를 용이하게 하고 신속·원활을 기하려는데 그 작성의 목적이 있다. (대판 1993. 9. 10. 93누5543)

(3) 작 성

법 제20조의 규정에 의한 사업인정을 받은 사업시행자는 토지조서 및 물건조서를 작성하여 서명 또는 날인을 하고 토지소유자 및 관계인의 서명 또는 날인을 받아야 한다(법 제26조 제1항 및 제14조 제1항).

(4) 토지조서 작성상의 하자가 재결의 효력에 미치는 영향

> **판례** 토지소유자 등에게 입회를 요구하지 아니하고 작성한 조서는 절차상의 하자를 지니게 되는 것으로서 토지조서로서의 효력이 부인되어 조서의 기재에 대한 증명력에 관하여 추정력이 인정되지 아니하는 것일 뿐, 토지조서의 작성에 하자가 있다 하여 그것이 곧 수용재결이나 그에 대한 이의재결의 효력에 영향을 미치는 것은 아니라 할 것이므로 토지조서에 실제 현황에 관한 기재가 되어 있지 아니하다거나 실측평면도가 첨부되어 있지 아니하다거나 토지소유자의 입회나 서명날인이 없었다든지 하는 사유만으로는 이의재결이 위법하다 하여 그 취소를 구할 사유로 삼을 수는 없다 할 것이다. (대판 1993. 9. 10. 93누5543)

CHAPTER 2 공용수용의 절차 **211**

2. 보상계획의 공고 및 열람

사업시행자는 토지조서 및 물건조서를 작성한 때에는 공익사업의 개요, 토지조서 및 물건조서의 내용과 보상의 시기·방법 및 절차 등을 기재한 보상계획을 전국을 보급지역으로 하는 일간신문에 공고하고, 토지소유자 및 관계인에게 각각 통지하여야 하며, 열람을 의뢰하는 사업시행자를 제외하고는 특별자치도지사, 시장·군수 또는 구청장에게도 통지하여야 한다. 다만, 토지소유자 및 관계인이 20인 이하인 경우에는 공고를 생략할 수 있다(법 제26조 제1항 및 제15조 제1항).

3. 보상액의 산정

사업시행자는 토지 등에 대한 보상액을 산정하려는 경우에는 감정평가업자 2인 이상에게 토지 등의 평가를 의뢰하여야 한다. 다만, 사업시행자가 국토교통부령이 정하는 기준에 따라 직접 보상액을 산정할 수 있는 때에는 그러하지 아니하다(법 제26조 제1항 및 제68조).

4. 토지 및 물건에 관한 조사

사업인정의 고시가 있은 후에는 사업시행자 또는 제68조에 따라 감정평가를 의뢰받은 감정평가업자는 사업시행자가 사업의 준비나 토지조서 및 물건조서를 작성하기 위하여 필요한 경우 또는 감정평가업자가 감정평가를 의뢰받은 토지 등의 감정평가를 위하여 필요한 경우 해당 토지나 물건에 출입하여 이를 측량하거나 조사할 수 있다(법 제27조 제1항). 사업시행자는 제1항에 따라 타인이 점유하는 토지에 출입하여 측량·조사함으로써 발생하는 손실을 보상하여야 한다(법 제27조 제3항).

Ⅳ 협의 및 협의성립 확인

1. 의 의

사업시행자는 사업인정이 되면 토지 등에 대한 보상과 관련하여 토지소유자 및 관계인과 성실하게 협의하여야 한다(법 제26조 제1항, 제16조). 공익사업을 위한 토지 등의 취득 및 보상에 관한 법률(토지보상법 혹은 공토법)은 수용재결을 하기 전 협의를 반드시 거치도록 함으로써 이를 필요적 전치절차로 하고 있다. 다만, 사업인정 전 협의절차를 거쳤다면 사업인정 후 토지조서 및 물건조서의 내용에 변동이 없다면 협의절차를 거치지 않고 수용재결을 신청할 수 있도록 하였다(법 제26조 제2항).

2. 사업인정 후 협의의 성질[2]

(1) 법적 성질

이에 대해 수용권자에 대한 학설과 관련하여 ① 국가수용권설의 입장은 사업시행자와 피수용자의 대등한

---

2) 한편, 공익사업을 위한 토지 등의 취득 및 보상에 관한 법률(이하 토지보상법 혹은 공토법)에 의하면 사업인정 전 사업시행자가 토지소유자 등과 협의하는 것도 가능한바, 이 경우 사업인정 전 협의의 법적 성질도 문제된다. 이에 대해 ① 소유자의 의사를 존중하고 사업시행자가 사경제주체로서 행한다고 보는 사법상 계약설과 ② 공익목적의 토지취득이며, 협의 불성립시 수용의 강제절차가 수반된다는 점을 강조하는 공법상 계약설이 대립하고 있으며, **판례는 사법상 계약설**을 취하는 바, 사업시행자는 사업인정을 통해 비로소 수용권자의 지위를 갖는 것이므로 사업인정 전 협의행위는 사법상 매매계약으로 봄이 타당하다. 이처럼 사법상 계약설로 보는 이상 취득의 형태는 사적 자치에 의한 계약에 의한 승계취득으로 보아야 할 것이다.

관계에서의 사법상 계약으로 보는 견해와 ② 사업시행자수용권설의 입장에서 사업시행자가 수용권의 주체로서 수용권을 실행하는 방법 중 하나로 보아 공법상 계약으로 보는 견해가 대립하고 있으며, 이에 대해 판례는 구 공공용지의취득및보상에관한특례법상의 협의취득을 사법상 매매계약이라고 언급한 판례가 있다(대판 1981. 5. 26. 80다2109).

> **판례** 공익사업을 위한 토지 등의 취득 및 보상에 관한 법령(이하 '공익사업법령'이라고 한다)에 의한 협의취득은 사법상의 법률행위이므로 당사자 사이의 자유로운 의사에 따라 채무불이행책임이나 매매대금 과부족금에 대한 지급의무를 약정할 수 있다. 그리고 협의취득을 위한 매매계약을 해석함에 있어서도 처분문서 해석의 일반원칙으로 돌아와 매매계약서에 기재되어 있는 문언대로의 의사표시의 존재와 내용을 인정하여야 하고, 당사자 사이에 계약의 해석을 둘러싸고 이견이 있어 처분문서에 나타난 당사자의 의사해석이 문제되는 경우에는 그 문언의 내용, 그러한 약정이 이루어진 동기와 경위, 그 약정에 의하여 달성하려는 목적, 당사자의 진정한 의사 등을 종합적으로 고찰하여 논리와 경험칙에 따라 합리적으로 해석하여야 한다. 다만 공익사업법은 공익사업의 효율적인 수행을 통하여 공공복리의 증진과 재산권의 적정한 보호를 도모하는 것을 목적으로 하고 협의취득의 배후에는 수용에 의한 강제취득 방법이 남아 있어 토지 등의 소유자로서는 협의에 불응하면 바로 수용을 당하게 된다는 심리적 강박감이 자리 잡을 수밖에 없으며 협의취득 과정에는 여러 가지 공법적 규제가 있는 등 공익적 특성을 고려하여야 한다. (대판 2012. 2. 23. 2010다91206)

(2) 취득의 형태

이에 대해 공법상 계약에 의한 취득이라는 이유로 이를 원시취득으로 보는 견해도 있으나, 확인을 받기 전의 취득형태이므로 이는 원시취득이 아니고 승계취득으로 보는 것이 타당하다.

3. 협의성립에 대한 확인

① 사업시행자와 토지소유자 및 관계인간에 제26조의 규정에 의한 절차를 거쳐 협의가 성립된 때에는 사업시행자는 제28조 제1항의 규정에 의한 재결의 신청기간 이내에 당해 토지소유자 및 관계인의 동의를 얻어 대통령령이 정하는 바에 따라 관할 토지수용위원회에 협의성립의 확인을 신청할 수 있다(법 제29조 제1항).

② 사업시행자가 협의가 성립된 토지의 소재지·지번·지목 및 면적 등 대통령령이 정하는 사항에 대하여 「공증인법」에 의한 공증을 받아 제1항의 규정에 의한 협의성립의 확인을 신청한 때에는 관할 토지수용위원회가 이를 수리함으로써 협의성립이 확인된 것으로 본다(법 제29조 제3항).

③ 제1항 및 제3항의 규정에 의한 확인은 이 법에 의한 재결로 보며,[3] 사업시행자·토지소유자 및 관계인은 그 확인된 협의의 성립이나 내용을 다툴 수 없다(법 제29조 제4항).

---

3) 이처럼 협의성립 확인은 수용재결로 보고 있고, 한편 공토법에서 수용재결은 명문상 원시취득이기 때문에 결국 협의성립 확인은 협의라고 하는 승계취득을 원시취득으로 전환시킨다.

Ⅴ 수용재결

1. 의 의

법 제26조의 규정에 의한 수용에 관한 협의가 성립되지 아니하거나 협의를 할 수 없는 때 사업시행자의 관할 토지수용위원회에의 신청에 따라 관할 토지수용위원회에서 보상금의 지급을 조건으로 수용과 보상의 권리·의무를 발생시키는 행정처분을 수용재결이라고 한다. 이러한 수용재결은 비록 재결이라는 명칭을 쓰고 있지만 행정심판에서의 재결이 아니고 원처분에 해당한다. 이러한 수용재결에 대하여 이를 준사법적 행위로 보아 불가변력을 인정해야 한다는 견해도 있다(박균성).

2. 재결의 신청

(1) 사업시행자의 재결신청

법 제26조의 규정에 의한 협의가 성립되지 아니하거나 협의를 할 수 없는 때(제26조 제2항 단서의 규정에 의한 협의의 요구가 없는 때를 포함한다)에는 사업시행자는 사업인정고시가 있은 날부터 1년 이내에 대통령령이 정하는 바에 따라 관할 토지수용위원회에 재결을 신청할 수 있다(법 제28조).

(2) 피수용자의 재결신청의 청구

한편, 사업인정고시가 있은 후 협의가 성립되지 아니한 때에는 토지소유자 및 관계인은 대통령령이 정하는 바에 따라 서면으로 사업시행자에게 재결의 신청을 할 것을 청구할 수 있다. 이 경우 사업시행자는 제1항의 규정에 의한 청구를 받은 때에는 그 청구가 있은 날부터 60일 이내에 대통령령이 정하는 바에 따라 관할 토지수용위원회에 재결을 신청하여야 한다(법 제30조 1, 제2항).

3. 재결 기관

① 토지 등의 수용과 사용에 관한 재결을 하기 위하여 국토교통부에 중앙토지수용위원회를, 시·도에 지방토지수용위원회를 둔다(법 제49조).
② 토지수용위원회의 재결사항은 다음 각호와 같다. 1. 수용 또는 사용할 토지의 구역 및 사용방법, 2. 손실의 보상, 3. 수용 또는 사용의 개시일과 기간, 4. 그 밖에 이 법 및 다른 법률에서 규정한 사항(법 제50조 제1항).

4. 재결의 효과

재결로 인해 사업시행자는 수용 또는 사용의 개시일까지 관할토지수용위원회에 보상금의 지급 또는 공탁을 조건으로 소유권을 원시취득하고(법 제45조 제1항), 피수용자는 수용목적물의 인도·이전의무(법 제43조), 손실보상청구권 등이 발생한다. 또한 피수용자는 환매권을 취득하고(법 제91조), 한편 토지수용위원회의 재결이 있은 후 수용 또는 사용할 토지나 물건이 토지소유자 또는 관계인의 고의나 과실 없이 멸실 또는 훼손된 경우 그로 인한 손실은 사업시행자의 부담으로 된다(법 제46조).

5. 재결의 실효

(1) 의 의

사업시행자의 수용의 시기까지 보상금의 지급·공탁이 없으면 재결은 실효된다(법 제42조). 이러한 재결의 실효제도를 둔 취지는 사전보상원칙을 이행하기 위함이다.

(2) 실효의 사유

사업시행자가 수용 또는 사용의 개시일까지 보상금을 지급 또는 공탁하지 아니하면 재결의 효력은 상실되게 된다. 다만, 중앙토지수용위원회의 이의재결에서 정한 보상금을 지급 공탁하지 아니한 경우에는 재결의 실효사유가 아니다.

(3) 법적 성질

재결의 실효의 법적성질은 성립 당시의 하자가 없는 수용재결이 법정부관을 통한 실효사유의 발생으로 인하여 효력이 소멸되는 것으로 강학상 실효이다.

(4) 효 과

사업시행자는 재결이 실효됨으로 인하여 토지소유자 또는 관계인이 입은 손실을 보상하여야 한다. 토지소유자 또는 관계인은 손실이 있은 것을 안 날로부터 1년, 발생한 날로부터 3년 이내에 청구하여야 한다. 손실보상은 협의하여 결정하고, 협의 불성립시 사업시행자, 토지소유자 또는 관계인은 관할토지수용위원회에 재결을 신청할 수 있다(법 제42조 제2항, 제3항, 법 제9조 제5항 내지 제7항 준용).

(5) 사업인정의 실효와의 관계

1) 재결 실효와 재결신청 효력과의 관계

통설 및 판례에 따르면 사업시행자가 그 재결된 보상금을 그 수용시기까지 지급 또는 공탁하지 않은 이상 위 수용위원회의 재결은 물론 재결의 전제가 되는 재결신청도 아울러 그 효력을 상실한다. 다만, 재결이 실효되어서 재결신청이 실효되었더라도 사업시행자는 사업인정고시일로부터 1년 이내이면 다시 재결신청을 할 수 있다. 이때 피수용자의 재결신청의 청구도 역시 인정된다.

> **판례** 토지수용의 내용이 공익사업을 위해서 기업자에게 타인의 재산권을 강제적으로 취득시키는 효과를 나타내는데 있다고 하더라도 이는 그 보상금의 지급을 조건으로 하고 있는 것인 만큼 토지수용법 제65조의 규정내용 역시 기업자가 그 재결된 보상금을 그 수용시기까지 지급 또는 공탁하지 않은 이상 위 수용위원회의 재결은 물론 재결의 전제가 되는 재결신청도 아울러 그 효력을 상실하는 것이라고 해석함이 상당하다. (대판 1987. 3. 10. 84누158)

2) 사업인정 효력과의 관계

재결의 실효는 장래효의 상실이기 때문에 원칙적으로 사업인정의 효력에는 영향이 없다.

> **판례** 재결의 효력이 상실되면 재결신청 역시 그 효력을 상실하게 되는 것이므로 그로 인하여 토지수용법 제17조 소정의 사업인정의 고시가 있는 날로부터 1년 이내에 재결신청을 하지 않는 것으로 되었다면 사업인정도 역시 효력을 상실하여 결국 그 수용절차 일체가 백지상태로 환원된다. (대판 1987. 3. 10. 84누158)

6. 사업인정과 수용재결의 관계

(1) 문제점

사업인정과 수용재결은 상호 독립된 별개의 행위이면서 타면으로는 공익사업에 필요한 토지를 취득하는 것을 목적으로 한다는 점에서 일련의 수용절차를 이루고 있다. 이와 같은 양 성격을 모두 갖고 있어 다음과 같은 문제가 논의된다.

(2) 사업인정의 구속력

사업의 공공필요성에 대한 판단은 관할토지수용위원회를 구속한다. 따라서 토지수용위원회는 사업인정에 반하는 재결을 할 수 없다.

> **판례** 토지수용법은 수용·사용의 일차 단계인 사업인정에 속하는 부분은 사업의 공익성 판단으로 사업인정기관에 일임하고, 그 이후의 구체적인 수용·사용의 결정은 토지수용위원회에 맡기고 있는바, 이와 같은 토지수용절차의 2분화 및 사업인정의 성격과 토지수용위원회의 재결사항을 열거하고 있는 같은 법 제29조 제2항의 규정 내용에 비추어 볼 때, 토지수용위원회는 행정쟁송에 의하여 사업인정이 취소되지 않는 한 그 기능상 사업인정 자체를 무의미하게 하는, 즉 사업의 시행이 불가능하게 되는 것과 같은 재결을 행할 수는 없다. (대판 1994. 11. 11. 93누19375)

(3) 수용재결에 대한 취소소송의 제기와 사업인정에 대한 취소소송의 소의 이익

학설은 사업인정과 수용재결은 각기 요건과 효과가 다른 별개의 행위이므로 비록 수용재결에 대한 취소소송이 제기되었다 하더라도 사업인정의 취소를 구할 소의 이익은 소멸하지 않는다고 보는 견해가 있다 (박균성).

(4) 하자의 승계

사업인정의 하자가 수용재결에 승계되는지가 문제된다.

1) 학 설

사업인정과 수용재결은 각기 별개의 법적 효과를 목적으로 하는 별개의 행위이므로 사업인정의 위법은 수용재결에 승계되지 않는다고 보는 부정하는 견해도 있으나, 수용재결은 사업인정을 전제로 하는 일련의 절차이고 사업인정과 수용재결은 모두 공익사업에 필요한 토지를 취득하는 것을 목적으로 한다는 점에서 사업인정의 위법을 수용재결에 대한 쟁송에서 주장할 수 있다고 보는 긍정설이 타당하다(박균성).

2) 판 례

대법원은 부정설을 취하고 있다.

> **판례** 토지수용법 제14조에 따른 사업인정은 그후 일정한 절차를 거칠 것을 조건으로 하여 일정한 내용의 수용권을 설정해 주는 행정처분의 성격을 띠는 것으로서 그 사업인정을 받음으로써 수용할 목적물의 범위가 확정되고 수용권으로 하여금 목적물에 관한 현재 및 장래의 권리자에게 대항할 수 있는 일종의 공법상의 권리로서의 효력을 발생시킨다고 할 것이므로 위 사업인정단계에서의 하자를 다투지 아니하여 이미 쟁송기간이 도과한 수용재결단계에 있어서는 위 사업인정처분에 중대하고 명백한 하자가 있어 당연무효라고 볼만한 특단의 사정이 없다면 그 처분의 불가쟁력에 의하여 사업인정처분의 위법, 부당함을 이유로 수용재결처분의 취소를 구할 수 없다. (대판 1987. 9. 8. 87누395)

3) 하자의 승계 관련 판례

가. 택지개발예정지구지정과 택지개발계획승인(승계 부정)

> **판례** 택지개발촉진법 제3조에 의한 국토교통부장관의 택지개발예정지구의 지정은 그 처분의 고시에 의하여 개발할 토지의 위치, 면적과 그 행사가 제한되는 권리내용 등이 특정되는 처분인 반면에, 같은 법 제8조에 의한 국토교통부장관의 택지개발사업 시행자에 대한 택지개발계획의 승인은 당해 사업이 택지개발촉진법 상의 택지개발사업에 해당함을 인정하여 시행자가 그 후 일정한 절차를 거칠 것을 조건으로 하여 일정한 내용의 수용권을 설정하여 주는 처분으로서 그 승인고시에 의하여 수용할 목적물의 범위가 확정되는 것이므로, 위 두 처분은 후자가 전자의 처분을 전제로 한 것이기는 하나 각각 단계적으로 별개의 법률효과를 발생하는 독립한 행정처분이어서 선행처분에 불가쟁력이 생겨 그 효력을 다툴 수 없게 된 경우에는 선행처분에 위법사유가 있다고 할지라도 그것이 당연무효 사유가 아닌 한 선행처분의 하자가 후행처분에 승계되는 것은 아니다. (대판 1996. 3. 22. 95누10075)

나. 사업인정과 수용재결처분(승계 부정)

> **판례** 구 토지수용법 제16조 제1항에서는 건설부장관이 사업인정을 하는 때에는 지체 없이 그 뜻을 기업자·토지소유자·관계인 및 관계도지사에게 통보하고 기업자의 성명 또는 명칭, 사업의 종류, 기업지 및 수용 또는 사용할 토지의 세목을 관보에 공시하여야 한다고 규정하고 있는바, 가령 건설부장관이 위와 같은 절차를 누락한 경우 이는 절차상의 위법으로서 수용재결 단계 전의 사업인정 단계에서 다툴 수 있는 취소사유에 해당하기는 하나, 더 나아가 그 사업인정 자체를 무효로 할 중대하고 명백한 하자라고 보기는 어렵고, 따라서 이러한 위법을 들어 수용재결처분의 취소를 구하거나 무효확인을 구할 수는 없다. (대판 2000. 10. 13. 2000두5142)

다. 도시계획결정과 수용재결처분(승계 부정)

> **판례** 도시계획의 수립에 있어서 도시계획법 제16조의2 소정의 공청회를 열지 아니하고 공공용지의취득및손실보상에관한특례법 제8조 소정의 이주대책을 수립하지 아니하였더라도 이는 절차상의 위법으로서 취소사유에 불과하고 그 하자가 도시계획결정 또는 도시계획사업시행인가를 무효라고 할 수 있을 정도로 중대하고 명백하다고는 할 수 없으므로 이러한 위법을 선행처분인 도시계획결정이나 사업시행인가 단계에서 다투지 아니하였다면 그 쟁소기간이 이미 도과한 후인 수용재결단계에 있어서는 도시계획수립 행위의 위와 같은 위법을 들어 재결처분의 취소를 구할 수는 없다고 할 것이다. (대판 1990. 1. 23. 87누947)

Ⅵ 재결에 대한 불복

1. 이의신청(법 제83조)

(1) 의 의

중앙토지수용위원회의 재결신청에 따라 제34조의 규정에 의한 재결에 대하여 이의가 있는 자는 중앙토지수용위원회에 이의를 신청할 수 있다. 지방토지수용위원회의 제34조의 규정에 의한 재결에 대하여 이의가 있는 자는 당해 지방토지수용위원회를 거쳐 중앙토지수용위원회에 이의를 신청할 수 있다(법 제83조 제1항, 제2항). 이를 이의신청이라고 하고 이에 따라 나온 재결을 이의재결이라고 한다. 제1항 및 제2항의 규정에 의한 이의의 신청은 재결서의 정본을 받은 날부터 30일 이내에 하여야 한다(법 제83조 제3항).

(2) 이의신청에 대한 재결

중앙토지수용위원회는 제83조의 규정에 의한 이의신청이 있는 경우 제34조의 규정에 의한 재결이 위법 또는 부당하다고 인정하는 때에는 그 재결의 전부 또는 일부를 취소하거나 보상액을 변경할 수 있다(법 제84조 제1항). 제1항의 규정에 따라 보상금이 증액된 경우 사업시행자는 재결의 취소 또는 변경의 재결서 정본을 받은 날부터 30일 이내에 보상금을 받을 자에게 그 증액된 보상금을 지급하여야 한다(법 제84조 제2항).

(3) 이의재결의 효력

재결서를 받은 날로부터 90일 이내에 또는 이의신청을 한 경우에는 그 재결서를 받은 날부터 60일 이내에 소송이 제기되지 아니하거나 그 밖의 사유로 이의신청에 대한 재결이 확정된 때에는「민사소송법」상의 확정판결이 있은 것으로 보며, 재결서 정본은 집행력 있는 판결의 정본과 동일한 효력을 가진다(법 제86조 제1항).

2. 행정소송(법 제85조)

(1) 소제기 기간

사업시행자·토지소유자 또는 관계인은 제34조의 규정에 의한 재결에 대하여 불복이 있는 때에는 재결서를 받은 날부터 90일 이내에, 이의신청을 거친 때에는 이의신청에 대한 재결서를 받은 날부터 60일 이내에 각각 행정소송을 제기할 수 있다. 이 경우 사업시행자는 행정소송을 제기하기 전에 제84조의 규정에 따라 증액된 보상금을 공탁하여야 하며, 보상금을 받을 자는 공탁된 보상금을 소송종결시까지 수령할 수 없다(법 제85조 제1항). 한편, 이 경우에는 행정심판법 또는 행정소송법상의 심판청구기간 또는 소제기기간의 적용이 없다는 것이 판례이다(대판 1989. 3. 28. 88누5198).

(2) 항고소송

1) 소의 대상

법 제85조 제1항의 소송이 항고소송일 때 이의신청을 하여 이의재결이 나온 경우 소의 대상과 관련해 원처분이 소의 대상인지 아니면 이의재결이 소의 대상인지가 문제된다. 과거의 구 토지수용법 당시의 판례는 이의재결이 소의 대상이라고 하여 재결주의를 취하였다. 그러나 현행 공익사업을 위한 토지 등의 취득 및 보상에 관한 법률과 관련해서는 이를 재결주의로 볼 하등의 이유가 없으며 행정소송법상의 일반원칙에 따라 원처분주의로 봄이 상당하다는 것이 다수설적 견해이다.

> **판례** 토지수용법과 같이 재결전치주의를 정하면서 원처분인 수용재결에 대한 취소소송을 인정하지 아니하고 재결인 이의재결에 대한 취소소송만을 인정하고 있는 경우에는 재결을 거치지 아니하고 원처분인 수용재결취소의 소를 제기할 수 없는 것이며 행정소송법 제18조는 적용되지 아니하고, 따라서 수용재결처분이 무효인 경우에는 재결 그 자체에 대한 무효확인을 소구할 수 있지만, 토지수용에 관한 취소소송은 중앙토지수용위원회의 이의재결에 대하여 불복이 있을 때에 제기할 수 있고 수용재결은 취소소송의 대상으로 삼을 수 없으며, 이의재결에 대한 행정소송에서는 이의재결 자체의 고유한 위법사유뿐 아니라 이의신청사유로 삼지 않은 수용재결의 하자도 주장할 수 있다. (대판 2001. 5. 8. 2001두1468)

2) 피고적격

수용재결에 대하여 제소한 경우에는 수용재결을 한 재결청인 관할토지수용위원회가 피고적격이 있고, 이의재결에 대하여 제소한 경우에는 이의재결을 한 재결청인 중앙토지수용위원회가 피고적격이 있다.

(3) 보상금증감청구소송

1) 형식적 당사자소송

제1항의 규정에 따라 제기하고자 하는 행정소송이 보상금의 증감에 관한 소송인 경우 당해 소송을 제기하는 자가 토지소유자 또는 관계인인 때에는 사업시행자를, 사업시행자인 때에는 토지소유자 또는 관계인을 각각 피고로 한다(법 제85조 제2항). 이는 실질적으로는 처분을 다투면서 형식적으로는 그로 인해 발생한 법률관계를 다투는 형식적 당사자소송이라고 보는 것이 통설적 견해이며 판례도 당사자소송으로 보고 있다.

> **판례** 토지수용법 제75조의2 제2항의 규정은 그 제1항에 의하여 이의재결에 대하여 불복하는 행정소송을 제기하는 경우, 이것이 보상금의 증감에 관한 소송인 때에는 이의재결에서 정한 보상금이 증액 변경될 것을 전제로 하여 기업자를 상대로 보상금의 지급을 구하는 공법상의 당사자소송을 규정한 것으로 볼 것이다. (대판 1991. 11. 26. 91누285)

2) 소의 대상

보상금증감청구소송의 소의 대상에 대해 견해가 대립한다.

가. 원처분주의설

이의신청을 거쳐 보상금증감청구소송을 제기한 경우 원처분주의에 따라 당초의 원처분인 수용재결이 소의 대상이 되고, 일부인용된 경우에는 이의재결에 의해 수정된 수용재결이 소의 대상이 된다고 보는 견해이다.

나. 보상금에 관한 법률관계대상설

보상금증감청구소송의 분쟁의 대상은 수용재결 그 자체가 아니라 보상금에 관한 법률관계이고, 특히 현행 공토법에서는 보상금증감청구소송에서 토지수용위원회가 피고적격에서 제외되었으므로 원처분주의 또는 재결주의에 대한 논의는 보상금증감청구소송에서는 불필요하다는 견해이다.

다. 검 토

보상금증감청구소송에서 수용재결은 그 전제로서 다루어지는 것에 불과하고 소송상 청구의 본질은 보상금의 증감이라는 점에서 보상금에 관한 법률관계설이 타당하다(박균성).

기출 행정상 손실보상에 대한 설명으로 옳지 않은 것은? (다툼이 있는 경우 판례에 의함) 21년 국가직 7급

① 「하천법」 제50조에 따른 하천수 사용권은 「공익사업을 위한 토지 등의 취득 및 보상에 관한 법률」이 손실보상의 대상으로 규정하고 있는 '물의 사용에 관한 권리'에 해당한다.

② 국가지정문화재에 대하여 관리단체로 지정된 지방자치단체의 장은 「문화재보호법」 및 「공익사업을 위한 토지등의 취득 및 보상에 관한 법률」에 따라 국가지정문화재나 그 보호구역에 있는 토지 등을 수용할 수 있다.

③ 「공익사업을 위한 토지 등의 취득 및 보상에 관한 법률」상 보상 대상이 되는 '기타 토지에 정착한 물건에

대한 소유권 그 밖의 권리를 가진 관계인'에는 수거·철거권 등 실질적 처분권을 가진 자도 포함된다.

④ 「공익사업을 위한 토지 등의 취득 및 보상에 관한 법률」상 보상금증액소송은 처분청인 토지수용위원회를 피고로 한다.

정답 ④

환매권

I 의 의

환매권이란 공용수용의 목적물인 토지 등이 취득된 후 사업의 폐지 등으로 더 이상 불필요하게 된 때 목적물의 피수용자가 이에 대한 대가를 지급하고 다시금 소유권을 취득하는 권리를 말한다.

II 근 거

1. 이론적 근거

환매권의 이론적 근거로 ① 제1설은 피수용자의 감정을 존중하여 이를 인정하게 되었다는 견해(박윤흔)와 ② 제2설은 재산권의 존속 보장을 근거로 드는 견해(김남진)가 있으며 제2설이 타당하다고 본다.

2. 법적 근거

환매권은 공익사업을 위한 토지 등의 취득 및 보상에 관한 법률(이하 '법'이라 한다)과 택지개발촉진법 등에 그 근거 규정이 있다. 한편, 이러한 개별 규정이 없는 경우에 헌법 제23조상의 재산권보장규정을 근거로 환매권을 인정할 수 있는지가 문제된다. 이에 대해 판례는 개별 규정이 있는 경우에만 보장된다는 견해이다.

> **판례** 토지수용법이나 공공용지의취득및손실보상에관한특례법 등에서 규정하고 있는 바와 같은 환매권은 공공의 목적을 위하여 수용 또는 협의취득된 토지의 원소유자 또는 그 포괄승계인에게 재산권보장과 관련하여 공평의 원칙상 인정하고 있는 권리로서 민법상의 환매권과는 달리 법률의 규정에 의하여서만 인정되고 있으며, 그 행사요건, 기간 및 방법 등이 세밀하게 규정되어 있는 점에 비추어 다른 경우에까지 이를 유추적용할 수 없고, 환지처분에 의하여 공공용지로서 지방자치단체에 귀속되게 된 토지에 관하여는 토지구획정리사업법상 환매권을 인정하고 있는 규정이 없고, 이를 공공용지의취득및손실보상에관한특례법상의 협의취득이라고도 볼 수 없으므로 같은 특례법상의 환매권에 관한 규정을 적용할 수 없다. (대판 1993. 6. 29. 91다43480)　　　　　16년 국가직 7급

Ⅲ 법적 성질

1. 공권성 여부

(1) 학 설

1) 공권설

환매권은 행정청의 고권적 행정작용을 그 원인으로 하고 있어 이를 원상복귀하는 수단인 환매권도 그 효과가 공법적이라고 봄이 논리적이고, 또한 공공필요 여부의 판단 등 공익판단의 문제를 내포하고 있어 공권으로 보는 것이 타당하다는 견해이다(김유환).

2) 사권설

환매권은 개인이 행정청에 대해 신청을 하고 이에 대해 행정청이 신청을 받아들여 수용을 해제하는 것이 아니라, 개인이 전적으로 그의 이익을 위하여 일방적으로 수용의 목적물을 다시 취득하는 것이기 때문에 사권이라고 보는 견해이다(박윤흔).

(2) 판 례

판례는 사권설을 취하고 있다.

> **판례** 징발재산정리에관한특별조치법 제20조 소정의 환매권은 일종의 형성권으로서 그 존속기간은 제척기간으로 보아야 할 것이며, 위 환매권은 재판상이든 재판외이든 그 기간 내에 행사하면 이로써 매매의 효력이 생기고, 위 매매는 같은 조 제1항에 적힌 환매권자와 국가 간의 사법상의 매매라 할 것이다. (대판 1992. 4. 24. 92다4673)

(3) 검 토

공법적 원인으로 발생한 법적 상태를 원상으로 회복시키는 것이 환매권이므로 이는 공권이라고 보는 것이 타당하다.

2. 형성권

환매권은 환매권자의 일방적 의사표시를 통해 사업시행자의 의사에 상관 없이 성립하므로 이는 형성권에 속한다. 판례도 이와 마찬가지이다.

> **판례** 공공용지의취득및손실보상에관한특례법 제9조에 의한 환매는 환매기간내에 환매의 요건이 발생하면 환매권자가 수령한 보상금의 상당금액을 사업시행자에게 미리 지급하고 일방적으로 의사표시를 함으로써 사업시행자의 의사와 관계없이 환매가 성립되는 것이다. (대판 1993. 8. 24. 93다22241)

Ⅳ 환매의 요건

1. 환매권자

법 제91조 제1항에 의하면 '취득일 당시의 토지소유자 또는 포괄승계인'이 환매권자에 해당한다. 따라서 지상권, 전세권자 등 민법상 용익물권자는 환매권자가 아니다.

2. 환매목적물

법 제91조 제1항에 의하면 환매목적물은 '취득한 토지의 전부 또는 일부'이다. 따라서 건물 등 토지 이외의 물건에 대해서는 환매권이 성립하지 않는다.

16년 국가직 7급

3. 환매권의 행사요건[4]

① 공익사업의 폐지·변경 또는 그 밖의 사유로 취득한 토지의 전부 또는 일부가 필요 없게 된 경우 토지의 협의취득일 또는 수용의 개시일(이하 이 조에서 "취득일"이라 한다) 당시의 토지소유자 또는 그 포괄승계인(이하 "환매권자"라 한다)은 관계 법률에 따라 사업이 폐지·변경된 날 또는 제24조에 따른 사업의 폐지·변경 고시가 있는 날 또는 사업완료일부터 10년 이내에 그 토지에 대하여 받은 보상금에 상당하는 금액을 사업시행자에게 지급하고 그 토지를 환매할 수 있다(법 제91조 제1항).

> **판례** 필요성에 대한 판단
> 수용된 토지의 환매권에 관하여 규정한 토지수용법 제71조 제1항 소정의 '사업의 폐지·변경 기타의 사유로 인하여 수용한 토지의 전부 또는 일부가 필요 없게 된 때'라 함은 기업자의 주관적인 의사와는 관계없이 수용의 목적이 된 구체적인 특정의 공익사업이 폐지되거나 변경되는 등의 사유로 인하여 당해 토지가 더 이상 그 공익사업에 이용될 필요가 없어졌다고 볼 만한 객관적인 사정이 발생한 경우를 말하는 것인바, 수용된 토지가 필요 없게 되었는지 여부는 당해 사업의 목적과 내용, 수용의 경위와 범위, 당해 토지와 사업과의 관계, 용도 등 제반 사정에 비추어 합리적으로 판단하여야 한다. (대판 1998. 3. 27. 97다39766)

② 취득일부터 5년 이내에 취득한 토지의 전부를 당해 사업에 이용하지 아니한 때(법 제91조 제2항)가 환매권의 행사요건이 된다.

> **판례** 당해 사업에 이용하지 아니한 때에 대한 판단
> 공공용지의취득및손실보상에관한특례법 제9조 제2항은 제1항과는 달리 "취득한 토지 전부"가 공공사업에 이용되지 아니한 경우에 한하여 환매권을 행사할 수 있고 그중 일부라도 공공사업에 이용되고 있으면 나머지 부분에 대하여도 장차 공공사업이 시행될 가능성이 있는 것으로 보아 환매권의 행사를 허용하지 않는다는 취지이므로, 이용하지 아니하였는지 여부도 그 취득한 토지 전부를 기준으로 판단할 것이고, 필지별로 판단할 것은 아니라 할 것이다. (대판 1995. 2. 10. 94다31310)

---

4) 환매권의 성립은 목적물의 협의취득 또는 수용재결이 되면 그때 성립한다. 따라서 법 제91조 제1항, 제2항은 성립요건이 아니라 행사요건에 해당한다.

4. 환매권의 행사기간

위 환매권 행사요건 중 ①의 경우에는 취득일 당시의 토지소유자 또는 그 포괄승계인은 당해 토지의 전부 또는 일부가 필요 없게 된 때부터 1년 또는 관계 법률에 따라 사업이 폐지·변경된 날 또는 제24조에 따른 사업의 폐지·변경 고시가 있는 날 또는 사업완료일부터 10년 이내에 당해 토지에 대하여 지급받은 보상금에 상당한 금액을 사업시행자에게 지급하고 그 토지를 환매할 수 있고, ②의 경우에는 환매권은 취득일부터 6년 이내에 이를 행사하여야 한다(법 제91조 제1항, 제2항). 이는 제척기간이다. 다만, 아래에서와 같이 환매권의 통지·공고가 있는 경우에는 6월의 경과로 소멸한다. 한편, 이러한 환매권 행사기간은 환매권자의 이익을 위해 인정되는 것이므로 이 중 하나가 경과되어도 나머지가 남아있다면 여전히 환매권의 행사가 가능하다.

> **판례** 토지의 협의취득일 또는 수용의 개시일(이하 이 조에서 "취득일"이라 한다)부터 10년 이내에 이와 같은 상황에서 이 사건 법률조항의 환매권 발생기간 '10년'을 예외 없이 유지하게 되면 토지수용 등의 원인이 된 공익사업의 폐지 등으로 공공필요가 소멸하였음에도 단지 10년이 경과하였다는 사정만으로 환매권이 배제되는 결과가 초래될 수 있다. 다른 나라의 입법례에 비추어 보아도 발생기간을 제한하지 않거나 더 길게 규정하면서 행사기간 제한 또는 토지에 현저한 변경이 있을 때 환매거절권을 부여하는 등 보다 덜 침해적인 방법으로 입법목적을 달성하고 있다. 이 사건 법률조항은 침해의 최소성 원칙에 어긋난다. (헌재 2020. 11. 26. 2019헌바13)

기출 「공익사업을 위한 토지 등의 취득 및 보상에 관한 법률」상의 환매권에 대한 설명으로 옳지 않은 것은? (단, 다툼이 있는 경우 판례에 의함)   21년 군무원 9급

① 토지의 협의취득일 또는 수용의 개시일부터 10년 이내에 해당 사업의 폐지·변경 또는 그 밖의 사유로 취득한 토지의 전부 또는 일부가 필요 없게 된 경우 취득일 당시의 토지소유자 또는 그 포괄승계인은 환매권을 행사할 수 있다.

② 환매권의 발생기간을 제한한 것은 사업시행자의 지위나 이해관계인들의 토지이용에 관한 법률관계 안정, 토지의 사회경제적 이용 효율 제고, 사회일반에 돌아가야 할 개발이익이 원소유자에게 귀속되는 불합리 방지 등을 위한 것이라 하더라도, 그 입법목적은 정당하다고 할 수 없다.

③ 환매권 발생기간 '10년'을 예외 없이 유지하게 되면 토지수용 등의 원인이 된 공익사업의 폐지 등으로 공공필요가 소멸하였음에도 단지 10년이 경과하였다는 사정만으로 환매권이 배제되는 결과가 초래될 수 있다.

④ 법률조항 제91조의 위헌성은 환매권의 발생기간을 제한한 것 자체에 있다기보다는 그 기간을 10년 이내로 제한한 것에 있다. 이사건 법률조항의 위헌성을 제거하는 다양한 방안이 있을 수 있고 이는 입법재량 영역에 속한다.

정답 ②

V 환매의 절차

1. 사업시행자의 환매권의 통지 등

사업시행자는 제91조 제1항 및 동조 제2항의 규정에 따라 환매할 토지가 생긴 때에는 지체 없이 이를 환

매권자에게 통지하여야 한다. 다만, 사업시행자가 과실 없이 환매권자를 알 수 없는 때에는 대통령령이 정하는 바에 따라 이를 공고하여야 한다(법 제92조 제1항).

2. 통지·공고의 효과

환매권자는 제92조 제1항의 규정에 의한 통지를 받은 날 또는 공고를 한 날부터 6월이 경과한 후에는 제91조 제1항 및 동조 제2항의 규정에 불구하고 환매권을 행사하지 못한다(법 제92조 제2항).

Ⅵ 공익사업의 변환

1. 의 의

공익사업의 변환이라 함은 공익사업을 위하여 토지를 협의취득 또는 수용하였으나 당해 수용 등을 한 토지에 대한 공익사업이 다른 공익사업으로 변환된 경우 별도의 협의취득이나 수용 없이 당해 토지를 변경된 다른 공익사업에 이용할 수 있도록 하는 것을 말한다.

2. 취 지

이는 토지의 환매를 인정하여 사유화하였다가 다시 토지를 수용하는 번거로운 절차를 회피하여 무용한 절차의 반복을 금지하고자 함에 있다.

3. 위헌 여부

공익사업의 변환은 환매권 제도를 실효시키는 것과 마찬가지이므로 환매권자로서는 재산권 침해 문제가 발생하고 또한 공익사업의 변환이 인정되는 경우와 그렇지 않은 경우 사이에 불평등을 초래할 수 있어 위헌의 소지가 있다는 견해가 있다. 그러나 헌법재판소는 이에 대해 합헌으로 보고 있다.

> **판례** 이 사건 심판대상조항은 공익사업의 원활한 시행을 확보하기 위한 목적에서 신설된 것으로 우선 그 입법목적에 있어서 정당하고 나아가 변경사용이 허용되는 사업시행자의 범위를 국가·지방자치단체 또는 정부투자기관으로 한정하고 사업목적 또한 상대적으로 공익성이 높은 토지수용법 제3조 제1호 내지 제4호의 공익사업으로 한정하여 규정하고 있어서 그 입법목적 달성을 위한 수단으로서의 적정성이 인정될 뿐 아니라 피해최소성의 원칙 및 법익균형의 원칙에도 부합된다 할 것이므로 위 법률조항은 헌법 제37조 제2항이 규정하는 기본권 제한에 관한 과잉금지의 원칙에 위배되지 아니한다. (헌재 1997. 6. 26. 96헌바94)

4. 공익사업의 변환에 따른 환매권 기산일의 변경

(1) 의 의

국가·지방자치단체 또는 「공공기관의 운영에 관한 법률」 제4조부터 제6조까지의 규정에 따라 지정·고시된 공공기관 중 대통령령으로 정하는 공공기관이 사업인정을 받아 공익사업에 필요한 토지를 협의취득 또는 수용한 후 당해 공익사업이 제4조 제1호 내지 제4호에 규정된 다른 공익사업으로 변경된 경우 제1항 및 제2항의 규정에 의한 환매권 행사기간은 관보에 당해 공익사업의 변경을 고시한 날부터 기산한다

(법 제91조 제6항 전문).

(2) 요 건

1) 주 체

수용주체가 국가·지방자치단체 또는 「공공기관의 운영에 관한 법률」 제4조부터 제6조까지의 규정에 따라 지정·고시된 공공기관 중 대통령령으로 정하는 공공기관일 것을 요한다. 이와 관련해 공익사업의 변경 전과 변경 후의 사업주체가 동일해야 하는지 여부가 문제되는데 이에 대해 학설은 이 경우 이를 인정하면 폐지된 공익사업의 시행자가 아무런 이유 없이 수용시와 공익사업의 변환시 사이의 토지가액의 변동으로 인한 차익을 얻게 되는 불합리가 있어 허용되지 않는다고 보는 견해가 있다. 그러나 판례는 동일하지 않아도 된다고 하고 있다.

> **판례** ❶ 이른바 "공익사업의 변환"이 국가·지방자치단체 또는 정부투자기관이 사업인정을 받아 토지를 협의취득 또는 수용한 경우에 한하여, 그것도 사업인정을 받은 공익사업이 공익성의 정도가 높은 토지수용법 제3조 제1호 내지 제4호에 규정된 다른 공익사업으로 변경된 경우에만 허용되도록 규정하고 있는 토지수용법 제71조 제7항 등 관계법령의 규정내용이나 그 입법이유 등으로 미루어 볼 때, 같은 법 제71조 제7항 소정의 "공익사업의 변환"이 국가·지방자치단체 또는 정부투자기관 등 기업자(또는 사업시행자)가 동일한 경우에만 허용되는 것으로 해석되지는 않는다. (대판 1994. 1. 25. 93다11760, 11777, 11784)
>
> ❷ 토지보상법 제91조 제6항의 입법 취지와 문언, 1981. 12. 31. 구 토지수용법의 개정을 통해 처음 마련된 공익사업 변환 제도는 기존에 공익사업을 위해 수용된 토지를 그 후의 사정변경으로 다른 공익사업을 위해 전용할 필요가 있는 경우에는 환매권을 제한함으로써 무용한 수용절차의 반복을 피하자는 데 주안점을 두었을 뿐 변경된 공익사업의 사업주체에 관하여는 큰 의미를 두지 않았던 점, 민간기업이 관계 법률에 따라 허가·인가·승인·지정 등을 받아 시행하는 도로, 철도, 항만, 공항 등의 건설사업의 경우 공익성이 매우 높은 사업임에도 사업시행자가 민간기업이라는 이유만으로 공익사업의 변환을 인정하지 않는다면 공익사업 변환 제도를 마련한 취지가 무색해지는 점, 공익사업의 변환이 일단 토지보상법 제91조 제6항에 정한 '국가·지방자치단체 또는 공공기관의 운영에 관한 법률 제4조에 따른 공공기관 중 대통령령으로 정하는 공공기관'(이하 '국가·지방자치단체 또는 일정한 공공기관'이라고 한다)이 협의취득 또는 수용한 토지를 대상으로 하고, 변경된 공익사업이 공익성이 높은 토지보상법 제4조 제1~5호에 규정된 사업인 경우에 한하여 허용되므로 공익사업 변환 제도의 남용을 막을 수 있는 점을 종합해 보면, 변경된 공익사업이 토지보상법 제4조 제1~5호에 정한 공익사업에 해당하면 공익사업의 변환이 인정되는 것이지, 변경된 공익사업의 시행자가 국가·지방자치단체 또는 일정한 공공기관일 필요까지는 없다. (대판 2015. 8. 19. 2014다201391)

2) 대상사업

변환되는 사업은 법 제4조 제1호 내지 제4호[5]상의 공익사업으로 한정된다.

---

5) 공익사업을 위한 토지 등의 취득 및 보상에 관한 **법률 제4조(공익사업)** 이 법에 따라 토지등을 취득하거나 사용할 수 있는 사업은 다음 각 호의 어느 하나에 해당하는 사업이어야 한다.
　1. 국방·군사에 관한 사업
　2. 관계 법률에 따라 허가·인가·승인·지정 등을 받아 공익을 목적으로 시행하는 철도·도로·공항·항만·주차장·공영차고지·화물터미널·궤도(軌道)·하천·제방·댐·운하·수도·하수도·하수종말처리·폐수처리·사방(砂防)·방풍(防風)·방화(防火)·방조(防潮)·방수(防水)·저수지·용수로·배수로·석유비축·송유·폐기물처리·전기·전기통신·방송·가스 및 기상 관측에 관한 사업
　3. 국가나 지방자치단체가 설치하는 청사·공장·연구소·시험소·보건시설·문화시설·공원·수목원·광장·운동장·시장·묘지·화장장·도축장 또는 그 밖의 공공용 시설에 관한 사업
　4. 관계 법률에 따라 허가·인가·승인·지정 등을 받아 공익을 목적으로 시행하는 학교·도서관·박물관 및 미술관 건립에 관한 사업

(3) 절 차

이 경우 국가·지방자치단체 또는 「공공기관의 운영에 관한 법률」 제4조부터 제6조까지의 규정에 따라 지정·고시된 공공기관 중 대통령령으로 정하는 공공기관은 공익사업의 변경사실을 대통령령이 정하는 바에 따라 환매권자에게 통지하여야 한다(법 제91조 제6항 후문).

(4) 효 과

당해 토지는 환매권 행사기간이 새로이 연장되는 효과가 발생하게 되어 환매권자에게는 재산권의 침해 문제가 발생한다.

Ⅶ 환매 가격

환매 가격은 당해 토지에 대하여 지급받은 보상금에 상당하는 금액이지만(법 제91조 제1항), 토지의 가격이 취득일 당시에 비하여 현저히 변동된 경우 사업시행자 및 환매권자는 환매금액에 대하여 서로 협의하되, 협의가 성립되지 아니한 때에는 그 금액의 증감을 법원에 청구할 수 있다(법 제91조 제4항).

> **판례** 환매가격은 선이행의무로서 판례에 따르면 환매대금 상당을 지급하거나 공탁하지 아니한 경우는 환매로 인한 소유권이전등기청구는 물론 환매대금의 지급과 상환으로 소유권이전등기를 구할 수 없다고 한다. (대판 1993. 9. 14. 92다56810, 56827(병합), 56834(병합))

Ⅷ 환매권의 대항력

환매권은 「부동산등기법」이 정하는 바에 의하여 공익사업에 필요한 토지의 협의취득 또는 수용의 등기가 된 때에는 이를 제3자에게 대항할 수 있다(법 제91조 제5항).

Ⅸ 환매권에 대한 소송

환매권에 대한 소송과 관련해 환매권을 공권으로 보는 견해는 공법상 당사자소송으로, 사권으로 보는 견해는 민사소송이 될 것이다. 이러한 분쟁의 유형으로는 환매권행사요건의 성립 여부에 관한 다툼과 환매금액의 증감에 관한 다툼이 있다. 이에 대해 2002년에 기존의 토지수용법과 '공공용지의 취득 및 손실보상에 관한 특례법'으로 이원화되어 있던 공익사업 용지의 취득과 손실보상에 관한 제도를 이 법으로 통합하여 제정되었다. 따라서 현행 공익사업을 위한 토지 등의 취득 및 보상에 관한 법률은 이를 법원이 해결하도록 일원화함으로써 현재는 민사소송으로 일원화되었다.

구 공익사업을 위한 토지 등의 취득 및 보상에 관한 법률 제91조에 규정된 환매권은 상대방에 대한 의사표시를 요하는 형성권의 일종으로서 재판상이든 재판 외이든 위 규정에 따른 기간 내에 행사하면 매매의 효력이 생기는 바(대판 2008. 6. 26. 2007다24893), 이러한 환매권의 존부에 관한 확인을 구하는 소송 및 구 공익사업법 제91조 제4항에 따라 환매금액의 증감을 구하는 소송 역시 민사소송에 해당한다. (대판 2013. 2. 28. 2010두22368)

16년 국가직 7급

공용환지

I 의 의

공용환지란 토지의 효과적인 이용의 증대를 위해 일정구역 안의 토지의 구획이나 형질을 변경한 후 권리자의 의사와 무관하게 토지에 대한 권리를 강제적으로 교환·분합하는 것을 말한다. 이는 물적부담의 일종으로 도시개발법상 도시개발사업, 농어촌정비법상 농업기반정비사업 등에서 그 예를 볼 수 있다.

II 도시개발법상 공용환지

1. 도시개발사업의 의의

① 도시개발사업이란 도시개발구역에서 주거·상업·산업·유통·정보통신·생태·문화·보건 및 복지 등의 기능이 있는 단지 또는 시가지를 조성하기 위하여 시행하는 사업을 말한다(도시개발법 제2조 제1항 제2호).
② 종전의 도시계획법의 도시계획사업에 관한 부분과 토지구획정리사업법을 통합·보완하여 도시개발에 관한 기본법으로서 종합적·체계적인 도시개발을 도모하기 위해 제정된 것이 도시개발법이다. 이법은 도시개발사업의 시행방식을 크게 3가지, 즉 수용·사용에 의한 방식, 환지방식, 양자 혼합 방식으로 나누어 각 상황에 맞게 선택하여 시행하도록 규정하고 있고 따라서 환지방식은 도시개발사업의 시행방식의 하나이다.

2. 도시개발구역의 지정

도시개발사업이 시행되기 위해서는 우선 도시개발구역이 지정되어야 한다. 특별시장·광역시장 또는 도지사(이하 "시·도지사"라 한다)는 계획적인 도시개발이 필요하다고 인정되는 때에는 도시개발구역을 지정할 수 있다. 이 경우 지정하고자 하는 도시개발구역의 면적이 대통령령이 정하는 규모 이상인 때에는 국토교통부장관의 승인을 얻어야 한다(법 제3조).

3. 사업시행자

도시개발사업의 시행자(이하 "시행자"라 한다)는 다음 각호의 자중에서 지정권자가 이를 지정한다. 다만, 도시개발구역의 전부를 환지방식으로 시행하는 경우에는 제5호의 토지소유자 제6호의 조합을 시행자로 지정한다.
1. 국가나 지방자치단체
2. 대통령령으로 정하는 공공기관

3. 대통령령으로 정하는 정부출연기관

4. 「지방공기업법」에 따라 설립된 지방공사

5. 도시개발구역의 토지 소유자(「공유수면 관리 및 매립에 관한 법률」 제28조에 따라 면허를 받은 자를 해당 공유수면을 소유한 자로 보고 그 공유수면을 토지로 보며, 제21조에 따른 수용 또는 사용 방식의 경우에는 도시개발구역의 국공유지를 제외한 토지면적의 3분의 2 이상을 소유한 자를 말한다)

6. 도시개발구역의 토지 소유자(「공유수면 관리 및 매립에 관한 법률」 제28조에 따라 면허를 받은 자를 해당 공유수면을 소유한 자로 보고 그 공유수면을 토지로 본다)가 도시개발을 위하여 설립한 조합(도시개발사업의 전부를 환지 방식으로 시행하는 경우에만 해당하며, 이하 "조합"이라 한다)

7. 「수도권정비계획법」에 따른 과밀억제권역에서 수도권 외의 지역으로 이전하는 법인 중 과밀억제권역의 사업 기간 등 대통령령으로 정하는 요건에 해당하는 법인

8. 「주택법」 제4조에 따라 등록한 자 중 도시개발사업을 시행할 능력이 있다고 인정되는 자로서 대통령령으로 정하는 요건에 해당하는 자(「주택법」 제2조 제12호에 따른 주택단지와 그에 수반되는 기반시설을 조성하는 경우에만 해당한다)

9. 「건설산업기본법」에 따른 토목공사업 또는 토목건축공사업의 면허를 받는 등 개발계획에 맞게 도시개발사업을 시행할 능력이 있다고 인정되는 자로서 대통령령으로 정하는 요건에 해당하는 자

9의2. 「부동산개발업의 관리 및 육성에 관한 법률」 제4조 제1항에 따라 등록한 부동산개발업자로서 대통령령으로 정하는 요건에 해당하는 자

10. 「부동산투자회사법」에 따라 설립된 자기관리부동산투자회사 또는 위탁관리부동산투자회사로서 대통령령으로 정하는 요건에 해당하는 자

11. 제1호부터 제9호까지, 제9호의2 및 제10호에 해당하는 자(제6호에 따른 조합은 제외한다)가 도시개발사업을 시행할 목적으로 출자에 참여하여 설립한 법인으로서 대통령령으로 정하는 요건에 해당하는 법인

4. 조 합

조합을 설립하고자 하는 때에는 도시개발구역의 토지소유자 7명 이상이 대통령령이 정하는 사항을 포함한 정관을 작성하여 지정권자에게 조합설립의 인가를 받아야 한다(법 제13조). 도시개발사업은 공용환지의 일종으로서 국가의 공권력 행사로 이루어지는 것인만큼 사업의 능률적인 시행을 도모하기 위해 토지소유자가 설립한 조합에게 사업시행을 인정하고 있는 바, 이 조합은 이러한 공권력을 행사하는 범위 안에서는 행정청의 지위를 갖는다.

> 판례 도시계획법 실시 이전 조선시가지계획령(폐) 제3조 제2항에 의하여 내무부장관으로부터 시가지계획사업 시행인가를 받은 토지구획정리조합은 그 업무권한 범위 내에서 준행정관청의 성격을 가지므로 그 조합이 한 환지 예정지 지정처분은 행정소송의 대상이 되는 행정처분이다. (대판 1965. 6. 22. 64누106)

5. 환지계획

(1) 의 의

환지계획이라 함은 도시개발사업이 완료된 후에 행하는 환지처분에 관한 계획으로서, 환지처분은 환지계획에 따라 행해진다. 따라서 환지계획은 앞으로의 환지처분에 관한 청사진을 제시하는 것이다.

(2) 법적 성질

> **판례** 토지구획정리사업법 제57조, 제62조 등의 규정상 환지예정지 지정이나 환지처분은 그에 의하여 직접 토지소유자 등의 권리·의무가 변동되므로 이를 항고소송의 대상이 되는 처분이라고 볼 수 있으나, 환지계획은 위와 같은 환지예정지 지정이나 환지처분의 근거가 될 뿐 그 자체가 직접 토지소유자 등의 법률상의 지위를 변동시키거나 또는 환지예정지 지정이나 환지처분과는 다른 고유한 법률효과를 수반하는 것이 아니어서 이를 항고소송의 대상이 되는 처분에 해당한다고 할 수가 없다. (대판 1999. 8. 20. 97누6889)

6. 환지예정지의 지정

(1) 의 의

환지예정지란 환지처분이 행해지기 전에 종전의 토지를 대신해서 사용하거나 수익하도록 지정된 토지를 의미한다. 이는 도시개발사업의 시행이 굉장히 오랜 시일 동안 진행됨으로 인해 장시간 토지를 사용·수익하지 못하는 불상사를 막기 위해 도시개발사업의 시행 중에도 도시개발사업에 지장이 없는 한도 내에서 종전의 토지에 갈음하여 환지로 예정된 토지를 사용·수익하게 해준 것이다(법 제35조 제1항).

(2) 법적 성질

환지예정지지정이 있게 되면 토지에 대한 사용 또는 수익권에 변동이 발생해 이는 공권력의 행사로서 처분이다. 이는 판례도 같은 취지이다(위의 판례 참조).

(3) 효 과

1) 사용·수익권의 변동

환지예정지가 지정된 경우에는 종전의 토지에 관한 토지소유자 및 임차권자등은 환지예정지의 지정의 효력발생일부터 환지처분의 공고가 있는 날까지 환지예정지 또는 당해 부분에 대하여 종전과 동일한 내용의 권리를 행사할 수 있으며 종전의 토지에 대하여는 이를 사용하거나 수익할 수 없다. 또한 환지예정지를 지정받은 자의 사용·수익권의 행사를 방해할 수 없다(법 제36조).

2) 소유권의 변동 여부

환지예정지의 지정으로는 토지소유권에 변동이 생기는 것은 아니므로 종전의 토지소유자는 종전의 토지를 처분할 수 있다. 이는 판례도 마찬가지이다(대판 1963. 5. 15. 63누21). 그러나 지정받은 환지예정지는 이를 처분할 수 없으며, 따라서 만약 환지예정지를 목적으로 매매계약을 체결한 경우에는 그 환지예정지에 의해 표현되는 종전의 토지에 관한 매매로 보는 것이 판례의 태도이다(대판 1962. 10. 8. 62다56).

(4) 불 복

> **판례** 토지구획정리사업법에 의한 토지구획정리는 환지처분을 기본적 요소로 하는 것으로서 환지예정지지정처분은 사업시행자가 사업시행지구 내의 종전 토지 소유자로 하여금 환지예정지지정처분의 효력발생일로부터 환지처분의 공고가 있는 날까지 당해 환지예정지를 사용수익할 수 있게 하는 한편 종전의 토지에 대하여는 사용수익을 할 수 없게 하는 처분에 불과하고 환지처분이 일단 공고되어 효력을 발생하게 되면 환지예정지지정처분은 그 효력이 소멸되는 것이므로, 환지처분이 공고된 후에는 환지예정지지정처분에 대하여 그 취소를 구할 법률상 이익은 없다. (대판 1999. 10. 8. 99두6873)

7. 환지처분

(1) 의 의

환지처분은 종전의 토지에 관하여 소유권 기타의 권리를 가진 자에게 종전의 토지에 갈음해 환지계획에 의해 정하여진 토지를 교부하여 종국적으로 이를 귀속시키는 행정처분을 말한다. 이에 의하여 종전의 토지의 구획·형질이 변경되어 불확정의 상태로 된 환지계획구역에 있어서 소유권 기타의 권리관계가 확정된다.

(2) 효 과

1) 소유권 등의 변동(강제적 교환·분합)

① 환지계획에서 정하여진 환지는 그 환지처분의 공고가 있은 날의 다음 날부터 종전의 토지로 보며, 환지계획에서 환지를 정하지 아니하는 종전의 토지에 존재하던 권리는 그 환지처분의 공고가 있은 날이 종료하는 때에 소멸한다(법 제42조 제1항). 즉, 종전의 토지의 소유권 및 종전 토지 위의 임차권·지상권·저당권 등이 환지처분 공고일 익일부터 환지 위에 존재하는 것으로 되는 것이다.

② 판례에 의하면 환지처분으로 그 지적이 증가한 경우라도 특별한 경우를 제외하고는 종전의 토지 위에 설정되어 있는 저당권의 효력은 당연히 증가 환지된 토지 전체에 미친다(대판 1968. 7. 3. 67마1183)고 하며, 또한 설령 종전의 토지보다 과다한 평수로 환지가 되었어도 그 환지를 종전의 토지로 본다는 효과 자체에는 아무런 영향이 없다(대판 1970. 11. 24. 70다2109)고 한다.

2) 청산금

환지를 정하거나 그 대상에서 제외된 경우에 그 과부족분에 대하여는 종전의 토지 및 환지의 위치·지목·면적·토질·수리·이용상황·환경 기타의 사항을 종합적으로 고려하여 금전으로 이를 청산하여야 한다(법 41조 제1항).

(3) 불 복

1) 환지처분에 대한 일부취소 가부

이에 대해서는 환지처분이 직접 토지소유자 등의 권리·의무에 변동을 일으키는 것으로 처분성이 인정되므로 항고소송으로 다투어야 한다.

> **판례** 환지확정처분의 일부에 대한 취소를 구할 법률상 이익의 유무
>
> 토지구획정리사업법에 의한 환지처분이 일단 공고되어 그 효력을 발생한 이상 환지전체의 절차를 처음부터 다시 밟지 않는 한 그 일부만을 따로 떼어 환지처분을 변경할 길이 없으므로 그 환지처분 중 일부 토지에 관하여 환지도 지정하지 아니하고 또 정산금도 지급하지 아니한 위법이 있다 하여도 이를 이유로 민법상의 불법행위로 인한 손해배상을 구할 수 있으므로 그 환지확정처분의 일부에 대하여 취소를 구할 법률상 이익은 없다. (대판 1985. 4. 23. 84누446)

2) 환지계획에 의하지 아니한 환지처분의 효력

> **판례** ❶ 토지구획정리사업법에 따른 환지처분은 사업시행자가 환지계획구역의 전부 또는 그 구역 내의 일부 공구에 대하여 공사를 완료한 후 환지계획에 따라 환지교부 등을 하는 처분으로서 일단 공고되어 효력을 발생하게 된 이후에는 환지 전체의 절차를 처음부터 다시 밟지 않는 한 그 일부만을 따로 떼어 환지처분을 변경할 수는 없다. 따라서 그러한 절차를 밟지 않고 한 환지변경처분은 무효이다. (대판 1998. 2. 13. 97다49459)
>
> ❷ 환지처분의 내용은 모두 환지계획에 의하여 미리 결정되는 것이며 환지처분은 다만 환지계획구역에 대한 공사가 완료되기를 기다려서 환지계획에 정하여져 있는 바를 토지소유자에게 통지하고 그 뜻을 공고함으로써 효력이 발생되는 것이고, 따라서 환지계획과는 별도의 내용을 가진 환지처분은 있을 수 없는 것이므로 환지계획에 의하지 아니하고 환지계획에도 없는 사항을 내용으로 하는 환지처분은 효력을 발생할 수 없다. (대판 1993. 5. 27. 92다14878)

CHAPTER

05 공용환권

I 의 의

공용환권이란 도시재개발 등의 목적을 위해 일정한 절차를 거쳐서 특정의 토지와 건축시설에 대한 권리를 권리자의 의사와 무관하게 강제적으로 변환시키는 것을 말한다. 즉, 종전 토지와 건축물에 대한 권리를 재개발한 후 새로운 토지와 건축물에 대한 권리로 바꾸는 것을 말한다. 개별법으로 도시및주거환경정비법은 주택재개발사업, 주택재건축사업 및 도시환경정비사업에 공용환권의 방식을 도입하고 있다.

II 공용환지와의 구별

공용환권은 공익개발사업과 관련해 토지 등의 수용이 아닌 권리의 교환 및 분합에 의한다는 점에서는 공용환지와 유사하나, 공용환지는 토지에 대한 권리의 교환·분합이지만 공용환권은 토지뿐만 아니라 건축물에 대한 권리도 포함하여 함께 교환·분합한다는 점에서 공용환지와 구별된다.

III 도시 및 주거환경정비법상의 검토

1. 조 합

시장·군수등, 토지주택공사등 또는 지정개발자가 아닌 자가 정비사업을 시행하려는 경우에는 토지등소유자로 구성된 조합을 설립하여야 한다(법 제35조 제1항).

(1) 조합의 설립인가

재개발사업의 추진위원회가 조합을 설립하려면 토지등소유자의 4분의 3이상 및 토지면적의 2분의 1 이상의 토지소유자의 동의를 받아 정관 및 국토교통부령이 정하는 서류를 첨부하여 시장·군수의 인가를 받아야 한다. 인가받은 사항을 변경하고자 하는 때에도 또한 같다(법 제35조 제2항).

(2) 조합의 법적 지위

조합은 공공조합으로서 공법상 사단이다. 조합은 재개발사업 또는 재건축사업이라는 공행정 목적을 직접적으로 달성하기 위하여 공행정 목적을 수행하는 행정주체에 해당하고 그러한 조합의 행위는 원칙상 공법행위라고 보아야 한다.

(3) 조합과 조합원의 관계

조합과 조합원의 관계는 성질상 공법관계라고 보일 경우 조합이 한 조치는 행정쟁송법상 처분에 해당하므로 조합원은 항고소송으로 다툴 수 있고, 조합과 조합원 사이의 공법상 법률관계에 관한 분쟁은 공법상 당사자소송(조합원지위확인소송 등)에 의하게 된다. 그러나 조합과 조합원 사이의 관계가 일반 사단법인에서의 법인과 구성원 사이의 관계와 동일한 성질을 가지는 경우에는 그 관계는 민법상 사단과 사원의 관계가 되므로 이 경우 조합과 조합원 사이의 분쟁은 민사소송으로 해결하게 된다.

> **판례** ❶ 도시재개발법에 의한 재개발조합은 조합원에 대한 법률관계에서 적어도 특수한 존립목적을 부여받은 특수한 행정주체로서 국가의 감독 하에 그 존립 목적인 특정한 공공사무를 행하고 있다고 볼 수 있는 범위 내에서는 공법상의 권리·의무 관계에 서 있다. 따라서 조합을 상대로 한 쟁송에 있어서 강제가입제를 특색으로 한 조합원의 자격 인정 여부에 관하여 다툼이 있는 경우에는 그 단계에서는 아직 조합의 어떠한 처분 등이 개입될 여지는 없으므로 공법상의 당사자소송에 의하여 그 조합원 자격의 확인을 구할 수 있고, 한편 분양신청 후에 정하여진 관리처분계획의 내용에 관하여 다툼이 있는 경우에는 그 관리처분계획은 토지 등의 소유자에게 구체적이고 결정적인 영향을 미치는 것으로서 조합이 행한 처분에 해당하므로 항고소송에 의하여 관리처분계획 또는 그 내용인 분양거부처분 등의 취소를 구할 수 있다. (대판 1996. 2. 15. 94다31235(전합))
> ❷ 이전고시의 효력 발생으로 이미 대다수 조합원 등에 대하여 획일적·일률적으로 처리된 권리귀속 관계를 모두 무효화하고 다시 처음부터 관리처분계획을 수립하여 이전고시 절차를 거치도록 하는 것은 정비사업의 공익적·단체법적 성격에 배치되므로, 이전고시가 효력을 발생하게 된 이후에는 조합원 등이 관리처분계획의 취소 또는 무효확인을 구할 법률상 이익이 없다고 봄이 타당하다. (대판 2012. 3. 22. 2011두6400(전합))
> ❸ 도시 및 주거환경정비법 제54조 제1항, 제2항, 제55조 제1항과 같이 대지 또는 건축물의 소유권 이전에 관한 고시의 효력이 발생하면 조합원 등이 관리처분계획에 따라 분양받을 대지 또는 건축물에 관한 권리의 귀속이 확정되고 조합원 등은 이를 토대로 다시 새로운 법률관계를 형성하게 되는데, 이전고시의 효력 발생으로 대다수 조합원 등에 대하여 권리귀속 관계가 획일적·일률적으로 처리되는 이상 그 후 일부 내용만을 분리하여 변경할 수 없고, 그렇다고 하여 전체 이전고시를 모두 무효화시켜 처음부터 다시 관리처분계획을 수립하여 이전고시 절차를 거치도록 하는 것도 정비사업의 공익적·단체법적 성격에 배치되어 허용될 수 없다. (대판 2014. 9. 25. 2011두20680)

2. 사업시행인가

(1) 내 용

① 정비사업을 시행하고자 하는 경우 사업시행자(통상 주거환경개선사업은 시장·군수 등 지자체가, 재개발·재건축사업, 도시환경정비사업은 조합이 사업시행자가 된다. 법 제7조, 제8조)는 시장·군수 또는 구청장으로부터 사업시행인가를 받아야 한다.

② 이러한 사업시행인가가 있게 되면 다른 법률의 관계 인·허가가 의제되고, 시행자는 재개발구역 안에서 그 사업을 위하여 필요한 토지·건축물 기타의 권리를 수용할 권리를 갖게 되는 등 국민의 권리·의무에 직접적 영향을 미치게 되므로 이는 항고소송의 대상이 되는 처분에 해당한다. 한편, 시장·군수가 아닌 사업시행자는 정비사업에 관한 공사를 완료한 때에는 대통령령이 정하는 방법 및 절차에 의하여 시장·군수의 준공인가를 받아야 한다(법 제83조 제1항).

(2) 사업시행인가의 법적 성질

1) 학 설

이에 대하여 강학상 인가설과 강학상 특허설, 인가와 특허의 성격을 동시에 갖는다는 학설(박균성) 등이 대립하고 있다.

2) 판 례

판례 ❶ 행정청이 도시 및 주거환경정비법 등 관련 법령에 의하여 행하는 조합설립인가처분의 법적 성격 및 조합 설립인가처분이 있은 후에 조합설립결의의 하자를 이유로 그 결의 부분만을 따로 떼어내어 무효 등 확인의 소를 제기하는 것이 허용되는지 여부(소극)

행정청이 도시 및 주거환경정비법 등 관련 법령에 근거하여 행하는 조합설립인가처분은 단순히 사인들의 조합설립행위에 대한 보충행위로서의 성질을 갖는 것에 그치는 것이 아니라 법령상 요건을 갖출 경우 도시 및 주거환경정비법상 주택재건축사업을 시행할 수 있는 권한을 갖는 행정주체(공법인)로서의 지위를 부여하는 일종의 설권적 처분의 성격을 갖는다고 보아야 한다. 그리고 그와 같이 보는 이상 조합설립결의는 조합설립인가처분이라는 행정처분을 하는 데 필요한 요건 중 하나에 불과한 것이어서, 조합설립결의에 하자가 있다면 그 하자를 이유로 직접 항고소송의 방법으로 조합설립인가처분의 취소 또는 무효확인을 구하여야 하고, 이와는 별도로 조합설립결의 부분만을 따로 떼어내어 그 효력 유무를 다투는 확인의 소를 제기하는 것은 원고의 권리 또는 법률상의 지위에 현존하는 불안·위험을 제거하는 데 가장 유효·적절한 수단이라 할 수 없어 특별한 사정이 없는 한 확인의 이익은 인정되지 아니한다. (대판 2009. 9. 24. 2008다60568)

❷ 도시 및 주거환경정비법상의 주택재건축정비사업조합을 상대로 관리처분계획안에 대한 조합 총회결의의 효력을 다투는 소송의 법적 성질(=행정소송법상 당사자소송)

[1] 도시 및 주거환경정비법상 행정주체인 주택재건축정비사업조합을 상대로 관리처분계획안에 대한 조합 총회결의의 효력 등을 다투는 소송은 행정처분에 이르는 절차적 요건의 존부나 효력 유무에 관한 소송으로서 그 소송결과에 따라 행정처분의 위법 여부에 직접 영향을 미치는 공법상 법률관계에 관한 것이므로, 이는 행정소송법상의 당사자소송에 해당한다.

[2] 도시 및 주거환경정비법상 주택재건축정비사업조합이 같은 법 제48조에 따라 수립한 관리처분계획에 대하여 관할 행정청의 인가·고시까지 있게 되면 관리처분계획은 행정처분으로서 효력이 발생하게 되므로, 총회결의의 하자를 이유로 하여 행정처분의 효력을 다투는 항고소송의 방법으로 관리처분계획의 취소 또는 무효확인을 구하여야 하고, 그와 별도로 행정처분에 이르는 절차적 요건 중 하나에 불과한 총회결의 부분만을 따로 떼어내어 효력 유무를 다투는 확인의 소를 제기하는 것은 특별한 사정이 없는 한 허용되지 않는다. (대판 2009. 9. 17. 2007다2428(전합))

❸ 구 도시 및 주거환경정비법에 따른 주택재건축정비사업조합이 수립한 사업시행계획이 인가·고시를 통해 확정된 후의 쟁송 방법(=인가된 사업시행계획에 대한 항고소송) 및 이러한 항고소송의 대상이 되는 행정처분의 효력이나 집행 혹은 절차속행 등의 정지를 구하는 방법(=행정소송법상 집행정지신청)

구 도시 및 주거환경정비법에 따른 주택재건축정비사업조합은 관할 행정청의 감독 아래 위 법상 주택재건축사업을 시행하는 공법인으로서, 그 목적 범위 내에서 법령이 정하는 바에 따라 일정한 행정작용을 행하는 행정주체의 지위를 가진다 할 것인데, 재건축정비사업조합이 이러한 행정주체의 지위에서 위 법에 기초하여 수립한 사업시행계획은 인가·고시를 통해 확정되면 이해관계인에 대한 구속적 행정계획으로서 독립된 행정처분에 해당하고, 이와 같은 사업시행계획안에 대한 조합 총회결의는 그 행정처분에 이르는 절차적 요건 중 하나에 불과한 것으로서, 그 계획이 확정된 후에는 항고소송의 방법으로 계획의 취소 또는 무효확인을 구할 수 있을 뿐, 절차적 요건에 불과한 총회결의 부분만을 대상으로 그 효력 유무를 다투는 확인의 소를 제기하는 것은 허용되지 아니하고, 한편 이러한 항고소송의 대상이 되는 행정처분의 효력이나 집행 혹은 절차속행 등의 정지를 구하는 신청은 행정소송법상 집행정지신청의 방법으로서만 가능할 뿐 민사소송법상 가처분의 방법으로는 허용될 수 없다. (대결 2009. 11. 2. 2009마596)

❹ 도시환경정비사업조합이 수립한 사업시행계획을 인가하는 행정청의 행위의 법적 성질(=보충행위) 및 인가처분에 흠이 없는 경우 기본행위의 무효를 내세워 인가처분의 취소 또는 무효확인을 구할 수 있는지 여부(소극)

구 「도시 및 주거환경정비법」에 기초하여 도시환경정비사업조합이 수립한 사업시행계획은 그것이 인가·고시를 통해 확정되면 이해관계인에 대한 구속적 행정계획으로서 독립된 행정처분에 해당하므로(대결 2009. 11. 2. 2009마596 참조), 사업시행계획을 인가하는 행정청의 행위는 도시환경정비사업조합의 사업시행계획에 대한 법률상의 효력을 완성시키는 보충행위에 해당한다. (대판 2008. 1. 10. 2007두16691 참조)(대판 2010. 12. 9. 2010두1248)

비교판례 / 도시환경정비사업조합을 따로 설립하지 않고 직접 시행하는 정비사업의 시행인가는 일종의 설권적 처분 (특허)의 성격을 갖는다.

도시환경정비사업 시행을 위하여 또는 사업 시행과 관련하여 부동산에 관하여 담보신탁 또는 처분신탁 등이 이루어진 경우에, 구 도시 및 주거환경정비법 제28조 제7항에서 정한 사업시행자로서 사업시행인가를 신청하는 토지 등 소유자 및 신청에 필요한 동의를 얻어야 하는 토지 등 소유자는 모두 수탁자가 아니라 도시환경정비사업에 따른 이익과 비용이 최종적으로 귀속되는 위탁자로 해석하는 것이 타당하며, 토지 등 소유자의 자격 및 동의자 수를 산정할 때에는 위탁자를 기준으로 하여야 한다. (대판 2015. 6. 11. 2013두15262)

3. 공용환권의 시행

공용환권의 시행은 분양공고 및 신청과 관리처분계획 및 그에 따른 환권처분에 의한다.

(1) 분양공고 및 분양신청

① 사업시행자는 법 제50조 제9항에 따른 사업시행인가의 고시가 있은 날부터 120일 이내에 개략적인 부담금내역 및 분양신청기간 그 밖에 대통령령이 정하는 사항을 토지등소유자에게 통지하고 분양의 대상이 되는 대지 또는 건축물의 내역 등 대통령령이 정하는 사항을 해당 지역에서 발간되는 일간신문에 공고하여야 한다(법 제72조 제1항).

② 대지 또는 건축물에 대한 분양을 받고자 하는 토지등소유자는 제1항의 규정에 의한 분양신청기간 이내에 대통령령이 정하는 방법 및 절차에 의하여 사업시행자에게 대지 또는 건축물에 대한 분양신청을 하여야 한다(법 제72조 제3항).

(2) 관리처분계획

1) 관리처분계획의 의의

관리처분계획이란 재개발사업 등의 공사가 완료된 후 사업시행자가 행하는 분양처분 및 청산 등에 관한 종합적인 계획을 말한다. 도시및주거환경정비법상 관리처분계획은 공용환권계획에 해당한다.

2) 관리처분계획의 성립

시행자가 시장·군수 외의 자인 경우 관리처분계획은 시행자가 관리처분계획을 수립하여 시장·군수의 인가를 받아, 그 인가가 고시됨으로써 완전한 효력을 발생하게 된다(법 제74조 제1항). 한편, 시행자가 조합인 경우 관리처분계획의 수립 및 변경은 조합 총회의 의결을 거쳐야 한다(법 제45조 제1항 10호). 이때 조합총회의 의결은 처분이 아니므로 항고소송의 대상이 되지 않으므로 조합원은 조합총회의 의결에 대하여 공법상 당사자소송으로 다투어야 한다.

3) 관리처분계획의 내용

1. 분양설계, 2. 분양대상자의 주소 및 성명, 3. 분양대상자별 분양예정인 대지 또는 건축물의 추산액, 4. 분양대상자별 종전의 토지 또는 건축물의 명세 및 사업시행인가의 고시가 있은 날을 기준으로 한 가격, 5. 정비사업비의 추산액 및 그에 따른 조합원 부담규모 및 부담시기, 6. 분양대상자의 종전의 토지 또는 건축물에 관한 소유권 외의 권리명세 및 그 평가액, 7. 그 밖에 정비사업과 관련한 권리 등에 대하여 대통령령이 정하는 사항 등(법 제74조 제1항 각호 사유)

4) 관리처분계획의 성질

관리처분계획의 고시가 있는 때에는 소유권자 등의 종전의 토지에 대한 재산권 행사가 제한되고, 환권처분을 구속하는 효력을 가지므로 관리처분계획은 구속적 행정계획에 해당하고 따라서 항고소송의 대상이 되는 처분이라고 보아야 한다. 판례도 이와 마찬가지로 보고 있다(대판 1996. 2. 15. 94다31235). 이 경우 조합이 피고적격이 된다.

(3) 환권처분

1) 환권처분의 의의

환권처분이란 환권계획에 따라 조합원의 권리를 변경시키는 것을 말한다. 도시및주거환경정비법상 환권처분은 이전고시 및 청산에 의해 행하여진다.

> **판례** 도시재개발법에 의한 재개발사업에 있어서의 분양처분은 재개발구역 안의 종전의 토지 또는 건축물에 대하여 재개발사업에 의하여 조성되거나 축조되는 대지 또는 건축 시설의 위치 및 범위 등을 정하고 그 가격의 차액에 상당하는 금액을 청산하거나, 대지 또는 건축 시설을 정하지 않고 금전으로 청산하는 공법상 처분으로서, 그 처분으로 종전의 토지 또는 건축물에 관한 소유권 등의 권리를 강제적으로 변환시키는 이른바 공용환권에 해당 한다. (대판 1995. 6. 30. 95다10570)

2) 이전고시

가. 의 의

① 사업시행자는 제83조 제3항 및 제4항의 규정에 의한 고시가 있은 때에는 지체 없이 대지확정측량을 하고 토지의 분할절차를 거쳐 관리처분계획에 정한 사항을 분양을 받을 자에게 통지하고 대지 또는 건축물의 소유권을 이전하여야 한다. 다만, 정비사업의 효율적인 추진을 위하여 필요한 경우에는 당해 정비사업에 관한 공사가 전부 완료되기 전에 완공된 부분에 대하여 준공인가를 받아 대지 또는 건축물 별로 이를 분양받을 자에게 그 소유권을 이전할 수 있다(법 제86조 제1항).

② 사업시행자는 제1항의 규정에 의하여 대지 및 건축물의 소유권을 이전한 때에는 그 내용을 당해 지방자치단체의 공보에 고시한 후 이를 시장·군수에게 보고하여야 한다(법 제86조 제2항). 이 경우 대지 또는 는 건축물을 분양받을 자는 고시가 있은 다음 날에 그 대지 또는 건축물의 소유권을 취득한다.

나. 이전고시의 효과

대지 또는 건축물을 분양받은 자는 이전고시가 효력을 발생하는 날에 그 대지 또는 건축물에 대한 소유권을 취득하게 된다. 한편, 판례는 관리처분계획의 수립 및 분양처분(이전고시)이 없었다면 그 소유권을 취득하지 못한다고 하고 있다.

> **판례** 구 도시재개발법 제47조는 "대지 및 건축시설은 관리처분계획에 의하여 이를 처분 또는 관리하여야 한다."고 규정하고 있고, 제49조 제1항은 "제41조 제5항의 규정에 의하여 고시된 관리처분계획에 따라 대지 또는 건축시설을 분양받을 자는 제48조 제5항의 규정에 의한 분양처분의 고시가 있은 다음날에 그 분양받을 대지 또는 는 건축시설에 대한 소유권을 취득한다."고 규정하고 있어, 재개발구역 안의 토지 등의 소유자가 재개발사업의 시행 결과 조성된 대지에 관한 소유권을 취득하는지 여부는 관리처분계획에 따른 분양처분에 의하여 정하여지는 것이므로, 비록 구 도시재개발법 제48조 제3항의 규정에 의한 재개발공사완료 공고가 있었다고 하더라도 재개발사

업 시행자의 관리처분계획의 수립 및 분양처분이 없었다면 재개발구역 안의 토지 등의 소유자가 재개발사업의 시행 결과 새로 조성된 대지에 관한 소유권을 취득하지 못한다. (대판 2006. 4. 27. 2004다38150)

다. 불복 방법

이전고시는 분양권자의 권리·의무에 직접적으로 영향을 미치므로 행정소송법상의 처분에 해당하고 따라서 항고소송을 제기하여야 한다.

① 환권처분의 일부취소 가부

> **판례** 도시재개발법에 의한 도시재개발사업에 있어서의 분양처분은 일단 공고되어 효력을 발생하게 된 이후에는 그 전체의 절차를 처음부터 다시 밟지 않는 한 그 일부만을 따로 떼어 분양처분을 변경할 길이 없으며, 다만 그 위법을 이유로 하여 민사상의 절차에 따라 권리관계의 존부를 확정하거나 손해의 배상을 구하는 길이 있을 뿐이므로 그 분양처분의 일부에 대하여 취소 또는 무효확인을 구할 법률상의 이익이 없다. (대판 1991. 10. 8. 90누10032)

② 소유권 등의 귀속 여부

> **판례** 도시재개발법에 의한 재개발사업에 있어서의 분양처분은 재개발구역 안의 종전의 토지 또는 건축물에 대하여 재개발사업에 의하여 조성되거나 축조되는 대지 또는 건축 시설의 위치 및 범위 등을 정하고 그 가격의 차액에 상당하는 금액을 청산하거나, 대지 또는 건축 시설을 정하지 않고 금전으로 청산하는 공법상 처분으로서, 그 처분으로 종전의 토지 또는 건축물에 관한 소유권 등의 권리를 강제적으로 변환시키는 이른바 공용환권에 해당하나, 분양처분 그 자체로는 권리의 귀속에 관하여 아무런 득상·변동을 생기게 하는 것이 아니고, 한편 종전의 토지 또는 건축물에 대신하여 대지 또는 건축 시설이 정하여진 경우에는 분양처분의 고시가 있은 다음날에 종전의 토지 또는 건축물에 관하여 존재하던 권리관계는 분양받는 대지 또는 건축 시설에 그 동일성을 유지하면서 이행되는바, 이와 같은 경우의 분양처분은 대인적 처분이 아닌 대물적 처분이라 할 것이므로, 재개발사업 시행자가 소유자를 오인하여 종전의 토지 또는 건축물의 소유자가 아닌 다른 사람에게 분양처분을 한 경우 그러한 분양처분이 있었다고 하여 그 다른 사람이 권리를 취득하게 되는 것은 아니며, 종전의 토지 또는 건축물의 진정한 소유자가 분양된 대지 또는 건축시설의 소유권을 취득하고 이를 행사할 수 있다. (대판 1995. 6. 30. 95다10570)

3) 청 산

대지 또는 건축물을 분양받은 자가 종전에 소유하고 있던 토지 또는 건축물의 가격과 분양받은 대지 또는 건축물의 가격사이에 차이가 있는 경우에는 사업시행자는 제86조 제2항의 규정에 의한 이전의 고시가 있은 후에 그 차액에 상당하는 금액(이하 "청산금"이라 한다)을 분양받은 자로부터 징수하거나 분양받은 자에게 지급하여야 한다(법 제89조 제1항). 제1항에도 불구하고 사업시행자는 정관등에서 분할징수 및 분할지급에 대하여 정하고 있거나 총회의 의결을 거쳐 따로 정한 경우에는 관리처분계획인가 후부터 제86조 제2항의 규정에 의한 이전의 고시일까지 일정기간별로 분할징수하거나 분할 지급할 수 있다(법 제89조 제2항). 한편, 청산금을 확정하는 처분도 처분성이 인정되므로 당사자는 이에 대해 항고소송으로 다툴 수 있다.

Ⅲ 공시지가제

1. 표준지공시지가

의 의	국토교통부장관이 조사·평가하여 공시한 표준시의 단위면적당 가격을 말한다.
적 용	공공용지의 매수 및 토지의 수용·사용에 대한 보상, 국·공유토지의 취득 또는 처분 등에 적용된다.
효 력	토지시장의 지가정보를 제공하고 일반적인 토지거래의 지표가 된다.
불 복	공시일로부터 30일 이내에 서면으로 국토교통부장관에게 이의를 신청할 수 있다. 행정소송의 경우 원처분중심주의이며, 이의신청은 임의적 전치주의이다. (구 판례는 필수)

2. 개별공시지가

의 의	특정 목적을 위한 지가산정에 사용하기 위하여 결정·고시한 개별토지의 단위면적당 가격을 말한다. 과세처분의 기준이 된다.
결정·공시	시장·군수·구청장은 시·군·구 부동산 평가위원회의 심의를 거쳐 매년 공시지가 기준을 현재 개별토지의 단위면적당 가격을 결정·공시한다.
불 복	결정·공시일부터 30일 이내에 서면으로 시장·군수·구청장에게 이의를 신청할 수 있다. 행정소송의 경우 원처분중심주의이며, 이의신청임의주의이다. 하자의 승계부정

06 부동산 가격 공시지가제도

I 개 설

종래 다원화된 지가체계로 인한 국정의 혼란과 토지정책의 비효율성으로 인해 국민의 불신이 늘어가자 이를 해결하고 토지공개념 관련제도의 실효성을 제고하기 위해 공시지가제를 도입하게 되었다. 공시지가제란 토지의 적정가격을 국가가 공시하여 토지의 가격을 기초하여 행해지는 행정에 있어 지가산정의 기준이 되도록 한 제도를 말한다.[6] 이때 공시지가란 국가에 의해 공시된 토지의 가격을 말하며 광의로는 표준지공시지가와 개별공시지가를 포함하지만, 협의로는 표준지공시지가만을 의미한다.

II 표준지공시지가

1. 의 의

"표준지공시지가"라 함은 부동산 가격공시에 관한 법률(이하 법이라고만 한다)의 규정에 의한 절차에 따라 국토교통부장관이 조사·평가하여 공시한 표준지의 단위면적당 가격을 말한다(법 제3조 제1항). 따라서 표준 시가 중 공시지가를 의미한다.

2. 기 능

국가·지방자치단체, 「공공기관의 운영에 관한 법률」에 따른 공공기관 그 밖에 대통령령이 정하는 공공단체가 ① 공공용지의 매수 및 토지의 수용·사용에 대한 보상, ② 국·공유토지의 취득 또는 처분, ③ 그 밖에 대통령령이 정하는 토지가격의 산정을 위하여 토지의 가격을 산정하는 경우에는 당해 토지와 유사한 이용가치를 지닌다고 인정되는 하나 또는 둘 이상의 표준지공시지가를 기준으로 하여 당해 토지의 가격과 표준지공시지가가 균형을 유지하도록 하여야 한다. 다만, 필요하다고 인정하는 때에는 산정된 지가를 위 각호의 목적에 따라 가감조정하여 적용할 수 있다(법 제8조). 또한 시장·군수 또는 구청장이 개별공시지가를 결정·공시하는 경우에는 당해 토지와 유사한 이용가치를 지닌다고 인정되는 하나 또는 둘 이상의 표준지의 공시지가를 기준으로 토지가격비준표를 사용하여 지가를 산정하되, 당해 토지의 가격과 표준지공시지가가 균형을 유지하도록 하여야 하므로(법 제10조 제4항) 개별공시지가의 산정기준이 된다.

---

6) 박균성, 전게서 제5판, 1301p.

3. 법적 성질

(1) 학 설

이에 대해 ① 표준지공시지가는 개별공시지가의 산정기준이 되는 일반적 추상적 규율이라고 보는 입법행위설, ② 일반적인 토지거래의 지표가 되고 감정평가시의 기준이 되는 것으로 능률적인 지가정책의 집행을 위해 설정되는 활동기준이라고 볼 수 있어 행정계획의 일종이라고 보는 행정계획설, ③ 지가정보를 제공하는 사실행위에 불과하다고 보는 사실행위설, ④ 공시지가에 대하여 이의신청을 인정하고 있고, 공시지가가 보상액을 산정함에 있어 실질적으로 그 한정액으로 작용한다는 점에서 국민의 권리·의무에 직접적 관련이 있다고 보는 행정행위설, ⑤ 개별적으로 처분성 여부를 검토하는 개별검토설 등이 대립하고 있다.

(2) 판 례

판례는 표준지공시지자가에 대해 불복하기 위해서는 이의신청절차를 거쳐 행정소송을 제기하여야 한다고 하여 처분성을 간접적으로 인정하고 있다.

> **판례** 표준지로 선정된 토지의 공시지가에 대하여 불복하기 위하여는 지가공시및토지등의평가에관한법률 제8조 제1항 소정의 이의절차를 거쳐 처분청을 상대로 그 공시지가결정의 취소를 구하는 행정소송을 제기하여야 하는 것이지, 그러한 절차를 밟지 아니한 채 개별토지가격결정을 다투는 소송에서 그 개별토지가격 산정의 기초가 된 표준지 공시지가의 위법성을 다툴 수는 없다. (대판 1995. 3. 28. 94누12920)

⋮⋮⋮ 표준지공시지가

의 의	국토교통부장관이 조사·평가하여 공시한 표준시의 단위면적당 가격을 말한다.
적 용	공공용지의 매수 및 토지의 수용·사용에 대한 보상, 국·공유토지의 취득 또는 처분 등에 적용된다.
효 력	토지시장의 지가정보를 제공하고 일반적인 토지거래의 지표가 된다.
불 복	공시일로부터 30일 이내에 서면으로 국토교통부장관에게 이의를 신청할 수 있다. 행정소송의 경우 원처분중심주의이며, 이의신청임의주의이다. (구 판례는 필수)

4. 조사·평가 및 공시

국토교통부장관은 토지이용상황이나 주변 환경 그 밖의 자연적·사회적 조건이 일반적으로 유사하다고 인정되는 일단의 토지 중에서 선정한 표준지에 대하여 매년 공시기준일 현재의 단위 면적당 적정가격을 조사·평가하고, 제24조에 따른 중앙부동산가격공시위원회의 심의를 거쳐 이를 공시[7]하여야 한다(법 제3조 제1항).

5. 효 과

표준지공시지가는 토지시장의 지가정보를 제공하고 일반적인 토지거래의 지표가 되며, 국가·지방자치단체 등의 기관이 그 업무와 관련하여 지가를 산정하거나 감정평가업자가 개별적으로 토지를 감정평가하는 경우에 그 기준이 된다(법 제10조).

---

7) 동법 시행령 제3조(표준지공시지가의 공시기준일) 법 제3조 제1항에 따른 표준지공시지가의 공시기준일은 1월 1일로 한다.

6. 불복 방법

(1) 이의신청(법 제7조)

① 표준지공시지가에 대하여 이의가 있는 자는 표준지공시지가의 공시일부터 30일 이내에 서면으로 국토교통부장관에게 이의를 신청할 수 있다(동조 제1항).

② 국토교통부장관은 제1항의 규정에 의한 이의신청기간이 만료된 날부터 30일 이내에 이의신청을 심사하여 그 결과를 신청인에게 서면으로 통지하여야 한다. 이 경우 국토교통부장관은 이의신청의 내용이 타당하다고 인정될 때에는 제3조에 따라 해당 표준지공시지가를 조정하여 다시 공시하여야 한다(동조 제2항). 이러한 이의신청제도에 대해 단순히 의견청취제도에 불과하다는 견해도 있으나, 표준지공시지가에 처분성을 긍정할 경우 특별법상의 행정심판으로 보는 것이 타당하고, 한편, 필요적 전치로 한다는 명문의 규정이 없으므로 행정소송법의 원칙에 따라 임의적 전치로 볼 것이다.

(2) 행정소송

1) 대상적격

표준지공시지가를 다수설처럼 행정행위로 보는 경우 처분성이 긍정되고 이는 판례 역시 마찬가지이다. 이 경우 표준지공시지가에 대해 항고소송을 제기하는 것이 가능하다. 이 경우 이의신청과의 관계에서 원처분주의에 따라 이의신청은 그 자체에 고유한 위법이 있는 경우에만 소의 대상이 될 수 있다.

2) 제소기간

행정소송은 처분 등이 있음을 안날로부터 90일, 처분 등이 있은 날로부터 1년 이내에 제소하여야 한다. 이와 관련해 표준지공시지가의 제소기간이 문제된다.

가. 처분이 있음을 안 날의 의미

이에 대해 ① 표준지공시지가에 개별통지의무규정이 없는 점과 이의신청에 대해 행정심판의 성질이 있다고 보면 공시일로부터 30일은 행정심판법의 90일에 대한 특례에 해당하는 것으로 그와 같은 연장선상에서 취소소송도 공시일로부터 기산해야 한다는 견해, ② 표준지공시지가에 대해 명문으로 공시일을 안날로 본다는 규정이 없는 이상 현실적으로 안날로 보아야 한다는 견해가 대립한다.

나. 처분이 있은 날의 의미

이에 대해 ① 통상의 고시나 공고의 경우 행정절차법에 의할 때 공시가 있고 나서 14일이 경과하면 효력이 발생하므로(행정절차법 제15조 제3항) 그와 같이 공시가 효력을 발생한 날로 보는 견해, ② 표준지공시지가에 대해 이의 있는 자는 공시일로부터 30일 이내에 이의신청을 하도록 하고 있는 규정을 고려해 이의신청을 특별법상의 행정심판으로 보는 한 공시일이 처분이 있은 날이 된다고 보는 견해가 대립한다.

3) 하자의 승계

판례에 따르면 조세부과처분의 취소를 구하는 소송에서 표준지공시지가의 하자를 이유로 취소를 구할 수 없다고 하여 하자의 승계를 부정한다. 이에 대해 학설은 뒤에서 보다시피 조세부과처분과 개별공시지가 사이에서도 수인가능성과 예측가능성이 없다는 이유로 하자의 승계를 긍정하고 있는데 그보다 더 예측가능성이 없는 표준지공시지가에 대해 하자의 승계를 부정하는 판례의 태도는 부당하다고 보는 견해가 다수이다. 한편, 판례는 개별공시지가에 관한 취소소송에서 그 토지가격의 산정기준이 된 표준지공시지가에 대한 하자를 다툴 수도 없다고 하여 이 역시 하자의 승계를 부정하였다.

❶ 표준지로 선정된 토지의 공시지가에 불복하기 위하여는 구 지가공시및토지등의평가에관한법률 제8조 제1항 소정의 이의절차를 거쳐 처분청인 건설부장관을 상대로 그 공시지가 결정의 취소를 구하는 행정소송을 제기하여야 하는 것이지 그러한 절차를 밟지 아니한 채 그 표준지에 대한 조세부과처분의 취소를 구하는 소송에서 그 공시지가의 위법성을 다툴 수는 없다. (대판 1997. 2. 28. 96누10225)
❷ 표준지로 선정된 토지의 공시지가에 대하여 불복하기 위하여는 지가공시및토지등의평가에관한법률 제8조 제1항 소정의 이의절차를 거쳐 처분청을 상대로 그 공시지가결정의 취소를 구하는 행정소송을 제기하여야 하는 것이지, 그러한 절차를 밟지 아니한 채 개별토지가격 결정을 다투는 소송에서 그 개별토지가격 산정의 기초가 된 표준지 공시지가의 위법성을 다툴 수는 없다. (대판 1996. 12. 6. 96누1832)

Ⅲ 개별공시지가

1. 의 의

개별공시지가는 시장·군수 또는 구청장이 부담금의 부과 기타 행정목적에 활용하기 위해 표준지공시지가를 기준으로 토지가격비준표 등을 사용하여 일정한 절차에 따라 결정·공시한 개별토지당 단위면적 가격을 말한다. 종래에는 국무총리훈령인 '개별토지가격합동조사지침'에 의해 개별공시지가를 공시했으나 1995. 12. 29. 부감법의 1차 개정 때 비로소 법적 근거가 마련되어 현재에 이르고 있다.

2. 법적 성질

(1) 학 설

개별공시지가의 법적 성질에 대해, ① 개별공시지가는 과세의 산정기준이 될 뿐이지 그 자체로 국민의 권리·의무에 영향을 미치는 것이 아닌 일반적이고 추상적인 규율에 불과하다고 보는 입법행위설, ② 개별공시지가는 과세 등의 부과처분의 기준이 되는 행정계획의 일종이라고 보는 행정계획설, ③ 개별공시지가는 적정지가를 조사하여 공시함으로써 지가정보를 제공하는 사실행위에 불과하다고 보는 사실행위설, ④ 개별공시지가는 비록 후행하는 과세처분 등이 있기는 하지만 실제로 가감조정 없이 그대로 과세 등의 기준이 된다는 점에서 국민의 권리·의무에 직접적인 영향을 미치는 행정행위라고 보는 견해이다. 이러한 행정행위설도 다시, 통상의 행정행위로 보는 견해와 이는 사람을 대상으로 하는 것이 아니라 개별토지의 성질이나 상태에 대한 규율의 성질을 띠고 있는 것으로 일종의 물적 행정행위라고 보는 견해(류지태)로 나누어져 있다.

(2) 판 례

판례는 개별공시지가에 대해 처분성을 긍정하여 취소소송의 대상이 된다고 보고 있다.

토지초과이득세법, 택지소유상한에관한법률, 개발이익환수에관한법률 및 각 그 시행령이 각 그 소정의 토지초과이득세, 택지초과소유부담금 또는 개발부담금을 산정함에 있어서 기초가 되는 각 토지의 가액을 시장, 군수, 구청장이 지가공시및토지등의평가에관한법률 및 같은법 시행령에 의하여 정하는 개별공시지가를 기준으로 하여 산정한 금액에 의하도록 규정하고 있고, 시장, 군수, 구청장은 같은 법 제10조 제1항 정 인영, 같은법 시행령 제12조 제1, 2호의 규정에 의하여 각개 토지의 지가를 산정할 의무가 있다고 할 것이므로 시장, 군수, 구청장이 산정하여 한 개별토지가액의 결정은 토지초과이득세, 택지초과소유부담금 또는 개발부담금 산정 등의 기준이 되어 국민의 권리, 의무 내지 법률상 이익에 직접적으로 관계된다고 할 것이고, 따라서 이는 행정소송법 제2조 제1항 제1호 소정의 행정청이 행하는 구체적 사실에 관한 법집행으로서의 공권력행사이어서 행정소송의 대상이 되는 행정처분으로 보아야 할 것이다. (대판 1993. 1. 15. 92누12407)

::: 개별공시지가

의 의	특정 목적을 위한 지가산정에 사용하기 위하여 결정·고시한 개별토지의 단위면적당 가격을 말한다. 가세처분의 기준이 된다.
결정·공시	시장·군수·구청장은 시·군·구 부동산 평가위원회의 심의를 거쳐 매년 공시지가 기준을 현재 개별토지의 단위면적당 가격을 결정·공시한다.
불 복	결정·공시일부터 30일 이내에 서면으로 시장·군수·구청장에게 이의를 신청할 수 있다. 행정소송의 경우 원처분중심주의이며, 이의신청임의주의이다. 하자의 승계부정

3. 개별공시지가의 결정·공시

① 시장·군수 또는 구청장은 개발부담금의 부과 그 밖의 다른 법령이 정하는 목적을 위한 지가산정에 사용하도록 하기 위하여 제25조의 규정에 의한 시·군·구부동산평가위원회의 심의를 거쳐 매년 공시지가의 공시기준일 현재 관할구역 안의 개별토지의 단위면적당 가격(개별공시지가)을 결정·공시하고, 이를 관계행정기관 등에 제공하여야 한다(법 제10조 제1항). 표준지로 선정된 토지, 조세 또는 부담금 등의 부과대상이 아닌 토지 그 밖에 대통령령이 정하는 토지에 대하여는 개별공시지가를 결정·공시하지 아니할 수 있다. 이 경우 표준지로 선정된 토지에 대하여는 당해 토지의 공시지가를 개별공시지가로 본다(법 제10조 제2항).

> 부동산 가격공시에 관한 법률 시행령
> 제21조(개별공시지가의 결정 및 공시) ① 시장·군수 또는 구청장은 매년 5월 31일까지 개별공시지가를 결정·공시하여야 한다. 다만, 제16조 제2항 제1호의 경우에는 그 해 10월 31일까지, 같은 항 제2호의 경우에는 다음 해 5월 31일까지 결정·공시하여야 한다.
> ② 시장·군수 또는 구청장은 제1항에 따라 개별공시지가를 공시할 때에는 다음 각 호의 사항을 해당 시·군 또는 구의 게시판 또는 인터넷 홈페이지에 게시하여야 한다.
> 　1. 조사기준일, 공시필지의 수 및 개별공시지가의 열람방법 등 개별공시지가의 결정에 관한 사항
> 　2. 이의신청의 기간·절차 및 방법
> ③ 개별공시지가 및 이의신청기간 등의 통지에 관하여는 제4조 제2항 및 제3항을 준용한다.

4. 개별공시지가의 기준가격

시장·군수 또는 구청장이 개별공시지가를 결정·공시하는 경우에는 당해 토지와 유사한 이용가치를 지닌다고 인정되는 하나 또는 둘 이상의 표준지의 공시지가를 기준으로 토지가격비준표를 사용하여 지가를 산정하되, 당해 토지의 가격과 표준지공시지가가 균형을 유지하도록 하여야 한다(법 제10조 제4항).

5. 불복 방법

(1) 이의신청(법 제11조 제1항, 제2항)

① 개별공시지가에 대하여 이의가 있는 자는 개별공시지가의 결정·공시일부터 30일 이내에 서면으로 시

장·군수 또는 구청장에게 이의를 신청할 수 있다. ② 시장·군수 또는 구청장은 제1항의 규정에 의한 이의신청기간이 만료된 날부터 30일 이내에 이의신청을 심사하여 그 결과를 신청인에게 서면으로 통지하여야 한다. 이 경우 시장·군수 또는 구청장은 이의신청의 내용이 타당하다고 인정될 때에는 제10조에 따라 해당 개별공시지가를 조정하여 다시 결정·공시하여야 한다.

② 이러한 이의신청제도에 대해 단순히 의견청취제도에 불과하다는 견해도 있으나, 개별공시지가에 처분성을 긍정할 경우 특별법상의 행정심판으로 보는 것이 타당하고, 한편, 필요적 전치로 한다는 명문의 규정이 없으므로 행정소송법의 원칙에 따라 임의적 전치로 볼 것이다.

(2) 행정소송

1) 대상적격

개별공시지가를 다수설처럼 행정행위로 보는 경우 처분성이 긍정되고 이는 판례 역시 마찬가지이다. 이 경우 개별공시지가에 대해 항고소송을 제기하는 것이 가능하다. 이 경우 이의신청과의 관계에서 원처분주의에 따라 이의신청은 그 자체에 고유한 위법이 있는 경우에만 소의 대상이 될 수 있다.

2) 제소기간

행정소송은 처분 등이 있음을 안날로부터 90일, 처분 등이 있은 날로부터 1년 이내에 제소하여야 한다. 이와 관련해 개별공시지가의 제소기간이 문제된다.

가. 처분이 있음을 안 날의 의미

이에 대해 ① 개별공시지가에 대해 개별통지절차가 행정청의 재량에 불과한 점, 이의신청에 대해 행정심판의 성질이 있다고 보면 공시일로부터 30일은 행정심판법의 90일에 대한 특례에 해당하는 것으로 그와 같은 연장선상에서 취소소송도 공시일로부터 기산해야 한다는 견해, ② 개별공시지가는 개별필지에 대한 과세를 목적으로 하므로 불특정다수인을 상대로 개별공시지가를 알릴 필요가 없다는 점, 통상 개별공시지가의 이해관계인의 권익보호를 위해 개별통지를 하는 것이 일반이라는 점에서 개별통지에 의해 현실적으로 안날을 기산점으로 삼아야 한다는 견해가 대립하고 있다. 판례는 ②와 유사한 견해에 해당한다.

> **판례** 개별토지가격결정에 있어서는 그 처분의 고지방법에 있어 개별토지가격합동조사지침(국무총리훈령 제248호)의 규정에 의하여 행정편의상 일단의 각 개별토지에 대한 가격결정을 일괄하여 읍·면·동의 게시판에 공고하는 것일 뿐 그 처분의 효력은 각각의 토지 또는 각각의 소유자에 대하여 각별로 효력을 발생하는 것이므로 개별토지가격결정의 공고는 공고일로부터 그 효력을 발생하지만 처분 상대방인 토지소유자 및 이해관계인이 공고일에 개별토지가격결정처분이 있음을 알았다고까지 의제할 수는 없어 결국 개별토지가격결정에 대한 재조사 또는 행정심판의 청구기간은 처분 상대방이 실제로 처분이 있음을 안 날로부터 기산하여야 할 것이나, 시장, 군수 또는 구청장이 개별토지가격결정을 처분 상대방에 대하여 별도의 고지절차를 취하지 않는 이상 토지소유자 및 이해관계인이 위 처분이 있음을 알았다고 볼 경우는 그리 흔치 않을 것이므로, 특별히 위 처분을 알았다고 볼만한 사정이 없는 한 개별토지가격결정에 대한 재조사청구 또는 행정심판청구는 행정심판법 제18조 제3항 소정의 처분이 있은 날로부터 180일 이내에 이를 제기하면 된다. (대판 1993. 12. 24. 92누17204)

나. 처분이 있은 날의 의미

이에 대해 ① 통상의 고시나 공고의 경우 행정절차법에 의할 때 공시가 있고 나서 14일이 경과하면 효력이 발생하므로(행정법 제15조 제3항) 그와 같이 공시가 효력을 발생한 날로 보는 견해, ② 개별공시지가에 대해 이의 있는 자는 공시일로부터 30일 이내에 이의신청을 하도록 하고 있는 규정을 고려해 이의신청을 특별법상의 행정심판으로 보는 한 공시일이 처분이 있은 날이 된다고 보는 견해가 대립한다. 생각건대, 제2설이 타당하다고 본다.

3) 하자의 승계

판례에 따르면 조세부과처분의 취소를 구하는 소송에서 개별공시지가의 하자를 이유로 취소를 구할 수 있다고 하여 하자의 승계를 인정하고 있다. 이러한 판례의 태도에 대해 구속력설을 취했다고 보는 견해와 기존의 하자승계론에 수인성의 원칙을 적용한 것에 불과하다고 보는 견해가 대립한다.

> **판례** 개별공시지가결정은 이를 기초로 한 과세처분 등과는 별개의 독립된 처분으로서 서로 독립하여 별개의 법률효과를 목적으로 하는 것이나, 개별공시지가는 이를 토지소유자나 이해관계인에게 개별적으로 고지하도록 되어 있는 것이 아니어서 토지소유자 등이 개별공시지가결정 내용을 알고 있었다고 전제하기도 곤란할 뿐만 아니라 결정된 개별공시지가가 자신에게 유리하게 작용될 것인지 또는 불이익하게 작용될 것인지 여부를 쉽사리 예견할 수 있는 것도 아니며, 더욱이 장차 어떠한 과세처분 등 구체적인 불이익이 현실적으로 나타나게 되었을 경우에 비로소 권리구제의 길을 찾는 것이 우리 국민의 권리의식임을 감안하여 볼 때 토지소유자 등으로 하여금 결정된 개별공시지가를 기초로 하여 장차 과세처분 등이 이루어질 것에 대비하여 항상 토지의 가격을 주시하고 개별공시지가결정이 잘못된 경우 정해진 시정절차를 통하여 이를 시정하도록 요구하는 것은 부당하게 높은 주의의무를 지우는 것이라고 아니할 수 없고, 위법한 개별공시지가결정에 대하여 그 정해진 시정절차를 통하여 시정하도록 요구하지 아니하였다는 이유로 위법한 개별공시지가를 기초로 한 과세처분 등 후행 행정처분에서 개별공시지가결정의 위법을 주장할 수 없도록 하는 것은 수인한도를 넘는 불이익을 강요하는 것으로서 국민의 재산권과 재판받을 권리를 보장한 헌법의 이념에도 부합하는 것이 아니라고 할 것이므로, 개별공시지가결정에 위법이 있는 경우에는 그 자체를 행정소송의 대상이 되는 행정처분으로 보아 그 위법 여부를 다툴 수 있음은 물론 이를 기초로 한 과세처분 등 행정처분의 취소를 구하는 행정소송에서도 선행처분인 개별공시지가결정의 위법을 독립된 위법사유로 주장할 수 있다고 해석함이 타당하다. (대판 1994. 1. 25. 93누8542)

정인영
쎄르파

행정법각론

개별 행정작용법

CHAPTER

01 사회보장행정

Ⅰ 개 념

행정주체가 개인의 최저한의 인간다운 생활을 보장함으로써 공공의 복리를 증진하기 위하여 행하는 비권력적 급부행정작용

> **사회보장기본법 제3조**
> 1. "사회보장"이란 출산, 양육, 실업, 노령, 장애, 질병, 빈곤 및 사망 등의 사회적 위험으로부터 모든 국민을 보호하고 국민 삶의 질을 향상시키는 데 필요한 소득·서비스를 보장하는 사회보험, 공공부조, 사회서비스를 말한다.
> 3. "공공부조"(公共扶助)란 국가와 지방자치단체의 책임 하에 생활 유지 능력이 없거나 생활이 어려운 국민의 최저생활을 보장하고 자립을 지원하는 제도를 말한다.
> 5. "평생사회안전망"이란 생애주기에 걸쳐 보편적으로 충족되어야 하는 기본욕구와 특정한 사회위험에 의하여 발생하는 특수욕구를 동시에 고려하여 소득·서비스를 보장하는 맞춤형 사회보장제도를 말한다.

Ⅱ 근 거

사회보장행정은 전형적으로 사회국가의 이념에 입각한 사회권적 기본권을 그 이념적 기초로 한다.

> **판례** 헌법상의 사회보장권은 그에 관한 수급요건, 수급자의 범위, 수급액 등 구체적인 사항이 법률에 규정됨으로써 비로소 구체적인 법적 권리로 형성된다고 보아야 할 것이다. (헌재 2000. 6. 1. 98헌마216)

Ⅲ 사회보장청구권의 주체 및 신청원칙

사회보장청구권은 자연인에게만 인정되는 것이지 법인은 성질상 그 주체가 될 수 없다.

> **사회보장기본법**
> **제9조(사회보장을 받을 권리)** 모든 국민은 사회보장에 관한 관계 법령에서 정하는 바에 따라 사회보장급여를 받을 권리(사회보장수급권)를 가진다.
> **제11조(사회보장급여의 신청)** ① 사회보장급여를 받으려는 사람은 관계 법령에서 정하는 바에 따라 국가나 지방

자치단체에 신청하여야 한다. 다만, 관계 법령에서 따로 정하는 경우에는 국가나 지방자치단체가 신청을 대신할 수 있다.

② 사회보장급여를 신청하는 사람이 다른 기관에 신청한 경우에는 그 기관은 지체 없이 이를 정당한 권한이 있는 기관에 이송하여야 한다. 이 경우 정당한 권한이 있는 기관에 이송된 날을 사회보장급여의 신청일로 본다.

Ⅳ 공공부조(公共扶助)

1. 개 념

국가와 지방자치단체의 책임하에 생활유지능력이 없거나 생활이 어려운 국민의 최저생활을 보장하고 자립을 지원하는 제도(사회보장기본법 제3조 제3호).

2. 기본원칙

(1) 보충성의 원칙

국민기초생활보장법
제3조(급여의 기본원칙) ① 이 법에 따른 급여는 **수급자가** 자신의 생활의 유지·향상을 위하여 그 소득·재산·근로능력 등을 활용하여 <u>최대한 노력하는 것을</u> 전제로 이를 보충·발전시키는 것을 기본원칙으로 한다.

사회보장기본법
제6조(국가 등과 가정) ② 국가와 지방자치단체는 사회보장제도를 시행할 때에 가정과 지역공동체의 자발적인 복지활동을 촉진하여야 한다.

(2) 기초생활보장의 원칙(과잉금지의 원칙)

국민기초생활보장법
제4조(급여의 기준) ① 이 법에 따른 급여는 <u>건강하고 문화적인 최저생활을 유지</u>할 수 있는 것이어야 한다.

(3) 보호신청의 원칙(동의시 직권으로 가능)

국민기초생활보장법
제21조(급여의 신청) ① 수급권자와 그 친족, 그 밖의 관계인은 관할 시장·군수·구청장에게 수급권자에 대한 급여를 신청할 수 있다. 차상위자가 급여를 신청하려는 경우에도 같으며, 이 경우 신청방법과 절차 및 조사 등에 관하여는 제2항부터 제5항까지, 제22조, 제23조 제23조의2를 준용한다.
② 사회복지 전담공무원은 이 법에 따른 급여를 필요로 하는 사람이 누락되지 아니하도록 하기 위하여 관할지역에 거주하는 수급권자에 대한 급여를 직권으로 신청할 수 있다. 이 경우 수급권자의 동의를 구하여야 하며 수급권자의 동의는 수급권자의 신청으로 볼 수 있다.

(4) 개별성의 원칙

생활유지능력이 없거나 생활이 어려운 자의 생활상태는 다종·다양하기 때문에 부조의 대상자나 그 내용은 개별적으로 결정될 필요가 있다는 원칙이다.

> **국민기초생활보장법**
> 제4조(급여의 기준 등) ② 이 법에 따른 급여의 기준은 수급자의 연령, 가구 규모, 거주지역, 그 밖의 생활여건 등을 고려하여 급여의 종류별로 보건복지부장관이 정하거나 급여를 지급하는 중앙행정기관의 장(이하 "소관 중앙행정기관의 장"이라 한다)이 보건복지부장관과 협의하여 정한다.

(5) 개별가구단위의 원칙

> **국민기초생활보장법**
> 제4조(급여의 기준 등) ③ 보장기관은 이 법에 따른 급여를 개별가구 단위로 실시하되, 특히 필요하다고 인정하는 경우에는 개인 단위로 실시할 수 있다.

(6) 금전부조의 원칙

> **국민기초생활보장법**
> 제9조(생계급여의 방법) ① 생계급여는 금전을 지급하는 것으로 한다. 다만 금전으로 지급할 수 없거나 금전으로 지급하는 것이 적당하지 아니하다고 인정하는 경우에는 물품을 지급할 수 있다.

(7) 거택보호의 원칙

> **국민기초생활보장법**
> 제10조(생계급여를 실시할 장소) ① 생계급여는 수급자의 주거에서 실시한다. 다만 수급자가 주거가 없거나 주거가 있어도 그곳에서는 급여의 목적을 달성할 수 없는 경우 또는 수급자가 희망하는 경우에는 수급자를 제32조에 따른 보장시설이나 타인의 가정에 위탁하여 급여를 실시할 수 있다.

3. 비용부담

> **사회보장기본법**
> 제28조(비용의 부담) ① 사회보장 비용의 부담은 각각의 사회보장제도의 목적에 따라 국가, 지방자치단체 및 민간 부문 간에 합리적으로 조정되어야 한다.

4. 「국민기초생활보장법」등의 주요 내용

> **국민기초생활보장법**
> 제3조(급여의 기본원칙) ② 부양의무자의 부양과 다른 법령에 의한 보호는 이 법에 의한 급여에 우선하여 행하여지는 것으로 한다.
> 제7조(급여의 종류) ① 급여의 종류: 생계급여, 주거급여, 의료급여, 교육급여, 해산급여, 장제급여, 자활급여 단, 노령급여는 해당하지 않는다.
> 제8조 ① 생계급여는 수급자에게 의복·음식물 및 연료비와 그 밖에 일상생활에 기본적으로 필요한 금품을 지급하여 그 생계를 유지하게 하는 것으로 한다.
> * 생계급여의 수급자와 국가 간의 관계는 공권과 공의무의 관계로 볼 수 있다.
> 제8조의2(부양능력 등) ① 부양의무자가 다음 각 호의 어느 하나에 해당하는 경우에는 제8조 제2항, 제12조 제3

항, 제12조의3 제2항에 따른 부양능력이 없는 것으로 본다.
1. 기준 중위소득 수준을 고려하여 대통령령으로 정하는 소득·재산 기준 미만인 경우
2. 직계존속 또는 「장애인연금법」 제2조 제1호의 중증장애인인 직계비속을 자신의 주거에서 부양하는 경우로 서 보건복지부장관이 정하여 고시하는경우
3. 그 밖에 질병, 교육, 가구 특성 등으로 부양능력이 없다고 보건복지부장관이 정하는 경우
② 부양의무자가 다음 각 호의 어느 하나에 해당하는 경우에는 제8조 제2항, 제12조 제3항, 제12조의3 제2항에 따른 부양을 받을 수 없는 것으로 본다.
1. 부양의무자가 「병역법」에 따라 징집되거나 소집된 경우
2. 부양의무자가 「해외이주법」 제2조의 해외이주자에 해당하는 경우
3. 부양의무자가 「형의 집행 및 수용자의 처우에 관한 법률」, 「치료감호법」등에 따른 교도소, 구치소, 치료감호 시설 등에 수용 중인 경우
4. 부양의무자에 대하여 실종선고 절차가 진행 중인 경우
5. 부양의무자가 제32조의 보장시설에서 급여를 받고 있는 경우
6. 부양의무자의 가출 또는 행방불명으로 경찰서 등 행정관청에 신고된 후 1개월이 지났거나 가출 또는 행방 불명 사실을 특별자치시장·특별자치도지사·시장·군수·구청장(자치구의 구청장을 말한다. 이하 "시장·군수· 구청장"이라 한다)이 확인한 경우
7. 부양의무자가 부양을 기피하거나 거부하는 경우
8. 그 밖에 부양을 받을 수 없는 것으로 보건복지부장관이 정하는 경우
③ 「아동복지법」 제15조 제1항 제2호부터 제4호까지(제2호의 경우 친권자인 보호자는 제외한다)에 따라 부양 대 상 아동이 보호조치된 경우에는 제8조 제2항, 제12조 제3항, 제12조의3 제2항에 따른 부양을 받을 수 없는 것으 로 본다.

제9조(생계급여의 방법) ② 생계급여의 수급품은 대통령령이 정하는 바에 따라 <u>매월 정기적으로 지급하여야</u> 한다. 다만, <u>특별한 사정이 있는 경우에는 그 지급방법을 다르게 정하여 지급</u>할 수 있다.

제26조(급여의 결정 등) ① 시장·군수·구청장은 제22조에 따라 조사를 하였을 때에는 지체 없이 급여 실시 여부 와 급여의 내용을 결정하여야 한다. ⇨ <u>급여결정에 의해 수급권자가 급여를 받을 수 있게 되므로 급여결정은 **형성** **행위**</u>이다.
② 제24조에 따라 차상위계층을 조사한 시장·군수·구청장은 제27조 제1항단서에 규정된 급여개시일이 속하는 달 에 급여 실시 여부와 급여 내용을 결정하여야 한다.
③ 시장·군수·구청장은 제1항 및 제2항에 따라 급여 실시 여부와 급여 내용을 결정하였을 때에는 그 결정의 요지 (급여의 산출 근거를 포함한다), 급여의 종류·방법 및 급여의 개시 시기 등을 서면으로 수급권자 또는 신청인에게 통지하여야 한다.
④ 신청인에 대한 제3항의 통지는 제21조에 따른 급여의 신청일부터 30일 이내에 하여야 한다. 다만, 다음 각 호 의 어느 하나에 해당하는 경우에는 신청일부터 60일 이내에 통지할 수 있다. 이 경우 통지서에 그 사유를 구체적 으로 밝혀야 한다.
1. 부양의무자의 소득·재산 등의 조사에 시일이 걸리는 특별한 사유가 있는 경우
2. 수급권자 또는 부양의무자가 제22조 제1항·제2항및 관계 법률에 따른 조사나 자료제출 요구를 거부·방해 또는 기피하는 경우

제34조(급여 변경의 금지) 수급자에 대한 급여는 정당한 사유 없이 수급자에게 불리하게 변경할 수 없다.

제35조(압류금지) ① 수급자에게 지급된 수급품(제4조 제4항에 따라 지방자치단체가 실시하는 급여를 포함한다) 과 이를 받을 권리는 압류할 수 없다.
② 제27조의2 제1항에 따라 지정된 급여수급계좌의 예금에 관한 채권은 압류할 수 없다.

제36조(양도금지) 수급자는 급여를 받을 권리를 타인에게 양도할 수 없다.

의료급여법
제18조(수급권의 보호) 의료급여를 받을 권리는 양도하거나 압류할 수 없다.

① 생계급여 최저보장수준은 생계급여와 소득인정액을 포함하여 생계급여 선정기준 이상이 되도록 하여야 한다.

② 지방자치단체인 보장기관은 해당 지방자치단체의 조례로 정하는 바에 따라 국민기초생활보장법에 따른 급여의 범위 및 수준을 초과하여 급여를 실시할 수 있다.

③ 사회복지 전담공무원은 급여를 필요로 하는 사람이 누락되지 아니하도록 하기 위하여 관할지역에 거주하는 수급권자에 대한 급여를 수급자의 동의없이 직권으로 신청할 수 있다.

④ 기준 중위소득은 통계법에 따라 통계청이 공표하는 통계자료의 가구 경상소득의 중간값에 최근 가구소득 평균 증가율, 가구 규모에 따른 소득수준의 차이 등을 반영하여 가구규모별로 산정한다.

정답 ③

Ⅴ 사회보험(社會保險)

1. 개 념

사회보장기본법
제3조(정의) 2. "사회보험"이란 국민에게 발생하는 사회적 위험을 보험의 방식으로 대처함으로써 국민의 건강과 소득을 보장하는 제도를 말한다.

2. 특 징

① 사회보험은 국민의 소득을 확보하여 빈곤을 방지하는 소득보장수단이다.

② 사회보험은 고소득자나 소득원이 있는 자로부터 저소득자나 소득원이 없는 자에게 소득을 재분배하는 소득재분배기능을 한다.

③ 사회보험은 사보험의 가입 여부가 자유로운 의사에 의하는 것과는 달리 가입의무가 부과되는 등 강제보험이다.

④ 사회보험은 운영비·적자액의 일부부담 등 국가의 책임하에 운영되는 비영리보험이다.

3. 공공부조와의 구별

	공공부조	사회보험
재 원	조세 등 국가의 일반재원에 의존	피보험자, 사용주 및 정부로부터 갹출된 금원(보험료·기여금 등)에 의존
수급자격 및 급부금액	법률에 명확히 정해져 있지 않고 개개의 사안마다 행정청의 판단에 의해 정해짐	법률에 명확히 규정되어 있어 행정청의 판단이 개입할 여지가 매우 제한됨
대 상	수급자의 자활능력에 따른 개별성의 원칙이 적용됨	일반국민을 대상으로 하며 수급자의 실제 사정을 불문하고 획일적으로 일정액의 보험금 지급

4. 비용의 부담

> **사회보장기본법**
> **제28조(비용의 부담)** ② 사회보험에 드는 비용은 사용자, 피용자(被傭者) 및 자영업자가 부담하는 것을 원칙으로 하되, 관계 법령에서 정하는 바에 따라 국가가 그 비용의 일부를 부담할 수 있다.

5. 급여의 종류

> **국민연금법**
> **제49조(급여의 종류)** 이 법에 따른 급여의 종류는 다음과 같다.
>   1. 노령연금, 2. 장애연금, 3. 유족연금, 4. 반환일시금
>
> **산업재해보상보험법**
> **제36조(보험급여의 종류와 산정 기준 등)** ① 보험급여의 종류는 다음 각 호와 같다. 다만, 진폐에 따른 보험급여의 종류는 제1호의 요양급여, 제4호의 간병급여, 제7호의 장례비, 제8호의 직업재활급여, 제91조의3에 따른 진폐보상연금 및 제91조의4에 따른 진폐유족연금으로 한다.
>   1. 요양급여, 2. 휴업급여, 3. 장해급여, 4. 간병급여, 5. 유족급여, 6. 상병(傷病)보상연금, 7. 장례비, 8. 직업재활급여
>
> **국민건강보험법**
> **제5조(적용 대상 등)** ① 국내에 거주하는 국민은 건강보험의 가입자(이하 "가입자"라 한다) 또는 피부양자가 된다. 다만, 다음 각 호의 어느 하나에 해당하는 사람은 제외한다.
>   1. 고용 기간이 1개월 미만인 일용근로자
>   2. 「병역법」에 따른 현역병(지원에 의하지 아니하고 임용된 하사를 포함한다), 전환복무된 사람 및 군간부후보생
>   3. 선거에 당선되어 취임하는 공무원으로서 매월 보수 또는 보수에 준하는 급료를 받지 아니하는 사람
>   4. 그 밖에 사업장의 특성, 고용 형태 및 사업의 종류 등을 고려하여 대통령령으로 정하는 사업장의 근로자 및 사용자와 공무원 및 교직원

* 국민건강보험은 원칙적으로 전 국민에게 적용되어 전 국민이 혜택을 받고 있다.

6. 사회보험의 보험자

사회보험의 종류	국민건강보험	국민연금	산업재해보상보험	고용보험
보험자	국민건강보험공단	국민연금공단	근로복지공단	고용노동부장관

기출 「국민건강보험법」에 대한 설명으로 옳지 않은 것은?   20년 지방직 7급
① 가입자는 직장가입자의 피부양자가 된 날에 그 자격을 잃는다.
② 직장가입자인 근로자 등이 그 사용관계가 끝난 날에는 그 당일에 가입자의 자격이 변동된다.
③ 국내에 거주하는 국민은 건강보험의 가입자 또는 피부양자가 되나 「의료급여법」에 따라 의료급여를 받는 사람은 적용 대상에서 제외된다.
④ 국민건강보험공단은 보험급여를 받을 수 있는 사람이 다른 법령에 따라 국가나 지방자치단체로부터 보험급여에 상당하는 급여를 받거나 보험급여에 상당하는 비용을 지급받게 되는 경우에는 그 한도에서 보험급여를 하지 아니한다.

정답 ②

Ⅵ 사회서비스

1. 개 념(일반적으로 금전적 급여에 의하지 않는 공적 서비스를 지칭한다.)

> **사회보장기본법**
> **제3조(정의)** 4. "사회서비스"란 국가·지방자치단체 및 민간부문의 도움이 필요한 모든 국민에게 복지, 보건의료, 교육, 고용, 주거, 문화, 환경 등의 분야에서 인간다운 생활을 보장하고 상담, 재활, 돌봄, 정보의 제공, 관련 시설의 이용, 역량 개발, 사회참여 지원 등을 통하여 국민의 삶의 질이 향상되도록 지원하는 제도를 말한다.

2. 비용부담

> **사회보장기본법**
> **제28조(비용의 부담)** ③ 공공부조 및 관계 법령에서 정하는 일정 소득 수준 이하의 국민에 대한 사회서비스에 드는 비용의 전부 또는 일부는 국가와 지방자치단체가 부담한다.
> ④ 부담 능력이 있는 국민에 대한 사회서비스에 드는 비용은 그 수익자가 부담함을 원칙으로 하되, 관계 법령에서 정하는 바에 따라 국가와 지방자치단체가 그 비용의 일부를 부담할 수 있다.

Ⅶ 조성행정

1. 개 념

국가·공공단체 등의 행정주체가 공공복리를 증진시키기 위하여 개인의 경제·문화활동을 조장하고 자금·정보 등의 수단을 공여하는 비권력적 행정적용

2. 사회보장행정과의 구별

사회보장행정	직접 사인의 생존권 확보를 목적으로 하는 작용
자금조성행정	개인의 생활이나 기업의 상태를 구조적으로 개선시켜 주는 행정작용

CHAPTER
02 **재무행정**

I 개 설

1. 개 념

국가 또는 지방자치단체가 그 존립과 활동에 필요한 재력을 취득하기 위하여 일반통치권에 기하여 국민에게 명령·강제하고, 그 취득한 재산 및 수입·지출을 관리하는 작용

2. 재정법의 기본원칙

재정의회주의	• 재정작용도 국민의 대표기관인 의회가 제정한 법률과 의회의 통제하에 이루어져야 한다는 원칙 • 조세법률주의(영구세주의), 예산의결의 원칙, 결산심사의 원칙 등의 제도로 구체화
엄정관리주의	• 국가 또는 지방자치단체의 재산은 모든 국민 또는 모든 주민의 재산이고 또 그들을 위한 재산인 까닭에 관리에 만전을 기하여 그 재산이 멸실·훼손됨이 없도록 엄정하게 관리되어야 한다는 원칙 • 채권존중의 원칙, 적정대가의 원칙으로 구체화
건전재정주의	• 국가 또는 지방자치단체의 재정이 수입과 지출 간에 균형을 이루어 적자를 방지하여야 한다는 원칙 • 기채금지의 원칙, 감채의 원칙으로 구체화

3. 재정작용

재정권력작용	• 재력의 취득을 목적으로 하는 권력적 명령·강제작용 • 법적 근거를 요함. • 조세의 부과·징수, 재정상 강제집행·즉시강제 등
재정관리작용	• 국가나 지방자치단체의 수입·지출이나 재산을 관리하는 작용 • 근거법은 법규인 경우 또는, 행정규칙 성격을 갖는 경우도 있다. • 수입·지출의 관리, 재산의 관리

기출 **국가재정법에 대한 설명으로 옳지 않은 것은?**   21년 지방직 7급

① 공무원의 보수 인상을 위한 인건비 충당을 위하여는 예비비의 사용목적을 지정할 수 있다.

② 중앙관서의 장은 예비비로 사용한 금액의 명세서를 작성하여 다음 연도 2월말까지 기획재정부장관에게 제출하여야 한다.

③ 정부는 예산안을 국회에 제출한 후 부득이한 사유로 인하여 그 내용의 일부를 수정하고자 하는 때에는 국무회의의 심의를 거쳐 대통령의 승인을 얻은 수정예산안을 국회에 제출할 수 있다.

④ 국가의 세출은 국채·차입금 외의 세입을 그 재원으로 하지만, 부득이한 경우에는 국회의 의결을 얻은 금액의 범위 안에서 국채 또는 차입금으로써 국가의 세출을 충당할 수 있다.

정답 ①

Ⅱ 조 세

1. 개 념

국가 또는 지방자치단체가 그 경비에 충당할 재력의 취득을 위하여 과세권에 근거하여 법률이 정한 과세요건에 해당하는 모든 국민으로부터 반대급부 없이 무상으로 부과·징수하는 금전급부의무를 말한다.

2. 조세의 종류

(1) 과세주체에 따른 분류

국 세	• 내국세: 소득세, 법인세, 상속세와 증여세, 종합부동산세, 부가가치세, 개별소비세, 교통·에너지·환경세, 주세, 인지세, 증권거래세, 교육세, 농어촌특별세(국세기본법 제2조 제1호) • 관세
지방세	• 특별시세, 광역시세: 취득세, 레저세, 담배소비세, 지방소비세, 주민세, 지방소득세, 자동차세, 지역자원시설세, 지방교육세 • 도세: 취득세, 등록면허세, 레저세, 지방소비세, 지역자원시설세, 지방교육세 • 구세: 등록면허세, 재산세 • 시·군세: 담배소비세, 주민세, 지방소득세, 재산세, 자동차세(지방세기본법 제8조) • 특별자치시세·특별자치도세: 취득세, 등록면허세, 레저세, 담배소비세, 지방소비세, 주민세, 지방소득세, 지역자원시설세, 지방교육세

(2) 납세의무자와 담세자의 일치 여부에 따른 분류

직접세	법률상의 납세의무자와 조세의 실제상의 부담자가 일치하는 조세(소득세, 법인세, 상속세, 취득세, 등록세)
간접세	조세부담의 전가가 행해져 법률상의 납세의무자와 조세의 실제상의 부담자가 일치하지 않는 조세(주세, 관세, 부가가치세, 개별소비세, 인지세)

(3) 조세수입의 용도에 따른 분류

보통세	국가 또는 지방자치단체의 일반경비에 충당하기 위해 과하는 조세
목적세	국가 또는 지방자치단체의 특별경비에 충당하기 위해 과하는 조세(국세 중 교육세·농어촌특별세, 지방세 중 지역자원시설세·지방교육세)

(4) 과세권의 발동방식에 따른 분류

신고납부 방법 조세	납부하여야 할 세액이 원칙적으로 신고에 의해 확정되며, 신고가 없거나 신고한 세액의 계산이 법률규정에 맞지 않거나 세액이 세무서장의 조사와 다른 경우에 한하여 세무서장 등의 처분에 의해 확정되는 조세(소득세, 법인세, 부가가치세, 개별소비세, 주세, 증권거래세, 교육세, 일부 관세)
일괄 부과조세	납부하여야 할 세액이 전적으로 세무서장 등의 처분에 의해 확정되고, 그 징수도 국가의 명령적 절차에 의해 행해지는 조세(상속세, 증여세, 종합부동산세)
인지납부 방법 조세	납부하여야 할 세액이 법률의 규정에 의해 확정되고, 그 납부가 인지첩부에 의해 자발적으로 행해지는 조세(등록세, 인지세)

> **판례** 구 관세법 제17조 제2항은 관세의 원칙적인 부과·징수를 순수한 신고납세방식으로 전환한 것이고, 이와 같은 신고납세방식의 조세에 있어서 과세관청이 납세의무자의 신고에 따라 세액을 수령하는 것은 사실행위에 불과할 뿐 이를 부과처분으로 볼 수는 없다. (대판 1997. 7. 22. 96누8321)

3. 조세법의 기본원칙

(1) 조세법률주의

1) 의 미

과세요건과 징수절차 등 조세권행사의 요건과 절차는 국민의 대표기관인 국회가 제정한 법률로써 규정하여야 한다.

> **판례** 오늘날의 법치주의는 실질적 법치주의를 의미하므로 「헌법」상의 조세법률주의도 과세요건이 형식적 의미의 법률로 명확히 정해질 것을 요구할 뿐 아니라, 헌법이념과 「헌법」상의 제원칙에 합치되어야 하고, 나아가 평등의 원칙에도 어긋남이 없어야 한다. (헌재 1997. 6. 26. 93헌바49)

* 조세채무는 법률이 정하는 과세요건에 따라 발생하게 되는바, 이러한 조세법률관계에서는 사적 자치의 원칙이 적용되지 않는다.

2) 조세법률주의에서 파생되는 일반원칙

가. 명확성원칙

과세권의 발동을 위해서는 조세의 종목과 세율뿐 아니라, 납세의무자·과세물건·과세표준·과세시기·과세방법·징수절차 등을 미리 법률로써 명확히 정해야 한다는 원칙

> **판례** ❶ 과세요건과 징수절차에 관한 사항을 명령·규칙 등 하위법령에 위임하여 규정하게 할 수 없는 것은 아니다. (대판 1994. 9. 30. 94부18)
> ❷ 조세에 관한 규정이 관련 법령의 입법취지와 전체적 체계 및 내용 등에 비추어 그 의미가 분명해질 수 있다면 명확성을 결여하였다고 하여 위헌이라고 할 수 없다. (대판 2007. 10. 26. 2007두9884)

나. 소급과세금지원칙

조세법규는 소급하여 적용될 수 없으며, 이미 조세를 납부할 의무가 성립한 소득·수익·재산·행위나 거래에 대해 신법을 적용할 수 없다는 원칙

> **판례** ❶ 조세법령의 제정 또는 개정이나 과세관청의 법령에 대한 해석 또는 처리지침의 변경이 있은 경우, 이전부터 계속되어 오던 사실이나 그 이후에 발생한 과세요건사실에 대하여 새로운 법령 등을 적용할 수 있다. (대판 2009. 10. 29. 2008두2736)
> ❷ 기간과세되는 세목의 조세채무는 세법이 정하는 과세요건이 충족되는 사업연도 말에 성립되기 때문에, 당해 과세연도 초에 소급하여 과세하는 것은 소급과세금지의 원칙에 위배되지 아니한다. (대판 1992. 9. 8. 63누202; 91누13670)

다. 유추해석금지원칙

조세행정기관이나 법관이 세법을 유추하거나 확장해석하여 납세자에게 불이익하게 적용할 수 없다는 원칙

> **판례** 조세법규의 해석은 합리적 이유 없이 확장해석하거나 유추해석하는 것은 허용되지 아니하고, 특히 감면요건규정 가운데에 명백히 특혜규정이라고 볼 수 있는 것은 엄격하게 해석하는 것이 조세공평의 원칙에도 부합한다. (대판 2011. 1. 27. 2010도1191)

(2) 조세평등(공평)원칙

조세법률주의와는 독립한 일반원칙으로서 모든 국민은 담세력에 따라 균등하게 조세를 부담한다는 원칙

(3) 실질과세원칙

과세물건에 대한 명목상의 귀속 여하에 관계없이 실질적인 과세물건의 귀속자를 납세의무자로 하여 조세를 부과하여야 한다는 원칙

(4) 신의성실원칙

납세자의 의무이행과 세무공무원의 직무수행은 신의에 따라 성실하게 하여야 한다는 원칙(국세기본법 제15조).

(5) 신뢰보호원칙

국민의 조세행정에 대한 신뢰가 보호받을 만한 것인 때에는 조세행정권은 그에 반하여 행위할 수 없다는 원칙(국세기본법 제18조 제3항).

(6) 영구세주의

법률의 개폐가 없는 한 당해 법률에 의하여 계속 과세할 수 있다.

(7) 조세법의 기본원칙이 아닌 것

시장경제의 원칙, 직접세주의

4. 조세의 부과

(1) 과세권자

국 세	세무서장·세관장 단, 대통령령이 정하는 일정한 국세(소득세·부가가치세)는 시장·군수
지방세	서울특별시장·광역시장·도지사·시장·군수·구청장 및 그들로부터 과세권을 위임받은 공무원

(2) 납세의무자

자연인(외국인 포함)·법인을 불문, 치외법권을 가진 자 ×

(3) 조세부과처분

과세권자가 납세자에게 그 국세의 과세연도·세목·세액 및 그 산출근거·납부기한과 납부장소를 명시한 고지서를 발부하여야 한다(국세징수법 제9조 제1항).

판례 [1] 국세징수법 제9조 제1항은 단순히 세무행정상의 편의를 위한 훈시규정이 아니라 조세행정에 있어 자의를 배제하고 신중하고 합리적인 처분을 행하게 함으로써 공정을 기함과 동시에 납세의무자에게 부과처분의 내용을 상세히 알려 불복여부의 결정과 불복신청에 편의를 제공하려는 데서 나온 강행규정이므로 세액의 산출근거가 기재되지 아니한 물품세 납세고지서에 의한 부과처분은 위법한 것으로서 취소의 대상이 된다.
[2] 세액산출 근거의 기재를 흠결한 납세고지서에 의한 납세고지가 강행규정에 위반하여 위법하다고 보는 이상 납세의무자가 그 나름대로 세액산출근거를 안 여부는 위법성 판단에 영향이 없다.
[3] 납세고지서에 기재누락된 사항을 보완통지하였다 하더라도 그 통지일이 부과처분의 위법판결선고 후일 뿐 아니라 국세징수법 제9조 제1항의 입법취지에 비추어 과세처분에 대한 납세의무자의 불복여부의 결정 및 불복신청에 편의를 줄 수 없게 되었다면 위 부과처분의 하자가 치유되었다고 볼 수는 없다. (대판 1984. 5. 9. 84누116)

5. 과세 전 적부심사

① 「국세기본법」은 일종의 사전구제제도로서 과세 전 적부심사제도를 규정하고 있다(국세기본법 제81조의15).

② 세무조사결과에 대한 서면통지 또는 일정한 과세예고통지를 받은 자는 통지를 받은 날부터 30일 이내에 당해 세무서장 또는 지방국세청장에게 통지내용에 대한 적법성 여부에 관하여 심사를 청구할 수 있다.

> **판례** 과세예고 통지 후 과세전적부심사 청구나 그에 대한 결정이 있기도 전에 과세처분을 하는 것은 원칙적으로 납세자의 절차적 권리를 침해하는 것으로서 절차상 하자가 중대하고도 명백하여 무효이다.
>
> 사전구제절차로서 과세전적부심사 제도가 가지는 기능과 이를 통해 권리구제가 가능한 범위, 이러한 제도가 도입된 경위와 취지, 납세자의 절차적 권리 침해를 효율적으로 방지하기 위한 통제 방법과 더불어, 헌법 제12조 제1항에서 규정하고 있는 적법절차의 원칙은 형사소송절차에 국한되지 아니하고, 세무공무원이 과세권을 행사하는 경우에도 마찬가지로 준수하여야 하는 점 등을 고려하여 보면, 국세기본법 및 국세기본법 시행령이 과세전적부심사를 거치지 않고 곧바로 과세처분을 할 수 있거나 과세전적부심사에 대한 결정이 있기 전이라도 과세처분을 할 수 있는 예외사유로 정하고 있다는 등의 특별한 사정이 없는 한, 과세예고 통지 후 과세전적부심사 청구나 그에 대한 결정이 있기도 전에 과세처분을 하는 것은 원칙적으로 과세전적부심사 이후에 이루어져야 하는 과세처분을 그보다 앞서 함으로써 과세전적부심사 제도 자체를 형해화시킬 뿐만 아니라 과세전적부심사 결정과 과세처분 사이의 관계 및 불복절차를 불분명하게 할 우려가 있으므로, 그와 같은 과세처분은 납세자의 절차적 권리를 침해하는 것으로서 절차상 하자가 중대하고도 명백하여 무효이다. (대판 2016. 12. 27. 2016두49228)

6. 행정심판

조세의 부과·처분에 관해서는 원칙적으로 「행정심판법」의 적용이 배제된다(국세기본법 제56조 제1항).

(1) 이의신청

① 이의신청은 대통령령으로 정하는 바에 따라 불복의 사유를 갖추어 해당 처분을 하였거나 하였어야 할 세무서장에게 하거나 세무서장을 거쳐 관할 지방국세청장에게 하여야 한다(국세기본법 제66조 제1항).

② 「국세기본법」상의 **이의신청**은 심사청구 또는 심판청구를 하기 위한 필요적 전치절차가 아니라 상대방의 의사에 맡겨진 임의적 절차이다. 따라서 이의신청을 하지 않고 바로 심사청구 또는 심판청구를 할 수 있다(국세기본법 제55조 제3항·제61조 제2항·제68조 제2항 참조).

③ 이의신청을 받은 세무서장과 지방국세청장은 각각 국세심사위원회의 심의를 거쳐 결정하여야 한다.

(2) 심사청구

① 「국세기본법」 또는 세법에 따른 처분으로서 위법 또는 부당한 처분을 받거나 필요한 처분을 받지 못함으로 인하여 권리나 이익을 침해당한 자는 심사청구 또는 심판청구를 하여 그 처분의 취소 또는 변경을 청구하거나 필요한 처분을 청구할 수 있다(국세기본법 제55조 제1항).

② 「감사원법」에 의하여 심사청구를 한 처분이나 그 심사청구에 대한 처분은 「국세기본법」 제55조 제1항의 처분에 포함되지 아니한다(국세기본법 제55조 제5항).

③ 동일한 처분에 대해서는 심사청구와 심판청구를 중복하여 제기할 수 없다(국세기본법 제55조 제9항).

④ 심사청구는 해당 처분이 있음을 안 날(처분의 통지를 받은 때에는 그 받은 날)부터 90일 이내에 제기하여야 한다(국세기본법 제61조 제1항).

⑤ 이의신청을 거친 후 심사청구를 하려면 이의신청에 대한 결정의 통지를 받은 날부터 90일 이내에 제

기하여야 한다(국세기본법 제61조 제2항).

⑥ 심사청구는 대통령령으로 정하는 바에 따라 불복의 사유를 갖추어 해당 처분을 하였거나 하였어야 할 세무서장을 거쳐(처분청경유) 국세청장에게 하여야 한다(국세기본법 제62조 제1항).

(3) 심판청구

① 심판청구는 대통령령으로 정하는 바에 따라 불복의 사유를 갖추어 그 처분을 하였거나 하였어야 할 세무서장을 거쳐(처분청경유주의를 채택) 조세심판원장에게 하여야 한다(국세기본법 제69조 제1항).

② 심사청구와 심판청구는 행정심판의 일종이다.

7. 감사원에 대한 심사청구

① 국세징수에 대한 불복이 있을 때, 감사원에 심사청구를 할 수 있다(감사원법 제43조 제1항).

② 「감사원법」에 의하여 심사청구를 한 처분이나 그 심사청구에 대한 처분에 대하여는 「국세기본법」상 심사청구 또는 심판청구를 제기할 수 없고(국세기본법 제55조 제5항), 직접 행정소송을 제기하여야 한다.

③ 감사원은 심리 결과 심사청구의 이유가 있다고 인정하는 경우에는 관계기관의 장에게 시정이나 그 밖에 필요한 조치를 요구할 수 있을 뿐 당해 처분을 직접 취소 또는 변경할 수는 없다(감사원법 제46조 제2항).

> **판례** 조세의 부과징수처분에 대하여 감사원법 제43조 제1항에 정한 심사청구를 하여 그 절차를 거친 경우에는 이를 위 국세기본법, 관세법, 지방세법에 정한 불복절차를 거친 경우에서와 같이 그 처분의 취소소송 제기에 앞서 필요한 요건으로서의 당해처분에 대한 행정심판을 거친 것으로 보아야한다. (대판 1991. 2. 26. 90누7944)

행정에 대한 개념을 이해하는 것이 선행

8. 행정소송

(1) 행정심판전치주의

「국세기본법」 또는 세법에 따른 처분으로서 **위법한 처분에 대한 행정소송**은 행정소송법 제18조 제1항 본문 · 제2항 및 제3항에도 불구하고 <u>「국세기본법에 따른 심사청구 또는 심판청구와 그에 대한 결정을 거치지 아니하면 제기할 수 없다</u>(국세기본법 제56조 제2항). 또한 지방세행정심판인 이의신청과 심사청구도 21년 지방세법의 개정으로 필요적 전치절차에 해당한다.

> **판례** 헌법재판소가 2001. 6. 28. 2000헌바30 결정으로 행정심판의 필요적 전치주의에 관하여 규정한 구 지방세법 제78조 제2항이 헌법에 위반된다고 선언함에 따라 동 규정은 효력을 상실하게 되었고, 위 규정을 제외한 같은 법 제72조 제1항, 제73조, 제74조 규정들에 의하면, 지방세법에 의한 처분에 대하여는 이의신청 및 심사청구를 할 수 있되 다만 심사청구를 하고자 할 때에는 이의신청을 거쳐 그에 대한 결정의 통지를 받은 날부터 소정의 기간 내에 심사청구를 하여야 한다고 되어 있을 뿐이어서, 행정소송법 제18조 제1항 본문에 따라 지방세법상의 이의신청 및 심사청구를 거치지 아니하고도 바로 지방세법에 의한 처분에 대한 취소소송을 제기할 수 있게 되었다. (대판 2003. 8. 22. 2001두3525)   16년 국가직 7급

(2) 경정처분과 취소소송의 대상

> **판례** ❶ 국세기본법 제22조의2의 시행 이후에도 증액경정처분이 있는 경우 당초 신고나 결정은 증액경정처분에 흡수됨으로써 독립된 존재가치를 잃게 된다고 보아야 할 것이므로, 원칙적으로는 당초 신고나 결정에 대한 불복기간의 경과 여부 등에 관계없이 증액경정처분만이 항고소송의 심판대상이 된다고 해석함이 타당하다. (대판 2009. 5. 14. 2008두17134)
> ❷ 감액경정처분은 당초의 신고 또는 부과처분과 별개인 독립의 과세처분이 아니라 그 실질은 당초의 신고 또는 부과처분의 변경이고 그에 의하여 세액의 일부취소라는 납세자에게 유리한 효과를 가져오는 처분이므로, 그 경정결정으로도 아직 취소되지 않고 남아 있는 부분이 위법하다 하여 다투는 경우 항고소송의 대상은 당초 신고나 부과처분 중 경정결정에 의하여 취소되지 않고 남은 부분이며, 감액경정결정이 항고소송의 대상이 되는 것은 아니다. (대판 1996. 11. 15. 95누8904)

9. 과오납반환(환급)청구

(1) 의 의

납세의무자가 납부할 금액을 초과하여 납부(과납)하거나 착오에 의하여 납부의무가 없는 금액을 납부(오납)한 경우에, 민법 제741조상의 부당이득반환을 청구할 수 있다.

(2) 학설 및 판례

당사자소송설(공권설)이 다수설이나, 판례는 사권설과 같은 견해로서 민사소송절차로 다루고 있다.

> **판례** ❶ 조세부과처분이 당연무효임을 전제로 하여 이미 납부한 세금의 반환을 청구하는 것은 민사상의 부당이득반환청구로서 민사소송절차에 따라야 한다. (대판 1995. 4. 28. 94다55019)
> ❷ 조세의 과오납이 부당이득이 되기 위하여는 납세 또는 조세의 징수가 실체법적으로나 절차법적으로 전혀 법률상의 근거가 없거나 과세처분의 하자가 중대하고 명백하여 당연무효이어야 하고, 과세처분의 하자가 단지 취소할 수 있는 정도에 불과할 때에는 과세관청이 이를 스스로 취소하거나 항고소송절차에 의하여 취소되지 않는 한 그로 인한 조세의 납부가 부당이득이 된다고 할 수 없다. (대판 1994. 11. 11. 94다28000)
> ❸ 원천징수의무자가 원천납세의무자로부터 원천징수대상이 아닌 소득에 대하여 세액을 징수·납부하였거나 징수하여야 할 세액을 초과하여 징수·납부하였다면, 국가는 원천징수의무자로부터 이를 납부받는 순간 아무런 법률상의 원인 없이 부당이득한 것이 되고, 구 국세기본법 제51조 제1항, 제52조 등의 규정은 환급청구권이 확정된 국세환급금 및 가산금에 대한 내부적 사무처리절차로서 과세관청의 환급절차를 규정한 것일 뿐 그 규정에 의한 국세환급금(가산금 포함) 결정에 의하여 비로소 환급청구권이 확정되는 것이 아니므로, 국세환급결정이나 이 결정을 구하는 신청에 대한 환급거부결정 등은 납세의무자가 갖는 환급청구권의 존부나 범위에 구체적이고 직접적인 영향을 미치는 처분이 아니어서 항고소송의 대상이 되는 처분으로 볼 수 없다. (대판 2010. 2. 25. 2007두18284)
> ❹ 부가가치세법령이 환급세액의 정의 규정, 그 지급시기와 산출방법에 관한 구체적인 규정과 함께 부가가치세 납세의무를 부담하는 사업자(이하 '납세의무자'라 한다)에 대한 국가의 환급세액 지급의무를 규정한 이유는, 입법자가 과세 및 징수의 편의를 도모하고 중복과세를 방지하는 등의 조세 정책적 목적을 달성하기 위한 입법적 결단을 통하여, 최종 소비자에 이르기 전의 각 거래단계에서 재화 또는 용역을 공급하는 사업자가 그 공급을 받는 사업자로부터 매출세액을 징수하여 국가에 납부하고, 그 세액을 징수당한 사업자는 이를 국가로부터 매입세액으로 공제·환급받는 과정을 통하여 그 세액의 부담을 다음 단계의 사업자에게 차례로 전가하여 궁극적으로 최종 소비자에게 이를 부담시키는 것을 근간으로 하는 전단계세액공제 제도를 채택한 결과, 어느 과세기간에 거래징수된 세액이 거래징수를 한 세액보다 많은 경우에는 그 납세의무자가 창출한 부가가치에 상응하는 세액보다 많은 세액이 거래징수되게 되므로 이를 조정하기 위한 과세기술상, 조세 정책적인 요청에 따라 특별히 인정한 것

이라고 할 수 있다. 따라서 이와 같은 부가가치세법령의 내용, 형식 및 입법 취지 등에 비추어 보면, 납세의무자에 대한 국가의 부가가치세 환급세액 지급의무는 그 납세의무자로부터 어느 과세기간에 과다하게 거래징수된 세액 상당을 국가가 실제로 납부받았는지와 관계없이 부가가치세법령의 규정에 의하여 직접 발생하는 것으로서, 그 법적 성질은 정의와 공평의 관념에서 수익자와 손실자 사이의 재산상태 조정을 위해 인정되는 부당이득 반환의무가 아니라 부가가치세법령에 의하여 그 존부나 범위가 구체적으로 확정되고 조세 정책적 관점에서 특별히 인정되는 공법상 의무라고 봄이 타당하다. 그렇다면 납세의무자에 대한 국가의 부가가치세 환급세액 지급의무에 대응하는 국가에 대한 납세의무자의 부가가치세 환급세액 지급청구는 민사소송이 아니라 행정소송법 제3조 제2호에 규정된 당사자소송의 절차에 따라야 한다. (대판 2013. 3. 21. 2011다95564(전합))

❺ 국세환급금에 관한 국세기본법 및 구 국세기본법 제51조 제1항은 이미 부당이득으로서 존재와 범위가 확정되어 있는 과오납부액이 있는 때에는 국가가 납세자의 환급신청을 기다리지 않고 즉시 반환하는 것이 정의와 공평에 합당하다는 법리를 선언하고 있는 것이므로, 이미 존재와 범위가 확정되어 있는 과오납부액은 납세자가 부당이득의 반환을 구하는 민사소송으로 환급을 청구할 수 있다. (대판 2015. 8. 27. 2013다212639)

(3) 소멸시효

국세환급청구권의 소멸시효: 납세자의 국세환급금과 국세환급가산금에 관한 권리는 행사할 수 있는 때부터 5년간 행사하지 아니하면 소멸시효가 완성된다(국세기본법 제54조 제1항).

기출 다음 설명 중 옳지 않은 것은? (다툼이 있는 경우 판례에 의함)　　　　　　　　　　　21년 지방직 7급

① 조세심판청구에 대한 결정기관은 국무총리 소속의 조세심판원이며, 조세심판원의 결정은 관계 행정청을 기속한다.

② 공무원연금공단의 인정에 의해 퇴직연금을 지급받아 오던 중 공무원연금법령 개정 등으로 퇴직연금 중 일부 금액에 대해 지급이 정지된 경우, 미지급퇴직연금에 대한 지급청구권은 공법상 권리로서 그의 지급을 구하는 소송은 항고소송이다.

③ 과세처분이 이후 조세 부과의 근거가 되었던 법률규정에 대하여 위헌결정이 내려진 경우, 위헌결정이후 그 조세채권의 집행을 위한 체납처분은 당연무효이다.

④ 위법한 세무조사에 의하여 수집된 과세자료를 기초로 한 과세처분은 위법하다.

정답 ③

Ⅲ 회 계(會計)

1. 개념 및 특성

회계란 국가나 지방자치단체가 취득한 재력을 유지·관리하는 비권력적인 작용, 즉 재정관리작용, 법적 근거로서 회계법은 임의법규가 일반적이나, 강행법규적 성질을 갖는 경우도 있다.

2. 회계의 종류

주 체	국가의 회계, 지방자치단체의 회계
목 적	일반회계, 특별회계
경리의 대상	현금회계, 채권회계, 동산회계, 부동산회계

3. 현금회계

수입·지출의 균형을 유지하고 그 정확성을 기하여 회계의 문란을 미연에 방지를 목적으로 국가 또는 지방자치단체의 현금수지에 관한 예산·출납 및 결산을 총칭하는 것

4. 현금회계에 관한 일반원칙

예산총계주의	순계예산주의에 대응하는 개념으로서 세입과 세출은 모두 예산에 계상하여야 한다는 원칙
회계총괄원칙	조세 기타 정부에 속하는 모든 수입을 하나의 국고에 납입시키고, 모든 지출은 반드시 하나의 국고에서 지출하게 하는 원칙
단일예산주의	국가의 수입·지출을 단일의 회계하에서 계리(計理)하는 원칙으로서 다만, 특정한 목적을 위하여 일반회계로부터 분리하여 독립적으로 경리하는 특별회계, 일단 확정된 예산에 대한 추가예산과 경정예산
회계연도독립원칙	회계연도의 경비는 당해 연도의 세입으로써 충당하는 원칙
회계기관분립원칙	회계정리의 공정을 보장하고 그 문란을 방지하기 위하여 수입·지출을 명하는 기관과 현금출납을 관장하는 기관을 분리시키는 원칙
기업회계원칙	특별회계에 관한 것으로서 회계거래, 즉 재산의 증감 및 변동을 그 발생사실에 따라 계리하는 원칙

CHAPTER

03 환경영향평가제도

I 의 의

환경영향평가는 환경에 영향을 미치는 실시계획·시행계획 등의 허가·인가·승인·면허 또는 결정 등(이하 "승인등"이라 한다)을 할 때에 해당 사업이 환경에 미치는 영향을 미리 조사·예측·평가하여 해로운 환경영향을 피하거나 제거 또는 감소시킬 수 있는 방안을 마련하는 것을 말한다(환경영향평가법 제2조, 이하 '법'이라고 함). 또한 "환경영향평가등"이란 전략환경영향평가, 환경영향평가 및 소규모 환경영향평가를 말한다. 이 교재는 환경영향평가에 관하여만 논의하겠습니다.

II 기 능

환경영향평가제도는 다음과 같은 기능을 갖는다. 먼저, 환경에 영향을 미치는 결정을 내리기 전 행정기관이나 시민에게 정보를 제공해 의사결정을 지원하는 기능을 갖는다. 둘째, 환경친화적인 개발을 유도하는 기능을 갖는다. 셋째, 환경보호를 위하여 개발사업을 규제하는 기능도 부수적으로 갖는다(환경영향평가법 제1조).

III 환경영향평가대상사업

환경영향평가법
제22조(환경영향평가의 대상) ① 다음 각 호의 어느 하나에 해당하는 사업(이하 "환경영향평가 대상사업"이라 한다)을 하려는 자(이하 이 장에서 "사업자"라 한다)는 환경영향평가를 실시하여야 한다.
1. 도시의 개발사업
2. 산업입지 및 산업단지의 조성사업
3. 에너지 개발사업
4. 항만의 건설사업
5. 도로의 건설사업
6. 수자원의 개발사업
7. 철도(도시철도를 포함한다)의 건설사업
8. 공항의 건설사업
9. 하천의 이용 및 개발 사업

10. 개간 및 공유수면의 매립사업
11. 관광단지의 개발사업
12. 산지의 개발사업
13. 특정 지역의 개발사업
14. 체육시설의 설치사업
15. 폐기물 처리시설의 설치사업
16. 국방·군사 시설의 설치사업
17. 토석·모래·자갈·광물 등의 채취사업
18. 환경에 영향을 미치는 시설로서 대통령령으로 정하는 시설의 설치사업
② 환경영향평가 대상사업의 구체적인 종류, 범위 등은 대통령령으로 정한다.

제23조(환경영향평가 대상 제외) 제22조에도 불구하고 다음 각 호의 어느 하나에 해당하는 사업은 환경영향평가 대상에서 제외한다.
1. 「재난 및 안전관리 기본법」 제37조에 따른 응급조치를 위한 사업
2. 국방부장관이 군사상 고도의 기밀보호가 필요하거나 군사작전의 긴급한 수행을 위하여 필요하다고 인정하여 환경부장관과 협의한 사업
3. 국가정보원장이 국가안보를 위하여 고도의 기밀보호가 필요하다고 인정하여 환경부장관과 협의한 사업

Ⅳ 절 차

1. 환경영향평가서의 제출

환경영향평가법
제27조(환경영향평가서의 작성 및 협의 요청 등) ① 승인기관장등은 환경영향평가 대상사업에 대한 승인등을 하거나 환경영향평가 대상사업을 확정하기 전에 환경부장관에게 협의를 요청하여야 한다. 이 경우 승인기관의 장은 환경영향평가서에 대한 의견을 첨부할 수 있다.
② 승인등을 받지 아니하여도 되는 사업자는 제1항에 따라 환경부장관에게 협의를 요청할 경우 환경영향평가서를 작성하여야 하며, 승인등을 받아야 하는 사업자는 환경영향평가서를 작성하여 승인기관의 장에게 제출하여야 한다.
③ 제1항과 제2항에 따른 환경영향평가서의 작성방법, 협의 요청시기 및 제출방법 등은 대통령령으로 정한다.

2. 의견 수렴

환경영향평가법
제25조(주민 등의 의견 수렴) ① 사업자는 제24조에 따라 결정된 환경영향평가항목등에 따라 환경영향평가서 초안을 작성하여 주민 등의 의견을 수렴하여야 한다.
② 제1항에 따른 환경영향평가서 초안의 작성 및 주민 등의 의견 수렴 절차에 관하여는 제12조 및 제13조를 준용한다. 다만, 주민에 대한 공고 및 공람은 환경영향평가 대상사업의 사업지역을 관할하는 시장(「제주특별자치도 설치 및 국제자유도시 조성을 위한 특별법」 제11조 제2항에 따른 행정시장을 포함한다)·군수·구청장(자치구의 구청장을 말한다)이 하여야 한다.
③ 사업자가 제1항에 따른 환경영향평가서 초안에 대하여 다른 법령에 따라 주민 등의 의견을 20일 이상 수렴하는 등 제2항의 절차에 준하여 수렴한 경우에는 제1항에 따라 주민 등의 의견을 수렴한 것으로 본다.

④ 사업자는 제1항 및 제3항에 따른 주민 등의 의견 수렴 결과와 반영 여부를 대통령령으로 정하는 방법에 따라 공개하여야 한다.

⑤ 사업자는 환경영향평가 대상사업에 대한 개발기본계획을 수립할 때에 제12조부터 제15조까지의 규정에 따른 전략환경영향평가서 초안의 작성 및 의견 수렴 절차를 거친 경우(제14조에 따라 의견 수렴 절차를 생략한 경우는 제외한다)로서 다음 각 호의 요건에 모두 해당하는 경우 협의기관의 장과의 협의를 거쳐 제1항 및 제2항에 따른 환경영향평가서 초안의 작성 및 의견 수렴 절차를 거치지 아니할 수 있다.

　　1. 제18조에 따라 전략환경영향평가서의 협의 내용을 통보받은 날부터 3년이 지나지 아니한 경우
　　2. 제18조에 따른 협의 내용보다 사업규모가 30퍼센트 이상 증가되지 아니한 경우
　　3. 제18조에 따른 협의 내용보다 사업규모가 제22조제2항에 따라 대통령령으로 정하는 환경영향평가 대상사업의 최소 사업규모 이상 증가되지 아니한 경우
　　4. 폐기물소각시설, 폐기물매립시설, 하수종말처리시설, 공공폐수처리시설 등 주민의 생활환경에 미치는 영향이 큰 시설의 입지가 추가되지 아니한 경우

⑥ 제1항에 따른 환경영향평가서 초안의 작성방법과 제2항 단서에 따른 공고·공람의 방법 등 필요한 사항은 대통령령으로 정한다.

3. 평가서의 협의 등

(1) 평가서의 협의

환경영향평가법
제27조(환경영향평가서의 작성 및 협의 요청 등) ① 승인기관장등은 환경영향평가 대상사업에 대한 승인등을 하거나 환경영향평가 대상사업을 확정하기 전에 환경부장관에게 협의를 요청하여야 한다. 이 경우 승인기관의 장은 환경영향평가서에 대한 의견을 첨부할 수 있다.

② 승인등을 받지 아니하여도 되는 사업자는 제1항에 따라 환경부장관에게 협의를 요청할 경우 환경영향평가서를 작성하여야 하며, 승인등을 받아야 하는 사업자는 환경영향평가서를 작성하여 승인기관의 장에게 제출하여야 한다.

③ 제1항과 제2항에 따른 환경영향평가서의 작성방법, 협의 요청시기 및 제출방법 등은 대통령령으로 정한다.

제28조(환경영향평가서의 검토 등) ① 환경부장관은 제27조 제1항에 따라 협의를 요청받은 경우에는 주민의견 수렴 절차 등의 이행 여부 및 환경영향평가서의 내용 등을 검토하여야 한다.

② 환경부장관은 제1항에 따라 환경영향평가서를 검토할 때에 필요하면 환경영향평가에 필요한 전문성을 갖춘 기관으로서 대통령령으로 정하는 기관 또는 관계 전문가의 의견을 듣거나 현지조사를 의뢰할 수 있고, 사업자 또는 승인기관의 장에게 관련 자료의 제출을 요청할 수 있다. 다만, 다음 각 호의 자로부터 그 의견을 들어야 한다.

　　1. 한국환경연구원
　　2. 해양수산부장관(해양환경에 영향을 미치는 사업으로서 대통령령으로 정하는 사업만 해당한다)

③ 환경부장관은 제1항에 따라 환경영향평가서를 검토한 결과 환경영향평가서 또는 사업계획 등을 보완·조정할 필요가 있는 등 대통령령으로 정하는 사유가 있는 경우에는 승인기관장등에게 환경영향평가서 또는 사업계획 등의 보완·조정을 요청하거나 보완·조정을 사업자 등에게 요구할 것을 요청할 수 있다. 이 경우 보완·조정의 요청은 두 차례만 할 수 있으며, 요청을 받은 승인기관장등은 특별한 사유가 없으면 이에 따라야 한다.

④ 환경부장관은 다음 각 호의 어느 하나에 해당하는 경우에는 환경영향평가서를 반려할 수 있다.

　　1. 제3항에 따라 보완·조정의 요청을 하였음에도 불구하고 요청한 내용의 중요한 사항이 누락되는 등 환경영향평가서 또는 해당 사업계획이 적정하게 작성되지 아니하여 협의를 진행할 수 없다고 판단하는 경우
　　2. 환경영향평가서가 거짓으로 작성되었다고 판단하는 경우

⑤ 환경부장관은 다음 각 호의 어느 하나에 해당하는 경우에는 해당 환경영향평가 대상사업의 규모·내용·시행시기 등을 재검토할 것을 승인기관장등에게 통보할 수 있다.

　　1. 해당 환경영향평가 대상사업을 축소·조정하더라도 해당 환경영향평가 대상사업이 포함된 사업계획의 추진으로 환경훼손 또는 자연생태계의 변화가 현저하거나 현저하게 될 우려가 있는 경우

    2. 해당 환경영향평가 대상사업이 포함된 사업계획이 국가환경정책에 부합하지 아니하거나 생태적으로 보전가
      치가 높은 지역을 심각하게 훼손할 우려가 있는 경우
⑥ 사업자나 승인기관의 장은 제5항에 따라 통보받은 재검토 내용에 대하여 이의가 있으면 환경부장관에게 재검
토 내용을 조정하여 줄 것을 요청할 수 있다. 이 경우 조정 요청의 절차 및 조정 여부의 결정 등에 관하여는 제31
조를 준용한다.
⑦ 제1항에 따른 환경영향평가서 등의 검토 기준·방법, 제3항에 따른 환경영향평가서 등의 보완·조정, 제4항에
따른 반려 및 제5항에 따른 환경영향평가 대상사업의 재검토에 필요한 사항은 대통령령으로 정한다.

제29조(협의 내용의 통보기간 등) ① 환경부장관은 제27조 제1항에 따라 협의를 요청받은 날부터 대통령령으로
정하는 기간 이내에 승인기관장등에게 협의 내용을 통보하여야 한다. 다만, 부득이한 사정이 있을 때에는 그 기간
을 연장할 수 있다.
② 환경부장관은 제1항에 따라 협의 내용 통보기간을 연장할 때에는 협의기간이 끝나기 전까지 승인기관장등에게
그 사유와 연장한 기간을 통보하여야 한다.
③ 제1항 및 제2항에 따라 협의 내용을 통보받은 승인기관의 장은 이를 지체 없이 사업자에게 통보하여야 한다.
④ 환경부장관은 다음 각 호의 어느 하나에 해당하는 경우에는 해당 사업계획 등에 관련 내용을 반영할 것을 조
건으로 승인기관장등에게 협의 내용을 통보할 수 있다.
    1. 보완·조정하여야 할 사항이 경미한 경우
    2. 해당 사업계획 등에 대한 승인등을 하거나 해당 사업을 시행하기 전에 보완·조정이 가능한 경우

(2) 조정신청 등

환경영향평가법

제31조(조정 요청 등) ① 사업자나 승인기관의 장은 제29조에 따라 통보받은 협의 내용에 대하여 이의가 있으면
환경부장관에게 협의 내용을 조정하여 줄 것을 요청할 수 있다. 이 경우 승인등을 받아야 하는 사업자는 승인기관
의 장을 거쳐 조정을 요청하여야 한다.
② 환경부장관은 제1항에 따른 조정 요청을 받았을 때에는 대통령령으로 정하는 기간 이내에 환경영향평가협의회
의 심의를 거쳐 조정 여부를 결정하고 그 결과를 사업자나 승인기관의 장에게 통보하여야 한다.
③ 승인기관장등은 협의 내용의 조정을 요청하였을 때에는 제2항에 따른 통보를 받기 전에 그 사업계획 등에 대
하여 승인등을 하거나 확정을 하여서는 아니 된다. 다만, 조정 요청과 관련된 내용을 사업계획 등에서 제외시키는
경우에는 그러하지 아니하다.
④ 제1항부터 제3항까지의 규정에 따른 조정 요청에 필요한 사항은 대통령령으로 정한다.

(3) 협의내용의 반영여부에 대한 확인·통보

환경영향평가법

제30조(협의 내용의 반영 등) ① 사업자나 승인기관의 장은 제29조에 따라 협의 내용을 통보받았을 때에는 그 내
용을 해당 사업계획 등에 반영하기 위하여 필요한 조치를 하여야 한다.
② 승인기관의 장은 사업계획 등에 대하여 승인등을 하려면 협의 내용이 사업계획 등에 반영되었는지를 확인하여
야 한다. 이 경우 협의 내용이 사업계획 등에 반영되지 아니한 경우에는 이를 반영하게 하여야 한다.
③ 승인기관장등은 사업계획 등에 대하여 승인등을 하거나 확정을 하였을 때에는 협의 내용의 반영 결과를 환경
부장관에게 통보하여야 한다.
④ 환경부장관은 제3항에 따라 통보받은 결과에 협의 내용이 반영되지 아니한 경우 승인기관장등에게 협의 내용
을 반영하도록 요청할 수 있다. 이 경우 승인기관장등은 특별한 사유가 없으면 이에 따라야 한다.

(4) 이의신청

4. 평가서의 사후 관리

(1) 협의 내용의 관리·감독

(2) 사전 공사시행의 금지

환경영향평가법
제34조(사전공사의 금지 등) ① 사업자는 제27조부터 제29조까지 및 제31조부터 제33조까지의 규정에 따른 협의·재협의 또는 변경협의의 절차를 거치지 아니하거나 절차가 끝나기 전(공사가 일부 진행되는 과정에서 재협의 또는 변경협의의 사유가 발생한 경우에는 재협의 또는 변경협의의 절차가 끝나기 전을 말한다)에 환경영향평가 대상사업의 공사를 하여서는 아니 된다. 다만, 다음 각 호의 어느 하나에 해당하는 공사의 경우에는 그러하지 아니하다.
1. 제27조부터 제31조까지의 규정에 따른 협의를 거쳐 승인등을 받은 지역으로서 재협의나 변경협의의 대상에 포함되지 아니한 지역에서 시행되는 공사
2. 착공을 준비하기 위한 현장사무소 설치 공사 또는 다른 법령에 따른 의무를 이행하기 위한 공사 등 환경부령으로 정하는 경미한 사항에 대한 공사
② 승인기관의 장은 제27조부터 제33조까지의 규정에 따른 협의·재협의 또는 변경협의의 절차가 끝나기 전에 사업계획 등에 대한 승인등을 하여서는 아니 된다.
③ 승인기관의 장은 승인등을 받아야 하는 사업자가 제1항을 위반하여 공사를 시행하였을 때에는 해당 사업의 전부 또는 일부에 대하여 공사중지를 명하여야 한다.
④ 환경부장관은 사업자가 제1항을 위반하여 공사를 시행하였을 때에는 승인등을 받지 아니하여도 되는 사업자에게 공사중지, 원상복구 또는 그 밖에 필요한 조치를 할 것을 명령하거나 승인기관의 장에게 공사중지, 원상복구 또는 그 밖에 필요한 조치를 명할 것을 요청할 수 있다. 이 경우 승인기관장등은 특별한 사유가 없으면 이에 따라야 한다.

(3) 권리구제 – 환경분쟁조정제도

설 치		중앙 / 광역
소관사무		환경조정(일조방해와 조망저해는 다른 분쟁과 복합된 경우)
관 할		분쟁의 재정, 국가 또는 지자체를 당사자로 하는 분쟁의 조정
구 성		위원장 1인 포함, 15명 이내, 임기는 2년, 연임가능
사무국		사실조사와 인과관계규명, 환경피해액 산정
조정수단		알선, 조정, 재정
조정절차	개시	신청 또는 직권
	공개여부	비공개
	효력	수락 권고 – 재판상화해
재 정	구성	5인의 위원
	공개여부	심문의 공개
	효력	재판상화해
	소송과의 관계	소송중지가능 중지가 없는 경우 재정절차 중지

Ⅴ 환경영향평가의 하자와 사업계획승인처분의 효력

1. 환경영향평가의 하자의 의의

환경영향평가의 하자라 함은 환경영향평가를 함에 있어서 실체상 또는 절차상 하자가 있는 경우를 말한다. 환경영향평가는 환경영향평가의 대상이 되는 사업의 실시를 위한 사업계획승인처분의 절차로서의 성질을 갖기 때문에 환경영향평가의 하자는 실체상 하자와 절차상 하자 모두 사업계획승인처분의 절차상 하자로서의 성질을 갖게 된다.[1]

2. 환경영향평가의 절차상 하자의 경우

(1) 환경영향평가가 전혀 행하여지지 않은 경우

> **판례** 환경영향평가를 거쳐야 할 대상사업에 대하여 환경영향평가를 거치지 아니하였음에도 불구하고 승인 등 처분이 이루어진다면, 사전에 환경영향평가를 함에 있어 평가대상지역 주민들의 의견을 수렴하고 그 결과를 토대로 하여 환경부장관과의 협의내용을 사업계획에 미리 반영시키는 것 자체가 원천적으로 봉쇄되는바, 이렇게 되면 환경파괴를 미연에 방지하고 쾌적한 환경을 유지·조성하기 위하여 환경영향평가제도를 둔 입법 취지를 달성할 수 없게 되는 결과를 초래할 뿐만 아니라 환경영향평가대상지역 안의 주민들의 직접적이고 개별적인 이익을 근본적으로 침해하게 되므로, 이러한 행정처분의 하자는 법규의 중요한 부분을 위반한 중대한 것이고 객관적으로도 명백한 것이라고 하지 않을 수 없어, 이와 같은 행정처분은 당연무효이다. (대판 2006. 6. 30. 2005두14363)

(2) 환경영향평가는 하였지만 절차상의 하자가 있거나 의견수렴이 부족한 경우

이에 대해서는 아직 대법원 판례는 없고, 다만 절차상 하자가 경미한 경우에는 후행처분은 취소사유가 되지 않지만, 중요한 경우에는 후행처분의 독립된 취소사유가 된다는 견해가 있다(박균성).

(3) 환경부장관과 협의 후 환경부장관의 반대에도 불구하고 후행처분한 경우

> **판례** 구 환경영향평가법은 환경영향평가서를 검토함에 있어 환경부장관에게 제출하도록 하여 환경부장관과 협의하도록 요구하고 있었는데 과연 이 경우 환경부장관의 협의의견이 승인기관장을 구속하는지가 문제되었다. 이에 대해 대법원은, "국립공원 관리청이 국립공원 집단시설지구개발사업과 관련하여 그 시설물기본설계 변경승인처분을 함에 있어서 환경부장관과의 협의를 거친 이상, 환경영향평가서의 내용이 환경영향평가제도를 둔 입법 취지를 달성할 수 없을 정도로 심히 부실하다는 등의 특별한 사정이 없는 한, 공원관리청이 환경부장관의 환경영향평가에 대한 의견에 반하는 처분을 하였다고 하여 그 처분이 위법하다고 할 수는 없다. (대판 2001. 7. 27. 99두2970)

---

[1] 박균성, 전게서 1514p. 따라서 환경영향평가는 행정결정의 중간단계의 내부적 행위에 불과해 독자적인 처분성이 없다.

3. 환경영향평가의 내용상(실체상) 하자의 경우

(1) 환경영향평가의 내용이 다소 부실한 경우

> **판례** 환경영향평가법령에서 정한 환경영향평가를 거쳐야 할 대상사업에 대하여 그러한 환경영향평가를 거치지 아니하였음에도 승인 등 처분을 하였다면 그 처분은 위법하다 할 것이나, 그러한 절차를 거쳤다면, 비록 그 환경 영향평가의 내용이 다소 부실하다 하더라도, 그 부실의 정도가 환경영향평가 제도를 둔 입법 취지를 달성할 수 없을 정도이어서 환경영향평가를 하지 아니한 것과 다를 바 없는 정도의 것이 아닌 이상, 그 부실은 당해 승인 등 처분에 재량권 일탈·남용의 위법이 있는지 여부를 판단하는 하나의 요소로 됨에 그칠 뿐, 그 부실로 인하여 당연히 당해 승인 등 처분이 위법하게 되는 것이 아니다. (대판 2001. 6. 29. 99두9902)

(2) 환경영향평가의 내용이 중대하게 부실한 경우

위 대법원 판결에 의할 때 '그 부실의 정도가 환경영향평가 제도를 둔 입법 취지를 달성할 수 없을 정도이어서 환경영향평가를 하지 아니한 것과 다를 바 없는 정도의 것'인 경우는 후행처분의 독자적 위법사유가 될 것으로 보인다. 한편, 학설로도 환경영향평가의 내용상 부실이 신청된 사업계획의 승인여부의 결정에 중대한 영향을 미치는 경우 환경영향평가의 부실은 사업계획승인처분의 위법사유가 된다는 견해가 있다(박균성).

Ⅵ 환경영향평가제도와 법률상 이익

환경·교통·재해등에관한영향평가법상의 환경영향평가제도가 시행되는 평가대상지역 내 주민들의 환경상의 이익은 행정소송법 제12조의 법률상의 이익에 해당하여 원고적격이 인정된다. 따라서 당해 지역의 주민들은 이 경우 환경영향평가에 따른 승인 등 관련처분에 대해 항고소송을 통해 다툴 수 있다. 판례도 이와 마찬가지이다.

> **판례** 환경영향평가대상지역 밖에 있는 주민들은 환경영향평가에 관한 자연공원법령 및 환경영향평가법령의 규정들의 취지는 집단시설 지구개발사업이 환경을 해치지 아니하는 방법으로 시행되도록 함으로써 집단시설지구개발사업과 관련된 환경공익을 보호하려는 데에 그치는 것이 아니라 그 사업으로 인하여 직접적이고 중대한 환경피해를 입으리라고 예상되는 환경영향평가대상지역 안의 주민들이 개발 전과 비교하여 수인한도를 넘는 환경침해를 받지 아니하고 쾌적한 환경에서 생활할 수 있는 개별적 이익까지도 이를 보호하려는 데에 있다 할 것이므로, 위 주민들이 당해 변경승인 및 허가처분과 관련하여 갖고 있는 위와 같은 환경상의 이익은 단순히 환경공익 보호의 결과로 국민일반이 공통적으로 가지게 되는 추상적·평균적·일반적인 이익에 그치지 아니하고 주민 개개인에 대하여 개별적으로 보호되는 직접적·구체적인 이익이라고 보아야 한다. (대판 1998. 4. 24. 97누3286)

ㄱ. 재난 및 안전관리 기본법 제37조에 따른 응급조치를 위한 사업은 환경영향평가법상 환경영향평가 대상에서 제외된다.

ㄴ. 인구 50만 이상의 시의 경우에는 그 지역을 관할하는 도가 환경영향평가의 실시에 관한 조례를 정한 경우에도 해당 시의 조례로 정하는 바에 따라 환경영향평가를 실시할 수 있다.

ㄷ. 환경영향평가법을 위반하여 징역 이상의 실형을 선고받고 그 형의 집행이 끝나거나(집행이 끝난 것으로 보는 경우를 포함) 집행을 받지 아니하기로 확정된 날부터 2년이 지나지 아니한 사람은 환경영향평가업의 등록을 할 수 없다.

ㄹ. 환경영향평가 대상지역 밖에 거주하는 주민은 헌법상의 환경권 또는 환경정책기본법에 근거하여 공유수면매립면허처분과 농지개량사업 시행인가처분의 무효확인을 구할 원고적격이 있다.

① ㄱ, ㄴ
② ㄱ, ㄷ
③ ㄴ, ㄷ, ㄹ
④ ㄱ, ㄴ, ㄷ, ㄹ

정답 ②

판례색인

저자 소개

정 인 영

>>> 약 력

현) 메가 공무원학원 행정법·헌법 대표강사
전) 공단기 공무원학원 행정법·헌법 전임
전) 윈플스 공무원학원 행정법·헌법 전임
전) 윌비스 공무원학원 행정법·헌법 전임
전) 베리타스 공무원학원 행정법·헌법 전임

>>> 저 서

쎄르파 행정법 총론 Ⅰ·Ⅱ
쎄르파 행정법 총론 기출 및 예상문제
쎄르파 행정법 총론 오엑스
쎄르파 행정법 각론
쎄르파 행정법 각론 기출 및 예상문제
쎄르파 헌법
쎄르파 헌법 기출 및 예상문제
쎄르파 헌법 오엑스
쎄르파 헌법 조문집

정인영 쎄르파 행정법 각론

2022년 5월 11일 초판 인쇄
2022년 5월 18일 초판 발행

저 자   정 인 영
발행인   배 효 선
발행처   법 문 사
주 소   10881 경기도 파주시 회동길 37-29
등 록   1957년 12월 12일 / 제2-76호(윤)
전 화   (031) 955-6500~6   FAX (031) 955-6525
E-mail   (영업) bms@bobmunsa.co.kr
         (편집) edit66@bobmunsa.co.kr
홈페이지   http://www.bobmunsa.co.kr
조 판   법문사 전산실

정가 20,000원
ISBN 978-89-18-91311-7

7급 공무원
군무원 · 국회직
시험대비

Sherpa

정 인 영